Maria Selig • Susanne Ehrich (Hrsg.)

Städtische Rechtskulturen in der Vormoderne

Dieser Band ist Prof. Dr. Hans-Jürgen Becker zu seinem 85. Geburtstag in großem Respekt und Dankbarkeit gewidmet.

Das interdisziplinäre Mittelalterzentrum „Forum Mittelalter“ der Universität Regensburg verdankt ihm sein europäisch breites und rechtshistorisch informiertes Profil.

Städtische Rechtskulturen in der Vormoderne

Herausgegeben von
Maria Selig und Susanne Ehrich

SCHNELL + STEINER

Forum Mittelalter • Studien
Band 22

Herausgeber der Reihe
Harald Buchinger, Albert Dietl, Susanne Ehrich, Jörg Oberste, Maria Selig

Umschlagabbildung: Schilling, Diebold: Grosse Burgunder Chronik. Bern, 1481–1484?.
Zentralbibliothek Zürich, Ms A 5, [102] 48; https://doi.org/10.7891/e-manuscripta-87065;
Public Domain Mark

Bibliographische Informationen der Deutschen Nationalbibliothek:
Die Deutsche Nationalbibliothek verzeichnet diese Publikation
in der Deutschen Nationalbibliographie; detaillierte bibliographische Daten
sind im Internet über http://dnb.de abrufbar.

1. Auflage 2024

Umschlaggestaltung: Anna Braungart, Tübingen
Satz: Vollnhals Fotosatz, Neustadt a. d. Donau
Finanziert/fördert Klimaschutzmaßnahmen
Printed in EU

ISBN 978-3-7954-3937-8
ISBN 978-3-7954-3960-6 (E-Book)

Weitere Informationen zum Verlagsprogramm erhalten Sie unter:
www.schnell-und-steiner.de

Inhaltsverzeichnis

III. Die Anpassungsleistung der Praxis

Anhang

Städtische Rechtskulturen in der Vormoderne
Einführung

Maria Selig / Susanne Ehrich

Die 18. Internationale Jahrestagung, die das seit 2003 bestehende Forum Mittelalter der Universität Regensburg gemeinsam mit dem DFG-Graduiertenkolleg 2337 „Metropolität in der Vormoderne“ vom 15. bis 17. Juni 2023 veranstaltete, könnte man als eine Art Experiment sehen. Ziel der Tagung zum 20. Gründungsjubiläum des Mittelalterzentrums war es, die Ergebnisse historischer Forschungen zu diskutieren, die die Städte der Vormoderne als ‚Bühne‘ für das Aushandeln rechtlicher Normen, Verfahren oder Entscheidungen thematisieren. Der in letzter Zeit prominenter gewordene praxeologische Ansatz[1] legte die Wahl dieses Themas nahe. Das Konzept des ‚doing (x)‘ übt ja eine gewisse Faszination aus, zunächst einmal, weil eine Reihe von zentralen historiographischen Methoden durch die neue Relevanz der Praxis aufgewertet wird. Das Interesse für die möglichst vollständige Erfassung der empirischen Daten, die Suche nach signifikanten Details, die „dichte Beschreibung“[2] und die pragmatische Kontextualisierung, die schon immer Alleinstellungsmerkmale der philologisch-historischen Arbeit waren, all dies erhält durch die Fokussierung der Praktiken in ihrer Prozessualität und Materialität neue, theoretisch zentrale Aufgaben.

Der zweite Faktor, der das große Interesse an den neuen Perspektiven erklären kann, führt über die traditionellen Zugangsweisen hinaus. Mit dem praxeologischen Ansatz ist auch ein neuer Zugang zum Verhältnis zwischen der Praxis und den Mustern bzw. zwischen den individuellen Handlungen und den gesellschaftlichen Strukturen verbunden. Wie wichtig für die historische Forschung dieser neue Zugang zur Spannung zwischen dem Individuellen und dem Sozialen, den handlungsleitenden

1 Aus der inzwischen sehr umfangreichen Forschungsliteratur seien nur einige programmatische Überblicksartikel herausgegriffen: Lucas Haasis / Constantin Rieske, Historische Praxeologie. Zur Einführung, in: dies. (Hgg.): Historische Praxeologie. Dimensionen vergangenen Handelns, Paderborn 2015, 7–54; Marian Füssel, Praxeologische Perspektiven in der Frühneuzeitforschung, in: Arndt Brendecke (Hg.): Praktiken der Frühen Neuzeit. Akteure, Handlungen, Artefakte (Frühe Neuzeit-Impulse 3), Köln/Weimar/Wien 2015, 21–33; Thomas Mergel / Sven Reichardt, Praxeologie in der Geschichtswissenschaft: eine Zwischenbetrachtung, in: Gleb J. Albert / Daniel Siemens / Frank Wolff (Hgg.): Entbehrung und Erfüllung: Praktiken von Arbeit, Körper und Konsum in der Geschichte moderner Gesellschaften: Für Thomas Welskopp 1961–2021 (Politik- und Gesellschaftsgeschichte 112), Bonn 2021, 79–102. Vgl. außerdem Arndt Brendecke, Von Postulaten zu Praktiken. Eine Einführung, in: Brendecke 2015 (ebd.), 13–20.

2 Clifford Geertz, Dichte Beschreibung. Beiträge zum Verstehen kultureller Systeme. Aus dem Amerikanischen von Brigitte Luchesi und Rolf Bindemann, 3. Aufl., Frankfurt a. M. 2022 [1. Aufl. 1987].

Faktoren im Hintergrund und den aktuellen Handlungsentscheidungen ist, kann hier nicht einmal ansatzweise ausgearbeitet werden. Zumindest angedeutet werden muss aber, welche Relevanz dem neuen, praxeologischen Fokus auf der Verflechtung von Handlung und Handlungswissen zukommt und welche neuen Perspektiven Konzepte wie Konstruktion oder Emergenz eröffnen. Man tut den traditionellen Forschungen Unrecht, wenn man ihnen pauschal bescheinigt, eher an den Ordnungsstrukturen im Hintergrund interessiert gewesen zu sein und den individuellen und aktuellen Spielraum, der trotz der notwendig interindividuellen und quasi entzeitlichten ‚Gewalt' dieser Strukturen immer vorhanden ist, nicht ausreichend berücksichtigt zu haben. Dass ein „generell praxeologisches Grundverständnis"[3] bereits seit geraumer Zeit die Fragestellungen der historischen Wissenschaften schärfen kann bzw. neue Fragestellungen generiert, dürfte jedoch unbestritten sein.

Der angesprochene Experimentcharakter der Tagung hängt allerdings nur mittelbar mit der praxeologischen Perspektivierung zusammen, zumal diese Methodologie und die ihr zugrundeliegenden Konzepte sehr weit ausgelegt wurden und eine ganze Reihe der prominent vorgetragenen Charakteristika des Ansatzes erst gar nicht thematisiert werden mussten.[4] Neu und in einem gewissen Sinne riskant war vielmehr der Versuch, den Blick der Geschichtswissenschaft mit einer genuin linguistischen Perspektive zu ‚kreuzen' und die Frage des ‚doing' zu einer Frage der *„doings* und *sayings*"[5] zu erweitern, also dezidiert nach der Relevanz des Sprachlichen in den analysierten Handlungsverläufen zu fragen. Im Hintergrund stand der Gedanke, dass Recht, verstanden als die „Normen, deren Geltung institutionell eingefordert und durchgesetzt werden",[6] in den praxeologisch untersuchten Handlungsverläufen jeweils sichtbar sein muss; es muss als Recht – im Unterschied zu Unrecht, Willkür oder Anmaßung – thematisiert sein, ausgewiesen sein, bezeichnet sein, weil es anders nicht in die Position des ‚Anlasses' einrücken kann, der die jeweils untersuchte Praktik für die historischen Akteur*innen gleichermaßen wie für die moderne Forschung auszeichnet und dem Bereich des Rechtshandelns zuordnet. Selbstverständlich kann sich der praxeologische Ansatz allen möglichen Praktiken zuwenden, auch den Praktiken, in denen rechtlich relevante Normbestände latent, nicht klar benannt, als Faktoren aufgedeckt werden. Da Recht im Sinne impliziter Gerechtigkeitsvorstellungen und intersubjektiver Gerechtigkeitserwartungen omnipräsent ist, eröffnen sich hier weite Untersuchungsbereiche, so etwa die in der Mittelalterforschung häufig

3 Haasis / Rieske 2015 (wie Anm. 1), 23.

4 Dies betrifft etwa den vielfach geäußerten Anspruch praxeologischer Ansätze, bisher vernachlässigte Phänomenbereiche, etwa die Alltagsgeschichte, Geschlechtergeschichte, Körpergeschichte etc. endlich über praxeologische Herangehensweisen zugänglich zu machen. Zur letztendlich reduktiven Verknüpfung von praxeologischer Perspektivierung und ‚alternativer' Geschichtsforschung vgl. Grübl/Selig in diesem Band.

5 Brendecke 2015 (wie Anm. 1), 15.

6 Stefan Esders, Zwischen Historie und Rechtshistorie: Der *consensus iuris* im frühen Mittelalter, in: Verena Epp / Christoph H.F. Meyer (Hgg.): Recht und Konsens im frühen Mittelalter (Vorträge und Forschungen, LXXXII), Ostfildern 2017, 427–474, hier 431, Anm. 19.

untersuchten Strategien der Konfliktbewältigung,[7] die symbolischen Kommunikationsformen, die im Interesse einer Stabilisierung des gesellschaftlichen Friedens eingesetzt werden, ob als Bildprogramme oder als exemplarisch eingesetzter Vorrat an Geschichten – die Grenzziehung scheint dann aber fast ausgeschlossen, und eine erkenntnispräzisierende Fragestellung letztendlich auch. Der praxeologische Ansatz kann so Gefahr laufen, in den Bereich des (Be)Staunenswerten und Anekdotischen abzudriften,[8] wenn er nicht durch Präzisierungen des jeweiligen Untersuchungsgegenstandes eingeholt wird.[9]

Ob das Insistieren auf der sprachlichen Materialisierung und der klaren Umgrenzung des Rechts als Gegenstand der jeweiligen kommunikativen Interaktion weiterführend war, müssen die Teilnehmerinnen und Teilnehmer der Tagung und die Leser und Leserinnen des Bandes beurteilen. In jedem Fall können wir als Herausgeberinnen eine positive Bilanz ziehen, weil die Vorträge und Diskussion während der Tagung und die hier vorliegenden Studien zeigen, wie die Fokussierung der infrastrukturellen Rahmenbedingungen, die Analyse der Heterogenität der in den städtischen Räumen jeweils kopräsenten Rechtspraktiken oder der Blick auf das Potential informaler ‚Abwandlungen' formalisierten rechtlichen Handelns weiterführen können zu einem differenzierteren Verständnis des synchronen Funktionierens rechtlicher Prozesse und/oder des diachronen Wandels – auch dieser prozesshaft gedacht und unter Beteiligung der historischen Akteur*innen,

7 Neben dem grundlegenden Beitrag von Otto Gerhard Oexle (Konflikt und Konsens, Über gemeinschaftsrelevantes Handeln in der vormodernen Gesellschaft, in: Harald Bluhm / Herfried Münkler (Hgg.): Gemeinwohl und Gemeinsinn: historische Semantiken politischer Leitbegriffe, Berlin 2001, 65–83) seien aus der Vielzahl der Forschungen der letzten Jahre genannt: Anna Rad, Minne oder Recht: Konflikt und Konsens zur Zeit Kaiser Karls IV. und König Wenzels (Forschungen zur deutschen Rechtsgeschichte 33), Köln 2020; Helge Wittmann, Das Mühlhäuser Rechtsbuch in neuer Gestalt: zur Funktion von Recht und Schriftlichkeit bei der Bewältigung reichsstädtischer Konflikte im späten 13. Jahrhundert, Zeitschrift des Vereins für Thüringische Geschichte 75 (2021), 39–97 und v. a. die Beiträge in: David von Mayenburg (Hg.): Konfliktlösung im Mittelalter (Handbuch zur Geschichte der Konfliktlösung in Europa 2), Berlin u. a. 2021.

8 Arndt Brendecke spricht hier höflich davon, dass der praxeologische Ansatz die Möglichkeit biete, „in einer vergleichsweise offenen Weise die Vollzüge des Alltags und Lebens des Einzelnen nach Mustern und bestimmenden Faktoren zu durchstreifen und dabei diskursive, materielle, kulturelle und körperliche Faktoren zugleich heranzuziehen, sie hierarchiefrei in Bezug zueinander zu setzen und auf Wechselwirkungen hin zu prüfen" (Brendecke 2015 [wie Anm. 1], 16).

9 Als Beispiel einer solchen Präzisierung sei der Eröffnungsvortrag der Jahrestagung, „Recht und Gerechtigkeit im politischen Denken Venedigs", genannt. Petra Schulte (Mittelalterliche Geschichte, Universität Trier) schilderte aus einer transdisziplinären Perspektive, wie sich im 14. und 15. Jahrhundert in Venedig ein neues rechtliches Bezugs- und Ordnungssystem entwickelte und verzahnte venezianische Traktate über politische Ethik (u. a. *De regimine rectoris* von Paolino Veneto) mit Rechtstexten, Verwaltungsschriftgut sowie Kunst und Architektur. Der Beitrag, der hier leider nicht publiziert werden konnte, fließt in ihre sich in Arbeit befindende Monografie über „Gerechtigkeit in Politik, Wirtschaft und Gesellschaft im europäischen 15. Jahrhundert" ein.

verstanden als Routinisierungen und jederzeit revidierbare Verfestigungen bestimmter handlungsleitender Konstellationen. Insgesamt, so unsere Bilanz, hat sich der Versuch der ‚Verlangsamung' der Analyse, das Interesse für Details, für die Abweichungen vom Erwartbaren, für das Konfliktuelle und sich Widersprechende gelohnt. Wir hoffen zeigen zu können, wie Geschichte als Labor für die Handlungsbedingungen, aber auch Handlungsmöglichkeiten historischer Akteur*innen genutzt werden kann, gerade in der Gegenüberstellung der regional und zeitlich ganz unterschiedlich situierten Fallbeispiele.

Die Beiträge des Bandes, die im Folgenden vorgestellt werden, sind nach zwei Kriterien geordnet. Es dürfte nach den einleitenden Bemerkungen klar sein, dass eines der Kriterien ein chronologisch-regionales sein muss. Denn auch wenn die ‚Meistererzählung' vom spätantiken und frühmittelalterlichen Niedergang zentraler Herrschaftsstrukturen oder vom allgemeinen Verlust schriftkultureller Institutionen inzwischen allenfalls wissenschaftshistorisch bedeutsam ist, muss die historische Analyse doch berücksichtigen, dass sich die Rahmenbedingungen von rechtlichem Handeln – sei es in Rechtsprechung, Verträgen, Urkundenausstellungen oder Rechtsbewahrung – wesentlich veränderten und nur in der *longue durée* in ihrem ganzen Ausmaß sichtbar werden können. Zu bedenken ist auch, dass Praktiken eine bestimmte zeitliche ‚Tiefe' haben, die einerseits in die Vergangenheit zurückreicht wegen ihrer Verankerung in bereits normativ oder usuell gewordenen Handlungs- und Denkformen, andererseits auch ihre Zukunft prägt, weil ihre unabdingbare Traditionalität zu einer besonderen, langsameren Zeitlichkeit ihrer Veränderungen führt.

Das zweite Ordnungskriterium ist die Zusammenstellung der Beiträge unter thematischen Gesichtspunkten. Zunächst soll der Fokus auf den Entwicklungen der schriftkulturellen Infrastrukturen und ihren Verflechtungen mit den Veränderungen der rechtlichen Handlungsmöglichkeiten stehen. Dieser Themenschwerpunkt ist verbunden mit der Frage, ob nicht gerade hier regionale Unterschiede greifen und der Übergang zu den mittelalterlichen Strukturen in Italien und im Süden Frankreichs anders zu beurteilen ist als in den nördlicheren Regionen. Das zweite Themenfeld bezieht sich auf die Pluralität der vormodernen Rechtsnormen, die häufig sogar als Epochenkennzeichnung verwendet wird. Der dritte Schwerpunkt fokussiert die Praxis als Vermittlerin zwischen den Rechtspraktiken und den jeweiligen Ausgangskonstellationen, die oftmals ein komplexeres und flexibleres Rechtshandeln verlangen, als es die gewohnten Muster anbieten. Hier wird noch einmal deutlich, dass für die Beurteilung historischer rechtlicher Praktiken die Abweichungen eine genauso große Rolle spielen sollten wie die normale Praxis, weil nur so die historisch möglichen Handlungsspielräume erkennbar werden.

Der erste Themenkomplex, die Entwicklung der schriftkulturellen Infrastruktur als Rahmenbedingung rechtlichen Handelns, beginnt mit *Marco Stoffella*, der die Rechtspraxis der frühmittelalterlichen Lombardei (6.–10. Jh.) untersucht. Am Anfang seines Beitrags steht die Frage der Kontinuität spätantiker Strukturen, denn neben der Möglichkeit, dass spätantike Strukturen von der lokalen romanischen Bevölkerung weitergeführt werden, kommen Kontakt- und Akkulturationsprozesse zwischen Byzanz, den Ostgoten, den Langobarden und später den Karolingern hinzu. Stoffella konzentriert sich hierbei auf die Urkundenpraxis, also auf die schriftliche Dokumentation und Archivierung von Rechtstiteln und Ähnlichem. Die komplexe Methodologie, die Ergebnisse der Paläographie, Diplomatik, Sprachwissenschaft und Rechtsgeschichte mit historischen Forschungen kombiniert, zeigt, wie wichtig es ist, die ungleich verteilte und oftmals äußerst lückenhafte Überlieferungslage mit strukturellen Überlegungen zu kombinieren. Zwei Ergebnisse scheinen hier besondere Relevanz für die Fragestellung dieses Bandes zu haben: Zunächst die Beobachtung, dass bis in die Anfänge der Karolingerzeit in Norditalien der Einsatz von schriftlichen Dokumenten in zahlreichen unterschiedlichen Rechtskontexten geläufig gewesen sein muss; als Beleg sei hier nur die Zusammensetzung des Urkundenkonvoluts des Gastalden Alahis angeführt, dessen *cartolae, praecepta, epistolae, brevia, cautiones* etc. Ende des 8. Jahrhunderts in den Besitz von San Pietro ai Sette Pini in Pisa übergingen. Die hier erkennbare differenzierte Rechtspraxis zentraler Herrschaftsinstanzen erstreckte sich auch auf Verbrauchsschriftlichkeit, wie z. B. die Ausstellungen von ‚Reisepässen' oder Geleitbriefen. Das zweite Ergebnis schließt an die Beobachtung an, dass diese intern klar differenzierte Überlieferung im 10. Jahrhundert von einer relativ monotonen, in erster Linie aus Schenkungen, Verkauf oder Verpachtung von Landbesitz bestehenden Überlieferung abgelöst wird. Im 11. Jahrhundert weicht diese erneut einer intern deutlich differenzierten Dokumentation, die aber auch entscheidend zunimmt und Ergebnis einer bisher noch nicht belegten Quantität an schriftlichen Rechtsdokumenten ist. Marco Stoffella meint, dass dieser Wandel in der Archivüberlieferung mit der „idea of a society more concerned with and involved in economic growth and new trends and reforms in society" (S. 39) verbunden ist. Diese Verknüpfung von qualitativen und quantitativen Perspektiven wird uns gleich noch einmal begegnen.

Die drei nächsten Beiträge beschäftigen sich mit der Entwicklung der Rechtskulturen in den süd- und nordfranzösischen Städten, auch hier mit einem Schwerpunkt auf den schriftkulturellen Infrastrukturen. *Damien Carraz* konzentriert sich auf die Zusammenarbeit der Ritterorden mit dem Notariat, das sich in den Städten des Rhonetals im 12. und 13. Jahrhundert herausbildete. Anhand von vier Städten, Arles, Avignon, Saint-Gilles und Manosque, beleuchtet er die enge Verflechtung zwischen den Notaren und den dortigen Kommenden der Templer und Johanniter, die bereits sehr früh, quasi zeitgleich mit dem Auftreten der ersten Notare Ende des 12. Jahrhunderts, auf diese Schrift- und Rechtsexperten zurückgreifen. Die Zusammenarbeit führt zu einer, wie Carraz sagt, „juristischen Akkulturation" (S. 41). Die Ritterorden nutzen die Notare nämlich nicht nur zur Authentifizierung ihrer Urkunden; die Notare haben darüber hinaus die Funktion von Rechtsexperten (*causidici, iuris periti, legum doctores, magistri*), die für die Orden im Zusammenhang mit ihren intensiven Immobiliengeschäften und Verpachtungen neue Vertragsformen entwickeln, ihre Interessen in Streitfällen mit allen juristischen Mitteln, einschließlich der wiederentdeckten Klauseln des Römischen Rechts, absichern und in Zusammenarbeit mit den *fratres* effektive Verwaltungsstrategien und neue Formen der Archivierung ausarbeiten. Das Konzept der Akkulturation kann übrigens auch ohne weiteres auf die gesamte städtische Gesellschaft ausgeweitet werden. Auffällig ist, dass die Notare von Anfang an für mehrere Auftraggeber arbeiten, also deutlich anders organisiert sind als kirchliche, fürstliche oder städtische Kanzleien, vor allem aber, dass sie bestrebt sind, Autorisationen von mehreren Herrschaftsträgern (Papst, Kaiser, lokaler Herrscher, Stadtherrschaft etc.) zu kumulieren. Es scheint also, als ob mit den Notaren in den südfranzösischen Städten ein neuer Typus von rechtlicher *agency* entsteht, weil diese zumindest am Anfang gerade nicht einer bestimmten Herrschaftsinstanz zugewiesen waren, sondern als allgemein zugängliche Rechtsgaranten bereitstanden.

Auch im Beitrag von *Thomas Brunner* spielt die Frage der juristischen Expertise eine Rolle. Er zeichnet die rechtliche ‚Professionalisierung' der Schöffen (*échevins*, *scabini*) in fünf nordfranzösischen Städten (Arras, Douai, Lille, Saint-Omer, Tournai) nach, die im engen Zusammenhang mit der Entwicklung dieser Städtelandschaft zu einer der wirtschaftlich erfolgreichsten Regionen des mittelalterlichen Europas steht. Die Rechtskultur der Schöffen ist zum einen durch die Vielfalt der Funktionen bestimmt, die mit diesem Amt verbunden sind. Zum anderen war ab dem Ende des 12. Jahrhunderts ihre Amtszeit auf ein Jahr begrenzt. Die hier angesprochene rechtliche ‚Professionalisierung' kann sich daher als „juristische Akkulturation" des mit dem Amt engstens verbundenen städtischen Patriziats manifestieren, genauso gut aber auch als Intensivierung der Zusammenarbeit mit externen juristischen Experten oder als Aufbau einer städtischen Verwaltung. Die Ergebnisse von Brunner zeigen, dass alle drei Wege genutzt wurden: Im Bereich der freiwilligen Gerichtsbarkeit, wo die Schöffen als Siegelträger ab dem Ende des 12. Jahrhunderts die Authentifizierung der ihnen vorgelegten Urkunden übernehmen, ist eine allgemeine Zunahme schriftlicher Urkundenproduktion zu beobachten, in die wohl alle Kanzleien einer Stadt involviert waren.[10] Dass um 1250 die Urkundenproduktion sprunghaft ansteigt und Dimensionen annimmt, die die Rede von einer „writing revolution"[11] rechtfertigen, ist ein Anzeichen dafür, dass die Stadtgesellschaft als Ganze die Praxis schriftlicher Rechtsaufzeichnungen übernimmt – Brunner spricht von der Entwicklung einer „literate mentality" (S. 71). Die Schöffen reagieren hier mit der Auslagerung ihrer Befugnisse und schaffen das Amt der *voir-jurés*. Bei der Veröffentlichung und Verbreitung der städtischen Gesetzgebung ist dagegen eine interne Professionalisierung, nämlich die Herausbildung städtischer Kanzleistrukturen, zu beobachten, als im ersten Viertel des 13. Jahrhunderts die schriftliche Dokumentation

10 Thomas Brunner, Zwischen pikardischem Französisch und Latein: zum Sprachgebrauch in der diplomatischen Schriftlichkeit der Stadt Douai im 13. Jahrhundert, in: Maria Selig / Susanne Ehrich (Hgg.): Mittelalterliche Stadtsprachen (Forum Mittelalter-Studien 11), Regensburg 2016, 183–202.

11 Brunner übernimmt das Konzept von Paul Bertrand, Documenting the everyday in medieval Europe. The social dimension of a writing revolution 1250–1350 (Utrecht studies in medieval literacy 42), Turnhout 2019.

der jeweiligen Entscheidungen einsetzt und sich mit den *registres aux bans* in der zweiten Hälfte des Jahrhunderts eine systematische Sammlung und Archivierung herausbildet. Komplexer verhält es sich, wenn es um die Vertrautheit mit den rechtlichen Grundlagen seitens der Schöffen geht. Das Fazit von Brunner lautet, dass die Schöffen nur in Einzelfällen zu „legal professionals“ (S. 82) wurden und eher Experten im Regieren sein mussten und wohl auch sein sollten. Die rechtliche Professionalisierung der Stadtherrschaft wurde stattdessen von den *clercs des échevins* geleistet, die gehäuft ab der zweiten Hälfte des 13. Jahrhunderts belegt sind.

Am Ende muss das Verhältnis zwischen lokalem bzw. regionalem Gewohnheitsrecht und dem geschriebenem (Römischen) Recht angesprochen werden, ebenso die Frage, welche Rolle einem Rechtsstudium an den Universitäten in Paris oder Orléans zukam. In den nordfranzösischen Städten nimmt, so Brunner, im Laufe des 13. Jahrhunderts die Zahl derjenigen deutlich zu, die für ein Studium ihre Heimatstadt verlassen. Ob es sich immer um ein Studium der Rechte handelt, ist weniger deutlich, zumindest aber können am Ende des 13. Jahrhunderts auch vor Ort Experten gefunden werden, die etwa in den Auseinandersetzungen mit der französischen Krone die Städte juristisch beraten. Inwieweit diese rechtliche Expertise in die städtische Verwaltung und in die rechtlichen Regelungen der städtischen Gesellschaft eingeht, ist eine andere Frage. Wie auch in den anderen im Band untersuchten Fällen, ist eher vom Weiterbestehen der verschiedenen Rechtsordnungen auszugehen, nicht von einer Entwicklung hin zu einer Vereinheitlichung der Rechtstraditionen, bedingt durch die administrative Zentralisierung und Professionalisierung.

Der nächste Beitrag kommt von *Étienne Ménager*, der sich mit den Herrschaftskanzleien im Berry, in der Marche und im Orléanais beschäftigt. Es handelt sich hier um eine ländliche Region mit kleinen Städten und Grundherrschaften, die vom niederen Adel ausgeübt werden. Die Frage stellt sich, inwieweit auch hier die in den großen Städten des Südens und Nordens Frankreichs gezeigten Entwicklungen greifen. Ménager beantwortet diese Frage differenziert. Ganz allgemein lässt sich sagen, dass der zunehmende Einsatz der Schrift bei der Dokumentation bzw. beim Vollzug von Rechtsakten auch in diesen abgelegenen Regionen zu beobachten ist. Allerdings sind es zunächst nur die bischöflichen Gerichte, die die Authentifizierung von Urkunden übernehmen. Erst langsam, ab dem 14. Jahrhundert, entstehen auch in den kleinen Seigneurien Strukturen, die den Adligen erlauben, Funktionen der freiwilligen Gerichtsbarkeit zu übernehmen. Wie in Nordfrankreich wird die Authentifizierung der Urkunden über das Anfügen eines Siegels geleistet. Da die lokalen Adligen nunmehr systematisch ihr Siegel mit einer solchen Funktion nutzen, könnte man also von der Entwicklung einer von ihnen getragenen Rechtsschriftlichkeit sprechen.

Die genauere Analyse zeigt allerdings, dass die Übernahme der Besiegelung in aller Regel gerade nicht mit dem Aufbau einer fürstlichen Kanzlei einherging. Zwar gibt es Fälle, in denen einzelne Schreiber bzw. Schreiberdynastien aus der dem lokalen Adligen hörigen Bevölkerung hervorgehen. Charakteristischerweise scheint sich daraus aber gerade nicht eine diesem zugeordnete Kanzlei zu entwickeln. Stattdessen finden sich mindestens bis ins 15. Jahrhundert Rechts- und Schreibexperten, die in einer Vielzahl von Kontexten tätig sind. Dies gilt zum einen funktional: Von den Adligen werden die Schreibexperten auch für die Verwaltung der Güter herangezogen, eine Kombination, die wir bereits in Südfrankreich beobachten konnten und die auf die geringe Trennschärfe zwischen Rechtsdokumentation und Verwaltungsschriftlichkeit im Bereich der Grundherrschaft hinweist. Vielfach sind die Schrift- und Rechtsexperten außerdem – so könnte man sagen – ‚Diener vieler Herren', weil sie aus ökonomischen Gründen nicht nur für den lokalen Adel tätig sein können. Sie kumulieren eine Reihe von Ämtern und sind als Gerichtsvollzieher, Staatsanwälte, Beisitzer in Gerichtsverfahren, Tabellionen und Notare und vieles andere mehr tätig. Man kann die unklare Funktionsaufteilung nur bedingt mit der regionalen Situierung in einer Übergangszone zwischen Südfrankreich, dem Gebiet des Notariats, und Nordfrankreich, dem des Tabellionats, in Verbindung bringen. Es spricht einiges dafür, dass erst die administrativen Vereinheitlichungen des 16. Jahrhunderts – und auch dann nur langsam, nicht sofort – dazu führten, dass klarere Funktionsdefinitionen und wohl auch professionellere Expertise in dieser Region entstanden.

Der zweite Themenkomplex, die Pluralität der Rechtsnormen und die Offenheit der rechtlichen Praktiken, wird eröffnet von einem Beitrag von *Franz-Josef Arlinghaus*, der sich mit zwei mittelalterlichen Großstädten, Pisa und Köln, beschäftigt. In Pisa geht es um einen bischöflichen Schiedsspruch, erstellt am Ende des 11. Jahrhunderts, um durch die Festlegung einer Maximalhöhe der Geschlechtertürme den städtischen Frieden wiederherzustellen. In Köln steht die Anerkennung der Gilde der Decklaken- und Scharzenweber im Jahre 1149 im Mittelpunkt, auch hier, wie im Falle von Pisa, eine rechtliche Handlung, die vom Stadtherren unter der Beteiligung einer größeren Öffentlichkeit und mit deren expliziter Zustimmung vollzogen wird. Arlinghaus vergleicht beide Rechtshandlungen und analysiert sie von zwei Seiten her. Betrachtet wird einmal die Gruppe derer, die in den Urkunden namentlich als Mitbeteiligte bzw. Zeugen des Rechtsaktes aufgeführt werden. Aber auch der Gegenstand des Rechtsakts, in Pisa die Regelung der Konflikte innerhalb der städtischen Aristokratie, in Köln die Anerkennung einer Gilde, spielen eine Rolle. Denn in beiden Städten, so Arlinghaus, geht es um rechtliche Praktiken, mit denen städtische Gruppen sozialen Status generieren, um „Status-Kontrakte" im Sinne von Max Weber, die „eine Veränderung der rechtlichen Gesamtqualität, der universellen Stellung und des sozialen Habitus von Personen" zum Ziel haben (S. 105): indem, wie in Pisa, ein Beschluss Statusverteilungen rechtlich regelt und gleichzeitig klar macht, wer überhaupt ein Anrecht auf derartige Statuszuweisung haben kann, oder indem, wie in Köln, eine städtische Gruppe das Privileg eines eigenen Rechtsraums beansprucht und aus diesem Privileg Statusgewinn und das Recht auf Statuszuteilung ableiten kann.

Arlinghaus zeichnet am Beispiel von Köln dann genauer nach, welche Dynamik derartige Gruppenbildungen, entwickeln können: Zunächst eine Dynamik, die von einer noch unbestimmten Gruppe von *meliores* zur bereits deutlich klarer abgegrenzten und organisierten Richerzeche führt. Später verliert diese neue Richerzeche ihren Einfluss, gleichzeitig werden aber in den Bestimmungen derjenigen, die Zugang zu den Ämtern des Kölner Magistrats haben, die gleichen Mechanismen wieder sichtbar, die bereits zuvor Gruppenzugehörigkeit, Statusgewinn und Statusverlust regelten. Festzuhalten wäre also, dass die für die Vormoderne so typische Multiplikation der Rechtsräume in den Städten keineswegs ein Relikt älterer Strukturen ist, sondern eine spezifische Eigendynamik der Stadtgesellschaft an ihrem Anfang steht.

Auch *Elisabeth Gruber* thematisiert in ihrem Beitrag das Nebeneinander unterschiedlicher Rechtsräume in der Stadt und unterscheidet deshalb zwischen „Stadtrecht“ und „städtischem Recht“ (S. 119). Der Hinweis auf diese interne Heterogenität städtischer Rechtsbestände ist auch deshalb wichtig, weil es um die Frage geht, wann und unter welchen Bedingungen diese schriftlich fixiert wurden. Elisabeth Gruber untersucht derartige Prozesse am Beispiel des Erzbistums Salzburg und des Herzogtums Österreich. Sie stellt diese beiden unterschiedlichen Herrschaftsgebiete in einem längeren Zeitraum, von der Mitte des 12. Jahrhunderts bis Ende des 14. Jahrhunderts, einander gegenüber, um zu überprüfen, inwieweit sich Unterschiede in den Interaktionen mit den jeweils abhängigen Städten erkennen lassen. Ein zentrales Ergebnis ihrer Analyse ist, dass es zwar Unterschiede, aber eine wichtige Gemeinsamkeit gibt: Mit Rechtsaufzeichnungen reagieren die Stadtherren bzw. Stadtherrinnen in der Regel unmittelbar auf aktuell virulente soziale oder politische Problemlagen. Es gibt, so könnte man sagen, keinen autonomen, für die Rechtsaufzeichnung als solcher reservierten ‚Ort‘ in der Stadt-Herrscher*innen-Interaktion, sondern ein Zusammenspiel von Aktion und Reaktion, wobei die Initiative durchaus auch von der Stadtgemeinschaft ausgehen kann.

Neben dem Fehlen eines einheitlichen Verfahrens für die Rechtsaufzeichnung fällt auch die große Variation der Textformen und -funktionen auf. Selbstverständlich müsste man hier noch genauer überprüfen, ob diese Variation durch die nachträgliche Zusammenstellung der älteren Überlieferung in Urkundensammlungen, Stadtbüchern oder Ähnlichem neutralisiert wird, weil der neue Kontext allen Dokumenten eine einheitliche Funktion zuweist. Die prinzipielle Heterogenität, also die Variation zwischen der Aufzeichnung von Stadtrechten im Sinne von (steuerlichen, handelsbezogenen etc.) Privilegien und den Rechtsweisungen, also umfassenderen, aber inhaltlich sehr heterogenen Normsetzungen, bleibt aber in jedem Fall bestehen. Hierher passt auch, dass in den von Gruber untersuchten Städten der Anlass für eine Rechtsaufzeichnung oftmals die Sicherung besonderer, nur für die jeweilige Gemeinschaft geltender Rechte ist. Die schriftlichen Aufzeichnungen scheinen daher weniger in den Kontext einer sich langsam herauskristallisierenden „legal literacy“ zu gehören, zumal die Rechtsaufzeichnungen häufig nicht umfangreich genug sind, um eine für das städtische Rechtshandeln ausreichende Basis abzugeben.

Das dritte Fallbeispiel, das das Nebeneinander unterschiedlicher Rechtspraktiken in den Städten der Vormoderne thematisiert, schließt unmittelbar an den Gedanken von Franz-Josef Arlinghaus an, die Herausbildung paralleler Rechtsräume in der vormodernen Stadt hänge mit der Herausbildung von Personenverbänden zusammen. Es geht um die in der heutigen Ukraine liegende Stadt Kamjaneć, einer fürstlichen Gründung von 1374, in der durch die Eigeninitiative der Bürger das Nebeneinander von drei Vögten – und damit von drei, im Wesentlichen gleichberechtigten Rechtsgemeinschaften – etabliert wird. *Jürgen Heyde*, der dieses Fallbeispiel vorstellt, rekonstruiert zunächst die Verfahren, die eingesetzt wurden, um zuerst der polnischen Bevölkerungsgruppe, dann der armenischen und schließlich der ruthenischen die Möglichkeit zu sichern, einen eigenen Vogt einzusetzen und damit die für Stadtgemeinden typische gerichtliche Selbstverwaltung ausüben zu können. Trotz der intendierten – und vollzogenen – Trennung dreier Rechtsräume interagieren die drei Gruppen und lernen voneinander. In der Zeitspanne, in der sich diese Innovationen vollziehen (ca. 1440 bis 1490), aktivieren sie jeweils den gleichen Kommunikationsweg, nämlich den direkten Kontakt mit dem König, unter Umgehung der lokalen Adligen. Gleich ist auch die Strategie, „die Ausweitung von Selbstverwaltungsrechten durch die Inszenierung von Konflikten“ (S. 137) voranzutreiben, in diesem Fall von Prozessen mit den lokalen Adligen, in denen sich die drei Gemeinden gegenseitig unterstützen.

Am Ende des 18. Jahrhunderts nach den polnischen Teilungen finden die Gruppen in einer gemeinsamen Inszenierung eines rechtlichen Verfahrens im Interesse der politischen Autonomie zusammen. Heyde schildert, wie der neuen russischen Herrschaft eine Zusammenstellung von Dokumenten präsentiert wird, die das Nebeneinander der drei Rechtstraditionen belegen. Das Textmuster ist dieses Mal aber nicht das der Bitte auf Wiederbestätigung der Privilegien, sondern das Muster einer quasi historiographischen Erzählung, die die traditionellen Strukturen zur Disposition stellt, aber wohl zu deren Beibehaltung ermuntern soll. Der dritte von Heyde untersuchte Fall, die Rechtsweisung des armenischen Magistrats für die Gemeinde in Zamość aus dem Jahr 1616, beleuchtet einen weiteren Aspekt des Nebeneinanders unterschiedlicher Rechtskulturen. Das Nebeneinander begünstigt nicht nur den Austausch von kommunikativen Strategien, sondern führt auch zur Herausbildung einheitlicher Rechtspraktiken, die die Differenz zwischen den Bevölkerungsgruppen einebnen, ohne dass ihre Rechtsautonomie davon betroffen ist.

Der dritte Themenbereich behandelt die Anpassungsleistungen, die in der konkreten Praxis die Rechtsnormen mit den jeweiligen Einzelfällen vermitteln. Die drei diskutierten Beispiele liegen zeitlich deutlich auseinander. Der Beitrag von *Tim Weitzel* erörtert den Fall des Visionärs Petrus Bartholomäus, ein „pauper rusticus“, der in dem 1098 von den Kreuzfahrern eroberten Antiochia die Lanze Christi findet und kurz darauf die Wahrhaftigkeit dieser Identifikation in einer Feuerprobe unter Beweis stellen muss. Interessant wird dieses scheinbare Beispiel mittelalterlicher ‚Irrationalität‘ dadurch, dass die Delegierung der Wahrheitsfindung an das Urteil Gottes in diesem Fall gerade nicht so gehandhabt wird, wie es den normativen Vorgaben zu entsprechen scheint. Es geht dabei weniger um die ungerechte Anwendung des Gottesurteils, das im Falle sozial höherstehender Beschuldigter regelmäßig durch den Reinigungseid und den Beistand von Eideshelfern ersetzt wurde. Was zur Debatte steht, ist vielmehr, dass das Ergebnis des Ordals – Petrus Bartholomäus stirbt kurz nach der Feuerprobe – gerade nicht als unbestreitbare Wahrheit behandelt wird. Aus den Schilderungen dieses Ereignisses in den zahlreichen historiographischen Darstellungen des ersten Kreuzzugs geht vielmehr hervor, dass es lange Auseinandersetzungen zwischen den verschiedenen Parteien darüber gab, was den tödlichen Ausgang genau verursacht hatte und ob ihm überhaupt der Status eines abschließenden Urteils zukomme. Selbstverständlich kann es sich bei Petrus Bartholomäus um einen Einzelfall handeln, und es wurde nur deswegen so lange diskutiert, weil das Wunder der Auffindung der heiligen Lanze im Streit um die Herrschaft in Antiochia eingesetzt werden konnte. Dann hätte also eine singuläre Praxis die gewohnte Praktik des Ordals durchbrochen, wäre aber ihrerseits nicht Teil einer bereits etablierten oder sich etablierenden Praktik der Vermittlung, mit eventueller Anpassung der scheinbaren Unbestreitbarkeit des Ordals an die jeweilige Interessenlage. Dies müsste noch überprüft werden, und es scheint an der Zeit, auch im Falle des Gottesurteils die mittelalterlichen Praktiken des ‚doing thruth' durch genaue Beobachtung der Einzelfälle zu rekonstruieren.

Die beiden nächsten Beiträge führen uns dagegen aus dem Mittelalter in die Frühe Neuzeit und konfrontieren uns mit der Arbeit des Reichskammergerichts bzw. des Kaiserlichen Reichshofrats vom 16. bis zum 18. Jahrhundert. Die historische Ausgangssituation ist nicht vergleichbar mit den bisherigen Fallbeispielen, und man mag den Sprung in eine Epoche, die die Ausbildung zentralisierter Territorialstaaten, Rationalisierungsschübe und ein durchgehend formalisiertes Rechtssystem zumindest im Bereich der überregionalen Gerichtsbarkeit kennt, für wenig zielführend halten. Dieser deutliche Kontrast ist aber durchaus erhellend. Beide Untersuchungen zeigen, dass auch maximal institutionalisiertes Rechtshandeln von der praxeologischen Analyse profitieren kann. Die etwas vorschnelle Identifikation der Praxeologie mit der ‚Froschperspektive' derjenigen, die von den Herrschaftsvollzügen ausgeschlossen sind, ist also unberechtigt, und die Fokussierung des „doing" und „saying" kann auch hier das leisten, was die Praxeologie als ihr Ziel formuliert hat, nämlich das konkrete Handeln mit epistemischen Gewinn, weil ohne die üblichen normativen Vorgaben, zum Gegenstand der Beschreibung zu machen.

Das Entscheidungshandeln des Reichskammergerichts wird, wie *Tobias Schenk* zeigt, von der Spannung zwischen zwei möglichen Maximen gerichtlichen Handelns bestimmt: Auf der einen Seite steht die Mündlichkeitsmaxime, die 1877 wieder für die deutschen Gerichte verbindlich gemacht wurde und die die Anwesenheit aller Prozessbeteiligten in der Verhandlung konstitutiv macht, auf der anderen das für die Rechtspraxis dieses Gerichts gültige Schriftlichkeitsprinzip, das die Aktenlage, also das schriftlich Festgehaltene, zur alleinigen Entscheidungsgrundlage macht. Tobias Schenk macht deutlich, dass die Zuordnung des Reichskammergerichts zu der zweiten Maxime (*quod non est in actis, non est in mundo*) zwar zunächst berechtigt ist, die tatsächliche Praxis des Gerichts und auch die für seine Entscheidungen typischen Praktiken damit aber nicht vollständig erfasst werden.

Auf der Basis einer genauen Analyse der schriftlichen Quellen, vor allem aber durch den Einbezug der Verfahren auf der „informalen Hinterbühne" des Gerichts (S. 183), kann er nachweisen, dass die Möglichkeit des *face-to-face*-Kontakts mit Klägern und Beklagten trotz der Schriftlichkeit des Verfahrens konstitutiver Bestandteil des Verfahrens ist. Sie wird dadurch gewährleistet, dass die anwaltlichen Funktionsträger nicht nur bei der Einleitung des Verfahrens, sondern auch später noch als direkte Kontaktpersonen zur Verfügung stehen. Diese späteren Kontaktaufnahmen finden aber nicht im Gericht, sondern außerhalb des Gerichts, in den Kanzleien der Advokaten, Prokuratoren und Agenten statt und sind illegal, weil in den vom Gericht sich selbst gegebenen Verfahrensrichtlinien der Kontakt mit dem für den Fall zuständigen Berichterstatter verboten ist. Insofern scheint es berechtigt, von einer nachträglichen Anpassung des rechtlichen Verfahrens an eine komplexere Gemengelage auszugehen. Vielleicht wird man bei dieser Bewertung der Arbeit des Reichskammergerichts aber zu sehr von der späteren vernichtenden Kritik der Aufklärung geleitet und müsste versuchen, näher an der Perspektive der historischen Akteur*innen zu bleiben.

Denn auch im nächsten Beitrag, in dem *Florian Zeilinger* die Arbeit des Kaiserlichen Reichshofrats und der Rolle der Suppliken an den Kaiser beleuchtet, lässt sich nicht unbedingt entscheiden, ob es sich bei der Einrichtung der Supplik um eine nachträgliche Reparatur und Anpassung an komplexere Ausgangslagen oder um eine als kohärent und widerspruchsfrei betrachtete Praktik handelt, die nur in unseren Augen hybride Züge hat. Ausgehend von den Suppliken aus drei süddeutschen freien Reichsstädten (Biberach/Riß, Nürnberg, Rottweil), die während der Regierung von Rudolf II. in Wien eingingen, rekonstruiert Florian Zeilinger, wie und wann das Gnadenrecht des Kaisers für Appellationen genutzt wurde. Die Bitte um eine Restitution in den vorherigen Stand nach einer mit Ehrverlust verbundenen Strafe scheint oft Anlass für eine Supplik gewesen zu sein. Hier wird auch das Nebeneinander einer expliziten Strafjustiz und einer „Infrajustiz" (S. 192) sichtbar, die die Frage aufwirft, in welchem Umfang die kaiserliche Gnade überhaupt Restitution leisten kann.

Vielleicht gibt es auf derartige Fragen gerade keine Antworten, weil nur aus unserer nachträglichen und funktional geschärften Sicht die Erwartung resultiert, alle Praktiken müssten sich gegenseitig sinnfällig ergänzen, und sei es im Sinne von Reparaturen an problematischen Regelwerken. Vielleicht ist nämlich das ‚fluidere' Bild der rechtlichen Ordnungen angemessen, das in den praxeologischen Ansätzen entsteht, weil diese die historischen Kontingenzen integrieren und genau beschreiben, statt nach regelhaften und ausbalancierten Strukturen zu suchen. In jedem Fall hat die Praxeologie erreicht, dass evolutionistische Großtableaus oder Teleologien, die sich in den historischen Entwicklungsschüben jeweils erfüllen, äußerst problematisch geworden sind und, wie in den Beiträgen dieses Bandes, von der genauen Analyse der einzelnen historischen Praktiken, ihrer Verflechtung, aber auch ihrer Offenheit und Vorläufigkeit abgelöst werden müssen.

An dieser Stelle sei nochmals allen Tagungsreferentinnen und -referenten für ihre substantiellen Referate und Diskussionsbeiträge herzlich gedankt.[12] Eine große Bereicherung waren außerdem die Beiträge von Markus Albuschat (Bochum), Luca Pocher (Heidelberg) und Miroslav Ivan Posarić (Kiel), die als Teilnehmer eines im Vorfeld der Tagung stattfindenden Doktorandenworkshops „Recht als Praxis in der Vormoderne“ ihre Dissertationsprojekte präsentierten. Zwei weitere Beiträger des Workshops, Étienne Ménager und Florian Zeilinger, konnten wir als Autoren des vorliegenden Bandes gewinnen.

Die hier dokumentierte Tagung feierte zugleich das 20. Gründungsjubiläum des Regensburger Mittelalterzentrums „Forum Mittelalter“, das 2003 als interdisziplinärer, fakultätsübergreifender Lehr- und Forschungsverbund von Prof. Dr. Edith Feistner (Ältere deutsche Literaturwissenschaft) aus der Taufe gehoben wurde. Edith Feistner gilt unser Dank für ihr frühes und anhaltendes Engagement, die germanistische Mediävistik nicht als reine Textwissenschaft zu vertreten, sondern Literatur in einem weiten Begriff über kulturgeschichtliche und interdisziplinäre Zugänge zu erschließen und einem breiten Publikum zu vermitteln! Seit 2006 bis heute leitet Prof. Dr. Jörg Oberste, Professor für mittelalterliche Geschichte und historische Hilfswissenschaften an der UR, das Forum Mittelalter und förderte dessen einzigartiges, an der interdisziplinären Städteforschung ausgerichtetes Profil. Durch seine innovativen Ideen für Tagungen, Ringvorlesungen und Forschungsprojekte, das gute Gespür für transdisziplinäre Arbeitsprozesse und eigene wegweisende Forschungen zu europäischen Metropolen, allen voran zum mittelalterlichen Paris,[13] hat er den Forschungsverbund wie kein anderer geprägt. 2017 erwuchs aus dem erweiterten Kreis der Mitglieder des Forums Mittelalter das DFG-Graduiertenkolleg 2337 „Metropolität in der Vormoderne“, in dem bereits zahlreiche Arbeiten zu kulturellen, sozioökonomischen, politischen oder religiösen Dynamiken und Innovationen in vormodernen Großstädten entstanden und weiterhin entstehen. Wir danken Jörg Oberste, Sprecher des Forum Mittelalter und des GRK „Metropolität in der Vormoderne“, im Namen aller Mitglieder für seine langjährige Leitung und Inspiration und freuen uns auf viele weitere gemeinsame Jahre in Forschung, Lehre und Nachwuchsförderung!

Mittlerweile können wir auf 18 internationale Jahrestagungen im Forum Mittelalter zurückblicken. Die Regensburger Universitätsstiftung Hans Vielberth hat diese Plattformen nationaler und internationaler Forschung zu europäischen Städten,

12 Neben den hier publizierten Aufsätzen enthielt das Tagungsprogramm auch Beiträge von Bernd Kannowski (Bayreuth), Anne Diekjobst (Kiel) und Daniel Schläppi (Bern), die allerdings aus unterschiedlichen Gründen nicht in dem Band vertreten sein konnten.

13 Jörg Oberste, Die Geburt der Metropole. Städtische Räume und soziale Praktiken im mittelalterlichen Paris (Forum Mittelalter-Studien 12), Regensburg 2018. Erschienen auf Englisch unter: Jörg Oberste, The Birth of the Metropolis. Urban Space and Social Life in Medieval Paris (Brill Studies in Architectural and Urban History 1), Leiden 2021; in Vorbereitung: Jörg Oberste, Das Wahrzeichen der Metropole: Die Pariser Kathedrale Notre-Dame und das französische Königtum im Mittelalter.

Gesellschaften und Kulturen von Beginn an kontinuierlich unterstützt – für die unkomplizierte und stets großzügige Förderung sei der Stiftung ein großer Dank ausgesprochen! Mit besonderem Stolz erfüllt uns die seit 2006 im Jahresrhythmus erfolgte Publikation unserer Tagungserträge in der Reihe „Forum-Mittelalter Studien" im Schnell & Steiner-Verlag Regensburg.[14] Diese kontinuierliche Serie schnell erfolgender, hochwertiger Publikationen ist nur mit Unterstützung eines kompetenten Wissenschaftsverlags möglich, den wir im Schnell & Steiner-Verlag an unserer Seite wissen dürfen. Der Verlegerfamilie Weiland, besonders dem Geschäftsführer des Verlags Felix Weiland, sowie allen engagierten Lektorinnen möchten wir unseren herzlichsten Dank für 20 Jahre wertschätzender und erfolgreicher Zusammenarbeit aussprechen.

Abschließend ist es uns ein Anliegen, einem herausragenden Wissenschaftler zu gratulieren, der unser Mittelalterzentrum ebenfalls seit den Anfängen begleitet, gefördert und mitgestaltet hat: Der international renommierte Rechtshistoriker und Jurist Prof. Dr. Hans-Jürgen Becker feiert am 3. November 2024 seinen 85. Geburtstag, zu dem wir ihm im Namen des Forum Mittelalter die herzlichsten Glückwünsche übersenden! Hans-Jürgen Becker hatte von 1988–2008 den Lehrstuhl für Bürgerliches Recht, Europäische Rechtsgeschichte und Kirchenrecht an der Universität Regensburg inne und ist Gründungsmitglied des Forum Mittelalter. Als Prorektor trieb er den Ausbau des Mittelalterzentrums voran und bereicherte unsere Publikationen und Ringvorlesungen mit zahlreichen Forschungsbeiträgen zur spätmittelalterlichen Rechtsgeschichte und Kanonistik in europäischer Breite, aber ebenso mit besonderem Fokus auf Regensburg.[15] Als rezenteste Publikation möchten wir die in

14 Im Jubiläumsjahr 2023 konnte mit dem Titel „Herrscher in der Metropole. Spannungsfelder zwischen politischer Zentralität und urbaner Diversität in Antike und Mittelalter" (hg. v. Jörg Oberste / Susanne Ehrich) der 20. Band der Reihe vorgelegt werden, inzwischen ist in Zusammenarbeit mit dem GRK 2337 „Metropolität in der Vormoderne" Band 21 „Zwischen Rom und Mailand – Liturgische Kircheneinrichtungen des Mittelalters in Italien. Historische Kontexte und interdisziplinäre Perspektiven" (hg. v. Albert Dietl / Elisa Di Natale / Harald Buchinger) erschienen.

15 Wichtige Überblickstudien legte Hans-Jürgen Becker in der Reihe Forum Mittelalter-Studien etwa zu den Stadtpatronen (Defensor et patronus: Stadtheilige als Repräsentanten einer mittelalterlichen Stadt, in: Jörg Oberste (Hg.): Repräsentationen der mittelalterlichen Stadt [Forum Mittelalter-Studien 4], Regensburg 2008, 45–63) oder zur städtischen Territorialbildung im Mittelalter vor (Ansätze zur Bildung urbaner Zentren im Alten Reich. Zur Territorialpolitik der Reichsstädte Frankfurt am Main und Nürnberg, in: Jörg Oberste (Hg.): Metropolität in der Vormoderne. Konstruktionen urbaner Zentralität im Wandel [Forum Mittelalter-Studien 7], Regensburg 2012, 119–137). Hans-Jürgen Beckers Œuvre hier in Kürze gerecht zu werden, ist nicht möglich. Neben der Vorlage lange vernachlässigter Quelleneditionen, wie den kirchenpolitischen Schriften des Konzilstheologen Konrad von Gelnhausen (+1390) oder der oben genannten, hat er zu unzähligen Aspekten der Kanonistik und des Stadtrechts im Spätmittelalter publiziert (zuletzt etwa: Ders., Ein Kapitel aus der Geschichte der Regensburger Handelsgerichtsbarkeit: das Amt des Hansgrafen und seine vielfältigen Wandlungen, in: Anja Amend-Traut / Hans-Joachim Hecker / Hans-Georg Hermann [Hgg.]: Handel,

diesem Jahr in der Reihe „Päpste und Papsttum“ erschienene Ausgabe der päpstlichen Wahlkapitulationen seit 1352 erwähnen, mit der unser Jubilar die vertraglichen Abmachungen der Wahlkollegien als zentrale Quellen der päpstlichen Regierung erstmals kritisch ediert und kommentiert zugänglich macht. Wir wünschen Hans-Jürgen Becker weiterhin so viel wissenschaftliche Inspiration, Akribie für Grundlagenarbeit und Produktivität, wie er sie in den vergangenen Jahren weit über unseren Kreis hinaus fruchtbar machen konnte. Ihm sei dieser Band in großem Respekt und Dankbarkeit gewidmet!

Maria Selig und Susanne Ehrich

Recht und Gericht in Mittelalter und Neuzeit: Die Reichsstadt Nürnberg im regionalen und europäischen Kontext [Nürnberger Forschungen 32], Nürnberg 2021, 83–121) sowie zur Verfassungsgeschichte und Wissenschaftsgeschichte der Jurisprudenz im 19. und 20. Jahrhundert gearbeitet.

I. Rechtsexpertise und schriftkulturelle Infrastrukturen

Early medieval charters and urban legal cultures in Northern Italy. An Overview[*]

Marco Stoffella

1. Introduction

In this article, I will pay attention on the emergence and development of legal charters in the medieval context of Northern Italy. After examining the transition from late antiquity to the early Middle Ages, our focus will turn specifically to the documents, laws, justice, and mobility of Lombard Italy, while the final section will centre on the Carolingian era and how disputes were settled then. For all time periods under discussion here, I have considered not only elements pertaining to legal and linguistic aspects, but also those going back to the processes of charter issuance and the writers of such documents in the early medieval urban context of Northern Italy.

2. From Ostrogothic and Byzantine Italy to the Lombard period

How one embarks on the study of these medieval charters and their development depends on how one interprets the transition between the sixth (or more properly, beginning from the fifth) and seventh centuries.[1] This is a historiographical knot that

* At the outset of this paper, I would like to note the following: (1) the framework within which I have organised this contribution is highly affected by my experiences as a historian of the early Middle Ages who has been working for quite some time on northern Italian and central European early medieval charters; (2) the inclusion of suggestions and insights from the fields of palaeography, diplomatics, linguistics, and legal history in this contribution have not been framed necessarily in a systematic way, yet the case studies all contribute to the overall theme as evinced in the introduction.

1 From the vast bibliography on the periodisation of late antiquity, it will suffice here to mention but a few major studies: Peter Brown, The world of late antiquity: AD 150–750, London 2006; id., The rise of western Christendom: triumph and diversity, AD 200–1000, tenth anniversary edition, Oxford 2013; Andrea Giardina, Esplosione di tardoantico, in: Giuseppe Mazzoli / Fabio Gasti (eds.): Prospettive sul tardoantico. Atti del convegno di Pavia, 27–28 novembre 1997 (Biblioteca di Athenaeum 41), Como 1999, 9–30, now Studi Storici 40 (1999), 157–180. More recently is: Arnaldo Marcone, Tarda antichità. Profilo storico e prospettive storiografiche (Frecce 307), Rome 2020, 43–74.

scholars have tackled on several occasions from different perspectives; there are some who possess a precipitous interest in classicism and have thus distanced themselves from the decline of the Roman classical culture in the West (especially if we consider the catastrophist visions of some archaeologists related in particular to material culture),[2] while others have a retrospective gaze and seek after the typical features of the early Middle Ages both immediately before or after the so-called fall of the western Roman Empire.[3] Thanks to the explosion of studies on late antiquity, however, the crisis between the fifth and seventh centuries tends to be framed nowadays more convincingly under the category of transformation.[4]

In the Italian perspective, the experience of the Goths (489–553) has been regarded as a period of stability, comparable in many respects to the characteristics of the Roman state immediately preceding Germanic rule. Amongst the most serious blows to the western empire's Italian heartland during this period were the loss of Africa and its substantial tax revenues, and the relegation of present-day Italy from being regarded as the centre of the world to standing merely as one separate kingdom amidst others. This loss in status came about despite King Theodoric's attempt to build a federation of kingdoms and *gentes* whose sovereigns, bound together by a bond of *fraternitas*, would have had their ideal centre of gravity in Italy precisely under the Goths. The most serious structural change was the demographic collapse, represented by the sharp contraction of Rome's population between AD 400–535. The Graeco-Gothic War (or Gothic-Byzantine War) was a real caesura that had its turning point not so much in 553 (the year of its supposed end) but instead in 540, when Ravenna was taken by the Byzantines and the Kingdom of the Goths was deprived of its capital and administrative hub. The Byzantine reconquest and the Gothic resistance to this campaign dragged on for a long time with various military leaders vying for control, such that the two cities of Brescia and Verona fell to Byzantine control only in 561.[5]

2 Bryan Ward-Perkins, The fall of Rome and the end of civilization, Oxford 2005; Peter Heather, The fall of the Roman Empire: a new history of Rome and the barbarians, Oxford 2006; Walter A. Goffart, Barbarian tides: the migration age and the later Roman Empire, Philadelphia 2006.

3 Andrew Gillett (ed.), On barbarian identity: critical approaches to ethnicity in the early Middle Ages (Studies in the early Middle Ages 4), Turnhout 2002; Chris Wickham, Framing the early Middle Ages. Europe and the Mediterranean, 400–800, Oxford 2005; Guy Halsall, Barbarian migration and the Roman West: 376–568, Cambridge 2007; Julia M. H. Smith, Europe after Rome: a new cultural history 500–1000, Oxford 2005; Walter Pohl / Gerda Heydemann (eds.), Post-Roman transitions: Christian and barbarian identities in the early Medieval West (Cultural encounters in late antiquity and the Middle Ages 14), Turnhout 2013; Ian Wood, The transformation of the Roman West, Kalamazoo, MI/Bradford 2018.

4 The studies conducted and the numerous volumes published within the framework of the European Science Foundation programme "The Transformation of the Roman World" have been fundamental in this respect. See in particular Hans-Werner Goetz / Jörg Jarnut / Walter Pohl (eds.), Regna and gentes. The relationships between late antique and early medieval peoples and kingdoms in the transformation of the Roman world (The transformation of the Roman world 13), Leiden/Boston 2002.

5 Wickham 2005 (as note 3), 34–37; Marco Cristini, Teoderico e regni romano-germanici

The brief fifteen-year interlude of imperial rule between 553–568 has generally been neglected by historiography or else regarded as an appendix to the Justinianic era and, therefore, left to the remit of Byzantinists.[6] Precisely because of the division amongst different disciplinary fields in how they analyse the sixth century, there is a perception that the last Ostrogothic rulers, Justinian's generals, and the first Lombard kings should be studied separately, thus emphasising the factors of discontinuity at the expense of the many elements of continuity.[7] It is a significant paradox that the responsibility ascribed to the Lombards for the political fragmentation of Italy as well as the question of the degree of their Romanisation are still at the heart of contemporary historiographical debate, nearly as much as were the debates on Romans and Germans in early medieval Italy almost two centuries ago.[8] Another feature of this enduring discussion is the debate over how long bilingualism lasted (especially in northern Italy) and if traces of it can still be found in written evidence – and in documents in particular – from the beginning of the eighth to the middle of the ninth century.[9]

It should be made clear that the social, military, and intellectual assimilation between Romans and Lombards was a long process, the beginnings of which can be traced back as early as the first decades after the creation of the Lombard Kingdom. The origins of this integration are strong rooted in the phase in which the Lombards

(489–526). Rapporti politico-diplomatici e conflitti (Testi, studi, strumenti 36), Spoleto 2022.

6 Jonathan J. Arnold / M. Shane Bjornlie / Kristina Sessa (eds.), A companion to Ostrogothic Italy (Brill's companions to the European history 9), Leiden 2016; Salvatore Cosentino (ed.), A companion to Byzantine Italy (Brill's companions to the Byzantine world 8), Leiden 2021.

7 Walter Pohl, Social cohesion, breaks, and transformation in Italy, 535–600, in: Ross Balzaretti / Julia Barrow / Patricia Skinner (eds.): Italy and early medieval Europe. Papers for Chris Wickham, Oxford 2018, 19–38.

8 Carlo Troya, Della condizione dei Romani vinti dai Longobardi e della vera lezione di alcune parole di Paolo Diacono intorno a tale argomento, Milan 1844; Gioacchino Volpe, Lombardi e Romani nelle campagne e nelle città. Per la storia delle classi sociali, della nazione e del rinascimento italiano, Studi storici 13 (1904), 53–81, 167–182, 241–315, 369–416; Patrick J. Geary, Longobardi in the sixth Century without Paulus Diaconus, in: Balzaretti / Barrow / Skinner 2018 (as note 7), 50–59.

9 Federico Albano Leoni, Bilinguismo e coscienza del bilinguismo nell'Italia longobarda, in: idem / Daniele Gambarara / Franco Lo Piparo / Raffaele Simone (eds.): Italia linguistica: idee, storia, strutture, Bologna 1983, 133–148; Nicolas Everett, Literacy in Lombard Italy, c. 568–774, Cambridge 2003; Wolfgang Haubrichs, Langobardic personal names: given names and name-giving among the Langobards, in: Giorgio Ausenda / Paolo Delogu / Chris Wickham (eds.): The Langobards before the Frankish conquest: an ethnographic perspective (Studies in historical archaeoethnology 8), Woodbridge 2009, 195–236; Walter Pohl / Bernhard Zeller (eds.), Sprache und Identität im frühen Mittelalter (Forschungen zur Geschichte des Mittelalters 20), Vienna 2012; Carla Falluomini, I Longobardi in Italia: lingua e cultura, Alessandria 2015; Marco Stoffella, Traces of bilingualism in early medieval northern Italy: the evidence from eighth- and ninth-century charters, in: Robert Gallagher / Edward Roberts / Francesca Tinti (eds.): The languages of early medieval charters. Latin, Germanic vernaculars, and the written word (Brill's series on the early Middle Ages 27), Leiden/Boston 2021, 296–341.

settled as *foederati* in Pannonia, the province of the empire formerly controlled by the Goths and where the Lombards even assimilated the Eastern form of Chalcedonian Christian orthodoxy in consonance with Byzantium and the imperial court.[10] There are numerous signs of a conscious adoption by the Lombards of Roman material and intellectual techniques as exemplified in written texts already under King Agilulf (591–615/616) and after his reign throughout the seventh century. Such assimilation was prompted by the influence of learned Roman personalities who worked alongside kings as well as by the contacts (including economic ones) with Roman territory: contacts that had never entirely ceased, but instead greatly increased later. Among the many aspects to be considered in this process is the fact that such assimilation also took place in terms of legal practices. As far as the drafting and tradition of documents is concerned, new provincial formulae and forms were introduced with the settlement of the Byzantines in Ravenna in 540, with conspicuous consequences especially in documents of purchase and sale, that is, in texts more delicate and complicated than donations and wills, due to the presence of specific clauses and conditions.[11]

The innovations introduced by the legal reforms under Justinian were implemented in Ravenna around 550, as verified by Jan-Olof Tjäder in his studies on the relationship between legislation and practice in the Ravenna papyri, the only original documentary materials preserved in northern Italy between the mid-sixth and late seventh centuries, and that were progressively substituted by parchment documents.[12] Novella 47, for example, changed the way of indicating the date in official and tabelloniary documents, namely by means of the consul's name and the indication of the month and day, permanently placed toward the end of the document's context.[13]

10 Procopius, De bello Gothico, 6.14.9 (ed. and tr. Henry B. Dewing, Cambridge, MA/London 1914, 1916, 1919); Walter Pohl, Gregory of Tours and contemporary perceptions of Lombard Italy, in: Kathleen Mitchell / Ian Wood (eds.): The world of Gregory of Tours (Cultures, beliefs and traditions: medieval and early modern peoples 8), Leiden/Boston/Cologne 2002, 131–143; Thomas S. Brown, Lombard religious policy in the late sixth and seventh centuries: the Roman dimension, in: Ausenda / Delogu / Wickham 2009 (as note 9), 289–308, here 293–295; Piero Majocchi, Arrianorum abolevit heresem: the Lombards and the ghost of Arianism, in: Guido M. Berndt / Roland Steinacher (eds.): Arianism. Roman heresy and barbarian creed, Burlington, VT 2014, 231–238, here 234–235.

11 Marcello Del Piazzo, Manuale di cronologia (Fonti e studi del Corpus membranarum italicarum 4), Rome 1969, 51, 54, 79–85.

12 Jan-Olof Tjäder, Die nichtliterarischen lateinischen Papyri Italiens aus der Zeit 445–700 (Acta Instituti Romani Regni Sueciae 19/I–III), Lund/Stockholm 1955–1982; Pohl 2018 (as note 7), 29–32; Dario Internullo, Du papyrus au parchemin: les origines médiévales de la mémoire archivistique en Europe occidentale, Annales. Histoire, sciences sociales 74 (2019), 521–557.

13 Rudolf Schöll / Wilhelm Kroll (eds.), Corpus iuris civilis, III, Novellae, Berlin 1895, reprint Cambridge 2014, XLVII, 283–284: *Ut nomen imperatoris instrumentis et actis praeponatur, et ut tempora latinis litteris indicata accuratius scribantur [...] hoc modo incipere in documentis: Imperii illius sacratissimi Augusti et imperatoris anno toto, et post illa inferre consulis appellationem qui illo anno est, et tertio loco indictionem, mensem et diem. Sic enim per omnia tempus servabitur, et pro imperii memoria atque consu-*

In fact, the novella established that those who were to draw up any *acta*, including *tabelliones*, should place the date at the beginning of the documents and observe the following succession of elements: the year of the empire, the name of the consuls, the indiction, and finally the month and the day. For quite some time, however, at least until 557, the pre-Justinianic dating formula persisted in some documents. Even once the new rule was transposed, the tabellions at Ravenna maintained their own succession of dating elements by placing the indiction last and passing down this layout both to the Lombard documents (which all have the indiction year as the final element in their dating formula), and more generally to documents written in Italy in the early Middle Ages.[14]

3. The Lombard period

Even if the edict of King Rothari foresees the issuing of purchase *cartolae*, the late documentary tradition from the Lombard period suggests caution in terms of application of laws in the everyday life.[15] The era of original Lombard documentation begins relatively late, starting in Tuscany – namely in Pisa – in the year 720.[16] Tuscan archives preserve a significant number of documents that testify both to a high level of literacy, especially amongst the citizens of Lucca and Pisa, and at the same time to a certain degree of linguistic conservatism in the use and choice of Latin legal terms in the issuing of documents.[17] By contrast, the tradition of Lombard royal diplomas,

latus ordine et reliqua observatione interposita documentis inadulterata haec valde constituuntur. See Charles M. Radding / Antonio Ciaralli, The Corpus iuris civilis in the Middle Ages: manuscripts and transmission from the sixth century to the juristic revival (Brill's Studies in intellectual history 147), Leiden 2007, 34–47.

14 Jan-Olof Tjäder, Alcune osservazioni sulla prassi documentaria a Ravenna nel VI secolo, in: Gian G. Archi (ed.): Il mondo del diritto nell'epoca giustinianea. Caratteri e problematiche, Ravenna, 30 settembre-1° ottobre 1983, Ravenna 1985, 23–42; Antonella Ghignoli / François Bougard, Elementi romani nei documenti longobardi, in: Jean-Marie Martin / Annick Peters-Custot / Vivien Prigent (eds.): L'héritage byzantin en Italie (VIIIe–XIIe siècle). I: La fabrique documentaire (Collection de l'École française de Rome 449), Rome 2011, 241–301.

15 Edictum Rothari, 227: *De emptionibus et vinditionibus. Si quis comparaverit terram, id est solum ad edificandum aut casam mancipiata, et quinque annos inter praesentes personas possederit posteaque ipse vinditor aut heredes eius pulsaverit, dicendo quod praestetisset, nam non vindedisset: ostendat libellus scriptus, ubi rogatus fuisset praestandi. Et si libello non habuerit, [...];* Claudio Azzara / Stefano Gasparri (eds.), Le leggi dei Longobardi. Storia, memoria e diritto di un popolo germanico, Rome 2005, 70–73. On Lombard documents, see Herbert Zielinski, Die Charta der Langobarden. Forschungsgeschichte und aktuelle Perspektiven, in: Peter Erhart / Karl Heidecker / Bernhard Zeller (eds.): Die Privaturkunden der Karolingerzeit, Zürich 2009, 47–56.

16 Albert Bruckner / Robert Marichal (eds.), Chartae latinae antiquiores. Facsimile edition of the Latin charters prior to the ninth century, Zürich 1954–1998, vols. 1–49 (= ChLA), 26, no. 799, 3–7, Pisa, 29 January 720.

17 Armando Petrucci / Carlo Romeo, "Scriptores in urbibus". Alfabetismo e cultura scritta nell'Italia altomedievale, Bologna 1992, 77–126; Attilio Bartoli Langeli, Notai.

all of which are preserved exclusively in copies, dates to the period of King Agilulf, although the relationship between written culture and royal authority can be traced back as early as King Alboin, who – like his immediate Gothic and Byzantine predecessors – interceded on behalf of urban communities through formal written concessions for the benefit of bishops.[18] As mentioned above, only Latin papyri are preserved in their original form for the period between the second half of the sixth and the seventh centuries; on the basis of the latter and of Ravennan practices, we might be led to believe that the scribal culture in northern Italy – on the one hand, carried out by the bureaucrats and clients of the tabellions and exhibited to officials and insinuated in the *gesta municipalia*, and on the other hand produced and preserved in ecclesiastical archives – were practices that were also widespread throughout the rest of the peninsula.[19]

Yet this is not the case, since the earliest Lombard copy of a document dates from about 650 and refers to the well-known dispute between the bishops and the urban communities of Siena and Arezzo over the possession of certain baptismal churches and monasteries within their dioceses; the dispute had an important debating phase in 714 in the presence of the mayor of the palace Ambrose, and again in 715 before the royal notary Gunteram. It is precisely the material handed down in copies and preserved in a parchment roll known as Rotolo 3 and compiled in the eleventh century in Arezzo – material concerning the dispute between the cities of Arezzo and Siena and the rural communities subject to them – that allows us to make some observations on how justice worked, and rural society was organized.[20]

The preserved documents restore the idea of a Lombard trial that was less distant from the legal tradition of the Roman imperial era than has been believed in the past and, at the same time, close to the customs in other Roman-Barbaric political entities.

Scrivere documenti nell'Italia medievale, Rome 2006, 17–35; idem, Forma langobardica. La lingua dei documenti italiani altomedievali (secoli VIII–XI), in: Francesco Magistrale (ed.): Scrittura memoria degli uomini. Atti della giornata di studi in ricordo di G. Cannataro, Bari 2006, 17–34.

18 Paulus Diaconus, Historiae langobardorum, 2, 12 (Paolo Diacono, Storia dei Longobardi, ed. Lidia Capo, Milan 1992), 90–91: *Igitur Alboinum cum ad fluvium Plavem venisset, ibi ei Felix episcopus Tarvisianae ecclesiae occurrit. Cui rex, ut erat largissimus, omnes suae ecclesiae facultates postulanti concessit et per suum pracmaticum postulata firmavit.*

19 Warren C. Brown / Marios Costambeys / Matthew Innes / Adam J. Kosto (eds.), Documentary culture and the laity in the early Middle Ages, Cambridge 2013; Warren C. Brown, Beyond the monastery walls. Lay men and women in early medieval legal formulas, Cambridge 2023, 121–150.

20 Luigi Schiaparelli (ed.), Codice diplomatico longobardo (sec. VIII) (Fonti per la storia d'Italia 62–63), Rome 1929–1933, 2 vols. (= CDL), I, nos. 4, 17, 19, 20; Wickham 2005 (as note 3), 392–393; François Bougard, A vetustissimi Thomis. Le rouleau 3 d'Arezzo. Du primicier Gérard au tribunus Zenobius, in: Simone Allegria / Francesca Cenni (eds.): Secoli XI e XII: l'invenzione della memoria. Atti del Seminario internazionale, Montepulciano, 27–29 aprile 2006, Montepulciano 2006, 113–150; Stefano Gasparri, Voci dai secoli oscuri. Un percorso nelle fonti dell'alto medioevo, Rome 2017, 37–56; Giovanna Nicolaj, Il Rotolo 3 dell'Archivio capitolare d'Arezzo: un caso ancora aperto, Scrineum Rivista, 15 (2018), 63–74.

Indeed, we can infer how the *pugna* or *ordalia* remained confined to accusations against servants, while the oath was used as the additional decision-making tool – that is, in the case of the absence of *libelli* or *chartulae* – through the performance of the *sacramentum* (an oath) and the intervention of *sacramentales* (i.e., sworn witnesses). Provision was also made for inquisitions to be carried out, with the collection of qualified depositions organized within *brevia* (sg. *breve*) – i.e., annotations that can be considered as lightweight texts – intended to produce documents that would have greater specific importance on a formal and legal level.[21] Once a given breve with the results of the inquisition had been drawn up and the sentence issued, the representative of royal power would return to the palace in the capital city of Pavia whence diplomas were issued; the latter were supposed to render stable any future decisions of the royal representative. We thus find extant a very orderly system in which the royal palace managed the peripheral territories by sending qualified exponents, collecting witnesses, and producing ad hoc documents that reflected the king's will and were preserved locally.

From the depositions that were gathered, collected, and organized in the breve, a further aspect emerges that has hitherto been under-emphasised: there is evidence of the careful management of the movement of laity and clergy, not only when justice had to be executed, but also more generally when people needed to cross the boundaries of different civic districts.[22] This situation clearly emerges from the extraordinary depositions of some priests who mention that in order to be permitted to travel annually to the cathedral church of Arezzo to receive the sacred chrism oil – prepared within the same bishopric but located within a different *iudiciaria*, namely the civic territory of Siena – they had to obtain from the gastald, the local representative of royal power,[23] an *epistola rogatoria* (a pass or permit) permitting them to leave the

21 Attilio Bartoli Langeli, Sui 'brevi' italiani altomedievali, Bullettino dell'Istituto storico italiano per il Medio Evo, 105 (2003), 1–23; François Bougard, La justice dans le royaume d'Italie: de la fin du VIIIe siècle au début du XIe (Bibliothèque des Écoles françaises d'Athènes et de Rome 291) Rome 1995, 75–76.

22 These aspects have never received specific attention. On royal frontiers and mobility, see Walter Pohl, Frontiers in Lombard Italy: the laws of Ratchis and Aistulf, in: idem / Helmut Reimitz / Ian Wood (eds.): The transformation of frontiers from late antiquity to the Carolingians (The transformation of the Roman world 10), Boston/Leiden 2001, 117–142; Gianmarco De Angelis, Mobilità e controllo politico nell'Italia longobarda e carolingia, Mélanges de l'École française de Rome. Moyen Âge, 132/2 (2020), 1–17. See also: Marco Franzoni, Mobility, trade and control at the frontier zones of the Carolingian Empire (8th–9th centuries), Frühmittelalterliche Studien, 59 (2025) [forthcoming].

23 There are several limitations concerning mobility and the use of written passes within the kingdom in the legislation of Rothari and Liutprand. See for instance Edictum Rothari (as note 15), 340: *Si quis cavallum alienum ascenderit et infra vicinia tantum cavallicaverit, id est prope ipsum vicum, componat solidos duos; nam si inantea eum caballicare presumpserit et dominum non rogaverit, in actogild reddat.* Liutprandi leges, 27: *Si quis in aliam civitatem causam habuerit, vadat cum epistola de iudice suo ad iudicem, qui in loco est [...]* (cf. Azzara / Gasparri 2005 [as note 15], 156). A first discussion of these aspects is in: Bernhard Zeller / Charles West / Francesca Tinti et al., Neighbours or strangers: local societies in early medieval Europe, Manches-

district of their residence temporarily, with many priests noting the requirement of keeping such a pass with them during their journey.[24]

A similar example concerning the control of clerical mobility arises about a century later in Tuscany: in an *epistola formata* from around the year 827, Bishop Peter of Lucca requests that Bishop John of Pisa welcome a priest into his diocese and appoint him to a parish or monastery, thus preventing the latter from wandering wherever he wished.[25] These epistolary documents were not at all rare in the ancient and early medieval world; each embassy, for instance, usually carried one or more such letters, possibly supplemented by oral messages. As we have seen, other kinds of letters were used on a routine basis and at local scale, yet they rarely survived, as their usefulness was often limited to a particular situation, after which the preservation of these documents became of secondary importance. The chanceries of the major post-Roman kingdoms, the Carolingian Empire, and Byzantium, probably kept originals or copies of much of their respective international correspondence, but the loss of almost all secular archives over the centuries due to war, strife and lack of deposit into religious archive, resulted in the disappearance of most letters concerning foreign affairs, while documents dealing with doctrinal issues or church properties were either preserved by ecclesiastical writers or in the archives of religious and monastic institutions.[26]

The extraordinary variety of documentary production in the Lombard period emerges once again from the rich archives in Tuscany – especially from Pisa, Lucca, and Monte Amiata (now in Siena) – through the well-known list once attributed to Alahis and now identified with the *munimina*, i.e., the valid documents transferring rights, which passed into the archive of the church of St. Peter ai Sette Pini in Pisa, accompanying the destiny of its founder Alateo, a deacon and relative of Alahis.[27]

ter 2020, 132, 170, 174. I have also shown these aspects in a seminar held at the Centre for Advanced Studies 2496 "Migration and Mobility in Late Antiquity and in the Early Middle Ages" at the Eberhard Karl University of Tübingen.

24 CDL, I, no. 19, 61–77, Siena, 20 June 715, 67: *quia electus a plebe, cum epistola Vuarnefrit iudici ambulavi ad Aritio, et per manus Luperciano episcopo Aretine ecclesiae consecratus sum, et ibidem manu mea feci, et sacramentum prebuis sicut et antecessor meus.*

25 Antonino Mastruzzo, Un'epistola formata di età carolingia nell'Archivio di Stato di Pisa, Annali della Scuola Normale Superiore di Pisa. Classe di lettere e filosofia, ser. III 25 (1995), 1437–1458; ChLA², LVIII, no. 14, 74–77, Lucca, 1 September 827–31 August 828.

26 Cf. Codex Epistolaris Carolinus. Letters from the popes to the Frankish rulers, 739–791. Translated with an introduction and notes by Rosamond McKitterick, Dorine van Espelo, Richard Pollard, and Richard Price (Translated texts for historians 77), Liverpool 2021; Brown / Costambeys et al. 2013 and Brown 2023 (as note 19).

27 Pier S. Leicht, L'archivio di Alahis, in: Studi di storia e diritto in onore di Enrico Besta per il XL anno del suo insegnamento, II, Milan 1937, 29–36, reprinted as Pier S. Leicht, Scritti di storia del diritto italiano, II/1, Milan 1948, 233–239; Antonella Ghignoli, Su due famosi documenti pisani dell'VIII secolo, Bullettino dell'Istituto Storico Italiano per il Medio Evo, 106/2 (2004), 1–69, here 52–61; Wickham 2005 (as note 3), 216–217; Marios Costambeys, The laity, the clergy, the scribes and their archives: the documentary record of eighth- and ninth-century Italy, in: Brown / Costambeys et al. 2013 (as

Many of the original documents were lost over time, but the memory of this collection was preserved through a breve listing the chartae with individual summaries of the contents. This collection of documents, which includes many transactions attributable to the gastald Alahis, a royal officer active in Lucca and in Pisa under King Liudprand, lists 88 different sorts of documents as being of various types: *cartolae*, *praecepta*, *epistolae*, and *brevia*. Among them are mentioned documents issued when money was lent; they are called *cauto/cautio/cautiones*, bails that at a certain point were probably voided when the money was returned, since in the list such documents are noted as having also been *cappilati/capulati*, meaning parchments on which bails were written and which were subsequently cut to annul them. Considering the case of Alahis's archive, it is astonishing how many royal diplomas were at a single royal officer's disposal at once: the gastald Alahis and a relative of his, the deacon (and later archdeacon) Alateo, who inherited the control of his family church in Pisa, had 17 royal praecepta at their joint disposal issued between 678 and 757 by different Lombard kings. Here, I want to stress that Alahis was one of the many local officers/gastalds representing the Lombard kings in the various districts/duchies of the kingdom. According the scholarly tradition, therefore, we should consider the situation of Alahis and his archive as extraordinary; however, given the many gastalds in duty in the various cities and districts of the kingdom, the extraordinary archive of Alahis could have been more uncommon than we would expect, since the case of Alahis shows that diplomas must have regularly reached localities within the kingdom, even if we nearly completely miss evidence of them.

4. The Carolingian period

The list of St. Peter ai Sette Pini in Pisa demonstrates how rich ecclesiastical and private archives in early medieval Italy – especially in the Lombard period – could have been. Even if many thousands of documents have lost, we still have hundreds of originals issued during the eighth century in peripheral areas and preserved in ecclesiastical archives, as in the case of the cities of Lucca and Pisa. Among such remnants can be found two documents written in a rural area not far from Lucca in July 777, that is, three years after the Carolingian conquest of the Kingdom of Lombardy by Charlemagne.[28] They testify to an exchange of estates with a peculiarity: the two docu-

note 19), 231–258, here 239–241; Marco Stoffella, Spazi e forme di azione del clero delle chiese episcopali. Una comparazione tra Toscana e Veneto nell'VIII secolo, in: Vito Loré / Geneviève Bührer Thierry / Régine Le Jan (eds.): Agir en commun dans les sociétés du haut Moyen Âge (Collection Haut Moyen Âge 49), Turnhout 2024, 249–277, here 257–261.

28 ChLA, 36, no. 1063, 63–65, 24 July 777, Valeriana; no. 1064, 66–67, 24 July 777, Valeriana. A detailed analysis can be found in Emmanuel Huertas, Des actes en miroir. La double rédaction des actes d'échange à Lucques au VIIIe siècle, in: Irmgard Fees / Philippe Depreux (eds.): Tauschgeschäft und Tauschurkunde vom 8. bis zum 12. Jahrhundert/L'acte d'échange du VIIIe au XIIe siècle

ments are both originals, yet in contrast to other examples of the same genre, they show how the exchange documents were prepared and the small differences in their formulary that were used for the two parties involved. Thus, they give us the unique opportunity to compare how the two mirroring exchange documents were organised and issued, since we normally have only one of the two originals copies left: usually the one kept by the ecclesiastical institution involved in the exchange and written by a notary or professional scribe. The two documents were organised on a common formulary with the introduction of small changes, and they normally involved at a certain stage the intervention of qualified evaluators (*estimatores*). Based on their expertise about the estates involved in the exchange, such evaluators had to state the correspondence of the properties, their borders, and their extension as described in the documents with the reality on the ground, as witnessed by them upon visiting and surveying the properties. There is more evidence of exchange documents from the early decades of the ninth century when many exchanges took place between the bishopric of Lucca and relevant members of local elites and when *missi*, the official envoys representing the two parts concerned, were involved.[29]

When we shift our attention from northern Tuscany to the Po Valley and to Verona, we encounter a very different set of archival deposits. The oldest documents come from two male Benedictine monastic urban communities: that of St. Mary in Organo, a Lombard foundation just outside the eastern city gate on the Via Postumia; and that of St. Zeno, a late-antique foundation on a large Roman burial ground in the western suburbs of Verona. Meanwhile, the older part of the diocesan archive was possibly lost to fire in the eighth century, with further losses attributable to the many floods of the nearby Adige River, the last disastrous such inundating occurring at the end of the nineteenth century.[30]

A *notitia placiti*, a written judgment possessing distinctive features uncommon in other Western European charters and produced in Verona in 806, makes clear how things worked in the first decades of Carolingian rule over northern Italy from a Veronese perspective. Preserved in a copy from the mid-ninth century and written by

(Beihefte zum Archiv für Diplomatik, Schriftgeschichte, Siegel- und Wappenkunde 13), Cologne/Weimar/Vienna 2013, 159–169. Another famous example of an exchange, issued on 19 February 774 outside the besieged city of Pavia by the abbot of Saint-Calais and the bishop of Le Mans, is discussed by Janet L. Nelson, King and emperor. A new Life of Charlemagne, Milton Keynes 2019, 93–95, 133–134, 159. See also Marco Stoffella, Quando è nato Carlmanno, re dei Franchi? Quando è nato Carlo il Giovane, figlio di Carlo Magno?, Studi Medievali, 3a serie, 65/1, 2024, 1–56, here 28.

29 Antonino Mastruzzo / Elisabetta G. Unfer Verre, Pubblici uffici e competenze grafiche nell'età carolingia: una relazione biunivoca? Il caso di Lucca, Scrineum Rivista, 17/2 (2020), 107–145.

30 Paolo Squatriti, The floods of 589 and climate change at the beginning of the Middle Ages: An Italian microhistory, Speculum, 85/4 (2010), 799–826; Marco Stoffella, La basilica e il monastero di S. Zeno tra fine VIII e inizio IX secolo, Studi medievali, 3a serie, 61/2 (2020), 543–596, here 594–595; Gian M. Varanini, Verona (Il Medioevo nelle città italiane 16), Spoleto 2019, 18–21, 55, for the relationship between Verona and its rivers.

a copyist who was trained and who worked at the local scriptorium housed at the cathedral church of Verona and led by the famous archdeacon Pacificus, the verdict settled a long-lasting quarrel between the episcopal church of Verona – called *domus sancti Zenonis* – and the local lay officials.[31] The plaintiffs were the *vicedominus* Paulus, representing the diocese of Verona, and the Alemannian bishop Ratold, who hailed from the area of the Reichenau and who held important functions in Carolingian Italy under Emperor Louis the Pious and the latter's son Lothar I;[32] the accused were Count Hadumar of Verona and his gastald Gaufrit. The defendants controlled estates that had once belonged to the royal Lombard fiscus, were then granted by King Desiderius to the bishopric of Verona, but later confiscated after 774 by Vuolvinus, Hadumar's predecessor as Count of Verona and also of Alemannian origin.[33] The gastald did not deny the fiscal origin of these lands, or how they came into the count's possession, declaring instead that they had been held by Veronese lay officials and their local agents for more than thirty years; the Roman law of *uso capione*, which is not mentioned explicitly here, allowed people to transform an undisputed estate's

31 Cesare Manaresi (ed.), I placiti del "Regnum Italiae" (Fonti per la storia d'Italia 92) Rome 1955–1960, 3 vols., I, 1955, no. 18, 57–59, Verona, April 806; Guglielmo Cavallo / Giovanna Nicolaj (eds.), Chartae latinae antiquiores. Facsimile-edition of the Latin charters. Second series, ninth century, Zürich 1997–present, vols. 50 ff. (= ChLA[2]), LX, no. 17, 78–81, Verona, 1–14 April 806. Marco Stoffella, In threatening times. A comparison of the urban communities of Verona and Lucca immediately after the Frankish conquest, in: Annette Grabowsky / Steffen Patzold / Geneviève Bührer-Thierry (eds.): Les communautés menacées au haut Moyen Âge (Collection haut Moyen Âge 42), Turnhout 2021, 133–150, here 142–143; Teresa Venturini, Ricerche paleografiche intorno all'arcidiacono Pacifico di Verona, Verona 1929; Massimiliano Bassetti, Da Pacifico a Raterio: scriptorium, biblioteca e scuola a Verona tra IX e X secolo, in: "Vera amicitia praecipuum munus". Contributi di cultura medievale e umanistica per Enrico Menestò, Florence 2018, 83–109.

32 Eduard Hlawitschka, Ratold, Bischof von Verona und Begründer von Radolfzell, Hegau. Zeitschrift für Geschichte, Volkskunde und Naturgeschichte des Gebietes zwischen Rhein, Donau und Bodensee, 54/55 (1997/1998), 5–32; Walter Berschin / Alfons Zettler, Egino von Verona. Der Gründer von Reichenau-Niederzell (799) (Reichenauer Texte und Bilder 8), Stuttgart 1999, 54; Thomas Zotz, Ratold, Bischof von Verona, in: Neue Deutsche Biographie, 21, Berlin 2003, 183–184; Alfons Zettler, Die karolingischen Bischöfe von Verona I. Studien zu Bischof Egino († 802), in: Sebastian Brather / Dieter Geuenich / Christoph Huth (eds.): Historia archaeologica. Festschrift für Heiko Steuer zum 70. Geburtstag (Ergänzungsbände zum Reallexikon der Germanischen Altertumskunde 70), Berlin/New York 2009, 379–383, reprinted in: Alfons Zettler, Per altam Germaniam ad Italiam. Studi transalpini tra archeologia e storia, a cura di Eva-Maria Butz e Peter Erhart (Collectanea 36), Spoleto 2022, 207–227.

33 Alfons Zettler, Die karolingischen Grafen von Verona. Überlegungen und Annäherungsversuche, in: Andreas Bihrer / Mathias Kälble / Heinz Krieg (eds.): Adel und Königtum im mittelalterlichen Schwaben. Festschrift für Thomas Zotz zum 65. Geburtstag, Stuttgart 2009, 89–114, here 97–99, reprinted in: Zettler 2022 (as note 32), 241–270; Marco Stoffella, Pipino e la Divisio regnorum del 6 febbraio 806, in: Giuseppe Albertoni / Francesco Borri (eds.): Spes Italiae: il regno di Pipino, i Carolingi e l'Italia (781–810) (Collection haut Moyen Âge 44), Turnhout 2022, 183–210, here 205–206.

exploitation of twenty-nine years into a legal ownership; this law was also recognized and recalled in King Rothari's edict in 643.[34] The court, however – consisting of the bishop himself, his *vicedominus*, Count Hadumar, the count's gastald Gaufrit, and three *scabini* or experts – decided in the bishop's favour.

This dispute settlement has been the subject of great discussions for reasons that I will not discuss here in details.[35] However, I would like to stress that the nature of this dispute had much to do with the way in which ecclesiastical estates were used for military or other purposes, which at the beginning of Carolingian rule caused stress and conflicts within local communities.[36] These conflicts were discussed and settled in *placita* during (but apparently not prior to) the years 800–820, since the general political situation had probably made such settlements impossible. There are other comparable examples in northern Tuscany such as in Pistoia, not far from Lucca, where the lands confiscated from the monastery of St. Bartholomew by Rotchild, one of King Pippin's *baiuli*, and given to Nibelung, possibly a member of the Bavarian Huosi family, were returned to the abbot in 812 – i.e., after the death of King Pippin – thanks to the intervention of the royal envoy Adalhard, abbot of Corbie, and of Boniface I, Count of Lucca (also of Bavarian origin).[37]

If we move forward a few decades in time but keep our focus on original documents from Verona, we come across another famous *notitia placiti* or *notitia iudicati* written at Trento on 26 February 845.[38] In this case, the abbot of the Veronese monastery of St. Mary in Organo went to court with a claim against several men whom he wanted to carry out corvee for the monastery. The respondents denied that they were serfs: after a long legal dispute, the Trento hearing reached what might be called a negotiated settlement. The scabini questioned witnesses about the basis on which respondents performed their corvee. By establishing that their labour was linked to the properties on which they lived, rather than to their persons, the scabini restored the rights of the abbot, while at the same time protecting the low-ranking freemen from being reduced to servile status. This was a sort of compromise between the efforts of regional or supraregional elites to turn their political and economic supremacy into seigneurial power, and the attempt of freemen to have their status recognized. An important feature emerges here that we find time and time again in subsequent decades: regional and supraregional elites and rulers were worried that social relationships between neighbours could be a barrier to the lordly penetration of their small worlds.

34 Grimualdi Leges, 1 and 4, in: Azzara / Gasparri 2005 (as note 15), 130–133; Liutprandi Leges, 54, in: Azzara / Gasparri 2005 (as note 15), 168–169.

35 Stoffella 2020 (as note 30), 544–545.

36 Stoffella 2021 (as note 31), 143–144.

37 Manaresi 1955 (as note 31), no. 25, 77–80, Pistoia, March 812; Bougard 1995 (as note 21), 180, 189–191; Andrea Castagnetti, Note e documenti intorno alla caratterizzazione professionale dei giudici (secoli IX–inizio X), Verona 2008, 20–21. On Nibelung and the Bavarian Huosi, see Marco Stoffella, Le relazioni tra Baviera e Toscana tra VIII e IX secolo. Appunti e considerazioni preliminari, Mélanges de l'École Française de Rome. Moyen Âge, 120/1 (2008), 73–85.

38 Manaresi 1955 (as note 31), no. 49, 160–166, Trento, 26 February 845; see ChLA², LIX, no. 17, 87–94, Trent, 26 February 845.

There were many efforts to prevent solidarity and mutual obligations at a local level, especially in legal proceedings where fiscal or ecclesiastical property was the subject of dispute. Carolingian rulers and their bishops tended to be critical of all forms of horizontal cooperation and alliance, one particular example being guilds, which were based on their members' promissory oaths. The Carolingians also made use of so-called inquisition proceedings, such as we have already seen in the Lombard period; at first, they did so only in the case of fiscal lands, but from the reign of Louis the Pious onwards, this was also done for land belonging to the church. These proceedings represented a crucial innovation in the court trial: during their inquest (*inquisitio*), the emperor's envoys could themselves determine from whom to take evidence locally. This was a chance to prise open the web of solidarities and dependencies at the micro level (although possibly at the risk of some witnesses facing reprisals after the envoys' departure). How exactly such an inquest took place is shown quite clearly in the abovementioned Trento trial held at the beginning of 845. After complaints made by the abbot of St. Mary in Organo to Louis II, the king ordered an enquiry (*inquisitio*) through two royal envoys – a royal judge (*iudex*) and a *locopositus* of the duke of Trento – before a large tribunal. Many minor official from different parts of the comitatus were also summoned: seven scabini, all associated with localities within the civil jurisdiction of Trento; four *sculdahis* (Lombard local officers representing the king, responsible to the gastald; they are also found in Carolingian and post-Carolingian Italy, and the term was occasionally used north of the Alps in the early Carolingian period); the two archdeacons of Verona and Trento; many vassals of the lord; and other freemen of middling or higher status.[39] There are therefore similarities with the settlements of disputes from the years 714 and 715 between the cities of Arezzo and Siena, the intervention of central public officers, and the deposition of many influent members of local communities. However, this example also shows the limits of efforts to break horizontal solidarities: from the perspective of the central authority, the scabini were more of a problem than the witnesses, since local scabini – through their knowledge of judicial procedures and as members of local communities – were sometimes able to moderate interventions from outside and stand for the rights of the community to which they belonged.

Landlord impact was in some ways more similar between regions in Italy and in some ways more diverse during the ninth and tenth centuries. In every region, land was worked for landlords in the context of large estates as well as by free peasant proprietors or leaseholders. More generally speaking, however, the members of the aristocracy tended to shape their relationship with the local freemen as in the example of the monastery of St. Mary in Organo in Verona and its abbot.

39 Andrea Castagnetti, 'Teutisci' fra gli immigrati transalpini nella 'Langobardia' carolingia, Verona 2006, here 79–253; Giuseppe Albertoni, Law and the peasant: rural society and justice in Carolingian Italy, Early Medieval Europe, 18/4 (2010), 417–445; idem, Tam Teutisci quam et Langobardi: Sprache und Identität im frühmittelalterlichen Alpenraum am Beispiel von Trient, in: Pohl / Zeller 2012 (as note 9), 185–203.

A different impact can be traced to late-ninth- and early-tenth-century Veronese urban society once we take a closer look at the policy of outstanding figures such as Berengar I, King and Emperor, who used immunity, fiscal estates, and the granting of rights to enlarge his network of supporters; despite the large losses in the Veronese archives as mentioned above, these do preserve a significative number of diplomas released from his chancery. The documents testify not only to the rich fiscal estates controlled by the king in northern Italy and which were granted to supporters and to monastic communities within a short span of time, but also to the wealth of fiscal estates controlled by the king in Verona and which he progressively granted or sold to others. Such is the case, for instance, with the area immediately north of the city on the other side of the river, known in the Middle Ages as *castrum* or *castellum*, and today better known as the hill of St. Peter. This area was the site of the first settlements in Verona before the Roman colony was founded in the river bend; it granted access to the inner city through two bridges and two gates, which connected the city of Verona to the Via Postumia and the Via Claudia Augusta, respectively; this part of the city also contained a Roman theatre, an odeon, a temple placed on the top of the hill, and also supplied Verona with water via two aqueducts. Between the end of the fifth and the beginning of the sixth century, the area finally was home to a palace that King Theoderic built when he also surrounded Verona with a second curtain wall that was over 10 meters high and that encompassed the pre-existing Roman wall that had already been restored by Emperor Gallienus in the third century.[40] Between late antiquity and the early Middle Ages, the public function of all these buildings was not lost, but rather changed, since parts of the theatre were granted to loyal supporters of the king as well as rights for watermills on the Adige River. The prerogatives of the public sphere over the area did not completely disappear, since in the first Communal era at the beginning of the twelfth century, the family of the Veronese *vicecomites* still controlled revenues and tolls that had to be paid at the crossing of one of the two city-gates of the *castrum*: the so-called Porta Organa, which was closest to Theoderic's royal palace.[41] King Berengar I not only gave away plots of land and portions of public buildings in the area of the *castrum*, but he also gave his supporters gardens and additional productive or central areas that characterised the urban landscape of tenth-century Verona, where the two-storied houses of the more prosperous

40 Giuliana Cavalieri Manasse, Le mura teodericiane di Verona, in: Teoderico il Grande e i Goti d'Italia. Atti del XIII Congresso internazionale di studi sull'Alto Medioevo, Milano 2–6 novembre 1992, 2 vols., Spoleto 1993, II, 633–651; Giuliana Cavalieri Manasse / Dario Gallina, "Un documento di tanta rarità e di tanta importanza". Alcune riflessioni sull'iconografia rateriana, in: Antonella Arzone / Ettore Napione (eds.): La più antica veduta di Verona. L'iconografia rateriana. L'archetipo e l'immagine tramandata. Atti del seminario di studi, 6 maggio 2011, Museo di Castelvecchio, Verona 2012, 71–97.

41 Gian M. Varanini, I visconti di Verona (secoli XII–XIII): sviluppi dinastici e politici, prerogative signorili, assetti patrimoniali, in: Alberto Cotza / Alma Poloni (eds.): Chiesa e civitas nell'Italia medievale. Studi per Mauro Ronzani (Studi Medioevali, nuova serie 4), Pisa 2023, 449–470.

inhabitants normally had a green area surrounding them that was dedicated to producing various foodstuffs for the urban context.[42]

5. Conclusions

We can now draw some provisional conclusions on charters in northern Italy in the early Middle Ages. Lordship changed not only the ways communities and their working activities were organised, but also how documents were issued and preserved. If we briefly compare large diocesan archives in northern Italy from the eighth to the eleventh century, while also taking into account the typology of documents they preserve, we notice an important shift: an earlier phase characterised by a plurality of different documents – sales and purchases, last wills and donations for one's salvation of soul, brevia, exchanges and settlement of disputes – give way from the second half of the ninth century onwards to hundreds of lease contracts. This trend lasts until around the beginning of the eleventh century, when we start to see significant differences again with an increase of the earlier types of documents, but which now tend to be kept en masse in archives, suggesting the idea of a society more concerned with and involved in economic growth and new trends and reforms in society. This trend is represented by Tuscan archives as well as the archive of St. George in Braida in Verona, another Benedictine monastery founded by the family of the Antipope Honorius in 1046, the older portions of which archival holdings again testifying to how extensive private archives must have been, especially when their owners had held public office at some point in time.

42 Francesco Cappiotti / Gian M. Varanini, Il "pons marmoreus" e gli edifici ai piedi del "castrum", in: Arzone / Napione 2012 (as note 40), 109–132; Caroline Goodson, Cultivating the city in early medieval Italy, Cambridge 2021, 212–218.

Juristische Akkulturationen. Ritterorden und Notariat in den Städten der Provence (12.-13. Jahrhundert)*

Damien Carraz

Seit den Arbeiten von André Gouron wissen wir, dass die rechtlichen Innovationen, die die Wiederentdeckung des Römischen Rechts auslösten, gerade in den südfranzösischen Städten mit Konsulatsverfassung beschleunigt verbreitet wurden.[1] Im 12. Jahrhundert sind hier bereits Rechtsexperten belegt, die Verträge aufsetzen, als Schiedsrichter oder Richter auftreten, rechtliche Beratung geben und manchmal sogar als Rechtslehrer tätig sind.[2] Viele von ihnen waren Laien, einige davon in Italien ausgebildet, es gab aber auch zahlreiche Kleriker, die eine Rechtsausbildung aufnahmen. Die Forschung hat viel zur Rolle des Stiftsklerus bzw. einzelner Mitglieder von Mönchsorden gearbeitet;[3] weniger intensiv wurde zu den Ritterorden geforscht, auch deshalb, weil sie unter den religiösen Orden eine Sonderstellung einnehmen. Neuere Forschungen konnten aber nachweisen, dass es durchaus Berührungspunkte zwischen den Ritterorden und der südfranzösischen Rechtskultur gab.[4] Prinzipiell muss man bis zum Spätmittelalter warten, bis man eindeutige Belege für juristisch ausgebildete *fratres* in den Ritterorden findet, selbst wenn nicht auszuschließen ist, dass bei genauerer Suche auch vor dem 14. Jahrhundert Beispiele zu finden sind, insbesondere in den wichtigen rechtskulturellen Zentren.[5] Gerade in Südfrankreich waren jedoch

* Ich danke Maria Selig für die deutsche Übersetzung meines Beitrags.

1 André Gouron, Diffusion des consulats méridionaux et expansion du droit romain aux XIIe et XIIIe siècles, Bibliothèque de l'École des chartes 121 (1963), 26–77.

2 Zu der Frage, wie die Begriffe „(Rechts-)Praxis" und „(Rechts-)Experte" in Bezug auf das Mittelalter im Gegensatz zur modernen Praxis ab dem 19. Jahrhundert zu definieren sind, vgl. Jean Hilaire, Pratique notariale et droit romain dans les pays de droit écrit, in: Jacques Krynen (Hg.): Droit romain, *jus civile* et droit français (Études d'histoire du droit et des idées politiques 3), Toulouse 1999, 409–420, hier 409.

3 Zur Präsenz von Juristen bzw. Schreibern mit Rechtskenntnissen in den Klöstern bzw. Stiftskirchen des Bas-Languedoc und der Provence des 12. Jahrhunderts, vgl. Pierre Chastang, Lire, écrire, transcrire. Le travail des rédacteurs de cartulaires en Bas-Languedoc (XIe–XIIe siècles) (CTHS histoire 2), Paris 2001, 281–302; zum 13. und 14. Jahrhundert, vgl. Henri Gilles, Les moines juristes, in: L'Église et le droit dans le Midi, XIIIe–XIVe s. (Cahiers de Fanjeaux 29), Toulouse 1994, 75–100.

4 Damien Carraz, L'Ordre du Temple dans la basse vallée du Rhône (1124–1312). Ordres militaires, croisades et sociétés méridionales (Collection d'histoire et d'archéologie médiévales 17), Lyon 2005, 370–376; Thomas Krämer, Die Beziehungen der südfranzösischen Ritterorden zu Juristen. Aufbau, Pflege und Nutzen von Netzwerken, in: Roman Czaja (Hg.): Studies and articles from the 17th Ordines Militares Conference (Ordines Militares 19), Torun 2014, 115–142.

5 Um einen gut belegten Fall zu nennen: Ein *Jacobus causidicus* wird als Bruder des *Hôpital de Trinquetaille* in Arles im Jahr 1180 auf-

die *causidici*, *jurisperiti* und andere *legum doctores* bereits zuvor fester Bestandteil des engeren Umfelds der Kommenden.

Ich werde mich im Folgenden mit diesem zweiten Aspekt beschäftigen und will mich dabei auf die Kontakte der Ritterorden mit dem städtischen Notariat konzentrieren. Diese Perspektivierung erscheint mir deshalb gerechtfertigt, weil die Orden sich sehr früh in den südfranzösischen Städten etablieren konnten.[6] In diesem spezifischen sozio-kulturellen Kontext wuchsen die Kommenden zu Protagonisten einer neuen Wirtschaftsordnung heran, die auf den Dynamiken des Immobilienmarkts und des Warenhandels aufbaute.[7] Bereits dadurch ergaben sich für die *fratres* der Ritterorden enge Verbindungen zu den Notaren, die ja auch zu den zentralen Akteuren dieser neuen Ordnung gehörten. Ab dem 12. Jahrhundert griff man in den Kommenden verstärkt auf diese Spezialisten der Schriftlichkeit und des Rechts zurück, um Rechtsgeschäfte zu beurkunden oder sich in Rechtsstreitigkeiten vertreten zu lassen. Die Aufgabe der Notare ging aber noch darüber hinaus. Ich gehe davon aus, dass spätestens im 13. Jahrhundert die jeweiligen Kommenden zu Laboratorien für die Entwicklung von Verwaltungstechniken wurden und sich dort neue schriftkulturelle Praktiken und neue archivarische Formen entwickelten.[8] Genau deshalb sind die Archive der Ritterorden, die in der Provence und im Languedoc so umfänglich und so gut erhalten sind, privilegierte Quellen für die Geschichte des südfranzösischen Notariats: Die Rechtsgelehrten und Notare entwickeln in der Zusammenarbeit mit den Orden komplexere Textformen, neue nachhaltige Archivierungsstrategien und neue juristische Formen.[9]

geführt (Cartulaire de Trinquetaille, hg. v. Paul A. Amargier, Aix-en-Provence 1972, *ad indicem*, 338; Cartulaire du prieuré de Saint-Gilles de l'Hôpital de Saint-Jean de Jérusalem (1129–1210) [Documents, études et répertoires 49], hg. v. Daniel Le Blévec / Alain Venturini, Turnhout/Paris 1997, Nr. 62, 91, 96). Es ist schwierig, diesen juristisch ausgebildeten Bruder von anderen gleichnamigen Ordensmitgliedern zu unterscheiden, vor allem vom Kommendator des Hauses *Jacobus de Burgo* (Laurent Mayali, Les *magistri* dans l'ancienne Septimanie, Recueil de Mémoires et travaux publiés par la société d'histoire du droit et des institutions des anciens pays de droit écrit 10 [1979], 91–105, hier 96–98). Nach dem gegenwärtigen Kenntnisstand sind für das 13. Jahrhundert nur wenige Rechtstexte in den Bibliotheken der Ordenshäuser belegt (Damien Carraz, Les collections de livres dans les maisons templières et hospitalières. Premiers jalons pour la France méridionale (XIIIe–XVe siècle), in: Isabel C. Ferreira Fernandes (Hg.): Entre Deus e o Rei. O mundo das Ordens Militares, Palmela 2018, Bd. 1, 153–176, hier 167). Ab dem 14. Jahrhundert bemühten sich die Orden aber um die juristische Ausbildung von Ordensangehörigen (Anthony Luttrell, Fourteenth-Century Hospitaller Lawyers, Traditio 21 [1965], 449–456).

6 Damien Carraz, Les ordres militaires et le fait urbain en France méridionale (XIIe–XIIIe siècle), in: Moines et religieux dans la ville, XIIe–XVe siècle (Cahiers de Fanjeaux 44), Toulouse 2009, 127–165.

7 Damien Carraz, Expériences religieuses en contexte urbain. De l'*ordo monasticus* aux *Religiones novæ*: le jalon du monachisme militaire, in: Ders. (Hg.): Les ordres militaires dans la ville médiévale (1100–1350), Clermont-Ferrand 2013, 37–56, hier 45–49.

8 Damien Carraz, Un commandeur ordinaire? Bérenger Monge et le gouvernement des hospitaliers provençaux au XIIIe siècle (Ecclesia militans 8), Turnhout 2020, 2. Teil: „L'administrateur".

9 Arbeiten zum Notariat bzw. zur Verbreitung des gelehrten Rechts im mittelalterlichen

Ich schlage also eine neue Perspektive vor und nähere mich dem Phänomen des südfranzösischen Notariats dezidiert aus dem Blickwinkel der Ritterorden. Ich will mich auf einige besonders wichtige Städte in der Provence konzentrieren, die eine reichhaltige archivarische Überlieferung haben, sowohl was die Ritterorden als auch was die dort tätigen Rechtsexperten anbetrifft. Es handelt sich um die drei Konsulatsstädte Saint-Gilles, Arles und Avignon; zusätzlich untersuche ich Manosque, weil es sich hier um den seltenen Fall einer Stadtherrschaft handelt, die von einem Ritterorden ausgeübt wurde. Zu beachten ist, dass ich keinen Unterschied zwischen den Templern und den Johannitern mache; denn beide Orden haben dasselbe soziokulturelle Profil, teilen dieselben ökonomischen und administrativen Praktiken und sind vor Ort jeweils in dieselben kulturellen und politischen Kontexte eingebettet. Wir werden sehen, dass die Urkundenpraxis der provenzalischen Kommenden mit der Entstehung des Notariats in diesen Städten engstens verbunden ist. Die ökonomische Dynamik der Kommenden und die Einbindung der Ritterorden in die lokalen Eliten erklären, warum gerade deren Urkundenpraxis zu einem privilegierten Ort für die Verbreitung der neuen Formen des römischen Rechts wurde. Die typologische Streuung der Rechtsdokumente wird helfen, den Anteil der Rechtsexperten an der Verwaltung der Kommenden zu bestimmen. Der besondere Fall von Manosque wird außerdem erlauben, die Zusammenarbeit zwischen den *fratres* als Verantwortlichen für die Verwaltung der Stadtherrschaft und den von ihnen herangezogenen Notaren genauer zu analysieren.

I. Die Urkundenschriftlichkeit der Ritterorden und die Entstehung des Notariats

Die Ritterorden arbeiteten überall mit Notaren zusammen, in allen Kommenden, ob im ländlichen Raum oder in den Städten.[10] Als Beispiele untersuche ich hier vier städtische Kontexte, zwei Bischofsstädte (Arles und Avignon),[11] dann eine wichtige Klosterstadt (Saint-Gilles im unteren Rhônetal), schließlich eine Stadt mit der Funktion eines agrarischen Zentrums, Manosque in der Haute-Provence, wo die Stadt-

Südfrankreich haben regelmäßig die Bestände der Ritterorden genutzt. Kaum jemand hat sich aber gefragt, warum gerade diese Bestände so aussagekräftige Daten zur Entwicklung der neuen Rechtstraditionen liefern.

10 In den südfranzösischen *castra*, die man als *quasi città* definieren könnte, verbreitet sich das Notariat ziemlich schnell, und zwar von den benachbarten Städten aus. Beispielsweise sind in der Haute-Provence ab dem letzten Drittel des 13. Jahrhunderts Notare auch in den Dörfern regelmäßig belegt (Michel Hébert, Les ordonnances de 1289 et 1294 et les origines de l'enquête domaniale de Charles II, Provence historique 36 [1986], 45–57, hier 53).

11 Vgl. hier Gérard Giordanengo, *Milites, jurisperiti, probi homines*. I gruppi dirigenti ad Arles, Avignone e Marsiglia (secoli XII–XIII), in: Carmen Salvo / Lorenzo Zichichi (Hgg.): La Sicilia dei signori. Il potere nelle città demaniali (Nuovo prisma 4), Palermo 2003, 229–257.

herrschaft von den Johannitern ausgeübt wurde. Diese Städte, zwischen 5.000 und 10.000 Einwohner groß, sind im 13. Jahrhundert wichtige wirtschaftliche und religiöse Zentren, ebenso administrative Stützpunkte der jeweiligen Grafen, vor allem Saint-Gilles, aber auch Manosque vor der Übergabe des *dominium* an die Johanniter. Man findet dort also viele Notare bzw. Rechtsexperten, die bei der Regelung der rechtlichen Belange, sei es der städtischen Bevölkerung, sei es der kirchlichen und fürstlichen Herrschaften mitwirken. In der Forschung ist intensiv über den Beginn des Notariats in Südfrankreich diskutiert worden, wobei die frühen Datierungen bei André Gouron[12] den späten Datierungen gegenüberstehen, die auf einer engen Definition des Amtes des Notars beharren. Hier wird der Vorschlag von Sylvie Desachy[13] aufgenommen, nach der ein Notar ein Schriftexperte ist, dem *fides publica* zukommt und sein Signum Schriftstücken deshalb die Geltung und Authentizität von öffentlichen Urkunden verleihen kann.[14] Diese Bedingungen liegen erst ab den 70er Jahren des 12. Jahrhunderts vor. Die hier analysierten Urkunden der Ritterorden bieten deshalb die Möglichkeit, genau den Übergang zu einem institutionell gefestigten Notariat nachzuvollziehen.

Seit ihrer Niederlassung in Saint-Gilles in der ersten Hälfte des 12. Jahrhunderts waren die Johanniter, später die Templer, sehr aktiv auf dem Grundstücksmarkt. Für ihre Transaktionen nutzten sie die dortigen Schriftexperten und ließen sich ihre

12 In den Städten des Languedoc sind, so Gouron, öffentliche Notare (*tabellio/scriptor publicus*) ab den 1140er Jahren belegt (André Gouron, Les étapes de la pénétration du droit romain au XIIe siècle dans l'ancienne Septimanie, Annales du Midi 69 [1957], 103–120, hier 113; Gouron 1963 [wie Anm. 1], 55–57). Ähnlich argumentiert Marie-Louise Carlin, die einen Unterschied zwischen der Septimanie, wo öffentliche Notare bereits ab 1140 auftreten, und der Provence postuliert, wo erst Ende des 12. Jahrhunderts ein öffentliches Notariat belegt sei (Marie-Louise Carlin, La pénétration du droit romain dans les actes de la pratique provençale (XIe–XIIIe siècle), Paris 1967, 44–49). Allerdings sind öffentlich eingesetzte Notare auch im Languedoc erst ab etwa 1170 sicher belegt, und die vorherigen Fälle müssen sicher als öffentliche Schreiber, nicht als Notare im engeren Sinne, eingestuft werden (vgl. dazu Hélène Débax, Les premiers notaires de Béziers (dernier tiers du XIIe siècle), Revue historique 683 [2017], 491–514, hier 494–495). Wie im Folgenden gezeigt, sind die Phasen in der Ausbreitung des Notariats in Septimanien und in der Basse-Provence also ganz ähnlich.

13 Sylvie Desachy, Apparition du notariat en Bas-Languedoc au XIIe siècle, Bulletin de l'Académie des Sciences et Lettres de Montpellier 48 (2017), 245–258; Dies., De la Ligurie au Languedoc: l'émergence du notariat en Languedoc à travers les actes de la pratique (XIIe siècle), in: Olivier Poncet / Olivier Guyotjeannin / Sylvie Desachy (Hgg.): Figures du notaire dans la France méridionale (XIIe–XVIe siècle). Institutions, clientèles et actes (Études et rencontres de l'École des Chartes 64), Paris 2022, 55–71. Zur Authentifizierungspraxis im Bas-Langedoc vgl. außerdem Pierre Chastang, La ville, le gouvernement et l'écrit à Montpellier (XIIe–XIVe siècle), Paris 2013, 107–109.

14 Man muss betonen, dass der Begriff der *fides publica*, obwohl er von der historischen Forschung sehr gerne eingesetzt wird, erst im 18. Jahrhundert entsteht und erst ab dem 19. Jahrhundert geläufig wird (Petra Schulte, *Fides publica*: Die Dekonstruktion eines Forschungsbegriffes, in: Petra Schulte / Marco Mostert / Irene van Renswoude [Hgg.]: Strategies of Writing. Studies on Text and Trust in the Middle Ages [Utrecht Studies in medieval literacy 13], Turnhout 2008, 15–36).

Verträge von ihnen aufsetzen. In einigen der ältesten Urkunden, die durch Kopialüberlieferung in den späteren Cartularen erhalten sind, ist der Name des Redaktors der Urkunde aufgeführt, einige Male zusätzlich mit dem Titel *scriptor* versehen. Zwischen 1142 und 1164 taucht unter diesen Namen ein *Petrus Rostagni* auf, regelmäßig als *scriptor* bzw. *scriba* bezeichnet, der sowohl von den Johannitern[15] als auch von den Templern eingesetzt wurde.[16] Die *scriptores* bzw. *scribae* verfassten die Urkunden nach den Angaben der beteiligten Parteien, teilweise sogar nach dem Diktat von Rechtsexperten, deren Präsenz im Umfeld der Ritterorden ebenso häufig aus den Urkunden bzw. anderen Schriftstücken erschlossen werden kann.[17] Nachdem *Petrus Rostagni* aus der Dokumentation verschwindet, tritt ab 1164 ein gewisser *Raimundus Bodonus* an seine Stelle, auch er mit dem Titel eines Schreibers.[18] *Raimundus* ist ab diesem Zeitpunkt omnipräsent in den Urkunden der beiden Kommenden; seine letzte Erwähnung datiert von 1204.[19] Eine so lange Beschäftigungsdauer ist keineswegs außergewöhnlich; weiter unten werde ich auf einen ähnlich gelagerten Fall eingehen. *Raimundus Bodonus*, dieser „praticien soigneux et habile", wie Émile Léonard einmal formulierte, ist in der historischen Forschung seit langem bekannt.[20] Die Urkunden

15 *Petrus Rostagni qui hec scripsit* (1142–1158): Cartulaire du prieuré de Saint-Gilles, hg. Le Blévec / Venturini (wie Anm. 5), Nr. 15, 14, 10, 19, 244; *Petrus Rostagni qui hec scripsit mandato utriusque partis* (1161): Nr. 246; *scribe, scriba, scriptor* (1148–1164): Nr. 301, 20, 8, 302, 9, 27, 11.

16 *Petrus Rostagnus scripsit* (1149–1166): Chartrier du Temple de Saint-Gilles, hg. v. Damien Carraz, Ordres militaires, croisades et sociétés méridionales. L'ordre du Temple dans la basse vallée du Rhône (1124–1312), thèse de doctorat, Université Lumière-Lyon 2 2003, Bd. 3: Sources, Nr. 4, 10, 12, 15, 17, 27, 31; *scriptor* (1164): Nr. 24, 25.

17 *Factum est hoc in presentia [...] Guillelmi, gramatici, [...] Castilionis, famuli Rodulfi, causidici, Lodovici, qui hanc cartam scripsit, dictante predicto Rodulfo* (Chartrier du Temple de Saint-Gilles, hg. Carraz [wie Anm. 16], Nr. 7; 23. Januar 1156). Nach Gouron kann *grammaticus* hier als Äquivalent zu *jurisperitus* verstanden werden (André Gouron, L'irruption des droits savants dans le royaume de Jérusalem, in: Pionniers du droit occidental au Moyen Âge [Variorum collected studies series 865], Aldershot-Burlington 2006, Nr. XXII, 360). Bei *Rodulfus* handelt es sich um einen Juristen, der gut in Saint-Gilles belegt ist, insbesondere als Kanzler des Grafen (Émile-Guillaume Léonard, Chanceliers, notaires comtaux et notaires publics dans les actes des comtes de Toulouse, Bibliothèque de l'École des chartes 113 [1955], 37–74, hier 47–48). Zur bereits bekannten Präsenz von Juristen in Saint-Gilles, vgl. Laurent Macé, Le prince et l'expert: les juristes à la cour rhodanienne du comte Raymond V de Toulouse (1149–1194), Annales du Midi 123 (2011), 513–531.

18 *Raimundus Bodonus qui hec scripsit [...] testes Radulfus causidicus [...]* (Cartulaire du prieuré de Saint-Gilles, hg. Le Blévec / Venturini [wie Anm. 5], Nr. 305; 1164, September 1164). Erstes Auftreten in den Urkunden des Templerordens: *Raimundus Bodonus qui hec scripsit* (Chartrier du Temple de Saint-Gilles, hg. Carraz [wie Anm. 16], Nr. 32; Januar 1167).

19 Chartrier du Temple de Saint-Gilles, hg. Carraz (wie Anm. 16), Nr. 356 (Juli 1204). *Raimundus Bodonus* ist der Aussteller von ca. 112 Urkunden für die Templer und ca. 85 für die Johanniter (Chartrier du Temple de Saint-Gilles, hg. Carraz [wie Anm. 16], *ad indicem*; Cartulaire du prieuré de Saint-Gilles, hg. Le Blévec / Venturini [wie Anm. 5], *ad indicem*).

20 Catalogue des actes de Raimond V de Toulouse (1149–1194), hg. v. Émile-Guillaume Léonard, Paris 1932, XLIX–LI; Léonard 1955 (wie Anm. 17), 50; Gouron 2006 (wie Anm. 17), 361.

der Ritterorden zeigen nun, dass er im Laufe seiner Tätigkeit zum ersten explizit eingesetzten Notar von Saint-Gilles wurde. Nachdem er lange Zeit als *scriptor* bzw. *scriba* urkundet, trägt er ab 1171 den Titel eines *notarius*.[21] Sehr schnell tritt er als Aussteller von vollgültigen *instrumenta* auf, auch wenn weiterhin *causidici* des gräflichen Hofes an den Beurkundungen beteiligt sind.[22] Außerdem ist, wie Sylvie Desachy hervorgehoben hat, *Raimundus Bodonus* der erste Notar, der ein Handsignet – in seinem Fall in Form einer Rosette – verwendet und damit seine Urkunden am Ende unterzeichnet.[23] Es hatte schon vorher vereinzelt Fälle gegeben, in denen einfache Schreiber ein *signum proprium* in ihren Urkunden einsetzen; teilweise ist eine solche Praxis sogar bei Mitgliedern der Ritterorden belegt, 1153 beispielsweise bei einem einfachen Kaplan des Templerordens.[24] Man darf diese Praxis aber nicht gleichsetzen mit dem Notariatssignet, das zu einem öffentlich anerkannten Authentifikationsmittel wird. Spezialisten des genuesischen Notariatswesens haben darauf hingewiesen, dass *Raimundus Bodonus* in einigen Fällen sein Monogramm – EGO RAIMUNDUS – in den von ihm geschriebenen Urkunden einsetzt, eine Praxis, die er offensichtlich direkt vom italienischen Notariatswesen übernimmt.[25] Dies bestätigt, was man über den Einfluss der italienischen Entwicklungen auf Südfrankreich weiß. Dass in einer Kaufmannsstadt, die enge Beziehungen nach Genua pflegt und in der

21 *Raimundus Bodonus, notarius, qui hoc scripsit mandato utriusque partis* (Chartrier du Temple de Saint-Gilles, hg. Carraz [wie Anm. 16], Nr. 48; August 1171). Es handelt sich um einen Vertrag zwischen dem Grafen Raimond V. von Toulouse und der Kommune von Genua (Yves Dossat, Unité ou diversité de la pratique notariale dans les pays de droit écrit, Annales du Midi 34–35 [1956], 175–183, hier 181). Die erste Erwähnung als Notar im Cartular des Johanniterordens findet sich im April 1172 (Cartulaire du prieuré de Saint-Gilles, hg. Le Blévec / Venturini [wie Anm. 5], Nr. 16).

22 *Ego Raimundus Bodonus, notarius, mandato utriusque partis, hoc instrumentum composui, scripsi, complevi et testis interfui* (Chartrier du Temple de Saint-Gilles, hg. Carraz [wie Anm. 16], Nr. 56; Juli 1173); *Ego Raimundus Bodonus, notarius, mandato utriusque partis hoc instrumentum, dictante Radulfo, causidico, scripsi, complevi et testis interfui* (ebd., Nr. 73; 1. August 1175).

23 Desachy 2022 (wie Anm. 13), 68–69 (zum ersten Mal auf einem *instrumentum* von 1172, das in den Archives départementales du Gard liegt).

24 *ego Raimundus, ejusdem milicie sacerdos, hanc cartam scripsi cum prescripto die et anno et hoc signum propria feci manu* (in einer Urkunde vom 15. August 1153 für die Templer von Montpellier, zitiert von Léonard 1955 [wie Anm. 17], 40–41).

25 Alfonzo Asini / Paola Caroli, Gênes et Giovanni Scriba, aux sources du notariat méridional, in: Poncet / Guyotjeannin / Desachy 2022 (wie Anm. 13), 27–54, hier 33 (Urkunde vom Oktober 1179, Archives départementales des Bouches-du-Rhône, 56 H 4106). Es gibt noch eine zweite Urkunde, in der er die Formel als Monogramm einsetzt (Arch. dép. des B.-du-R., 56 H 4119; August 1195 = Cartulaire du prieuré de Saint-Gilles, hg. Le Blévec / Venturini [wie Anm. 5], Nr. 127). Zur Rolle der Genuesen als Vermittler zwischen italienischem und französischem Notariat vgl. André Gouron, Le fond et la forme: l'empreinte du notariat italien sur les pratiques médiévales en France, in: Giorgio Tamba (Hg.): Rolandino e l'*ars notaria* da Bologna all'Europa. Atti del Convegno Internazionale di Studi Storici sulla Figura e l'Opera di Rolandino; Bologna 9–10 ottobre 2000 (Per una storia del notariato nella civiltà europea 5), Milano 2002, 719–735, hier 722–724.

im Umfeld der Kommenden häufig Genuesen vertreten sind, ein Urkundenschreiber sich auch an der Authentifizierungspraxis dieser Stadt orientiert, erscheint schlüssig.[26] Sobald der Schritt zum *notarius publicus* vollzogen ist, sind die Urkunden des *Raimundus Bodonus* dann intrinsisch authentifiziert, auch wenn der Kanzler der raimondinischen Grafen manchmal noch das gräfliche Siegel anfügen will.[27]

Die für die zwei Ritterorden ausgestellten Urkunden zeigen also, dass ab ca. 1170 die Notariatspraxis in Saint-Gilles institutionelle Formen angenommen hat.[28] Es gibt bereits mehrere Notare, auf die die Orden zurückgreifen können, darunter solche, die zum engeren Kreis der *fideles* gehören: etwa *Raimundus de Poscheriis*, der in den Urkunden der Templer zwischen 1175 und 1194 belegt ist,[29] oder *Petrus Guilabertus*, der zwischen 1180 und 1199 im Dienst der Johanniter steht,[30] beide dann abgelöst durch *Stephanus Grailla*.[31] Wie ihre *cognomina* zeigen, stammen sie aus der Stadt

26 *Hujus rei sunt testes […] Rogerius, magister currium, Oto Januencis, Bernardus de Nemauso et Raimundus Bordonus qui hoc scripsit* (Chartrier du Temple de Saint-Gilles, hg. Carraz [wie Anm. 16], Nr. 32; Januar 1167). Später werden die Templer in Aigues-Mortes mit Genueser Bürgern Geschäfte abschließen (ebd., Nr. 501; 29. Dezember 1303). Zur Beziehung zwischen Genua und Saint-Gilles, vgl. Enrica Salvatori, *Boni amici et vicini*. Le relazioni tra Pisa e le città della Francia meridionale dall'XI alla fine del XIII secolo (Piccola biblioteca Gisem 20), Pisa 2002.

27 *[…] et Raimundi Bodonis publici notarii qui instrumentum autenticum quod est in Hospitali Sancti Egidii, de quo sumptum fuit istud, utriusque partis rogatu scripsit et complevit* (Cartulaire du prieuré de Saint-Gilles, hg. Le Blévec / Venturini [wie Anm. 5], Nr. 313; Oktober 1186). Mit gräflichem Siegel: ebd., Nr. 1 (20. Mai 1202) und Nr. 2 (5. September 1203). Zur Problematik dieser doppelten Validierung, vgl. Damien Carraz, Note sur les pratiques sigillaires des Hospitaliers en Provence (XIIe–XIIIe siècle), in: Isabel C. Ferreira Fernandes (Hg.): Ordens Militares, Identidade e Mudança (Colecção ordens militares 9), Palmela 2021, Bd. 1, 433–458, hier 436–437. Zum Übergang von der Beglaubigung durch Siegel oder Bulle zur Authentifizierung durch das Notarssignet, vgl. vor allem Robert-Henri Bautier, L'authentification des actes privés dans la France médiévale. Notariat public et juridiction gracieuse, in: Chartes, sceaux et chancelleries. Études de diplomatique et de sigillographie médiévales (Mémoires et documents de l'École des Chartes 34, 1–2), Paris 1990, Bd. 1, 269–340, hier 282–284.

28 Der Titel *notarius publicus* setzt sich aber nur langsam durch. Die Belege werden erst ab 1240 häufig (Chartrier du Temple de Saint-Gilles, hg. Carraz [wie Anm. 16], Nr. 401, 439, 450, u.ö.; Cartulaire du prieuré de Saint-Gilles, hg. Le Blévec / Venturini [wie Anm. 5], Nr. 35–36 [beglaubigte Abschrift], Nr. 322 [ebd.], Nr. 324 [ebd.]). Erst *David, notarius publicus ville Sancti Egidii* (vgl. *infra*), verwendet den Titel regelmäßig (Catalogue des actes, hg. Léonard [wie Anm. 20], l, Anm. 2).

29 *Raimundus de Poscheriis*: Chartrier du Temple de Saint-Gilles, hg. Carraz (wie Anm. 16), Nr. 68 (April 1175), Nr. 264 (August 1194), und *ad indicem* (61 Belege). *Raimundus de Poscheriis* war in einem engeren Zeitrahmen, nämlich zwischen 1185 und 1190, auch für die Johanniter tätig (Cartulaire du prieuré de Saint-Gilles, hg. Le Blévec / Venturini [wie Anm. 5], *ad indicem*: 16 Belege.

30 *Petrus Guilabertus*: Cartulaire du prieuré de Saint-Gilles, hg. Le Blévec / Venturini (wie Anm. 5), Nr. 180 (April 1180), Nr. 228 (März 1198/9), Nr. 258 (1207), und *ad indicem* (ca. 60 Belege). Für die Templer stellt er zwischen 1185 bis 1202 vier Bescheinigungen aus (Chartrier du Temple de Saint-Gilles, hg. Carraz [wie Anm. 16], *ad indicem*).

31 *Stephanus Graila/Gralla*: zwischen 1196 und 1210 für die Johanniter (Cartulaire du prieuré de Saint-Gilles, hg. Le Blévec / Venturini [wie Anm. 5], Nr. 122 [Mai 1196], Nr. 376

bzw. der Region – noch andere, in den Urkunden genannte Personen tragen diese Namen und gehören sicher zu derselben Familie – und sie profitieren von der Erfahrung lokaler Rechtsgelehrter, die in den Urkunden von Saint-Gilles auch sehr gut belegt sind.[32] Nicht zuletzt ist auffällig, dass *Raimundus Bodonus*, *Raimundus de Poscheriis* und *Stephanus Grailla* als öffentliche Notare arbeiten, gleichzeitig aber auch von der gräflichen Kanzlei eingesetzt werden.[33]

Die zu Saint-Gilles gemachten Bemerkungen gelten auch für die beiden anderen Städte mit Konsulatsverfassung, also Arles und Avignon. In Arles tragen die Schreibexperten, die die Templer zwischen 1145 und 1170 einsetzen, noch keinen Titel.[34] Ab 1184 taucht ein *Vincentius* auf, ein von den Konsuln bestellter Notar, der bis 1212 in den *completiones* der Urkunden des Ordens fast immer vertreten ist.[35] In der Tat vertrat dieser *Vincentius* ein sehr erfolgreiches Geschäftsmodell, denn er hatte eine Schreibstube aufgebaut und beschäftigte dort zumindest einen *subnotarius*.[36] Das

[16. Dezember 1210], und *ad indicem*: 35 Belege); zwischen 1195 und 1209 für die Templer (Chartrier du Temple de Saint-Gilles, hg. Carraz [wie Anm. 16] Nr. 299 [Dezember 1195], Nr. 365 [Dezember 1209], und *ad indicem*: 11 Belege).

32 Anders als die frühen Juristen, die häufig als Rechtslehrer tätig waren und deren Wirkungskreis Italien, Südfrankreich und sogar Katalonien oder das Heilige Land umfasste, wurde die Generation von Juristen, die im letzten Drittel des 12. Jahrhunderts tätig war, bereits vor Ort rekrutiert. Die juristische Laufbahn bot, wie man weiß, städtischen Eliten Aufstiegsmöglichkeiten, vor allem den Angehörigen des Kleinadels. Erika Engelmann schätzt den Anteil von Juristen oder Notaren in den 117 Familien, die in der ersten Hälfte des 13. Jahrhunderts mit dem Konsulat von Arles in Verbindung stehen, auf 11 % (Erika Engelmann, Zur städtischen Volksbewegung in Südfrankreich. Kommunefreiheit und Gesellschaft. Arles (1200–1250) [Forschungen zur mittelalterlichen Geschichte 4], Berlin 1959, 79).

33 Catalogue des actes, hg. Léonard (wie Anm. 20), LI–LII; Léonard 1955 (wie Anm. 17), 49–50. In der Forschung wird das öffentliche Notariat traditionell als ‚Ableger' der gräflichen Kanzleien eingestuft (Roger Aubenas, Étude sur le notariat provençal au Moyen Âge et sous l'Ancien Régime, Aix-en-Provence 1931, 47–48). Zu den gräflichen Notaren in Saint-Gilles, vgl. Catalogue des actes, hg. Léonard (wie Anm. 20), XXXVII–XLI. In Saint-Gilles wurden die *notarii publici* im 13. Jahrhundert vom Kanzler der Abtei eingesetzt, der nach Meinung von Émile Léonard damit ein Vorrecht des gräflichen Kanzlers weiterführt (ebd., XLV).

34 Chartrier du Temple d'Arles, hg. Carraz, Ordres militaires 2003 (wie Anm. 16), Bd. 3: Sources, Nr. 2 (April 1145: *Petrus Bernardi scripsit*), Nr. 8, 9 (1166: *Petrus Vincentius scripsit*), Nr. 13 (23. Mai 1170: *Stephanus scripsit*).

35 Cartulaire de Trinquetaille, hg. Amargier (wie Anm. 5), Nr. 310 (Dezember 1184), Nr. 212 (Oktober 1210), und *ad indicem* (ca. 60 Belege); Arch. dép. des B.-du-R., 56 H 5024 (25. Juni 1212); Chartrier du Temple d'Arles, hg. Carraz (wie Anm. 34), Nr. 19 (Dezember 1185), Nr. 47 (November 1206), und *ad indicem* (ca. 20 Belege). Dieser *Vincentius* steht offensichtlich mit dem städtischen Konsulat in Verbindung, da die Notarsurkunden in Arles zusätzlich mit der Bleibulle der Konsuln versehen sind. Anders als Roger Aubenas meint, scheinen die Kommunen in der Provence also auch Notare eingesetzt zu haben (Bautier 1990 [wie Anm. 27], 285–286; Simone Balossino, Notaire et institutions communales dans la basse vallée du Rhône (XIIe–moitié du XIIIe siècle), in: Lucien Faggion / Anne Mailloux / Laure Verdon (Hgg.): Le notaire, entre métier et espace public en Europe, VIIIe–XVIIIe siècle, Aix-en-Provence 2008, 183–197, hier 187–189; *contra* Aubenas 1931 [wie Anm. 33], 55–57).

36 *Actum fuit hoc in operatorio Vincencii, scriptoris, in presentia […] et ego Petrus Capella-*

Auftreten von ‚Notarbüros' (*operatoria*) an der Wende vom 12. zum 13. Jahrhundert ist wichtig, weil damit der Institutionalisierungsprozess abgeschlossen ist: Die Position des öffentlichen Notars ist nunmehr gesichert, weil dieser über die Mittel verfügt, seinen Mandanten die dauerhafte Aufbewahrung ihrer Dokumente zusichern zu können.[37] Auch in Avignon sind zwischen 1180 und 1221 regelmäßige Verbindungen zwischen den Kommenden und dem ersten von den Konsuln eingesetzten Notar *Stephanus* belegt.[38]

II. Die Urkunden der Ritterorden und die Verbreitung neuer Rechtsformen

Die bisher behandelten Notare zählen zu den ersten von den Kommenden regelmäßig eingesetzten Rechtsexperten. Wenn man die Auswertung bis in die Mitte des 13. Jahrhunderts fortsetzt, findet man weitere siebzehn bis achtzehn professionelle Notare in den Urkunden des Johanniterordens in Avignon,[39] etwa zwanzig in der Urkunden-

nus, subnotarius, qui mandato Vincencii, notarii, hanc cartam scripsi (Chartrier du Temple d'Arles, hg. Carraz [wie Anm. 34], Nr. 40 [März 1203/4]; Cartulaire de Trinquetaille, hg. Amagier (wie Anm. 5), Nr. 238 [April 1204]). *Subnotarii*, darunter *Bertrandus de Tarascone* und *Raimundus de Amillavo*, sind mehrfach belegt: Cartulaire de Trinquetaille, hg. Amagier (wie Anm. 5), Nr. 50, 66, 193, 228, 235, 236, 238, 239, 243, 295, 299; Chartrier du Temple d'Arles, hg. Carraz (wie Anm. 34), Nr. 32, 33, 36. Ein weiterer Beleg für *Vincentius* findet sich im Archivbestand der Kommende der Templer von Saint-Gilles in Urkunden, die Rechtsgeschäfte in Arles betreffen (Chartrier du Temple de Saint-Gilles, hg. Carraz [wie Anm. 16], *ad indicem*, 707; Cartulaire du prieuré de Saint-Gilles, hg. Le Blévec / Venturini [wie Anm. 5], *ad indicem*, 372). *Vincentius* benutzt ab 1185 ein Signet (Catalogue des actes, hg. Léonard [wie Anm. 20], XLI, Anm. 2).

37 Belege für die Existenz von *operatoria*: in Arles im Cartulaire du prieuré de Saint-Gilles, hg. Le Blévec / Venturini (wie Anm. 5), Nr. 92 (1194, Werkstatt des Notars *Guillelmus Pauli*); im Cartulaire de Trinquetaille, hg. Amagier (wie Anm. 5), Nr. 217 (1204) und Nr. 218 (1206/7); im Chartrier du Temple d'Arles, hg. Carraz (wie Anm. 34), Nr. 97 (1234), 105 (1236), usw.; in Avignon im Chartrier du Temple d'Avignon, hg. Carraz, Ordres militaires 2003 (wie Anm. 16), Bd. 2: Sources, Nr. 21 (1252), Nr. 50–51 (1268), usw. In Béziers erscheint das *operatorium* ab 1181 (Débax 2017 [wie Anm. 12], 504).

38 Cartulaire et chartes de la commanderie de l'Hôpital de Saint-Jean de Jérusalem d'Avignon au temps de la Commune (1170–1250), hg. v. Claude-France Hollard, Paris 2001, ch. 3 (28. Februar 1180: *et Stephani notarii consulum Avinionensium qui mandato Brocardi cartam composuit et memorie futurorum tradidit*), Nr. 60 (August 1185: *Stephanus notarius qui hoc scripsit et sigillo consulum signavit*), ch. 24 (August 1212: *Ego Stephanus notarius interfui et auctoritate consulum et mandato partis utriusque scribi feci et subscripsi et bulla consulum signavi*), ch. 27 (11. Februar 1221), und *ad indicem*, 278: *Stephanus, notarius.* Templerorden: Chartrier du Temple d'Avignon, hg. Carraz (wie Anm. 37), Nr. 1 (Januar 1187), 2, 6, 7, 8, 12, 14 (30. Juli 1219). Eventuell handelt es sich um zwei gleichnamige Notare, die von 1180 bis 1207 bzw. von 1212 bis 1221 urkundeten (Cartulaire et chartes de la commanderie, ebd., 20; Balossino 2008 [wie Anm. 35], 186).

39 Cartulaire et chartes de la commanderie, hg. Hollard (wie Anm. 38), 20. Besonders erwähnenswert ist die aktive Präsenz des Notars *Guillelmus de Tornone* zwischen 1234

sammlung (*chartrier*) der Templer von Arles[40] und etwa dreißig in den Templerurkunden von Saint-Gilles.[41] Innerhalb der relativ kleinen Gruppe von Notaren, die regelmäßig und mit hoher Frequenz herangezogen wurden, findet sich eine ganze Reihe erstklassiger Juristen. Auch das Konsulat von Avignon, obwohl auf einem deutlich niedrigeren Niveau angesiedelt als Saint-Gilles oder Arles, bietet ein fruchtbares Umfeld für die Rechtspraktiker, und die *jurisperiti* sind in den Urkunden der dortigen Ritterorden gehäuft vertreten.[42] *Bertrandus de Ponte*, ein im Namen des Schatzmeisters und der *syndici* von Avignon urkundender Notar, stellt zwischen 1216 und 1233 mehrere *instrumenta* für die Johanniter aus.[43] *Bertrandus* ist ein in der Forschung sehr bekannter Notar, weil er eine Formelsammlung zusammenstellte, die Gérard Giordanengo gefunden und publiziert hat.[44] Wenn es stimmt, dass dieser Bertrand die Verkaufsformel des *dominium directum et utile* neu gefasst hat, finden sich in den Transaktionen, die er für die Johanniter tätigte, keine Spuren davon. Auffällig ist dagegen, dass mehrere Käufe, die die *fratres* tätigten, im Anschluss an die Einnahme von Avignon durch König Ludwig VIII. im Herbst 1226 erfolgten.[45]

und 1250, der auch bei den Templern zwischen 1236 und 1267 gut belegt ist (ebd., *ad indicem*, 261; Chartrier du Temple d'Avignon, hg. Carraz [wie Anm. 37], *ad indicem*, 405). Auch hier könnte man angesichts der langen Zeitspanne vermuten, dass es sich um zwei Notare mit gleichem Namen handelt.

40 Die am häufigsten genannten Notare der Konsuln sind (in alphabetischer Reihenfolge des *Cognomen*): *Petrus Fortis, Guillelmus de Gravesone, Petrus de Montareno, Petrus Nicolaus* und *Poncius de Salaves* (Chartrier du Temple d'Arles, hg. Carraz [wie Anm. 34], 272 [„Notaires et scribes"]).

41 Außer den bereits genannten werden *Bermundus, Guillelmus Calveria, magister David, Poncius Philippi, Petrus Rogerius* und *Bernardus de Sancto Felice* sehr häufig angeführt (Chartrier du Temple de Saint-Gilles, hg. Carraz [wie Anm. 16], 706 [„Notaires et scribes"]). In den Templerurkunden von Saint-Gilles sind außerdem mehrere Notare aus Arles und Beaucaire belegt.

42 Cartulaire et chartes de la commanderie, hg. Hollard (wie Anm. 38), Nr. 73, 79, 93, ch. 49, suppl. 2; vgl. außerdem die Erwähnung des *iudex* des Konsulats (ebd., *ad indicem*, 295: *judex*); Chartrier du Temple d'Avignon, hg. Carraz (wie Anm. 37), Nr. 23, 24, 60, 61, 75, 82; vgl. außerdem *Gaufredus Guillelmus, judex Ytalicus* (ebd., Nr. 1 [1174]). Zu den Funktionen der avignonesischen Juristen, inklusive der Notare, vgl. Nicolas Leroy, Une ville et son droit: Avignon du début du XIIe siècle à 1251, Paris 2008, 302–325.

43 Cartulaire et chartes de la commanderie, hg. Hollard (wie Anm. 38), Nr. 31, 33, 57, 59, 61, 62, 65, 66, 87, ch. 26 (1216), ch. 34, ch. 3, ch. 37, ch. 38, ch. 44 (1233).

44 Gérard Giordanengo, Bertrand du Pont, notaire d'Avignon, et son formulaire (2e quart du XIIIe siècle), Annales de l'Université des sciences sociales de Toulouse 24 (1976), 317–327. Zum Einfluss von Bertrand du Pont auf die Rechtspraxis, vgl. Ders., Le droit féodal dans les pays de droit écrit: l'exemple de la Provence et du Dauphiné. XIIe–début XIVe siècle (Bibliothèque des Écoles Françaises d'Athènes et de Rome 266), Rome 1988, 140–141; Leroy 2008 (wie Anm. 42), 320–321.

45 Avignon ergab sich im September 1226; im Januar 1227 verhängte der päpstliche Legat die Sanktionen: neben den Geiseln, die die Stadt stellen musste, mussten die Einwohner eine Strafzahlung von 7.000 Silbermark leisten (Léon-Honoré Labande, Avignon au XIIIe siècle. L'évêque Zoen Tencarari et les Avignonnais, Paris 1908, 28–33). Vgl. dazu zuletzt Simone Balossino, "Elle ne voulait obéir ni à Dieu ni aux hommes". Avignon, 1226, in: Patrick Gilli / Jean-Pierre Guilhembet (Hgg.): Le châtiment des villes dans les espaces méditerranéens (Antiquité, Moyen Âge, époque moderne) (Studies in European urban history 26), Turnhout 2012, 279–296.

Die Bestrafung der Stadt durch den König dynamisierte den Immobilienmarkt, weil einige Bürger gezwungen waren, ihre Besitztümer zu veräußern, um die Kopfsteuer zu bezahlen, die für die vom päpstlichen Legaten Romano Bonaventura auferlegte Strafzahlung erhoben wurde.[46] Offensichtlich nutzten die finanzstarken Johanniter diese Situation aus, um ihren Grundbesitz zu vergrößern. Man kann vermuten, dass sie dabei auch von den Ratschlägen lokaler Notare wie etwa *Bertrandus de Ponte* profitierten.

In Saint-Gilles benutzt der Notar David, der um die Mitte des 13. Jahrhunderts vermehrt für die Templer arbeitete, den Titel eines *magister*.[47] Zu dieser Zeit, in der der Grundbesitz des Ordens im Wesentlichen bereits herausgebildet war, wird der Notar von den Templern vermehrt bei routinemäßigen Erbpachtverträgen eingesetzt. Was David aber nicht daran hindert, gemeinsam mit einem weiteren Rechtsexperten mit dem sprechenden Namen *Virgilius* aufzutreten oder selbst als Experte an rechtlich schwierigen Schiedsgerichten teilzunehmen.[48] Maïté Ferret-Lesné hat genau diese Funktion der Notare als Mediatoren herausgearbeitet, wobei sie sich vor allem auf das Cartular der Johanniterkommende in Saint-Gilles stützte.[49] Hier reicht es, an *Raimundus Bodonus* zu erinnern, der nicht nur Verträge aufsetzte,[50] sondern als

46 Einige Verkäufer erwähnen explizit in den Urkunden die Strafzahlung als Grund für die Veräußerung; andererseits muss im Frühjahr 1226 der inhaftierte Notable *Bertrandus Malvicinus* ein Grundstück verkaufen, um sein Lösegeld zu bezahlen (Cartulaire et chartes de la commanderie, hg. Lollard [wie Anm. 38], Nr. 31 [16. Juli 1227] und Nr. 65 [Februar-März 1226]); weitere Verkäufe: Nr. 66 (14. Mai 1226), 61 (28. August 1227), 62 (5. September 1227).

47 *Magister David, notarius* ist zwischen Februar 1239/40 und März 1265/6 belegt (Chartrier du Temple de Saint-Gilles, hg. Carraz [wie Anm. 16], *ad indicem* p. 706: ca. 40 Belege). Laurent Mayali merkt an, dass der Titel *magister* in Saint-Gilles recht selten ist, bestätigt aber, dass einige Notare dieses Prädikat annehmen konnten (Mayali 1979 [wie Anm. 5], 97 und 100).

48 Beispielsweise interveniert David zwischen Mai und September 1252 in einer Auseinandersetzung zwischen den Templern und den Johannitern bei der Setzung der Grenzsteine eines strittigen Territoriums (Chartrier du Temple de Saint-Gilles, hg. Carraz [wie Anm. 16], Nr. 458). *Virgilius* ist zwischen 1226 und 1246 als *causidicus/jurisperitus* in Saint-Gilles, Arles und Montfrin belegt (ebd., Nr. 399, 400, 403, 431, 438, 439, 441). Ein Namensvetter tritt 1208 als *scriptor* und 1209 sogar als *notarius* auf (ebd., Nr. 360; Cartulaire du prieuré de Saint-Gilles, hg. Le Blévec / Venturini [wie Anm. 5], Nr. 352, 358, 359, 364).

49 Maïté Ferret-Lesné, Les notaires et les arbitres ou amiables compositeurs en Languedoc (milieu du XIIe–début du XIIIe siècle), in: Poncet / Guyotjeannin / Desachy 2022 (wie Anm. 13), 73–92. Zur Beilegung von Konflikten zwischen den Templern und ihren Nachbarn, vgl. Carraz 2005 (wie Anm. 4), 377–383.

50 Chartrier du Temple de Saint-Gilles, hg. Carraz (wie Anm. 16), Nr. 202 (April 1190); Cartulaire du prieuré de Saint-Gilles, hg. Le Blévec / Venturini (wie Anm. 5), Nr. 108 (13. März 1197) et Nr. 109 (21. März 1203). Im Rechtsstreit von 1203 greifen die Johanniter auf römisch-kanonisches Recht zurück und erklären den vorherigen Schiedsspruch für nichtig, weil er dem Orden großen Schaden zufüge: *Econtra domus Hospitalis dicebat quod propter compositionem illam factam inter ipsam domum Hospitalis et Raimundum Durantum et nepotes ejus sicut in instrumentis publicis continebatur, domus Hospitalis enorme dampnum sustinebat et ideo suprascriptus preceptor domus Hospitalis restitucionem sibi dari postulabat.* (vgl. Ferret-Lesné 2022

persona publica im Sinne der *artes notariae*[51] auch als Hauptzeuge bei Streitfällen[52] oder als Bürge im Rahmen von Besitzübergaben auftrat.[53]

Unter diesen Umständen scheint es möglich, die Ritterorden als eine zentrale Gruppe für die Einführung des Römischen Rechts auch in die Rechtspraxis einzustufen. Auf der Grundlage der Untersuchungen von Marie-Louise Carlin habe ich an anderer Stelle bereits davon gesprochen, dass eine ganze Reihe der neuen Rechtsklauseln zum ersten Mal in den Urkunden der Ritterorden belegt sind.[54] Allein das Beispiel des Verkaufsakts zeigt, dass die Quittung des Verkaufspreises in seiner späteren kanonischen Form,[55] die Schenkung des Mehrwerts,[56] die Klausel *per stipulationem* auf den Evangelien,[57] die Verpflichtung der eingesetzten Bürgen auf

[wie Anm. 49], 80). Vielleicht wurde der Orden von dem Juristen Pierre Foucois beraten; zumindest ist dies wahrscheinlicher als eine Intervention des gräflichen Richters *Bertrandus Radulfi*, der qua Amt zur Unparteilichkeit verpflichtet war. Zu Pierre Foucois, vgl. jetzt Damien Carraz / Daniel Le Blévec (Hgg.): Gui Foucois, pape Clément IV, et le Midi (Cahiers de Fanjeaux 57), Fanjeaux 2023, *ad indicem*.

51 Schulte 2008 (wie Anm. 14), 19–21; Élisabeth Schneider, *Persona publica* dans le droit savant médiéval: l'exemple du notaire comme personne publique, in: Jacques Boutineau (Hg.): Personne et *res publica* (Méditerranées 3), Paris 2006, Bd. 1, 161–193.

52 1203, im Rahmen eines Streits der Johanniter um den Besitz eines Grundstücks in Fourques, bezeugt der *notarius Raimundus Bodonus* für die Johanniter, dass dieses vor 32 Jahren verkauft wurde und nennt die drei Bürgen des damaligen Rechtsaktes. Der zweite von den Johannitern aufgerufene Zeuge *Raimundus Durantus* bezeugt, dass die damalige Urkunde von *Raimundus Bodonus* ausgestellt wurde (Cartulaire du prieuré de Saint-Gilles, hg. Le Blévec / Venturini [wie Anm. 5], Nr. 140 [3. Juli 1203: *carta de testimonio*] und Nr. 139 [Mai 1204: *compositio*]). Die angeführte Urkunde wurde im Cartular nach dem Schiedsspruch in Kopie angefügt (Nr. 141 [Juni 1171]). *Raimondus Durantus* gehört zu den Notablen und hatte häufiger mit dem Johanniterorden zu tun (ebd., *ad indicem*, 367).

53 *Et insuper ego Raimundus Bodonus, notarius, inde meipsum et omnes res meas vobis obligo et subpono. Raimundus Bodonus* ist auch der Aussteller dieser Urkunde, aber seine Verbindung zum Verkäufer ist nicht klar ersichtlich (Chartrier du Temple de Saint-Gilles, hg. Carraz [wie Anm. 16], Nr. 280; 22. April 1195).

54 Carraz 2005 (wie Anm. 4), 373–374, in Bezug auf Carlin 1967 (wie Anm. 12).

55 *[...] de quibus nobis satisfactum solucione profitemur* (Chartrier du Temple de Saint-Gilles, hg. Carraz [wie Anm. 16], Nr. 91 [Dezember 1178]; Notar: *Raimundus Bodonus*); vgl. Carlin 1967 (wie Anm. 12), 82. Leider war es nicht immer möglich, die von Carlin angegebenen Erstbelege zu überprüfen, weil die Autorin ältere Standnummern nutzt und nicht immer genau ist. Ich verweise auf zeitlich ähnlich gelagerte Belege, die ich selbst verifiziert habe, erhebe aber nicht den Anspruch, dass es sich jeweils um Erstbelege handelt.

56 *Et si plus valet illud dono pro anime mee salute et parentum meorum Deo et Beate Marie et milicie Templi Salomonis [...] ut libere habeant et predicant sine contradiccione alicujus hominis vel femine* (Chartrier du Temple d'Arles, hg. Carraz [wie Anm. 34], Nr. 11 [1167]; Schreiber: *Petrus Johannis*); nach Carlin (1967 [wie Anm. 12], 83) tritt die Klausel um 1155 erstmals in der Provence auf.

57 *et insuper iuro tibi super sacrosancta Euvangelia Dei ut nichil inde revocem* (Cartulaire de Trinquetaille, hg. Amargier [wie Anm. 5], Nr. 20 [1173]; Schreiber: *Petrus*); *et nullam de cetero controversiam de predicta donatione moturum per stipulationem promitto, et tactis sacrosanctis Evangeliis juro, salvo tamen ibi michi et meis jure meo* (Chartrier du Temple d'Arles, hg. Carraz [wie Anm. 34], Nr. 22 [September 1189]; Notar: *Vincentius*); Carlin 1967 (wie Anm. 12), 87–88.

ihren Besitz,[58] die Renuntiationsklauseln, etwa die auf den *Senatus consultum Velleianum*[59] oder die Eviktionsklausel[60] nach den Forschungen von Marie-Louise Carlin sehr häufig in den Urkunden der Kommenden der Basse-Provence auftreten. Selbstverständlich hängt dies auch damit zusammen, dass die Ritterorden sehr viele Urkunden haben schreiben lassen und gleichzeitig hervorragende Archive aufbauten. Aber ein weiterer Grund dürfte sein, dass die Ritterorden das jeweils beste Personal nutzten. Man vergleiche noch einmal die von Carlin zusammengestellten Daten: die allgemeine Verzichtsklausel etabliert sich um 1190 herum, in Arles mit den Notaren *Arnaudus Guilabertus* und *Vincentius*, in Avignon mit *Stephanus*; die Verzichtsklausel auf den *Senatus consultum Velleianum* wird im Gebiet von Saint-Gilles von *Raimundus Bodonus* und in Avignon von *Stephanus* eingeführt; der Verzicht auf die *exceptio non numerate pecunie* findet sich zunächst in Arles bei *Arnaudus Guilabertus* und *Vincentius*, später bei dem uns bereits bekannten *Raimundus Bodonus.*[61] Immer handelt es sich um sehr erfahrene Praktiker, die mit gut ausgebildeten Rechtsgelehrten in Kontakt stehen und die deshalb in der Lage sind, lückenlos abgesicherte Rechtsgeschäfte vorzubereiten und die Interessen ihrer Klientel im Streitfall mit allen juristischen Mitteln zu verteidigen. Zum Beispiel taucht der Verweis auf die *laesio*, direkt übernommen aus dem *Corpus juris civilis* und noch kaum bekannt, zum ersten Mal im südfranzösischen Kontext in der Bestätigung einer großen Schenkung des Grafen Raimund V. von Toulouse an die Johanniter von Saint-Gilles auf.[62] Wieder finden wir hier die bereits angesprochenen

58 *et donamus vobis fidejussorem* (Chartrier du Temple d'Arles, Nr. 7 [Januar 1165/1166]; ohne Schreiberangabe, aber unter den Zeugen sind Kanoniker); *et ego Raimundus de Stagno [...] pro eo quod hic venditur salvando et defendo [...] fratribus Hospitalis presentibus et futuris sum fideiussor* (Cartulaire de Trinquetaille, hg. Amargier [wie Anm. 5], Nr. 155 [1189]; *Petrus Portugalensis presbiter scripsit*); Carlin 1967 (wie Anm. 12), 91–92.

59 *ex certa scientia illi penitus renuncio, specialiter etiam renuncians senatus consulti Velleiani auxilio* (Chartrier du Temple d'Arles, hg. Carraz [wie Anm. 34], Nr. 31 [8. August 1198]; Notar: *Vincentius*); Carlin (1967 [wie Anm. 12], 95–97) verweist auf die wichtige Rolle des Notars *Vincentius* bei der Übernahme der Renuntiation *exceptio non numerate pecunie*. Zur Frage der Herkunft und der Wirksamkeit der Renuntiationsklauseln, die von manchen Rechtshistorikern als Ausdruck des Misstrauens gegenüber dem Römischen Recht angesehen werden, vgl. Gouron 2002 (wie Anm. 25), 725–729, und Hilaire 1999 (wie Anm. 2), 415–416.

60 *per stipulationem vobis promittimus ut dominum comitem et filium ejus ob evictionem si forte contingeret demus vobis fidejussore* (Chartrier du Temple de Saint-Gilles, hg. Carraz [wie Anm. 16], Nr. 117 [Januar 1182/3]; Notar: *Bermundus*; Pierre Foucois wird unter den Anwesenden genannt!); *defendendo et specialiter pro evictione, si forte ibi in partem solidumve contingeret* (Chartrier du Temple d'Arles, hg. Carraz [wie Anm. 34], Nr. 22 [September 1189]; Notar: *Vincentius*); Carlin 1967 (wie Anm. 12), 110–111.

61 Carlin 1967 (wie Anm. 12), 125, 129, 136–138.

62 Raimund V. bestätigt dem Prior von Saint-Gilles die von *Petrus de Vicinobrio* gemachte Stiftung des *castrum* von Saint-Maurice: *Et pro causa vel controversia filiorum Raimundi de Levezone et Poncii Guillelmi et militum vel hominum eorum eis juri et justicie stabo et pro Petro de Vicinobrio et pro filio ejus Petro eis predictis et eorum nomine quicumque jus faciam et justiciam et jure et judicio respondebo, ita quod domus Hospitalis et fratres ejusdem domus et res, omnia

Akteure: Die Urkunde wird von *Raimundus de Poscheriis* redigiert, sicher auch unter Beteiligung des Richters und Kanzlers Pierre Foucois, der die Urkunde mit seinem Siegel versieht.[63]

Es wäre interessant, die Verbreitung bestimmter Klauseln in einem größeren regionalen Maßstab systematisch zu untersuchen, etwa so, wie Didier Panfili dies mit der Klausel *Exceptis sanctis et militibus* gemacht hat. Er konnte feststellen, dass sie um 1085 in Béziers zum ersten Mal belegt ist, nach 1150 in Katalonien auftaucht, und zwar „durch südfranzösischen Einfluss, vielleicht durch Schreiber, die einem der Ritterorden angehörten oder zumindest mit ihm in Verbindung standen", und gegen 1185 schließlich im Rouergue durch einen der Ritterorden, nämlich die Johanniter, verbreitet wird. Zwischenzeitlich gelangt die Formel 1168 nach Jerusalem, wiederum durch die Vermittlung der Ritterorden.[64] In der Tat spricht die Tatsache, dass bereits ab Mitte des 12. Jahrhunderts Juristen aus der Provence im Heiligen Land belegt sind, für einen engen Zusammenhang mit der Präsenz der Ritterorden. Man denke nur an den berühmten Rechtsgelehrten Pons de Saint-Gilles, der in zwei Urkunden der Johanniterkommende von Saint-Gilles von 1157–1158 genannt wird, der 1163 in Akra in einem Rechtsakt als Zeuge für die Johanniter auftritt und 1174 wieder in Saint-Gilles belegt ist.[65] Die Verbindungen zwischen den Ordensbrüdern dürften also

bona et jura ejus ab omni lesione et dapno inmunes et indempnes conservabo (Cartulaire du prieuré de Saint-Gilles, hg. Le Blévec / Venturini [wie Anm. 5], Nr. 318; 7. März 1187, Kopie einer Urkunde vom September 1186). Gouron 1963 (wie Anm. 1), 54–55, hat auf die Verwendung der Klausel aufmerksam gemacht.

63 Pierre Foucois war, gemeinsam mit dem *jurisperitus Alexander*, bereits 1195 an einer Aufhebungsklage wegen wesentlicher Beeinträchtigung (*laesio*) beteiligt, die im Cartular der Templer erhalten ist. Ein Kläger sieht seine Rechte in Bezug auf die Mitgift seiner Frau durch einen von dieser getätigten Verkauf an den Templerorden verletzt (Chartrier du Temple de Saint-Gilles, hg. Carraz [wie Anm. 16], Nr. 298 [Dezember 1195]; Notar: *Petrus Guilabertus*). Gouron hat auf diesen Rechtsakt aufmerksam gemacht (Gouron 2002 [wie Anm. 25], 729).

64 Didier Panfili, *Exceptis sanctis et militibus*. Une formule laïque de contrôle seigneurial du marché de la tenure et sa diffusion en Méditerranée occidentale (fin XIe–début XIIIe siècle), in: Diane Chamboduc de Saint-Pulgent / Marie Dejoux (Hgg.): La fabrique des sociétés médiévales méditerranéennes. Les Moyen Âge de François Menant (Publications de la Sorbonne. Histoire ancienne et médiévale 155), Paris 2018, 407–420, hier 410–414. In der Provence setzt man die Klausel gegen die Grundstücksgeschäfte der Orden ein, die Ritterorden eingeschlossen (Carraz 2005 [wie Anm. 4], 512).

65 Gouron 2006 (wie Anm. 17). Der Autor hat *Poncius grammaticus* als Zeugen für drei Urkunden zugunsten der Johanniter in Saint-Gilles ausfindig gemacht: Cartulaire du prieuré de Saint-Gilles, hg. Le Blévec / Venturini [wie Anm. 5], suppl. 1, 325 (1157: Verleihung einer Kapelle an die Johanniter vom Abt von Saint-Gilles), Nr. 245 (September 1158: Verkauf an den Orden durch Raimund V. von Toulouse), Nr. 183 (19. März 1173/4: Schiedsgericht von *Radulfus*, Richter und Kanzler des Grafen von Toulouse). Nach Gouron hat Pons de Saint-Gilles, der vielleicht Autor des *Codi* (1149) ist, auch die Abfassung des *Livre des Assises des bourgeois de Jérusalem* beeinflusst. Gouron stützt sich dabei auf eine Urkunde im Cartulaire général de l'ordre des Hospitaliers de Saint-Jean-de-Jérusalem (1100–1310), hg. v. Joseph Delaville le Roulx, Paris 1897, Bd. 2., appendices Nr. XIII, 904–905 (1163: Schiedsgericht des Grafen Raimund von Tripolis bezüglich des Klosters S. Salvator auf dem Berg Tabor): *[...]*

durchaus eine Rolle gespielt haben für die Reisetätigkeit der Juristen und die Verbreitung der juristischen Manuskripte, vielleicht sogar in dem selben Ausmaß wie die Beziehung zwischen den Grafen von Saint-Gilles und ihren Cousins an der Spitze der Grafschaft Tripolis.

III. Notare in der Verwaltungspraxis der Kommenden

Die Rechtsexperten, die die Kommenden regelmäßig zu Rate zogen, wurden nicht nur bei der Redaktion und der Authentifizierung der Urkunden eingesetzt. Einige von ihnen beteiligten sich auch in der Verwaltung des weltlichen Besitzes der einzelnen Häuser, und zwar bereits ziemlich früh. *Raimundus Bodonus* zum Beispiel wird einige Male in der Entourage der Brüder genannt und scheint bis nach Arles in Rechtsgeschäften unterwegs gewesen zu sein, war aber keineswegs immer der Redaktor der jeweiligen Urkunden.[66] Man könnte deshalb vermuten, dass er auch geschäftlich für die Templer und Johanniter tätig war. Im 12. Jahrhundert reicht die schriftliche Dokumentation noch nicht aus, um genaue Bestimmungen vorzunehmen, aber ab dem 13. Jahrhundert kann man erkennen, welche Aufgaben den Notaren im Einzelnen zukommen. Sie werden beispielsweise beauftragt, die Erbpachtanerkennungen der Pächter zu protokollieren.[67] Diese werden zunächst als einzelne *instrumenta* aufgenommen,[68] werden dann aber schnell zusammengefasst, indem die

Fratres Hospitalis: Willelmus, Jordanus Davignus, Pontius Caiphe, Pontius Sancti Egidii. Obwohl diese Hypothese mein Anliegen unterstützt, halte ich es für zu gewagt, *Pontius Sancti Egidi* zum Aussteller dieses Schiedsspruches zu machen und ihn mit dem südfranzösischen Rechtsgelehrten gleichzusetzen. Im Allgemeinen blieben die Juristen, die in den Urkunden der Kreuzfahrerstaaten belegt sind, dort nur kurze Zeit, ohne in höhere Ämter aufzusteigen (James Brundage, Latin Jurists in the Levant. The Legal Elite of the Crusader States, in: Maya Shatzmiller (Hg.): Crusaders and Muslims in Twelfth-Century Syria (The medieval Mediterranean 1), New York 1993, 18–42).

66 Im Jahr 1196 ist *Raimundus Bodonus* in Arles bei einem Verkauf an die Templer von Saint-Gilles als Notar anwesend, der Aussteller der Urkunde ist jedoch der Notar *Vincentius* (Chartrier du Temple de Saint-Gilles, hg. Carraz [wie Anm. 16], Nr. 306 [28. August 1196]).

67 Die Erbpachtanerkennung wurde aber eher als Ausdruck persönlicher Abhängigkeitsverhältnisse, weniger als Verwaltungsinstrument wahrgenommen. Vgl. dazu Thierry Pécout, *Confessus fuit et recognivit in veritate se tenere.* L'aveu et ses enjeux dans les reconnaissances de tenanciers en Provence, XIIIe–XIVe siècle, in: Lucien Faggion / Laure Verdon (Hgg.): Quête de soi et quête de vérité du Moyen Âge à l'époque moderne, Aix-en-Provence 2007, 173–205. Zur Verbindung zwischen Land und *dominium* im Fall der Templerkommende von Arles, vgl. Damien Carraz, L'emprise économique d'une commanderie urbaine: l'ordre du Temple à Arles en 1308, in: Arnaud Baudin / Ghislain Brunel / Nicolas Dohrmann (Hgg.): L'économie templière en Occident. Patrimoines, commerce, finances, Langres 2013, 142–175, hier 163–166.

68 Chartrier du Temple d'Arles, hg. v. Carraz (wie Anm. 34), Nr. 116 (14. Oktober 1242), Nr. 134 (16. Oktober 1252), Nr. 155 (27. Februar 1283/4); Chartrier du Temple de Saint-Gilles, hg. Carraz (wie Anm. 16), Nr. 455 (11. Mai 1251), Nr. 461 (12. November 1253), Nr. 474 (26. Mai 1259; Notar: *magister*

Erklärungen gebündelt zur gleichen Zeit oder zumindest im gleichen Zeitraum eingeholt werden und auf einem Stück Pergament listenartig aufgeführt sind.[69] Ab der Mitte des 13. Jahrhunderts wird dieses Verfahren noch weiter präzisiert: Jetzt werden mehrere Dutzend solcher Erklärungen gleichzeitig eingeholt und in einem Rotulus dokumentiert,[70] teilweise sogar bereits mit dem eigens dafür entwickelten Textmodell des Erbpachtregisters. Die Veränderungen werden von den Notaren vorangetrieben, denn sie passen ihre Praxis an die Verfahren der grundherrschaftlichen Verwaltung an: Die Entwicklung des Patrimoniums als festerer Rahmen für die Verpachtungspraktiken der Kommenden hat den (rechtlichen) Kampagnen der Erbpachterklärungen einen Schub verliehen. Man kann sich daher vorstellen, dass die Notare eng mit den Besitzverwaltungen zusammenarbeiteten, vor allem ab dem Zeitpunkt, ab dem sie eine darauf abgestellte Dokumentationspraxis entwickelt hatten und diese regelmäßig an die Entwicklung der Verwaltung anpassen mussten. Aus dem 13. Jahrhundert sind wenige Dokumente erhalten, aber die Inventare der Archive der Kommenden, die Anfang des 14. Jahrhunderts bei der Auflösung des Templerordens erstellt wurden, zeigen, dass sie in größerer Zahl existiert haben müssen.[71]

Bevor die Ritterorden ihr *dominium directum* in den Städten und den von ihnen beherrschten Gebieten ausbauten, hatten sie sich häufig darauf beschränkt, den von ihnen genutzten Grundbesitz durch Pachtverträge, und zwar mit weltlichen Besitzern, zu vergrößern. Die Templer von Saint-Gilles waren so vorgegangen und hielten in einem Cartular die Grundbesitzrechte fest, die sie als Pächter unter der Ägide einiger großer lokaler Familien wahrnahmen – was übrigens belegt, dass es auch noch im 12. Jahrhundert Grundbesitz von Laien in größerem Umfang gegeben haben muss.[72] Der Zeitpunkt, zu dem diese Cartulare erstmals auftreten, ist nicht zufällig;

David); Chartrier du Temple d'Avignon, hg. Carraz (wie Anm. 37), Nr. 54 (29. Oktober 1270), Nr. 57–58 (24. März 1271), usw.

69 Chartrier du Temple d'Arles, hg. v. Carraz (wie Anm. 34), Nr. 153 (16. Mai 1278; 2 Anerkennungen), Nr. 156 (26. März 1284; 2 Anerkennungen); Chartrier du Temple de Saint-Gilles, hg. Carraz (wie Anm. 16), Nr. 493 (23. Februar 1283/4; 2 Anerkennungen).

70 Chartrier du Temple de Saint-Gilles, hg. Carraz (wie Anm. 16), Nr. 485 (24. April 1271; Rotulus mit 11 Anerkennungen); Chartrier du Temple d'Arles, hg. v. Carraz (wie Anm. 34), Nr. 152 (18 Anerkennungen zwischen dem 16. Mai 1278 und dem 5. April 1279); Chartrier du Temple d'Avignon, hg. Carraz (wie Anm. 37), Nr. 80 (23. Oktober 1303; Rotulus mit 49 Anerkennungen, aufgenommen vom Notar *Giraudus Grassi* auf Bitten des Gerichts von Avignon). Die Einzelausstellung als *instrumentum* auf einem Pergamentblatt verschwindet aber keineswegs.

71 Beschränken wir uns auf Arles: Chartrier du Temple d'Arles, hg. v. Carraz (wie Anm. 34), Nr. 172 (Inventar der Güter der Kommende, 24. Januar 1308): Urkunden Nr. XLVI (März-April 1278/9: darin Verweis auf 18 Urkunden in zwei gebundenen Pergamentheften), Nr. XLVII ([1278–1290]: auf 21 Urkunden in drei Pergamentheften), Nr. XXXII (17. Mai 1307: Schriftrolle mit 19 Urkunden), Nr. LXXXVI (ohne Datum, 14 Urkunden auf zwei Pergamentblättern). Zu den Registern, von denen einige bereits aus Papier sind, vgl. Carraz 2013 (wie Anm. 67), 154 und 173.

72 Chartrier du Temple de Saint-Gilles, hg. Carraz (wie Anm. 16), Nr. 11 (1158), 65, 75, 99, 133, 213, 214, 326, 328 (1199). Die Grundherren, die die Grunderwerbssteuern jeweils von den Templern erhalten, tragen

sie konzentrieren sich in den ersten Jahrzehnten des 13. Jahrhunderts in den Städten des unteren Rhônetals – Templer und Johanniter in Saint-Gilles und Johanniter von Trinquetaille – und nur der *codex* der Johanniter von Avignon wird erst 1245 verfasst.[73] Das Festhalten der Besitzverhältnisse über das Mittel der Cartulare ist also eng mit den Entwicklungen des Notariats verknüpft,[74] genauso wahrscheinlich wie eine Neuorganisation der Urkundenarchive der einzelnen Häuser. Auch derartigen Bestandsaufnahmen konnten die Notare eine rechtliche *auctoritas* verleihen, und zwar eine so starke, dass die Archivare und die auf feudale Grundrechte spezialisierten Juristen des Ancien Régime den mittelalterlichen Cartularen den Rang einer Authentik einräumten.[75]

Ich habe vorgeschlagen, das Cartular der Templer, das 1203 entstand, mit *Raimundus Bodonus* bzw. *Stephanus Grailla* in Verbindung zu bringen.[76] Die Herausgeber des Cartulars der Johanniter von Saint-Gilles schließen nicht aus, dass dieses intern verfasst wurde, da die Existenz schreibkundiger Brüder für diese Kommende belegt ist.[77] Allerdings erscheint es mir wahrscheinlicher, dass die Johanniter, wie auch übrigens zur gleichen Zeit die Kanonikerorden,[78] diese Arbeit einer Gruppe von professionellen Schreibern anvertrauten, zumal man mindestens die Mitwirkung eines Rubrikators und eines Skriptors im Manuskript erkennen kann. Unter den Notaren von Saint-Gilles, die zwischen 1207 und 1214 urkundeten, also in der Zeit, in der das Cartular – wahrscheinlich gegen 1211 – redigiert wurde, befinden sich *Raimundus*, *Virgilius* und vor allem wiederum *Stephanus Grailla*, der auch der Redaktor der Urkunden von Mai bis Dezember 1210 ist, mit deren Abschriften der

Namen, die seit langem mit mächtigen Grundbesitzern im Rhônedelta verbunden sind: *Porta Spania, Marroc, Calvissone, Porcelletus, Malo Consilio, Guidator* usw.

73 Daniel Le Blévec / Alain Venturini, Cartulaires des Ordres Militaires. XIIe–XIIIe siècles (Provence occidentale – Basse vallée du Rhône), in: Olivier Guyotjeannin / Laurent Morelle / Michel Parisse (Hgg.): Les Cartulaires. Actes de la table ronde organisée par l'Ecole nationale des chartes 1991 (Mémoires et documents de l'École des Chartes 39), Paris 1993, 451–466; Damien Carraz, Le cartulaire du Temple de Saint-Gilles, outil de gestion et instrument de pouvoir, in: Daniel Le Blévec (Hg.): Les cartulaires méridionaux: actes du colloque organisé à Béziers les 20 et 21 septembre 2002 par le Centre historique de recherches et d'études médiévales sur la Méditerranée occidentale avec la collaboration du GDR 2513 du CNRS (Études et rencontres de l'École des Chartes 19), Paris 2006, 145–162 (vgl. 149: zusammenfassende Tabelle der Datierungen).

74 Cartulaire de Trinquetaille, hg. Amargier [wie Anm. 5], II; Le Blévec / Venturini 1993 (wie Anm. 73), 453.

75 Der Notar ist nach Meinung einer Reihe von Glossatoren nicht nur derjenige, der Authentiken produziert, sondern ist bereits als Person ein *authenticus* (Schneider 2006 [wie Anm. 51], 189–190).

76 Carraz 2006 (wie Anm. 73), 155–156.

77 Cartulaire du prieuré de Saint-Gilles, hg. Le Blévec / Venturini [wie Anm. 5], XIII.

78 Chastang 2001 (wie Anm. 3), 304–306.

79 1206: *Raimundus notarius* (Cartulaire du prieuré de Saint-Gilles, hg. Le Blévec / Venturini [wie Anm. 5], Nr. 221, 224, 227, 240, und *ad indicem*, 365); 1207: *Poncius Rainardi* (Nr. 54); *Raimundus notarius* (Nr. 201, 229); *Petrus Guilaberti* (Nr. 258); 1209: *Stephanus Grailla* (Nr. 351); *Virgilius* (Nr. 352, 358, 359, 364); 1210: *Stephanus Grailla* (Nr. 373, 374, 375, 376).

Kodex endet.[79] Auch das Cartular der Johanniter von Avignon wird von dessen Herausgeberin als das „Werk eines professionellen Schreibers bzw. Redaktors" bezeichnet.[80] Hier kann man auf den Notar *Guillelmus de Tornone* verweisen, dessen Tätigkeit in Avignon genau zur Abfassungszeit des Kodex, also Mitte 1245, gut belegt ist.[81]

Neben der Erstellung der Cartulare, die sowohl als Besitzdokumentation wie auch als Verwaltungsgrundlage sozusagen für die Ewigkeit geschrieben wurden, delegierten die Brüder manchmal auch kurzfristige, an die tagesaktuellen Entwicklungen gebundene Aufgaben an die Notare.[82] Spätestens ab dem 13. Jahrhundert liegen in den Archiven auch Dossiers, Sammlungen von Urkundenabschriften auf Einzelblättern, die offensichtlich eine rein administrative Funktion hatten. Eines dieser Dossiers führt uns von der Rhônemündung in die Haute-Provence, nämlich in die Stadt Manosque, die uns im nächsten Abschnitt noch ausführlicher beschäftigen wird. Um das Jahr 1251, im Rahmen einer langen Auseinandersetzung mit dem Bischof von Sisteron um die kirchlichen Rechte an den testamentarisch den Johannitern vermachten Besitzungen, ließ der Ritterorden zwei Sammlungen mit den einschlägigen Rechtstiteln zusammenstellen: einmal in Form eines Rotulus, das andere Mal als dünnes Pergamentheftchen.[83] Die große Sorgfalt, mit der beide Versionen erstellt wurden, zeigt, dass professionelle Schreiber beauftragt wurden. Beide Versionen tragen aber keine Beglaubigungsvermerke, zweifellos deswegen, weil sie ausschließlich für den internen Gebrauch bestimmt waren. Außerdem kann man davon ausgehen,

80 Cartulaire et chartes de la commanderie de l'Hôpital de Saint-Jean de Jérusalem d'Avignon, hg. Hollard (wie Anm. 38), 24.

81 *Guillelmus de Tornone* ist zu dieser Zeit ein in Avignon besonders geschätzter Notar. Die Kommune betraut ihn mit der Beurkundung der wichtigsten Verträge, etwa beim Vertrag mit dem Grafen der Provence Raimund Berengar V. vom Juli 1241; auch bei dessen Erneuerung im Juli 1243 wird *Guillelmus* bei der Vertragsschließung genannt. Das hindert ihn nicht daran, im Mai 1251 nach der Inbesitznahme der Stadt durch die kapetingischen Prinzen für die neuen Herrscher tätig zu werden (Labande 1908 [wie Anm. 45], 316, 320, 324, 355).

82 Zu weiteren Textformen, die von den Notaren entwickelt wurden, vgl. Damien Carraz, Chartriers privés et autres documents familiaux conservés dans les archives templières. Le cas de quelques commanderies du Midi français, in: Sergio Sammarco (Hg.): *Commilitones Christi.* Miscellanea di studi per il Centro Italiano di Documentazione sull'Ordine del Tempio, Roma 2016, 167–192, hier 180–182.

83 Arch. dép. des B.-du-R., 56 H 849 (Cartular mit Funktion eines Dossiers, [1250–1251]); 56 H 4630 (Rotulus, [c. 1251]); vgl. dazu Carraz 2020 (wie Anm. 8), 219–220. Zur Beziehung zwischen dem Cartular von 1250–1251 und dem Cartular des Priorats von Saint-Gilles sowie zu seinem Einsatz während des Prozesses mit dem Bischof von Sisteron, vgl. Damien Carraz, Aux origines de la commanderie de Manosque. Le dossier des comtes de Forcalquier dans les archives de l'Hôpital (début XIIe–milieu XIIIe siècle), in: Mathieu Olivier / Philippe Josserand (Hgg.): La mémoire des origines dans les ordres religieux-militaires au Moyen Âge: actes des journées d'études de Göttingen = Die Erinnerung an die eigenen Ursprünge in den geistlichen Ritterorden im Mittelalter: Beiträge der Göttinger Tagung (25.-26. Juni 2009) (Vita regularis. Abhandlungen 51), Münster 2012, 158–162. Der Prozess ist mindestens seit 1237 anhängig; von 1250 bis 1256 war der Orden auf der bischöflichen Seite mit Heinrich von Susa, genannt *Hostiensis*, einem der besten Kanonisten seiner Zeit, konfrontiert (Carraz 2020 [wie Anm. 8], 339–340 und 361–363).

dass bei ihrer Zusammenstellung auch Akten berücksichtigt wurden, deren Originale nicht in den Archiven der Johanniter lagen, sondern auf unterschiedliche Notariate verteilt waren. Der Rechtsstreit, der für die Johanniter auch mit einer Revision ihrer Archivbestände verbunden war, illustriert eine weitere Möglichkeit der Zusammenarbeit zwischen den religiösen Institutionen und den Notaren. Genau darum wird es im nächsten und letzten Abschnitt gehen.

IV. Die Kommende der Johanniter in Manosque: ein Laboratorium der Verwaltungsschriftlichkeit

Manosque ist insofern ein Sonderfall in der Geschichte der städtischen Grundherrschaften in Südfrankreich, als dort, seit 1209, der Johanniterorden alleiniger Stadtherr ist.[84] Der Graf von Forcalquier hatte dem Orden die Regalien vermacht, darunter auch die hohe Gerichtsbarkeit. Die Stadtgemeinde war durch eine *universitas*, also kein Konsulat, repräsentiert, und der Orden war darum bemüht, städtische Autonomiebestrebungen von vorneherein zu begrenzen. Er nutzte sein *dominium* über die Bewohner und über das Territorium, um auf der Basis komplexer Schriftformen ziemlich neuartige Verwaltungspraktiken zu entwickeln. Der Orden baute außerdem ein umfassendes und stabiles Archiv auf, zur Freude der historischen Forschung, die die reichen Urkundenbestände gerne und intensiv nutzt.[85]

Es ist auffällig, dass das Notariat, ja man könnte sagen sogar das gesamte städtische Leben, erst dann sichtbar werden, sobald der Ritterorden die Stadtherrschaft übernimmt. Nach der aktuellen Beleglage liegt erst zu Beginn des 13. Jahrhunderts ein eindeutiger Nachweis für einen Notar vor, der sich *comitis notarius* oder nur *notarius* nennt; dieser Notar mit Namen *Petrus* fügt den Urkunden sein Handzeichen hinzu, auch wenn diese bereits das gräfliche Siegel tragen.[86] Es ist unklar, ob *Petrus* mit dem gräflichen Hof verbunden ist; ebenso unklar ist, ob er gleichgesetzt werden kann mit *P. Grossus*, der als erster um 1210 herum mit dem Titel eines *notarius publicus* auftritt.[87] Am Ende des 13. Jahrhunderts gibt es jedenfalls mehr als ein Dutzend Notare, die ihr Amt in der Stadt ausüben und die in sehr enger Beziehung zu den Johannitern stehen, weil der Orden vom Grafen das Recht geerbt hat, Notare einsetzen zu können. Im Rechtsbereich des Ordens als Stadtherr tragen die Notare daher

84 Zur Ansiedlung des Johanniterordens in Manosque und zur Rolle der Archive für die Erinnerung daran, vgl. Carraz 2012 (wie Anm. 83), 137–177.

85 Zum Folgenden Carraz 2020 (wie Anm. 8), aus dem auch die angeführten Zitate und Verweise entnommen sind.

86 Cartulaire du prieuré de Saint-Gilles, hg. Le Blévec / Venturini [wie Anm. 5], Nr. 340 (8. Februar 1207); Cartulaire général, hg. Delaville le Roulx (wie Anm. 65), Bd. 2, Nr. 1324 (4. Februar 1209).

87 *Petrus notarius publicus in burgo Manuasce* (15. Januar 1211; Arch. dép. des B.-du-R., 56 H 4628); *P. scriba publicus de Manoasce* (30. Januar 1216; 56 H 4628); *P. Grossus publicus in valle Manuasce pro Hospitali notarius* (März 1218; 56 H 4638); vgl. auch 56 H 4639 (Februar 1217; März 1218; Februar 1219); 56 H 4676 (April 1218; März 1219; Dezember 1222).

den Titel *publicus Hospitalis notarius*[88] bzw. *publicus notarius Manuasce pro Hospitali*, auch wenn sie sich in aller Regel außerdem durch den Grafen einsetzen ließen, um in der gesamten Provence tätig werden zu können.[89] Die Johanniter achteten offensichtlich auch darauf, dass nach dem Tod jedes Notars, der keinen Nachfolger gefunden hatte, dessen Archiv an den Orden überging. Denn anders lässt sich nicht erklären, warum sieben Notarsregister aus der zweiten Hälfte des 13. Jahrhunderts in den Archivbeständen der Kommende enthalten sind.[90] Umgekehrt konnte der Orden auf die Notare zurückgreifen, wenn es darum ging, die Einträge der Register zu vollständigen Urkunden auszuarbeiten. Vor allem der Kommendator Bérenger Monge (1249–1299) nutzte diese Möglichkeit, um sich im Rahmen einer Neuorganisation der Archive Ausfertigungen von Besitz- oder Rechtstiteln zu beschaffen. 1257 beauftragt er beispielsweise *Bernardus de Beorjas*, einen Rechtsakt *in forma publica* zu überführen, der im Cartular des *Raimundus Robaudus* dokumentiert war, eines Notars, der zwischen 1230 und 1240 für den Orden arbeitete, inzwischen aber nicht mehr lebte.[91]

Während der 50jährigen Amtszeit des Bérenger Monge arbeitete die Kommende mit ungefähr zwanzig Rechtspraktikern zusammen, mit vieren von ihnen regelmäßig und lange, nämlich fast vierzig Jahre lang, teilweise sogar länger.[92] Als Beispiel sei eine Notariatsfamilie gewählt, die regelmäßig für die Kommende arbeitete, auch wenn die Namensgebung es nicht immer ermöglicht, die einzelnen Mitglieder klar voneinander zu trennen. Das erste Familienmitglied, Sicius von Arezzo (*Sicius de civitate Aretina*), tritt erstmals 1242 in Erscheinung. Er betont seine italienische Herkunft, vor allem aber seinen Status als kaiserlicher Notar, obwohl er bei seiner Ankunft in Manosque sofort vom Orden zum Notar ernannt wird.[93] Bis Mai 1292 kann man ihn weiter verfolgen, als Aussteller von Urkunden für die Kommende und als Zeuge des städtischen Lebens in Manosque. Wenn es sich immer um dieselbe

88 Erste Erwähnung 1211: *Petrus publicus Hospitalis notarius* (56 H 4652).

89 Carraz 2020 (wie Anm. 8), 210–211.

90 Sechs Register wurden von *Bernardus de Beorjas* hinterlassen, der in den Jahren 1251–1268 bei den Johannitern aktiv war, und eines von *Bertrandus Rasor*, der Ende des Jahrhunderts tätig war (Roger Aubenas, Documents notariés provençaux du XIIIe siècle, Annales de la Faculté de droit d'Aix-en-Provence 25 [1935], 7–94, hier 81–93; Arch. dép. des B.-du-R., 56 H 1092).

91 Carraz 2020 (wie Anm. 8), 221; Arch. dép. des B.-du-R., 56 H 1088.

92 Carraz 2020 (wie Anm. 8), 211–213: Sicius/Sitius von Arezzo ist fünfzig Jahre lang belegt (1242–1292), *Bertrandus Sicius* 42 (1256–1298), *Petrus Bisquerra* 38 (1262–1300), *Bernardus de Beorjas* 13 Jahre (1255–1268). Die prosopographischen Datenblätter für diese Notare (AN II, D-2, Nr. 3, 7, 10) sind in den Online-Anhängen meiner Monographie zugänglich: (https://brepols.figshare.com/articles/dataset/Un_commandeur_ordinaire_-_Annexes/12925040 [letzter Zugriff 6.8.2024]).

93 *imperialis aule notarius et tunc notarius Manuasce pro Hospitale* (56 H 4836; 17. Juni 1242); Carraz 2020 (wie Anm. 8), 212–214; und Online-Anhänge AN II, D-2, Nr. 10 (wie Anm. 92); von *Sicius/Sitius* sind etwa 50 Urkunden erhalten. Die Grafschaft Forcalquier befand sich auf kaiserlichem Territorium und die Johanniter bemühten sich zumindest während der Regierungszeit von Friedrich Barbarossa um die kaiserliche Unterstützung ihrer Ansprüche in Manosque (Carraz 2012 [wie Anm. 83], 145–147).

Person handelt, wäre er sehr alt geworden, was aber nicht außergewöhnlich ist.[94] Daneben taucht ein *Bertrandus Sicius* auf, der von sich sagt, dass er vom Kommendator eingesetzt wurde und zwischen 1256 und 1298 für die Johanniter arbeitet. Auffällig ist, dass dieser *Bertrandus* ausgehend von den Registern eines *Gaufredus Sicius* († vor Oktober 1260) bzw. eines *Sicius* († vor Mai 1256) Urkunden ausfertigt; allerdings ist es nicht möglich, die Rolle der beiden genannten Notare innerhalb der Familie klar zu bestimmen. Trotz dieser prosopographischen Unsicherheiten lässt sich aber festhalten, dass die *instrumenta*, die Sicius von Arezzo und *Bertrandus Sicius* ausfertigen, eindeutig auf gemeinsame paläographische Praktiken zurückgehen, die sich in der Schreibwerkstatt der Familie herausgebildet haben.[95] Die Notare zeigen eine Vorliebe für Pergamentblätter, die der Länge nach zugeschnitten und sorgfältig blindliniert sind. Auch die eckige Schrift und die Angewohnheit, das *signum manuale* sowohl am Anfang wie am Ende der Urkunde einzusetzen, unterscheiden beide von den lokalen Notaren.

Einige der Notare von Manosque sind auch als Schreiber für den Gerichtshof des Ordens belegt, so ein gewisser *Petrus Bisquerra*. Die Ausübung der Gerichtsbarkeit ist nur dann möglich, wenn ein bestimmtes Personal, Richter, Rechtsanwälte, Schatzmeister, Notare usw. bereitstehen.[96] Auch in diesem Kontext finden also Rechtsexperten zusammen, und die Johanniter versuchen, durch die Einrichtung eines *studium* die Ausbildung dieser Experten selbst in die Hand zu nehmen, allerdings ohne durchschlagenden Erfolg.[97] Diese Rechtsexperten kommen aus den lokalen Eliten, und sie sind häufig an der Schnittstelle zwischen der Stadtherrschaft und der *universitas* der Stadtbewohner platziert. Genauso wie die Notare. *Jacobus Cusenderii* beispielsweise arbeitet zwischen 1282 und 1316 gleichzeitig für private Auftraggeber und für den Orden, für den er Urkunden ausstellt und für den er am Gericht tätig ist. Er gehört zu den Notabeln und wird mehrfach von der *universitas* von Manosque zu ihrem *syndicus* ernannt. *Jacobus* war also ein privilegierter Vermittler zwischen dem Orden und der Stadtgesellschaft, beispielsweise, wenn er Abkommen zwischen dem stadtherrlichen Kommendator und den Stadtbewohnern aufsetzt und bei dieser Arbeit wiederum von *jurisperiti* unterstützt wird.[98]

Dem Johanniterkonvent gelingt es außerdem, durch die Einbindung dieser Rechts- und Schriftexperten eine gewisse Kontinuität in der Seigneurialverwaltung zu sichern. Dies begünstigte zweifellos das Experimentieren mit Verwaltungspraktiken

94 Die Archivdokumentation bietet in mehreren Fällen die Möglichkeit, die Karriere von Johanniteroffizieren über 25, 50 oder sogar 60 Jahre zu verfolgen (Carraz 2020 [wie Anm. 8], 172–174).

95 In Südfrankreich waren, anders als in Italien, Notarsschulen nicht geläufig. Notare erwarben nach der üblichen schulischen Ausbildung die beruflichen Kenntnisse in der Praxis, indem sie mit bereits amtierenden Notaren zusammenarbeiteten (vgl. hier Chastang 2013 [wie Anm. 13], 93–94).

96 Carraz 2020 (wie Anm. 8), 283–286.

97 Ebd., 214–216.

98 Livre des privilèges de Manosque. Cartulaire municipal latin-provençal (1169–1315), hg. v. Marie-Zéphirin Isnard, Digne/Paris 1894, Nr. 28 (21. Mai 1288), Nr. 32 et Nr. 34 (31. Oktober 1292), Nr. 30 (15. Dezember 1292).

bzw. Textformen, das man in Manosque in dieser Zeit beobachten kann. Die Position als oberster Stadtherr ermöglicht es den Johannitern, ab dem 13. Jahrhundert viel mehr Textgenera weiterzuverwenden, als dies beispielsweise in den Kommenden der Basse-Provence der Fall war.[99] In den 1240er Jahren scheint es zu einer grundlegenden Veränderung gekommen zu sein, als nämlich ältere Formen wie der Chirograph oder das Grundbesitzverzeichnis außer Gebrauch kommen und die Verwaltung der Grundherrschaft mit der Textform des Registers zu arbeiten beginnt. Genau zu diesem Zeitpunkt setzt die Überlieferungsserie von Gerichtsregistern ein, eine Veränderung, die man noch genauer untersuchen müsste.[100] Auch andere Textsorten verfestigen sich und bauen sich zu ganzen Textserien aus, auch wenn ihre Überlieferung nie dieselbe Intensität erreicht hat wie die der Gerichtsarchive. Die ersten Buchführungslisten sind ab 1260 belegt und am Ende des 13. Jahrhunderts die ersten Erbpachtregister, bevor dann im 14. Jahrhundert die große Welle der Grundregister beginnt.[101] Ich meine, dass die hier erkennbare Verbesserung der Verwaltungspraktiken das Resultat der tagtäglichen Zusammenarbeit zwischen den Schriftexperten und den von den Johannitern bei der Verwaltung eingesetzten Offizieren ist.[102]

Wir wissen nicht, bis zu welchem Grad die Notare in die Abfassung von Schriftstücken eingegriffen haben, die gar nicht zur Aufbewahrung bestimmt waren und die nur zufällig und fragmentarisch erhalten blieben: Abgabenlisten, Aufzählungen der Mobilien, Quittungen, sei es auf Papierstreifen, sei es in Quittungsheften usw. Es ist selbstverständlich gewagt, aus einer fragmentarischen Dokumentation mit großen zeitlichen Lücken die damaligen Verwaltungs- und Buchführungspraktiken ableiten

99 Carraz 2020 (wie Anm. 8), 221–227.

100 Selbst im europäischen Vergleich ist der Umfang und die interne Variation der Archivbestände in Manosque bemerkenswert; vgl. hier Olivier Guyotjeannin, Les registres des justices seigneuriales de la France septentrionale (XIIIe–début XVIe siècle), in: Giovanna Nicolaj (Hg.): La diplomatica dei documenti giudiziari (dai placiti agli acta – secc. XII–XV). Atti del X Congresso internazionale della Commission Internationale de Diplomatique, Bologna, 12–15 settembre 2001 (Littera antiqua 11 / Pubblicazioni degli archivi di stato. Saggi 83), Roma 2004, 49–82, hier 62.

101 Damien Carraz / Karl Borchardt, Les pratiques comptables de l'ordre de l'Hôpital en Provence. Le cas de la commanderie de Manosque (années 1260–1350), in: Thierry Pécout (Hg.): De l'autel à l'écritoire. Genèse des comptabilités princières en Occident (XIIe–XIVe siècle), Paris 2017, 131–165. Zu den Veränderungen der Verwaltungsschriftlichkeit, die mit dem Übergang zum Rentensystem zusammenhingen, vgl. Paul Bertrand, Jeux d'écritures: censiers, comptabilités, quittances… (France du Nord, XIIIe–XIVe siècles), in: Xavier Hermand / Jean-François Nieus / Étienne Renard (Hgg.): Décrire, inventorier, enregistrer entre Seine et Rhin au Moyen Âge. Formes, fonctions et usages des écrits de gestion (Mémoires et documents de l'École des Chartes 91), Paris 2012, 165–195.

102 Zu den mit der Verwaltung beauftragten Offizieren, unter denen neben dem Kommendator der *bajulus* herausragt, vgl. Carraz 2020 (wie Anm. 8), 123–129; Damien Carraz, Un hospitalier provençal et ses réseaux au XIIIe siècle: le commandeur Bérenger Monge, in: Anne Brogini / Germain Butaud (Hgg.): Noblesses et ordres militaires. Réseaux, familles, pouvoirs, Cahiers de la Méditerranée 104 (2022), 53–67, hier 61–64.

103 Vgl. hier etwa: *Item debebantur eidem que plus expendiderat quam receperat in compu-*

zu wollen. Aber einige Praktiken lassen auf die Zusammenarbeit der verschiedenen Gruppen schließen. Beispielsweise wurde der Jahresabschluss, der zur Kontrolle diente und anschließend archiviert wurde, den Notaren anvertraut.[103] Es ist äußerst wahrscheinlich, dass diese Zwischenstufen nutzen konnten, also Wochenbilanzen, Quittungslisten usw., von denen wiederum anzunehmen ist, dass sie von den Ordensbrüdern vor Ort geführt wurden.[104] Und dieser *bricolage* von Verwaltungstechniken impliziert noch weitere Formen des kulturellen Austauschs zwischen den Offizieren der Ritterorden und den Notaren!

Die Johanniter konnten in ihrer Verwaltung relativ unterschiedslos sowohl das Lateinische als auch die okzitanische Volkssprache einsetzen. Die Notare befanden sich dagegen an der Schnittstelle zwischen vernakulärer Laienkultur und lateinischem Expertenwissen und nahmen eine Vermittlerposition zwischen Stadtherrschaft und Stadtbevölkerung ein: 1293 wurden drei wichtige Verträge zwischen beiden Parteien geschlossen und sofort aus dem Lateinischen in das *romans* übersetzt; später kamen noch weitere Verträge in doppelter Ausführung, lateinisch und volkssprachlich hinzu, und das Konvolut verfestigte sich um 1316 herum zum Stadtbuch von Manosque.[105] Zumindest die Verträge von 1293 wurden von einem Notar übersetzt, nämlich von *Audebertus Gaudius*, und zwar auf Bitten der beiden *syndici* der städtischen *universitas*, zu denen wiederum der Notar *Petrus Bisquerra* gehörte. Die Bewohner von Manosque waren nicht die einzigen, die lateinisch abgefasste Urkunden misstrauisch beäugten. Auch die Johanniter verlangten Übersetzungen zumindest bei einzelnen Verfahrensschritten, wobei sie wahrscheinlich dieselben Notare um Hilfe baten.[106] Nicht zuletzt wird die tagtägliche Zusammenarbeit der beiden Gruppen durch die sprachliche Analyse der Verwaltungsdokumente bestätigt: Das Register, das die Bilanzen für 1283–1290 enthält, ist in einem Latein geschrieben, das, so Alain Venturini, variierende graphische und phonetische Interferenzen mit dem Okzitanischen aufweist. Venturini sieht in diesen Varianten Spuren der verschiedenen regionalen Dialekte, die die Ordensbrüder bzw. die beteiligten Handwerker und Lieferanten bei der ersten schriftlichen Dokumentation ihrer Transaktionen benutzten. Offensichtlich arbeiteten die Notare bei der Erstellung der Bilanzen diese vorläufigen Aufzeichnungen direkt ein, ohne Wert auf eine sprachliche Vereinheitlichung des Textes zu legen.[107]

to facto per magistrum Jacobinum et per Aymericum notarios domini nostri magistri sub dicto anno die XI° mensis febroarii et per eos exaudito (Arch. dép. des B.-du-R., 56 H 836, fol. 6v).

104 Carraz 2020 (wie Anm. 8), 225–226 und 231–235.

105 Michel Hébert, Les cartulaires municipaux de Provence à la fin du Moyen Âge. Jalons pour une enquête, in: L'écrit et la ville, Memini. Travaux et documents 12 (2008), 43–83, hier 45–49; Carraz 2020 (wie Anm. 8), 271–272.

106 Carraz 2020 (wie Anm. 8), 227–228.

107 Alain Venturini, La langue des comptes, in: Comptes de la commanderie de l'Hôpital de Manosque pour les années 1283 à 1290, hg. v. Karl Borchardt / Damien Carraz / Alain Venturini (Documents, études et répertoires 86), Paris 2015, LXIX–LXXXII. Venturini geht davon aus, dass sowohl ein Notar als auch ein gebildeter Bruder als Verfasser in

Diese Nähe zwischen den Johannitern und ihren weltlichen Mitarbeitern dürfte auch, neben der gemeinsam entwickelten administrativen Praxis, einen bestimmten ‚esprit de corps' zur Folge gehabt haben. Es ist anzunehmen, dass die Notare für ihre Dienste mit materiellen Vorteilen oder mit bestimmten Privilegien belohnt wurden, auch wenn es nur wenige Belege dafür gibt.[108] Ein weiterer Aspekt, den ich hier nur andeuten kann, betrifft die spirituellen Verbindungen zwischen den Notaren, ihren Familien und den Ritterorden. Die religiöse Mittlerfunktion der Ritterorden war allgemein anerkannt. Die beeindruckende Kirche des Johanniterordens in Aix-en-Provence wurde zu einer wichtigen Begräbnisstätte für die städtischen Eliten, und einige bekannte Juristen fanden hier ihre letzte Ruhe.[109] Allerdings ist die Überlieferungslage, wie angedeutet, nicht gut, vor allem nicht für das 12. und 13. Jahrhundert. Zumindest erwähnt werden sollte, dass die Tochter des Notars Sicius den Johannitern ein Vermächtnis von 100 *solidi* machte.[110] Andere gingen noch weiter und traten in einen der Ritterorden ein. Unter den Templern von Saint-Gilles findet man einen Bruder *P. Bodonus*, den man durchaus in Verbindung bringen kann mit dem berühmten *Raimundus Bodonus*, von dem weiter oben bereits die Rede war.[111]

Es ist klar, dass die Auswertung der Beziehungen zwischen Notaren und Ritterorden für mich weiterhin ein Forschungsdesiderat ist und sicherlich über die hier vorgestellten ersten Fallbeispiele hinausgehen sollte. Da es um die Verbreitung des gelehrten Rechts geht, haben sich die Historikerinnen und Historiker mit gutem Recht auf Kanoniker und Mönche konzentriert.[112] Die Ordensritter standen dagegen im Hintergrund, weil ihnen der Ruf vorauseilte, nur talentierte Verwalter und einsatzfreudige Kämpfer sein zu können, nicht aber Rechts- oder Schriftexperten. Die Trennungslinien sind inzwischen aber glücklicherweise nicht mehr so starr, und auch den Templern und Johannitern wird inzwischen ein Platz in den Prozessen zugestanden, die zur Herausbildung der städtischen Rechtskulturen im Mittelalter und in der

Frage kommen. Meine Ausführungen sollten gezeigt haben, dass die Beteiligung eines Notars wahrscheinlicher ist.

108 Die Notare hatten Steuervergünstigungen, die denjenigen der Adligen entsprachen. Außerdem garantierten die Johanniter in Manosque den Notaren das Monopol der Ausfertigung von Authentiken (Félix Reynaud, La commanderie de l'Hôpital de Saint-Jean de Jérusalem, de Rhodes et de Malte à Manosque, Gap 1981, 169). Der Orden versuchte, auch für andere Rechtsdokumente ein Monopol für die von ihm eingesetzten Notare einzurichten (Carraz 2020 [wie Anm. 8], 285). Allerdings scheinen eher die von der Kommende bestellten Richter, Anwälte und Staatsanwälte davon profitiert zu haben (Comptes de la commanderie, hg. Borchardt / Carraz / Venturini [wie Anm. 107], § 303; 8. Mai 1289).

109 Carraz 2020 (wie Anm. 8), 217–218.

110 Comptes de la commanderie, hg. Borchardt / Carraz / Venturini (wie Anm. 107), § 94 (6. Mai 1285).

111 Chartrier du Temple de Saint-Gilles, hg. Carraz (wie Anm. 16), Nr. 406 (Oktober 1229).

112 Vgl. hier auch Alain Boureau, La loi du royaume. Les moines, le droit et la construction de la nation anglaise (XIe–XIIIe siècles), Paris 2001, zum Beitrag der mit der Monarchie verbundenen Benediktinerabteien zum Common Law.

113 Die Aufwertung der Rechtskultur innerhalb der Aristokratie, insbesondere ab dem 13. Jahrhundert, ist mittlerweile eine be-

Frühen Neuzeit führten. Es ist zwar unbestreitbar, dass es unter den Angehörigen der Ritterorden nur wenige ausgebildete Juristen gab. Aber die politische Rolle der Ritterorden in der christlichen Gesellschaft und ihre Verankerung in den lokalen Umgebungen ihrer einzelnen Häuser bedingten notwendig die Zusammenarbeit mit Rechtsexperten, weil die Ritterorden anders ihre Privilegien nicht hätten schützen können. Mein Ansatz war, dies durch die Untersuchung einiger Fallbeispiele, hier aus der Provence des 12. bis 13. Jahrhunderts, und durch den Blick auf die juristische und administrative Praxis zu zeigen. Es sollte sichtbar werden, dass es durchaus enge Verbindungen zwischen den Notaren und dieser spezifischen Klientel gab. Verbindungen werden beispielsweise in der zeitlichen Abfolge der Institutionalisierungsprozesse des öffentlichen Notariats in den Städten des unteren Rhônetals sichtbar, teilweise lassen sie sich bei einigen der dort belegten Vertreter der neuen Rechtspraxis ganz konkret belegen. Vor allem aber scheint mir wichtig, dass die Suche nach diesen Verbindungen zu einem neuen Blick auf die Notariatsentwicklung führen kann. Es lohnt sich, nicht nur die im engeren Sinne juristische Entwicklung zu überprüfen, wie dies bisher mit dem Fokus auf der Register- und Ausfertigungspraxis der Notare der Fall war. Die Rechts- und Verwaltungspraxis in Manosque, wo die so außerordentlich gute Archivlage uns einen Blick hinter die Kulissen einer großen Kommende erlaubt, zeigt, wie die Ordensbrüder bei der Verwaltung eng mit den Notaren zusammenarbeiteten und mit ihrer Hilfe Rechtsunterlagen zusammenstellten, ihre Archive verwalteten, die Buchhaltung besser organisierten und vieles andere mehr. Die Führungsschichten in den einzelnen Häusern der Orden, die sich jeweils aus dem lokalen niederen Adel rekrutierten, hatten den gleichen kulturellen Hintergrund wie die lokalen Notare.[113] Die historische Forschung hat die Tendenz, die Rolle des Stiftsklerus bei der Verbreitung des gelehrten Rechts in den Vordergrund zu stellen.[114] Dabei wird allerdings vergessen, dass in den Städten Südfrankreichs Kanoniker und Ordensbrüder denselben sozialen Hintergrund haben.

Ich möchte meine Ausführungen daher mit einem Beispiel schließen, dass diese Verbindung verdeutlichen kann. Der Kanoniker *Gaufredus Monachi* († 1299) war zunächst Offizial des Bischofs von Aix, dann Probst an der Stiftskirche von Barjols in der Diözese Fréjus und verfügte über eine kleine Bibliothek mit zivilrechtlichen und kirchenrechtlichen Schriften.[115] Dieser Kanoniker und Rechtsexperte war der Vetter

kannte Tatsache (Martin Aurell, Le Chevalier lettré. Savoir et conduite de l'aristocratie aux XIIe et XIIIe siècles, Paris 2011). Auch wenn es für die Provence noch immer an soliden prosopografischen Studien mangelt, sind Verbindungen zwischen Juristen und den Geschlechtern des städtischen Rittertums bereits belegt (z. B. für Arles: Giordanengo 2003 [wie Anm. 11], 240).

114 Vgl. Yannick Veyrenche, Chanoines réguliers et sociétés méridionales. L'abbaye de Saint-Ruf et ses prieurés dans le sud-est de la France (XIe–XIVe siècle) (Bibliotheca Victorina 25), Turnhout 2019, 243–257, die die Rolle der „Meister von Saint-Ruf“ bei der Verbreitung der Rechtswissenschaften aber nuanciert.

115 Carraz 2020 (wie Anm. 8), 66 und 76, und Online-Anhänge AN II, A-2, Nr. 4 (wie Anm. 92).

von Bérenger Monge bzw. Berengar Monachi, der von 1249–1299 dem Haus der Johanniter in Manosque vorstand. Ordensbrüder und Kanoniker kamen in den Städten der Provence also aus denselben Familien und hatten denselben kulturellen Hintergrund. Sie alle, die Brüder der Ritterorden, die Kanoniker, ihre Verwandten aus dem Stadtadel und letztendlich auch die *probi homines*, die reichen Kaufleute, waren Teil der städtischen Eliten, durch soziale und ökonomische Verbindungen eng miteinander verknüpft und im gleichen eher praktisch als theoretisch orientierten Wissensmilieu aufgewachsen. Sie alle teilten die gleichen juristischen Kenntnisse und sie alle profitierten von der Zusammenarbeit mit den Notaren und den neuen Rechtskenntnissen und Schriftpraktiken, die diese in die südfranzösische Gesellschaft einbringen konnten.

Thirteenth-century urban legal culture of échevins (aldermen) in the Southern Low Countries (Arras, Douai, Lille, Saint-Omer, and Tournai)*

Thomas Brunner

The French legal adage *nul n'est censé ignorer la loi* ("no one is supposed to ignore the law") has its roots in the scholarly thinking of the later Middle Ages.[1] Yet in this same time period, many who practised law went about their business without studying the subject, starting with the *échevins* (*scabini*/aldermen) who governed the cities in the north of the Kingdom of France. In the thirteenth century, the French-speaking part of the former Southern Low Countries (i.e., Artois and the southern part of the County of Flanders) was one of the most dynamic and urbanised regions of the Latin West. Around 1300, the city of Saint-Omer had a population of 35,000, while Lille and Tournai each numbered nearly 30,000 people, and Arras and Douai around 20,000 people each.[2] These five major cities were located in the northern part of the *langue d'oïl* linguistic area, where Picard was spoken. The Picard *scripta* was developed in literary registers at the end of the twelfth century and reached its peak in the following century, particularly in urban areas, going hand in hand with the development of a legal and administrative "discursive tradition"[3] in the cities that owed their prosperity to the textile industry and the trade in cloth, wheat, and wine.[4] The twelfth-century political and economic context of the County of Flanders, on which all these cities then depended – with the exception of the episcopal lordship of Tournai – was conducive to the emergence of municipal institutions.[5] However, under the

* I am grateful to Emilie Mineo and Eric Lindheim Marx for their help.

1 Katia Weidenfeld, "Nul n'est censé ignorer la loi" devant la justice royale (XIVe–XVe siècles), in: Claire Boudreau et al. (eds.): Information et société en Occident à la fin du Moyen Âge: actes du colloque tenu à l'Université du Québec à Montréal et à l'Université d'Ottawa (9-11 mai 2002), Paris 2004, 165–183, at 165–170.

2 Alain Derville, Le nombre d'habitants des villes de l'Artois et de la Flandre Wallonne (1300–1450), Revue du Nord 257 (1983), 277–299, at 284, 286; Roger Berger, Littérature et société arrageoises au XIIIe siècle. Les Chansons et les Dits artésiens, Arras 1981, 88–90; Thomas Brunner, Douai, une ville dans la révolution de l'écrit du XIIIe siècle, PhD thesis, University of Strasbourg 2014, 127–128.

3 Serge Lusignan, Essai d'histoire sociolinguistique. Le français picard au Moyen Âge, Paris 2012, 235–270; Martin Becker, Geschichte der Sprache der Politik, des Rechts und der Verwaltung in der Romania: Französisch und Okzitanisch, in: Gerhardt Ernst et al. (eds.): Romanische Sprachgeschichte/Histoire linguistique de la Romania. Ein internationales Handbuch zur Geschichte der romanischen Sprachen, vol. 2, Berlin/New York 2006, 2123–2137, at 2123–2124.

4 David Nicholas, Medieval Flanders, London 1992, 164–175.

5 Adriaan Verhulst, The rise of cities in North-West Europe, Cambridge 1999, 125–131.

reign of Philip II Augustus, French royal power managed to acquire a lasting foothold in the region: Tournai came under his direct rule in 1187, while the southern part of the County of Flanders, including Arras and Saint-Omer, was detached to form Artois in 1191, itself becoming a county in 1237.[6]

These five cities therefore belonged to the same cultural group, demonstrated among other things by the fact that they were all ruled by échevins recruited from among their own burghers. As part of their duties, these magistrates were required to wield the law, which presupposed a familiarity with it. This leads us to wonder about the development of their legal culture: what can we know of the legal practice and knowledge of these thirteenth-century men? Curiously, neither legal historians nor historians of municipal institutions have yet tackled this subject. After presenting these municipal powers, we shall consider the extant sources and their content as witnesses to the échevins' legal practices before concluding with a discussion of the direct and indirect opportunities for gaining access to legal knowledge.

1. Cities under échevin rule

Originally, échevins were judges representing seigneurial authority (e.g., the Count of Flanders, the Abbey of Saint-Vaast in Arras, or the cathedral chapter in Tournai),[7] the first nomination lists of whom appeared in the twelfth century (Fig. 1).[8] At the same time, the "communal movement" in the north of the Kingdom of France led to forms of urban government sometimes described as democratic.[9] The inhabitants of each of these large cities united under oath as a commune, sworn in by its members and administered by *jurés* (Saint-Omer before 1127, Tournai in 1147, Arras in 1163, Douai before 1177 and Lille well before 1195).[10] These cities were then governed by

6 Paul Rolland, Les origines de la commune de Tournai. Histoire interne de la seigneurie épiscopale tournaisienne, Brussels 1931, 226–229; Berger 1981 (as note 2), 62.

7 Pierre Bruyelle et al., Histoire de Lille, I, Des origines à l'avènement de Charles Quint, Lille 1970, 275–285; Michel Rouche (ed.), Histoire de Douai, Dunkirk 1985, 43–47; Rolland 1931 (as note 6), 84–85; Pierre Bougard et al. (eds.), Histoire d'Arras, La Sentinelle 2000 (2nd ed.), 43–45, 56–59; Alain Derville (ed.), Histoire de Saint-Omer, Lille 1981, 44–51.

8 Berger 1981 (as note 2), 68, n. 377; Georges Espinas, La vie urbaine à Douai au Moyen Âge, Paris 1913, vol. 1, 305–306; Rolland 1931 (as note 6), 173; Alain Derville, Saint-Omer. Des origines au début du XIVe siècle, Lille 1995, 122; Paul Maufroid, Essai sur l'échevinage de Lille, Paris 1911, 42–52; Albert Croquez, Histoire de Lille, vol. 1, La constitution urbaine (des origines à 1800), Lille 1935, 44–46.

9 Alain Derville, Les institutions communales de Saint-Omer, in: Les chartes et le mouvement communal, Saint-Quentin 1982, 149–159, at 158–159.

10 Derville 1982 (as note 9), 154; Rolland 1931 (as note 6), 176; Berger 1981 (as note 2), 67, n. 373; Thomas Brunner, Le "Martinet", grand sceau de la commune de Douai (fin XIIe–XVe siècle). Recherches sur le sens perdu d'un sceau, in: Marc Libert / Jean-François Nieus (eds.): Seals in the Southern Low Countries, 10th–16th cent. Social constraints vs. self-assertion. Conference proceedings, 27–28/11/2014, Brussels 2017, 249–283, at 251; Bruyelle 1970 (as note 7), 288.

City	First mention	Date of one year office	Length of office (months)	Number of échevins	Designation mode	Other magistrates
ARRAS	1111	1194/ 1211	14	12 échevins of Saint-Vaast 12 échevins of the Cité (unknown)	The échevins of St Vaast elect 4 burghers as new échevins, who then elect 4 others, who then elect 4 others. Prohibition of parentage.	1 hereditary *mayeur* (mayor) 4 *argentiers* (treasurers) 4 tax officers city council (1257)
TOURNAI	1119	1197/ 1211	12 On Saint Lucy's Day	7 échevins of the Cité (including 1 mayeur) 7 échevins of Saint-Brice (including 1 mayeur)	The *chefs d'hôtel* (heads of burgher families) elect 30 *eswardeurs* who appoint the échevins and the members of the other two colleges (jurés and mayeurs).	30 mayeurs 28 jurés and 2 *prévôts* Échevins, mayeurs, and jurés form together *les Consaux*
SAINT-OMER	1143	ca. 1212	12 On Epiphany	12 échevins (including 2 mayeurs)	Initially, the bailiff of the Count of Artois appointed the échevins. Then the échevins chose their successors with the approval of the bailiff, who from at least the 1260s onwards no longer played any role.	12 jurés (previous échevins)
DOUAI	1112/ 1117	1228	13	16 échevins	The échevins elect 4 burghers from among the inhabitants of the right bank of the Scarpe River. These elected 4 new échevins from the right bank, who elected 4 others, who themselves elected 4 others. The latter elected the 4 échevins from the left bank of the river. Prohibition of consecutive office and parentage.	12 *vies eschevins* (previous échevins of the right bank) *paiseurs* (justice of peace) in 1268
LILLE	1200	1235	12 On All Saints' Day	12 échevins (including 1 mayeur)	A representative of the Count of Flanders (probably the bailiff) and the parish priests of the four urban parishes appointed the new échevins. They may consult the previous échevins. Three-year period between terms of office and prohibition of parentage.	1 *rewart* 12 jurés (including 4 voirs-jurés) 5 paiseurs 4 *comtes de la Hanse* (treasurers) 8 *Huit-Hommes* (tax officers) 5 *garde-orphènes* (in charge of orphans)

Fig. 1: Organisation of the échevinages.

two bodies, each with their own powers: échevins appointed for life by the supervisory authority and jurés elected by the burghers.

Around 1200, the jurés disappeared and their prerogatives were absorbed by the *échevinages* or colleges of échevins.[11] Only in Tournai did the jurés retain any real political role, although they belonged to the same social milieu as the échevins.[12] According to Alain Derville, the assertion on the part of the échevins points to the merchants' assumption of power and the advent of oligarchies at the head of the cities of the Southern Low Countries.[13] These institutional changes were confirmed between 1188 and 1235 by the *keures*, charters of privileges and *loi* grants organising the institutions.[14] These acts also introduced an innovation, no doubt intended to compensate for the lack of representation resulting from the ousting of the jurés: namely, the limitation of the échevins' term of office to one year (Fig. 1).[15] While the échevins were now responsible for political and administrative tasks at the head of the cities, they remained judges exercising criminal and contentious jurisdiction, as well as voluntary jurisdiction involving the authentication of city dwellers' legal acts, with prerogatives varying from town to town.

2. Legal practice and written output of the échevins

Written sources are extremely rare before 1200 (except in Saint-Omer)[16], rare until around 1250, and more abundant thereafter. This state of documentation is primarily the result of an increase in the use of written documents by urban authorities, who began a "scripturalisation" of their activities around 1200 with the establishment of various kinds of chanceries. Greater attention was also paid to the preservation of documents, with the gradual development of municipal archives. These developments were part of what is known in France as the "writing revolution" of the twelfth and thirteenth centuries, in which the five abovementioned cities were key players.[17]

11 Alain Derville, Villes de Flandre d'Artois (900–1500), Villeneuve d'Ascq 2002, 128–129.

12 Charles Dury, Tournai (Moyen Âge), in: Jean-Marie Cauchies / Bernard Desmaele / Florian Mariage (eds.): Les institutions publiques régionales et locales en Hainaut et Tournai-Tournaisis sous l'Ancien Régime (Miscellanea archivistica. Studia 119), Brussels 2009, 465–481, at 469–471.

13 Alain Derville, Les élites urbaines en Flandre et en Artois, in: Claude Gauvard (ed.): Les élites urbaines au Moyen Âge (XXVIIe Congrès de la SHMES, Rome, mai 1996), Paris/Rome 1997, 119–135, at 125–128.

14 Royal charters for Tournai in 1188 and 1211 (Rolland 1931 [as note 6], 226–247) and Arras in 1194 and 1211 (Berger 1981 [as note 2], 66–73); comital charters for Saint-Omer in 1127, 1128, 1164, 1198, and 1199 (Derville 2002 [as note 11], 154–158); Douai in 1165/1177 and 1228 (Espinas 1913 [as note 8], 205–229); and Lille in 1235 (Maufroid 1911 [as note 8], 56–81).

15 Rolland 1931 (as note 6), 239–242; Derville 1995 (as note 8), 110; Maufroid 1911 (as note 8), 56–57; Espinas 1913 (as note 8), 311.

16 Derville 1995 (as note 8), 93–111.

17 Thomas Brunner, Les sept âges de l'écrit. Les régimes de scripturalité du Douaisis (Ier siècle av. J.-C.–XIIe siècle de notre ère), Revue historique 692 (2019), 765–831, at 814–831; Paul Bertrand / Pierre Chastang, Les temps des

There were several phases of the échevins' legal activity, which are examined in what follows.

2.1. First traces: sealed charters and chirographs (late twelfth–early thirteenth century)

In the twelfth century, legal practice was still largely oral. The introduction of literacy was of extra-urban origin, coming via the *keures* issued by the sovereign authority. The cities began to engage in a culture of active literacy in the last quarter of the century, when the échevins and jurés began to seal Latin charters that they had not necessarily produced themselves (in Arras in 1175, Douai in 1181, Tournai in 1196, and Lille and Saint-Omer in 1200), and in which they ratified an agreement with the sovereign or exercised voluntary jurisdiction.[18]

This activity as trustworthy witnesses stemmed from their status as judges representing lordly authority – even if their practice of contentious and criminal jurisdiction is very poorly documented before 1300[19] – and was undoubtedly reinforced by their membership in a community whose self-awereness was growing stronger. Voluntary jurisdiction, orally practised throughout the twelfth century, increased around 1200 to meet the growing demand for legal security in rapidly expanding urban areas. Meanwhile, the scripturalisation of voluntary jurisdiction reflected these urban societies' entry into a "literate mentality", i.e., a mindset that placed enough trust in the written word to make it a social necessity.[20]

A new document type, the unsealed chirograph, was developed to meet these needs (around 1200 in Tournai and Saint-Omer, in 1221 in Arras, in 1224 in Douai, and in 1247 in Lille) (Fig. 2).[21] Within a few decades, this type had spread across cities

écritures grises. Formation et temporalités du gouvernement par l'écrit (v. 1080–v. 1350), in: Arnaud Fossier / Johann Petitjean / Clémence Revest (eds.): Écritures grises. Les instruments de travail des administrations (XIIe–XVIIe siècle) (Études et rencontres de l'École des Chartes 58), Paris/Rome 2019, 29–64, at 56–58.

18 Benoît-Michel Tock, La diplomatique urbaine au XIIe siècle dans le Nord de la France, in: Thérèse De Hemptinne / Walter Prevenier (eds.): La diplomatique urbaine en Europe au Moyen Âge. Actes du congrès de la Commission internationale de diplomatique, Gand, 25–29 août 1998 (Studies in urban social, economic and political history of the medieval and early modern Low Countries 9), Leuven 2000, 501–522; Brunner 2017 (as note 10), 252; Alphonse Wauters, Table chronologique des chartes et diplômes imprimés concernant l'histoire de la Belgique, vol. 3, 1191–1225, Brussels 1871, 59.

19 Douai: Marie Nikichne, La justice échevinale, la violence et la paix à Douai (fin XIIe–fin XVe siècle), PhD thesis, University of Paris I/University of Louvain-la-Neuve 2011. Lille: Maufroid 1911 (as note 8), 82–116. Saint-Omer: Arthur Giry, Histoire de la ville de Saint-Omer et de ses institutions jusqu'au XIVe siècle, Paris 1877, 180–198. Tournai: Léo Verriest, Les registres de justice dits Registres de la Loi, Annales de la Société historique et archéologique de Tournai 9 (1905), 281–404.

20 Michael T. Clanchy, From memory to written record. England 1066–1307, Oxford/Cambridge (MA) 2013, 187–189.

21 Thomas Brunner / Emilie Mineo / Jean-François Nieus / Bart Verroken, L'apparition du chirographe échevinal dans le nord de la

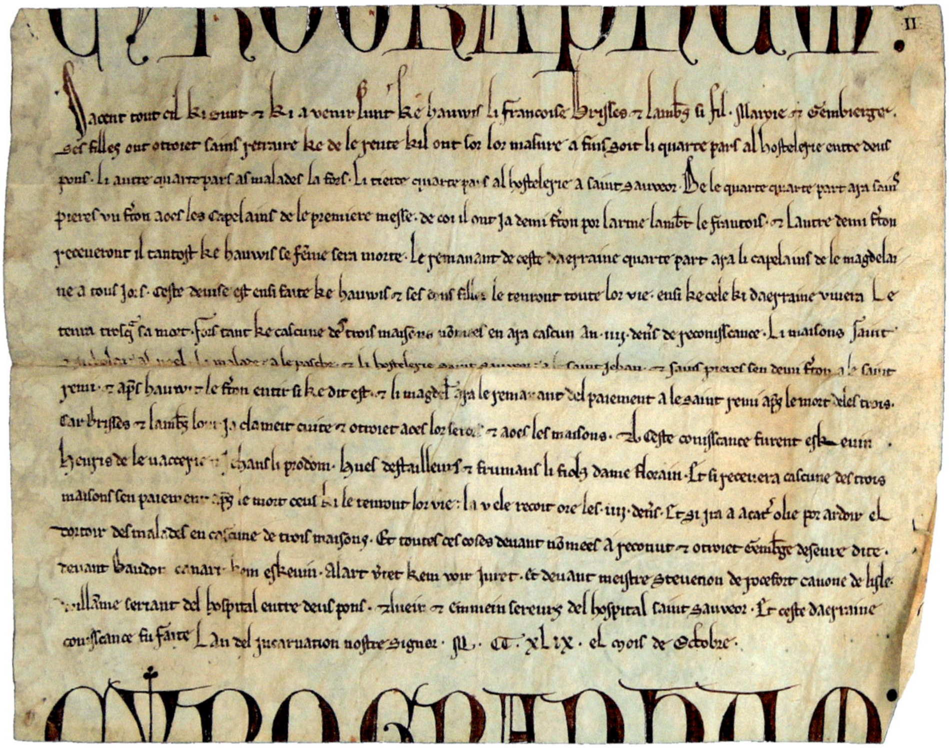

Fig. 2: Chirograph validated by an échevin and a voir-juré of Lille in October 1249 (Lille, Archives départementales du Nord, Archives hospitalières de Lille, VI B 74).

in an area stretching from Brabant to the Somme and from the North Sea to the County of Namur. From the 1210s onwards, the adoption of Picard as a scribal language made the content of these documents immediately comprehensible to both échevins and townfolks.[22] Tens of thousands of these documents were produced in the thirteenth century: 1,300 are preserved in Douai and an estimated 100,000 survived in Tournai until falling victim to fire in 1940.[23] In the case of these documents, the deed would be drafted in several copies, one of which would then be kept by the

France. Autour du plus ancien original tournaisien conservé (1218), Bulletin de la Commission Royale d'Histoire 188 (2022), 55–109; Bernard Delmaire, Un recueil inédit de baux à ferme de l'abbaye d'Anchin du milieu du XIIIe siècle, Revue du Nord 287 (1990), 443–469, at 454.

22 Sébastien Hamel / Serge Lusignan, Chirographes et compétences linguistiques des clercs des villes francophones du Nord, in: Xavier Hermand / Jean-François Nieus / Étienne Renard (eds.): Le scribe d'archives dans l'Occident médiéval. Formations, carrières, réseaux (Utrecht Studies in Medieval Literacy 43), Turnhout 2019, 425–440.

23 Brunner 2014 (as note 2), 540–552 ; Léo Verriest, La perte des archives du Hainaut et de Tournai, Revue Belge de Philologie et d'Histoire 21 (1942), 186–193.

échevins, who could thus potentially see hundreds of such chirographs come across their desk during their term of office. Validating chirographs was a time-consuming task, so officers called *voir-jurés* were introduced in Tournai in the 1230s to authenticate the acknowledgment of debts[24] (their four counterparts in Lille performed a similar task, but with a wider jurisdiction[25]). Every thirteenth-century urban échevin therefore was regularly engaged with the law when validating wills, marriage contracts, land and property transactions, and the acknowledgment of debts for his fellow citizens.[26] Charters were also sealed in his presence.[27]

2.2. Introduction of municipal legislation and ban registers (mid-thirteenth century)

Échevins also created law at their level within areas of urban and suburban jurisdiction. Their legislative activity seems to have transitioned to written form in the second quarter of the thirteenth century in the context of the reform of municipal institutions and the annualisation of mandates.[28] In 1199, Baudouin IX, the Count of Flanders authorised the échevins of Saint-Omer to add new provisions to the extant common law,[29] a change occasioned by the demographic and economic growth of towns on the threshold of the new century. The municipal authorities responded by producing legislation, police regulations, and regulations governing professional activities (Fig. 3).[30] These texts were generally referred to as *bans*, but were sometimes described by other terms (*atirances*, *atours*, *briefs*, *ordonnances*, etc.).[31] Determined by the magistrates as a whole, they were proclaimed in the city hall on certain dates of the year and then published throughout the town.[32] In the years between 1220–1240, the novelty was once again the fact that these new laws were put down in writing, probably initially on a single sheet of parchment.[33] The earliest known bans date

24 Thomas Brunner / Emilie Mineo, Les devises des chirographes échevinaux de Tournai et de Douai au XIIIe siècle: formes, usages et fonctions, Archiv für Diplomatik 68 (2022), 75–151, at 87.

25 Delmaire 1990 (as note 21), 454 (1247), Fig. 2 (1249).

26 Douai: Brunner 2014 (as note 2), 740–778; Arras: Berger 1981 (as note 2), 71–72.

27 Brigitte Bedos-Rezak, Civic liturgies and urban records in Northern France. 1100–1400, in: Barbara A. Hanawalt / Kathryn L. Reyerson (eds.): City and spectacle in Medieval Europe (Medieval studies at Minnesota 6), Minneapolis/London 1994, 34–55, at 44.

28 Denis Clauzel et al., L'activité législative dans les villes du Nord de la France à la fin du Moyen Âge, in: Jean-Marie Cauchies / Éric Bousmar (eds.): "Faire bans, edicts et statuz": légiférer dans la ville médiévale (Publications des Facultés Universitaires Saint-Louis / 87 Histoire), Brussels 2001, 295–329, at 298.

29 Giry 1877 (as note 19), 401 no. 27; Philippe Godding, Les ordonnances des autorités urbaines au Moyen Âge. Leur apport à la technique législative, in: Jean-Marie Duvosquel / Erik Thoen (eds.): Peasants & townsmen in medieval Europe. Studia in honorem Adriaan Verhulst, Ghent 1995, 185–201, at 186–188.

30 Douai: Espinas 1913 (as note 8), vol. 3, 18 no. 24, 29 no. 41, 32 no. 44, and 34 no. 47.

31 Ibid., vol. 1, 377–382; Godding 1995 (as note 29), 186–187.

32 Clauzel 2001 (as note 28), 308–309.

33 Godding 1995 (as note 29), 188–192; Thomas Brunner, Zwischen pikardischem Franzö-

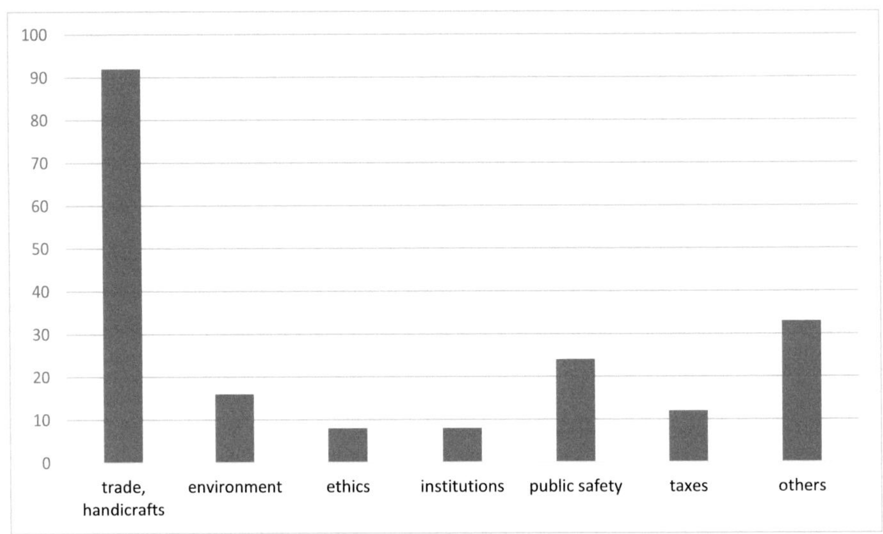

Fig. 3: Topics of the *bans* in Douai (1225–1300). Total: 193.

back to 1225 in Douai, the 1220s in Saint-Omer, 1236 in Arras, 1230–1240 in Lille, and 1271 in Tournai.[34] These vernacular writings show traces of an oral proclamation (often with a verb in the imperative mood),[35] while also reflecting the need to preserve these decisions on parchment.

In the mid-thirteenth century, the échevinages compiled these bans in codices known as *registres aux bans*. In Douai, the oldest of these registers, begun in the 1240s, was followed by six more produced between around 1265 and 1280.[36] We know of 193 bans from the thirteenth century, which together account for 68% of the city's medieval legislation (Fig. 3).[37] In Saint-Omer, the register currently preserved was inaugurated around 1280 in a context of social tensions requiring legislative adjustments. It consists of several legislative layers: first the four hundred bans compiled around 1250, and then around 495 others from 1268–1290 (Fig. 4). Each échevinage

sisch und Latein: zum Sprachgebrauch in der diplomatischen Schriftlichkeit der Stadt Douai im 13. Jahrhundert, in: Maria Selig / Susanne Ehrich (eds.): Mittelalterliche Stadtsprachen (Forum Mittelalter-Studien 11), Regensburg 2016, 183–202, at 198.

34 Douai, Archives municipales, AA 88, AA 89, AA 90, AA 91, AA 92, AA 93 and AA 94, Georges Espinas / Henri Pirenne, Recueil de documents relatifs à l'histoire de l'industrie drapière en Flandre, Première partie: Des origines à l'époque bourguignonne, vol. 2, (Deynze-Hulst), Brussels 1909, 12–15; Saint-Omer: Alain Derville, Le registre aux bans de Saint-Omer, in: Paul Goffin (ed.): Codes et constitutions. Mélanges historiques. Liber de amicorum John Gilissen, Anvers 1983, 77–87, at 80; Arras/Lille: Clauzel 2001 (as note 28), 298–299; Tournai: Leo Verriest, Coutumes de la ville de Tournai, Brussels 1923, vol. 1, 147 no. 24.

35 Godding 1995 (as note 29), 188.

36 Espinas / Pirenne 1909 (as note 34).

37 Clauzel 2001 (as note 28), 309, 329.

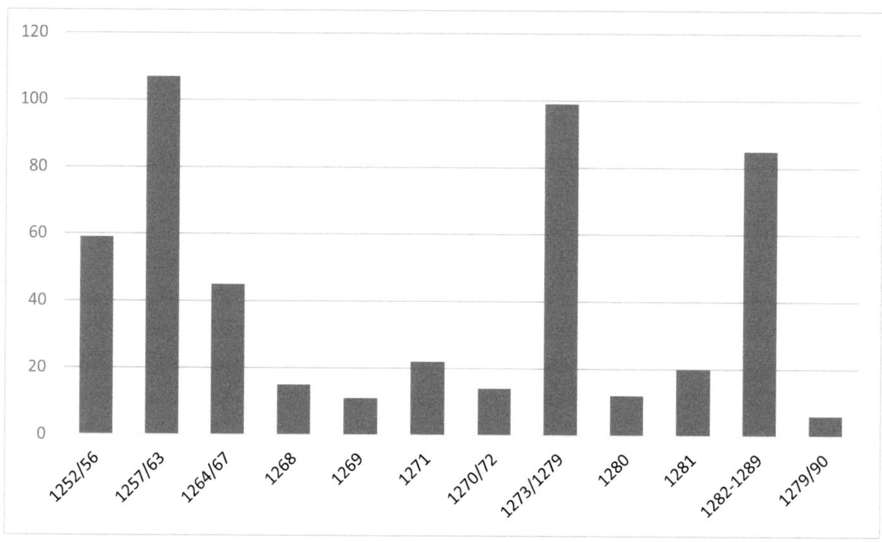

Fig. 4: Chronological distribution of the preserved *bans* in Saint-Omer (1252–1290). Total: 495.

issued approximately one hundred bans per year.[38] In Tournai, three annual law registers from 1275–1281, which have now disappeared, summarised the magistrates' entire activity during their terms of office (judicial sentences and 202 bans).[39] In Arras, the *Livre de la Vingtaine*, dating from the end of the fourteenth century, contains ten thirteenth-century bans.[40] The oldest ban register from Lille does not begin until 1382, but 22 bans from the years 1286–1296 have survived in the *Livre Roisin*, which contains the city's customs having legal force.[41]

2.3. The rare thirteenth-century custom books

Indeed, the bans produced by the échevins complemented an unwritten, anonymous body of law, enshrined in tradition and accepted by the community: namely, that of common law or custom.[42] Compilations of this law, known as *coutumiers* or custom

38 See Fig. 5, Giry 1877 (as note 19), 502–592; Derville 1995 (as note 8), 138; Derville 1983 (as note 34), 79, 85–86.

39 Verriest 1905 (as note 19), 281–404.

40 Adolphe Guesnon, Introduction au Livre de la Vingtaine, Paris 1898, 34; Clauzel 2001 (as note 28), 309–310.

41 Clauzel 2001 (as note 28), 310–311; Raymond Monier, Le livre Roisin, coutumier lillois de la fin du XIIIe siècle, Paris/Lille 1932, 15 no. 11 (1294), 16–17 no. 13 (1296), 19 no. 17 (1290), 19–20 no. 18 (1287), 25–26 no. 28 (1290), 43 no. 58 (1290), 44 no. 59 (1287), 52 no. 72 (without date), 53–54 no. 74 (1286), 55–56 no. 76 (1291), 56–57 no. 78 (1293), 61–63 nos. 87, 88, and 89 (1287), 69 no. 98 (1293), 70 no. 100 (1295), 77–78 no. 119 (1296), 89–90 no. 135 (1296), 110–111 no. 169 (1294) and no. 170 (1296), and 138 no. 212 (no date).

42 John Gilissen, La coutume (Typologie des sources du Moyen Âge occidental 41), Turnhout 1982, 21.

books, also began to be written down in the middle of the thirteenth century by royal officers active in Picardy,[43] with some cities following suit. Unfortunately, these registers have generally disappeared, although the existence of those of Douai and Tournai from around 1250 and 1275, respectively, is known for certain.[44] Lille is an exception: the *Livre Roisin* was written in 1267 and updated in 1297 by Jean Roisin, a town clerk, perhaps at the behest of the French king, who had just conquered the city.[45]

The same century saw a break in the mediality of the legal culture of the échevins with the introduction of the written word, which seems to have happened quite quickly between 1220 and 1240. Henceforth, urban law was practised on parchment and in the vernacular. A new "discursive tradition", based on a "conceptual written language" marked by distance,[46] began to develop in cities within written French, parallel to the (perhaps more learned) output of royal officers.

3. A stratified legal culture

Each year, the échevins took an oath upon taking office. Those of Douai and Lille, around 1250 and in 1267 respectively, thus swore to preserve the rights of the Church, those of their lord, and the law of the city: in other words, what we call customary law.[47] However, this was not the only law with which they had to deal in the course of their duties.

3.1. The dominance of customary law

Legal historians distinguish between two sets of customs effective in the region: Saint-Omer, although French-speaking, was governed by Flemish customary law, while the other four cities belonged to the region under Picard-Walloon customary

43 Robert Jacob, Les coutumiers du XIIIe siècle ont-ils connu la coutume?, in: Mireille Mousnier / Jacques Poumarède (eds.): La coutume au village dans l'Europe moderne (Flaran 20), Toulouse 2001, 103–119, at 116–119; Ada Maria Kuskowski, Vernacular Law. Writing and the reinvention of customary law in Medieval France (Studies in legal history), Cambridge 2023, 69–72, 81–82.

44 Douai: Félix Brassart, Conflit de juridiction entre le bailli et les échevins, jugé en faveur de la ville par le conseil de Flandre, le vendredi 9 mai 1287. Anciens registres perdus pour les archives, Souvenirs de la Flandre Wallonne 6 (1886), 120–132, at 123–124; Tournai: Verriest 1923 (as note 34), 461–493 no. 360.

45 Simon Boisier-Michaud, Étude du Livre Roisin, recueil médiéval et moderne de la loi de Lille, MA thesis, University of Montréal 2011, 93–104.

46 Peter Koch / Wulf Oesterreicher, Langage parlé et langage écrit, in: Günter Holtus / Michael Metzelin / Christian Schmitt (eds.): Lexikon der Romanistischen Linguistik., vol. I/2, Methodologie, Tübingen, 2001, 584–627.

47 *Sire, vos fiancies que vous seres preudoum et loiaus en vo eskevinage et warderes les drois de Sainte Eglise, les drois me dame le contesse et le loy de le vile, bien et loialment, a vo pooir* (Espinas 1913 [as note 8], vol. 3, 83 no. 124). *Vous fianches* [...] *a warder les drois Diu et Sainte Eglize, et les droits le signeur de le tiere, et a warder les orfenes et les vesves et le loy et le franchise de le ville* (Monier 1932 [as note 41]), 116 no. 181).

law.[48] According to Robert Jacob, the échevins shared knowledge of this custom with the rest of the population.[49] The sharing of a community of values – which Thierry Dutour extends to the entire medieval French-speaking world[50] – is undeniable, but was it enough? Did the échevins learn custom simply by absorbing it from daily life, or were other methods of transmission used? Municipal law was a living body of law that had to be assimilated as it evolved. In Saint-Omer, the arrival of a new échevin was accompanied by a reminder of the keures (codified regulations) and a *commandement* (a disparate set of new or revised bans) published throughout the town.[51] The public "oralisation" and repetition of the bans ensured that such laws were passed on.

When a case had no known precedent, or when the échevins ran out of arguments, they could seek information elsewhere.[52] Enquiries and consultations between échevinages were commonplace: the keure of 1228 provided that the échevins of Douai could consult those of Arras, while as early as 1223, those of Tournai consulted the city's college of jurés.[53] Exchanges of letters between échevins, documented between Tournai and Douai in around 1217 and between Lille and Tournai in 1280, also contributed to the circulation of certain customary provisions.[54] The échevinages of the major cities were themselves *chefs de sens*, i.e., they acted as a superior jurisdiction and advisory body for the rural échevinages in the surrounding area.[55]

3.2. A still-discreet presence of written law (Roman and canon)

Customary law was not the only law in the city. One of the implicit aspects of the échevins' oath was respect for canon law; with regard to marriage and filiation, for instance, customary law followed the provisions of canon law to the letter.[56] Yet although the porosity between canon law and custom was not self-evident at the beginning of the period under study, the presence of the former in urban life increased during the thirteenth century, and not only because of the presence of ecclesiastical jurisdictions in the towns.

The interference of canon law in the secular affairs of the cities' inhabitants is most apparent after 1200. The five towns were under different bishoprics: Arras (for

48 See Robert Jacob, Les époux, le seigneur et la cité: coutume et pratiques matrimoniales des bourgeois et paysans de France du Nord au Moyen Âge, Brussels 1990.

49 Robert Jacob, Du chirographe à l'acte notarié. L'instrument de paix dans les villes du Nord du XIIIe au XVIe siècle, Gnomon. Revue internationale d'histoire du notariat 95/96 (1994), 17–30, at 19.

50 Thierry Dutour, La France hors la France. L'identité avant la nation, Paris 2022, 238–252.

51 Derville 1983 (as note 34), 85–86.

52 Clauzel 2001 (as note 28), 301–302.

53 Raymond Monier, Le recours au chef de sens au Moyen Âge dans les villes flamandes, Revue du Nord 53 (1928), 5–19, at 9; Brunner / Mineo 2022 (as note 24), 141.

54 Brunner / Mineo / Nieus / Verroken 2022 (as note 21), 96–98; Verriest 1905 (as note 39), 389.

55 Giry 1877 (as note 19), 198–200; Monier 1928 (as note 53), 11–13; Bruyelle 1970 (as note 7), 288.

56 Philippe Godding, Le droit privé dans les Pays-Bas méridionaux du XIIe au XVIIIe siècle (Mémoires. Collection in quarto. Académie Royale de Belgique, Classe des Lettres

Douai), Tournai (for Lille), and Thérouanne (for Saint-Omer). At this time, officialdom developed in each of them,[57] with the officials practising both contentious and voluntary jurisdiction.[58] In order to respond to the ever-increasing number of legal requests, officialities were staffed by experts from the universities, a fact already attested in Tournai from 1240–1260.[59] In Arras and Tournai, the bishops began to put their synodical statutes into writing in the 1280s.[60] These provisions affected the lives of urban populations, especially as the proportion of clerics amongst city dwellers rose steadily over the course of the century, coming to represent between 5–6% of men in Douai around 1300[61] – and there can be no doubt as to the strength of their strong presence elsewhere. Normally, clerics could not be burghers.[62] However, this was possible in Douai, even though the échevins prohibited clerics from joining their ranks or holding other town offices in March 1284.[63] These potentially tonsured échevins were not specialists in canon law, but might have had some knowledge of it.[64]

The presence of Roman law is less obvious. From the 1260s onwards, certain provisions of Roman law were disseminated in Flanders in the clauses of charters.[65] However, its influence was not yet perceptible in the customs written down at the end of the thirteenth century in the region, such as the *Livre Roisin*.[66]

et des Sciences Morales et Politiques 2, 14, 1), Brussels 1987, 6.

57 Bernard Delmaire, Le diocèse d'Arras de 1093 au milieu du XIVe siècle. Recherches sur la vie religieuse dans le nord de la France au Moyen Âge (Mémoires de la Commision départementale des monuments historiques du Pas-de-Calais 31), Arras 1994, 175–177 (1196); Monique Vleeschouwers-Van Melkebeek, De officialiteit van Doornik: oorsprong en vroege ontwikkeling (1192–1300) (Verhandelingen van de Koninklijke Academie voor Wetenschappen, Letteren en Schone Kunsten van België, Klasse der Letteren 117), Brussels 1985 ; Benoît-Michel Tock, Le chapitre cathédral de Thérouanne et ses chartes au XIIe siècle, Revue du Nord, 356/357 (2004), 633–648 no. 25 (1203).

58 Paul Fournier, Étude diplomatique sur les actes passés devant les officialités au XIIIe siècle, Bibliothèque de l'École des Chartes 40 (1879), 296–331.

59 John Gilissen, Les légistes en Flandre aux XIIIe et XIVe siècles, Bulletin de la commission royale des anciennes lois et ordonnances de Belgique, 15/3 (1939), 117–228, at 120.

60 Joseph Avril, Les statuts synodaux français du XIIIe siècle, t. 4: Les statuts synodaux de l'ancienne province de Reims (Cambrai, Arras, Noyon, Soissons et Tournai), Paris 1995, 183–184, 312–315.

61 Fournier 1879 (as note 58), 68–69; Berger 1981 (as note 2), 76 no. 437; Delmaire 1994 (as note 57), 263; Brunner 2014 (as note 2), 357–358.

62 Arras: Berger 1981 (as note 2), 74–76; Lille: Simone Poignant, La condition juridique du bourgeois de Lille en droit criminel au XIVe siècle, Lille 1929, 28.

63 Félix Brassart, Les clercs et les nobles à leur réception comme bourgeois de Douai, Souvenir de la Flandre Wallonne 24 (1884), 106–138, at 109–110.

64 Robert-Henri Bautier, "Clercs mécaniques" et "clercs marchands" dans la France du XIIIe siècle, Comptes rendus des séances de l'Académie des Inscriptions et Belles-Lettres 125/2 (1981), 209–242.

65 John Gilissen, Les renonciations aux exceptions du droit romain dans les contrats flamands du XIIIe siècle, Revue Belge de Philologie et d'Histoire 16 (1937), 939; Delmaire 1994 (as note 57), 177.

66 Guido van Dievoet, Les coutumiers, les styles, les formulaires et les "Artes notariae" (Typologie des sources du Moyen Âge occidental

3.3. The échevinages in contact with learned law

There may have been various forms of contact between the échevins and a law that was more formalised than customary law. No individual échevin is known to have graduated with a degree in law. However, in the second half of the thirteenth century, many sons of burghers studied at university: from the 1270s onwards, some wills from Douai and Tournai even provided for the establishment of study grants.[67] The abbot of Saint-Martin de Tournai, Gilles le Muisit, recounts having rubbed shoulders with many of his Tournaisian compatriots during his studies in Paris around 1300.[68] In 1298, a Tournai ban stipulated that the son of a burgher who went away to study at university would retain his burgher rights despite his absence.[69] Men departed to study Roman law in Orléans (such as Gérard Mulet, son of an échevin from Douai, in 1272) or in Bologna (as did Gérard's younger brother, Jacques Mulet),[70] where canons from Lille and Tournai also studied.[71] The proportion of *magistri* among the local clergy increased steadily throughout the century, but it is impossible to determine how many of them were law graduates.[72] It was therefore common for échevins to work with graduates on a daily basis, and even to use their services, such as the échevins of Arras, who used certain clerics to commit tax fraud![73]

On a more institutional level, the presence of lawyers alongside municipal authorities was noted from the mid-thirteenth century onwards. The cities under direct Capetian rule were the first to be involved, with the royal bailiff Pierre de Fontaines settling disputes in Saint-Omer and Arras around 1250.[74] In the 1260s, the parlement of Paris began to issue decrees concerning Tournai.[75] From the 1280s onwards, the same city successively employed several jurists to settle its external affairs.[76] This practice was less common in other cities before 1300, but there is some evidence to

48), Turnhout 1986, 37; Albert Rigaudière, Penser et construire l'État dans la France du Moyen Âge (XIIIe–XVe siècle) (Histoire économique et financière de la France. Animation de la recherche), Paris 2003, 67–92.

67 Brunner 2014 (as note 2), 360–362; Amaury de la Grange, Choix de testaments tournaisiens antérieurs au XIVe siècle, Annales de la Société historique et archéologique de Tournai 2 (1897), 5–365, at 37.

68 Kervyn de Lettenhove (ed.), Poésies de Gilles Li Muisis publiées pour la première fois d'après le manuscrit de lord Ashburnham, Leuven 1882, 263–264,

69 Verriest 1923 (as note 34), 266 no. 166.

70 Thomas Brunner / Aurélie Stuckens, Autour d'une correspondance privée inédite entre deux frères en 1298: les lettres de Gérard et de Jacques Mulet, chanoines douaisiens et clercs du comte de Flandre, Revue du Nord 417 (2016), 759–809, at 766–773.

71 Gilissen 1939 (as note 59), 131–134.

72 Brunner 2014 (as note 2), 365; Jacques Pycke, Le chapitre cathédral Notre-Dame de Tournai de la fin du XIe à la fin du XIIIe siècle (Recueil de travaux d'histoire et de philologie 6, 30), Louvain-la-Neuve/Brussels 1986, 68–70.

73 Claire Billen, Quand les jongleurs disent la fraude fiscale (Arras XIIIe siècle), Baetica. Estudios de Arte, Geografía e Historia, 36/37 (2014/2015), 74–88, at 81.

74 Quentin Griffiths, Les origines et la carrière de Pierre de Fontaine, jurisconsulte de Saint Louis, Revue historique de droit français et étranger 48 (1970), 544–567, at 549–551.

75 Verriest 1923 (as note 34), 142 no. 18 (1264), 143 no. 20 (1265), 149 no. 26 (1271), 150 no. 28 (1272), 151 no. 30 (1275), 191 no. 74 (1282).

76 Gilissen 1939 (as note 59), 123–127.

suggest that legal experts appeared in Douai as procurators in the 1290s.[77] In 1292, Simon de Saint-Venant, appointed by the échevins as a solicitor to settle an estate, is described as a *clers en chel cos*, understood to mean a legal expert.[78] Furthermore, the intervention of royal courts in the 1290s in Lille must have also led to the appointment of lawyers.[79] In Saint-Omer (in the County of Artois but nevertheless under Capetian influence), there are no records of any legal experts before 1300.[80]

Throughout the thirteenth century, legal culture became increasingly complex, as can be seen in the clauses of chirographs, which became more numerous, more varied, and more precise over the decades, even if this legal refinement was not yet the result of the adoption of the principles of Roman law.[81]

4. The échevins' means of accessing legal culture

In Saint-Quentin (in Vermandois), the échevins were chosen on the basis of their sound knowledge of custom.[82] We have no information on this matter in the five cities studied here, but no matter their initial training, the échevins had access to the legal knowledge necessary for discharging their office.

4.1. An informal learning process

In the twelfth century, échevins appointed for life were able to acquire extensive experience over their years of service and thus gain solid legal expertise. We also know that in the thirteenth century, the bailiffs and spokesmen of the feudal courts were real jurists, trained on the job and enjoying long careers.[83] The hereditary mayors of Arras may have had a similar profile, although we have no record of them advising the échevins.[84]

However, the situation was quite different for those échevins replaced annually: they generally came from the world of commerce, where they had necessarily

77 Espinas 1913 (as note 8), vol. 3, 606 no. 819 (1292); Brunner 2014 (as note 2), 339–340.
78 Douai, Archives municipales, FF 666/6505 (1292).
79 Maufroid (as note 8), 91, 163 nos. XII, XIII, and XIV.
80 Derville 1995 (as note 8), 139.
81 Brunner 2014 (as note 2), 634–635; Godding 1987 (as note 56), 6–7.
82 Sébastien Hamel, La justice dans une ville du Nord du Royaume de France au Moyen Âge. Étude sur la pratique judiciaire à Saint-Quentin (fin XIe–début XVe siècle) (Studies in European urban history 24), Turnhout 2011, 86–87.
83 Dirk Heirbaut, Une méthode pour identifier les porte-parole des juridictions de droit coutumier en Europe du Nord au Haut Moyen Âge, fondée sur une prosopographie des porte-parole de Cassel et de Lille autour de 1300, in: Vincent Bernaudeau et al. (eds.): Les praticiens du droit du Moyen Âge à l'époque contemporaine. Approches prosopographiques (Belgique, Canada, France, Italie, Prusse), Rennes 2008, 25–43; Robert Jacob, Philippe de Beaumanoir et le savoir du juge (Réponse à M. Giordanengo), Revue historique de droit français et étranger 92 (2014), 577–588.
84 Berger 1981 (as note 2), 69.

developed a practical knowledge of the law in relation to their business, but this was not enough to turn them into jurists. The early-thirteenth-century keures had made it possible to broaden the recruitment of échevins by prohibiting consecutive terms of office and, in some cases, the presence of close relatives within the same échevinage (Fig. 1).[85] An analysis of the annual lists of échevins reveals indeed a genuine openness, with new names appearing alongside those of the great families.[86] However, considerations other than legal expertise alone – such as the political balance of power at the time, the interests of certain groups, and even corruption – were also taken into account when choosing new magistrates.[87]

That being said, the importance of this openness should not be overexaggerated. Despite their diversity, the voting systems all involved co-optation and the same individuals often served multiple terms as échevins. In Saint-Omer and to a lesser extent in Douai, two teams of échevins alternated from one year to the next from the middle of the thirteenth century, with some of them serving as part-time échevins for decades at a time.[88] This oligarchic tendency was reinforced in these two cities during the last quarter of the century, and only the political unrest around 1300 temporarily opened up the échevinages to craftsmen.[89] In Arras, members of ten families were frequently elected over the course of the century, prompting poets to criticise them for their financial and fiscal embezzlement.[90] In Tournai, where three échevinages were involved in urban government, the same individuals simply moved from one magistracy to another,[91] which enabled them to acquire vast legal expertise over the years.

In Lille, on the other hand, the oligarchic tendency was less obvious,[92] undoubtedly due to the fact that the échevins there were appointed by the city's four parish priests and that there was in theory a three-year gap to be observed between two terms of office (though more often a gap of four or five years in practice).[93] Accumulating legal experience was more problematic under these conditions. However, the échevins who left office (the *vies eschevins* referred to in the bans) generally continued to act as advisors to their successors the following year, which also provided an opportunity to pass on legal knowledge.[94] Despite this practical experience, the

85 See above note 14; Tournai: in 1290 (Verriest 1923 [as note 34], 227 no. 112).

86 Arras: Berger 1981 (as note 2), 95–99, 431–432; Alain Derville, Les échevinages de Lille et de Saint-Omer. Étude comparée, in: XLVe Congrès de la Fédération des Cercles d'archéologie et d'histoire de Belgique. Actes du Congrès de Comines de 1980, Comines 1983, 33–44, at 42.

87 Derville 1983 (as note 86), 33.

88 Ibid., 35, 44; Brunner 2014 (as note 2), 731–732.

89 Derville 1983 (as note 86), 42; Alain Derville, Les échevins de Douai (1228–1527), in: La sociabilité urbaine en Europe du Nord-Ouest du XIVe au XVIIIe siècles (actes du colloque organisé le samedi 5 février 1983 à Douai), Douai 1983, 39–48, at 44.

90 Billen 2014/2015 (as note 73).

91 Rolland 1931 (as note 6), 243–244.

92 Derville 1983 (as note 86), 39.

93 Ibid., 36, 42; Bruyelle 1970 (as note 7), 289; Maufroid 1911 (as note 8), 56–81, 153 no. 5.

94 Douai: Espinas 1913 (as note 8), vol. 1, 351–361; Saint-Omer: Giry 1877 (as note 19), 170.

échevins of the thirteenth century never became legal professionals, even though the law was becoming more complex.

4.2. The town clerk as an intermediary and legal pillar of the échevinage

Administrative progress made it possible to overcome this difficulty. The échevinages had a permanent staff, and the number of specialised agents increased over the course of the thirteenth century. These offices were headed by one or more town clerks (*clerc des échevins*): around 1300, there were two in Arras and three each in Douai, Lille, and Saint-Omer.[95] Their hands appear in the documents produced by the city, particularly in the town registers, but also in certain charters and chirographs.[96] Little is known about these clerks, and even their names are sometimes only attested quite late (1207 in Douai, 1222 in Arras, 1250 in Tournai, 1262 in Saint-Omer, and 1292 in Lille).[97] A few hands have been successfully linked to specific names: Robert de Coutiches wrote the ban register on drapery in Douai in 1280, and Jean Hakelin was one of the hands that wrote Saint-Omer's register between 1279 and 1286 (Fig. 5).[98]

Neither the background or training of such clerks is known for this period. They must have come from the town where they were employed or from the surrounding area.[99] In any case, they settled there: in 1286, Jean Hakelin joined the Hanse of Saint-Omer, an association uniting the burghers' elite, while in 1292 Jacques, son of Jean Roisin, became a burgher of Lille.[100] However, no dynasty of clerks has been identified from the thirteenth century.

A large number of town clerks bore the title of "master" (*maistre*), a word which, in its Latin form *magister*, may indicate a graduate.[101] Seven of the nine town clerks of Douai held this title and therefore could have attended university,[102] although it is unknown whether any of them were law graduates. It is likely that a Master of Arts degree was sufficient to manage municipal matters. In Lille around 1300, the town clerk took an oath to advise the échevins to the best of his knowledge: in other words, to place his skills in literacy (and doubtless in law) at the service of the échevins.[103]

95 Berger 1981 (as note 2), 74; Brunner 2014 (as note 2), 663–675; Derville 1995 (as note 8), 139.

96 Brunner 2014 (as note 2), 639–651.

97 Ibid., 663; Berger 1981 (as note 2), 74; Armand d'Herbomez, Chartes françaises du Tournaisis (1207–1292), Mémoires de la Société historique et littéraire de Tournai 17 (1882), 1–60, at 30 no. 32; Derville 1995 (as note 8), 140; Boisier-Michaud 2011 (as note 45), 95.

98 Douai, Archives municipales, AA 83, fol. 1r; Derville 1983 (as note 34), 80–81; Derville 1995 (as note 8), 140.

99 Brunner 2014 (as note 2), 663–665.

100 Derville 1995 (as note 8), 140; Boisier-Michaud 2011 (as note 45), 95.

101 Christine Renardy, Le monde des maîtres universitaires du diocèse de Liège (1140–1350). Recherches sur sa composition et ses activités (Bibliothèque de la Faculté de Philosophie et Lettres de l'Université de Liège 227), Paris 1979, 80–86.

102 Brunner 2014 (as note 2), 663–665; Saint-Omer: Derville 1995 (as note 8), 142; Arras: Berger 1981 (as note 2), 74.

103 *Vous fanchiés a y estre clers de le ville [...] et a consillier le ville a vos sens et a vos pooir, le mius que vous sares, toutes les fois que vous en seres requis* (Monier 1932 [as note 41], 120 no.188).

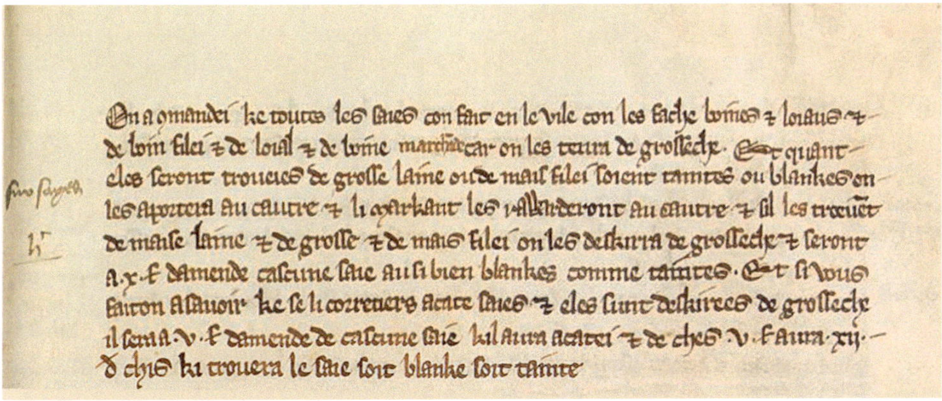

Fig. 5: Ban on the manufacture of cloth presumably written by Jean Hakelin, town clerk of Saint-Omer, in the 1280s (Bibliothèque de l'Agglomération du Pays de Saint-Omer, AB XVIII/16, fol. 19r).

Theoretically, town clerks entered and left office with the annual échevinage, but some spent their entire careers there. They were the living memory of the municipal administration, constituting the legal pillars of the échevinages and able to make up for the échevins' legal deficiencies.

5. Conclusion

Originally oral in form, the legal culture of the échevins of the large cities in the north of the Kingdom of France underwent a fundamental change from 1220–1240 with the transition to written Picard French, for which a legal discursive tradition had to be developed. The resulting sources enable us to identify a number of general characteristics: the échevins' legal knowledge was based on a highly dynamic body of customary law that was constantly being enriched. The collegiate and fairly closed nature of the échevinages allowed for a transmission of urban legal culture between peers. This system must have been fairly effective, but it was by no means perfect, hence the use of intermediaries such as the town clerks and later legal experts. In their ordinary legal practice, the échevins were in contact with hundreds of their fellow citizens. They judged them in their courts, validated their transactions through chirographs, and regulated their social life through the legal text form of bans. These were all opportunities for the population to experience firsthand the application of the law and become immersed therein. The échevins undoubtedly played a major role in the dissemination of this law and in the growing involvement of city dwellers in literacy.

Scribal practices in the seigneuries of central France: some examples from Berry, Marche, and Bourbonnais (thirteenth–mid-sixteenth centuries)

Étienne Ménager

1. Introduction

Although notaries, and more recently tabellions, have been the subject of many books, the scribal practices of small workshops where documents were produced have received comparably little study. For this reason, I wish to study lay chanceries, more specifically lay seigneurial chanceries. A chancery or chancellery can be defined as an organisation or group of people who drew up and authenticated legal transactions, with the use of the term "chancery" for a scribal workshop depending on the authority of the respective documents.[1] From the mid-thirteenth century, municipal and seigneurial chanceries appeared alongside the major pontifical, royal, princely, and episcopal chanceries, whose authority was obvious. These new chanceries are difficult to understand for various reasons, including the scarcity of sources, their employment of only one or two people, and the peripatetic nature of the scribes, who meanwhile also juggled multiple positions.

This study focuses on central France (Berry, Marche, and Bourbonnais) from the thirteenth to sixteenth centuries (Fig. 1), an area which hitherto has been on the sidelines of historical interest. However, the region is a transitional one worth investigating, located as it is between areas under Roman law (Italy, Spain, and southern France) and others under common law (France north of the Loire, England, and Flanders). Although central France was subject to common law, it bordered on areas with written legal codes and was therefore subject to the latter's influence. Similarly, the area was one of linguistic transition, where speakers of *langue d'oïl* and *langue d'oc* met. Moreover, the region is rural in character, dotted with small fortified towns dating from the eleventh century that grew and formed seigneurial jurisdictions beginning in the thirteenth century and especially during the fifteenth. This article discusses these towns' scribal and legal practices, looking at their functions, their personnel, the documents they produced, and the legal culture they reveal in aims of providing a better description of these practices.

1 Olivier Guyotjeannin / Jacques Pycke / Benoît-Michel Tock, Diplomatique médiévale (L'atelier du médiéviste 2), Turnhout 2006, 227–228.

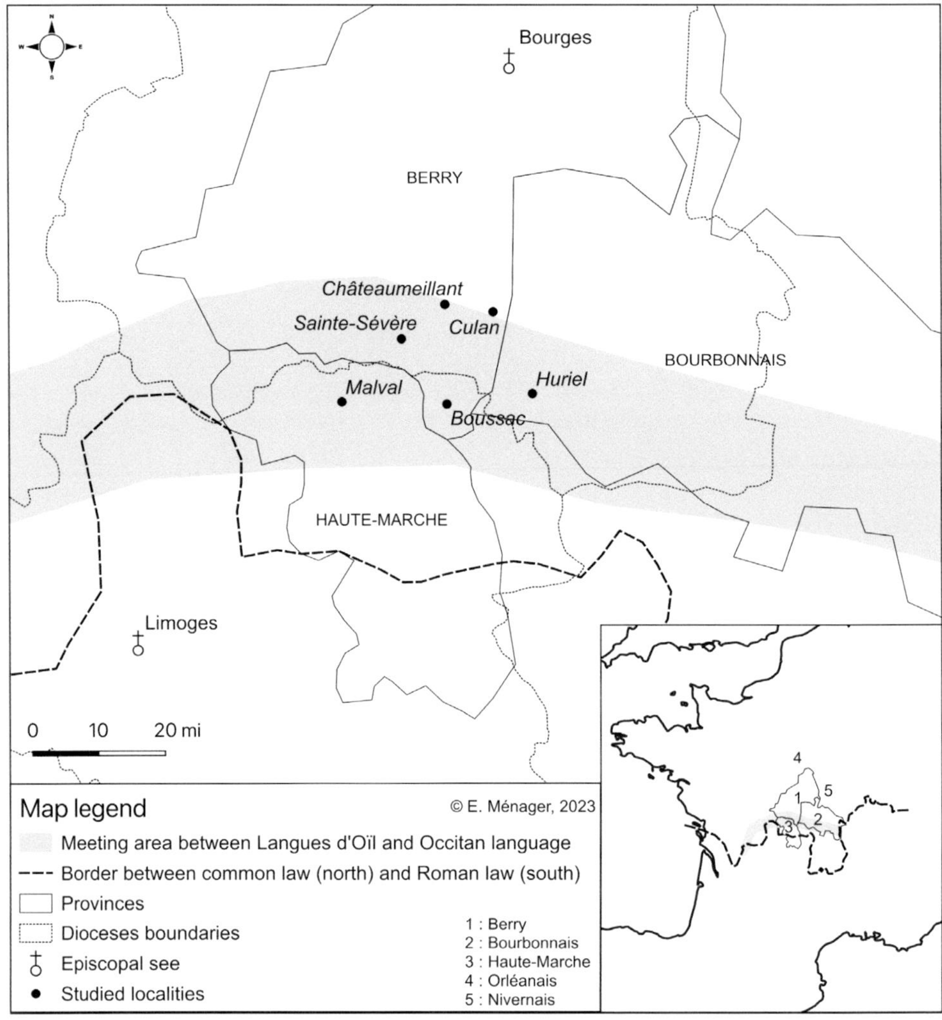

Fig. 1: Seigneurial chanceries of central France: some examples from Berry, Marche and Bourbonnais (thirteenth century to mid-sixteenth century).

During the period in question, the administration of these seigneuries developed and lesser lords maintained archives, the creation of which should be situated amidst an expansion of document creation and a revolution in preservation.[2] In the twelfth century, writing acquired legal value in the West and it thus became expedient to preserve it. Consequently, scribal and archival practices gradually spread throughout society as lesser lords imitated princes and sovereigns. The twelfth century was also

2 Paul Bertrand, Les écritures ordinaires: sociologie d'un temps de révolution documentaire (entre royaume de France et Empire, 1250–1350), Paris 2015.

marked by the rediscovery of Roman law, which revolutionised legal practices and in particular led to the establishment of the institution of the public notary.[3]

My intent here is therefore to define the legal and documentary practices of these scribal workshops. We can assume that the context of rural fortified towns and a later time span meant that such towns lagged behind better known urban areas in terms of these practices. However, if we look back from the end of the Middle Ages, what do we see? How did these small scribal workshops function? What was the role of the notary or tabellion in this region? Can we use the term "seigneurial chancery"?

In considering these questions, we will first look at the development of the people who drew up and authenticated legal documents. Second, we will describe the documentary characteristics of the acts issued by seigneurial jurisdictions. Finally, we will survey the scribal practices of surrounding areas.

2. The personnel and their changing social status

We must first identify the personnel who authenticated legal documents. To begin with, lords employed people from outside the seigneury before gradually taking on their own agents starting in the fourteenth century. In several cases, it is possible for us to follow specific career trajectories and we will also consider how they were trained.

2.1. The increasing development of seigneurial jurisdictions

In the thirteenth century, legal documents were not produced by seigneury staff, and it is clear that such personnel did not yet exist. Legal documents were drawn up and authenticated by the officiality or the royal provostry, a geographic area administered by a royal agent entrusted therewith (called a provost) and primarily responsible for collecting revenue from the royal estates and dispensing royal justice.[4] Legal documents were most frequently authenticated by the Officiality of Bourges (*officialis bituricensis curiæ*), which acted both as a canonical court and an office that drew up legal documents.[5] These two bodies – the officiality and the royal provostry – developed substantially during the thirteenth century. The earliest surviving evidence goes back to the mid-thirteenth century, when letters from the judicial vicar

3 Jean Hilaire, Introduction, in: Lucien Faggion / Anne Mailloux / Laure Verdon (eds.): Le notaire, entre métier et espace public en Europe (VIIIe–XVIIIe siècle). Actes du colloque d'Aix-en-Provence (2006), Aix-en-Provence 2008, 7–10.

4 Jean Favier, Prévôt, in: Dictionnaire de la France médiévale, Paris 1993, 787; Alain Demurger, Prévôt, in: Claude Gauvard, Dictionnaire du Moyen Âge, Paris 2002, 1140–1141.

5 Jean Favier, Official, officialité, in: Dictionnaire de la France médiévale (as note 4), 700; Véronique Beaulande-Barraud / Martine Charageat (eds.), Les officialités dans l'Europe médiévale et moderne. Des tribunaux pour une société chrétienne (Ecclesia militans 2), Turnhout 2014, 7–22.

were habitually used; people do not seem to have used the seigneurial courts to draw up private legal documents at the time. In 1265 and 1280, Roger de Brosse, lord of Sainte-Sévère and Boussac, had documents drawn up by the Officiality of Bourges,[6] while in 1298 Philippe de Tercillat turned to the Provostry of Issoudun for the sale of serfs to Pierre de Brosse.[7] At the beginning of the fourteenth century, seigneurial courts seem to have been granted the authority to authenticate legal documents,[8] with keepers of the seal appearing in the sources in Sainte-Sévère in 1317[9], in Boussac in 1324[10], and in Huriel in 1354[11]. These references hint at the existence of "gracious" jurisdiction (on this, see below) with a keeper of the seal attached to each seigneurial court.

In the fifteenth century, staff were better qualified and more numerous. Those responsible for keeping the chancery seal were law graduates who had scribes to draft legal documents. This was the case for Marte du Teilh in Sainte-Sévère[12], Jehan Furet in Huriel and Boussac[13], and Pierre Denis in Malval[14] and Sainte-Sévère[15]. In 1463, Pierre Denis had four sworn clerks and notaries working under his authority, all of whom drafted legal documents for the jurisdiction of Sainte-Sévère.

2.2. An overview of individual and familial careers

2.2.1. Jehan Mitardon

Jehan Mitardon was a clerk, first mentioned in the sources in 1374 as having purchased some land and a wooded area near Boussac.[16] He then appears in around fifteen legal documents as keeper of the seal of the chancery of either Sainte-Sévère[17] (1385–1405) or Boussac (1394–1416), with it being clear that he divided his time between these two posts at least from 1394 onwards.[18] A deed of exchange with the lord

6 Archives départementales (AD) de la Creuse, 1 E 176, 1265 and AD Indre, 17 J 8, 1280.

7 AD Indre, 17 J 8, 1298.

8 However, the effectiveness of small seigneurial jurisdictions in the thirteenth century can be questioned. In 1275, the franchise charter of Vesdun was issued *sous le seel de la chancellerie de Culant* ("under the seal of the Chancery of Culant"). Gaspard Thaumas de La Thaumassière, Les Anciennes et nouvelles coutumes locales de Berry, et celles de Lorris commentées, Bourges 1679, 103.

9 AD Indre, H 528.

10 *garde de scel de la cour du seigneur de Boussac* ("keeper of the seal of the court of the Lord de Boussac"), AD Creuse 1 E 200.

11 *En foi de quoi j'ai fait sceller ces presentes de mon grand scel de la chancellerie d'Huriel, et posé mes armes de cire jaulne, le lundi devant la Toussaint 1354* ("in witness whereof I have sealed this document with my large seal of the Chancellery of Huriel, and placed my arms in yellow wax, the Monday before All Saints 1354") Transcription from a copy of the original made by Abbé Dutheil, Archives des Amis de Montluçon, 2 AM 578.

12 AD Indre 17 J 27, 1443; AD Indre 17 J 20, 1457; AD Indre 17 J 33, 1461.

13 AD Allier 1 G 121, 1460; AD Indre 17 J 30, 1462.

14 AD Indre, 17 J 29, 1462.

15 AD Indre 17 J 29, 1463; AD Indre 17 J 32, 1463; AD Creuse 48 J 150, 1463; AD Indre 17 J 27, 1463; AD Indre 17 J 21, 1465; AD Indre 17 J 27, 1470; AD Indre 17 J 31, 1474.

16 AD Creuse, 1 E 90, *Johanne Mitardo clerico.*

17 *Jehan mitardon clerc garde du seel de la court de Ste Severe* ("Jehan Mitardon clerk keeper of the seal of the court of Sainte-Sévère") AD Indre, 17 J 25, 1385.

18 Starting in this year, he is called both the *garde du seel de la chancellerie de Boussac*

of Sainte-Sévère and Boussac, Pierre de Brosse, tells us that he was a serf[19] and had been recruited locally for the task.[20] Given his polished handwriting, we can assume that he had been trained in calligraphy.[21]

2.2.2. The Robinet family

In the same period, another family involved in producing legal documents appears in the record: the Robinets, who worked in a large number of jurisdictions. The first to do so, Pierre Robinet, was active between 1348 and 1377 and served in numerous capacities: as the chaplain of Cressat and *juré* (sworn notary) of the Chancery of La Marche;[22] juré under the seal of the bailiwick of Limoges;[23] imperial public notary of the diocese of Limoges;[24] juré under the seal of the judicial vicar of Limoges;[25] juré under the seal of the court of Bourges;[26] juré of the Provostry of Issoudun;[27] and juré under the seal of the chancery of Boussac.[28] In the accounts of the provost of Boussac, this member of the family is listed as receiving a pension of four florins.[29]

Later on, Philippe (Philippon) Robinet worked as a clerk between 1386 and 1427. His roles included being juré under the seal of the Chancery of La Marche;[30] procurator to Lady Galienne of Malval;[31] procurator general to Jean de Brosse, Lord of Sainte-Sévère, Boussac, etc.;[32] juré under the seal of the judicial vicar of Limoges;[33]

("Keeper of the Seal of the Chancery of Boussac", AD Indre, 17 J 8) and the *garde du seel de la chancellerie de Sainte Severe* ("Keeper of the Seal of the Chancery of Sainte-Sévère", AD Indre, 17 J 31).

19 AD Creuse, 1 E 99, 1404: *Jehan Mitardon notre clerc et notre homme de serve condition* ("Jehan Mitardon our clerk and bondsman").

20 In the franchise charter of Boussac (1427), several people with the name Mitardon were emancipated, including Mathelin Mitardon and his wife Agnès, and Pierre Mitardon and his brother Jean. In 1462, a certain Pierre Mitardon is cited as a sworn clerk and notary who wrote under the authority of Jehan Furet, Keeper of the Seal of the chancery of Boussac.

21 Guyotjeannin / Pycke / Tock 2006 (as note 1), 244.

22 List drawn up by Éric Boyron: AD Creuse, H 813, fol. 176, 1348; AD Creuse, 1 Mi 81, R1, 1351; AD Creuse, 1 E 158, 1363; AD Creuse, 1 Mi 81, R1, 1367; AD Creuse, 1 Mi 81, R1, 1369; AD Creuse, 1 Mi 81, R1, 1375.

23 Ibid., BNF Carrés d'Hozier 9 Aigurande, fol. 135, 1360; AD Creuse, 1 Mi 81, R3, 1365, AD Creuse, 1 Mi 81, R1, 1366; AD Creuse, 1 E 158, 1369.

24 *Et ego Petrus Robineti, Lemovicensis diocesis, publicus auctoritate imperiali notarius […] hic me subscripsi premissaque publicavi et in hanc formam publicam redegi signoque meo solito signavi una cum sigillo dicti domini Ludovici vocatus et rogatus*, Antoine Thomas, Testamant de Louis de Brosse, Sire de Sainte-Sévère, Boussac, etc. (31 août 1356), in: Mémoires de la Société des sciences naturelles et archéologiques de la Creuse, 15 (1906), 523–540.

25 List drawn up by Éric Boyron: AD Creuse, 1 E 158, 1363; BNF Chérin 3 doss. 37, view 244, 1366; AD Creuse, 1 E 158, 1372.

26 Ibid., BNF Pièces Originales 1414 Le Groing, 1370.

27 AD Creuse, 1 E 95, 1353.

28 AD Creuse, 1 E 90, 1474.

29 *Item pour la pension de monseigneur p robinet IIII florins* ("Likewise, for the pension of Mr P. Robinet, four florins"), AD Creuse, 1 E 104, 1364.

30 List drawn up by Éric Boyron: AD Creuse, 1 Mi 81, R1, 1387; AD Creuse, 1 Mi 81, R2, 1388; AD Creuse, H 147, fols. 47–52, 1392.

31 Ibid., AD Creuse, 1 Mi 81, packet 8, no. 13, 1404.

32 15/09/1427: Louis Duval, Chartes communales et franchises locales du département de la Creuse, Guéret 1877, 83.

33 AD Creuse, H 147, fols. 47–52, 1392.

imperial public notary of the diocese of Limoges;[34] and juré and keeper of the seal of the court of Sainte-Sévère.[35]

Pierre (II) Robinet and Pierre (III) Robinet (both of whom were active in the 1420s and 1430s) held the following posts: juré under the seal of the Chancery of La Marche; procurators to Marguerite de Malval; jurés and judges at the latter's court; keepers of the seal of the Castellany of Aigurande and Malval; and procurators at the Assizes of the Seneschalsy of La Marche.[36] The social status of this family seems to have been higher than that of the Mitardons, as evinced by its later ascent into the nobility.[37] However, its various members also occupied a wider variety of roles and were employed in multiple jurisdictions, with their activities apparently centred on Marche and its environs.

2.3 Education and training

Elementary education in reading, writing, and arithmetic was available in small, church-run schools that enabled clerks to master Latin and gave them sufficient training so as to be recruited as scribes. There were schools in the towns of the Duchy of Bourbonnais from the fourteenth century onwards, including two in Montluçon (one run by the Priory of Notre Dame, the other by the Priory of Saint-Pierre).[38] The education of locally recruited scribes was often limited to these schools, although the rest of such scribes' training, particularly in calligraphy, could be learnt on the job or during a legal apprenticeship.[39]

It is difficult to know where the graduates found in the fifteenth-century sources obtained their legal education, because, as is generally the case, none of them specify where they studied. It must be said that studying at a university entailed moving away from the region, because central France lacked universities for quite some time. Such degrees were probably earned from universities in the Loire Valley, such as at Orléans or Angers; Paris; and later, in the fifteenth century, undoubtedly also from Poitiers (1431) and Bourges (1463). The officers of the Duchy of Bourbon studied either civil or canon law, or both together.[40]

34 AD Creuse, 1 E 15, 1386.
35 List drawn up by Éric Boyron: BNF Nouveau d'Hozier 166, doss. 3759, fol. 36 alias 65, view 210, 1388; AD Creuse, 48 J 150, 1420.
36 List drawn up by Éric Boyron.
37 Jehan Robinet, clerk of the chancery of Sainte-Sévère, who was a juré and notary in 1443, was described as a townsman of the same locale in a deed of exchange dated 1457. AD Creuse, 17 J 27, 1443; AD Creuse, 17 J 20, 1457. The family appears to have continued to rise in status, since on 21 September 1466, the brothers André, master and councillor of the Parlement de Paris, and Jean, both from Sainte-Sévère, were ennobled. Archives Nationales, JJ 200, no. 170, fol. 92v, 1466.
38 Olivier Mattéoni, Servir le Prince: les officiers des Ducs de Bourbon à la fin du Moyen Âge (1356–1523) (Histoire ancienne et médiévale), Paris 1998, 323–324.
39 Guyotjeannin / Pycke / Tock 2006 (as note 1), 244.
40 Mattéoni 1998 (as note 38), 325–332.

3. The nature of the sources

Via the extant sources, it is possible to examine the day-to-day working of these jurisdictions and the professional scribes who worked therein. First, I shall define the nature of said jurisdictions. Second, I shall identify what the sources reveal about the inner workings of seigneurial administrations and the documents relating to the personal relationships of the lords which were either produced on their orders or simply kept by them.

3.1. The working context: the nature of the jurisdiction

3.1.1. The notary's ambiguous status

Behind the term "notary", there are actually subsumed several practical differences between written-law and common-law regions. The region under study here – Central France – followed common law. Therefore, although we find people mentioned as being "notaries" in the sources for this area, their role was different from that played by public notaries in southern France.

In common-law regions, the notary resembled a tabellion in the sense of being a judicial officer attached to a jurisdiction to which he had sworn an oath. As such, he was permitted to produce authenticated legal documents by virtue of legal powers delegated from a higher authority. This type of authority is called "gracious" jurisdiction, and denotes a jurisdiction such as that of an officiality, provostry, lay chancery or seigneury. Unlike in southern France, where documents were authenticated by the notary's handwritten mark, common-law regions used a different system, in which the official nature of a document was authenticated by affixing the seal of the jurisdiction guaranteeing its validity. In practice, the professional scribes who drafted legal documents such as contracts and deeds were scribes serving in the jurisdiction of the authorities on whom they were dependent. In northern France (Normandy, Anjou, Maine, and Burgundy), these scribes were sometimes called *tabellions*, while in Champagne they were called *jurés*. This diversity of names and functions (*clerc*, *juré*, *notaire*, and *tabellion*) was common in regions using the tabellion system.[41] This linguistic confusion had been maintained by royalty ever since a 1304 decree that used both the terms "tabellion" and "notary" to indicate professional scribes (*notarii seu tabelliones publici*).[42]

Although the term "tabellion" rarely appears in Central French sources, the term indeed applies in practice, since legal documents in this region were validated by affixing a jurisdiction-specific seal rather than by adding a hand-drawn notarial mark.

41 Guyotjeannin / Pycke / Tock 2006 (as note 1), 118.

42 Samuel Gibiat, Les notaires royaux de Montluçon à l'époque moderne: l'institution, les offices, la pratique et les hommes, Revue historique 629:1 (2004), 81–120.

In reality, though, this distinction was more complex. Pierre and Philippe Robinet are described in many documents as *lemovicensis diocesis, publicus auctoritate imperiali notarius* and *lemovicensi diocesis publicus auctoritate apostolica et imperiali notarius*. This raises the question as to what an "imperial and apostolic public notary" might have been. There were imperial and apostolic public notaries in northern Europe (in England, the Netherlands, Flanders, and German-speaking regions), but their status is difficult to interpret due to a lack of sources. We know that the first notaries to appear in these areas in the thirteenth century were of Italian origin and that they undoubtedly drove the spread of notaries who claimed to be invested with imperial or papal authority. Strengthened by this "universal" delegation of power from the pope or emperor, these notaries could draw up documents wherever they were located throughout Christendom. As individual states began to assert themselves, the universality of this authority was contested and, as a result, the accumulation of several delegated authorities became evident during the fourteenth century. At this time, therefore, notaries appear to be locally appointed, sometimes attached to a diocese and replacing the clerks of the bishop's gracious jurisdiction (i.e., those of the officiality);[43] Pierre and Philippe Robinet seem to fall into this category.[44]

3.1.2. Jurisdictional seals

A number of jurisdictional seals survive to the present day. In Boussac, the seal of the castellany dates from 1490 (Fig. 2). Round in shape, it depicts a shield with three sheaves (the arms of the de Brosse family). The barony of Sainte-Sévère has a round seal dating from 1448 and depicting an ermine shield with bordure (the arms of the Penthièvre family); the seal is affixed to a transaction between Duke Francis[45] and Jean de Penthièvre[46], to which is attached its ratification by Jeanne de Bretagne and Nicole de Châtillon-Blois (also known as de Bretagne).[47] The round counter seal depicts a shield charged with three lions, set two above one. This is the seal of the arms of the Viscounty of Limoges, which was revived by the Penthièvre family.[48]

The seal of the Castellany of Châteaumeillant, found on fifteenth-century contracts, depicts a crenelated castle pierced with a doorway and flanked by two

43 Isabelle Bretthauer, Les notaires et professionnels de l'écrit (XIIe–XIVe siècle), in: Christine Bousquet-Labouérie / Antoine Destemberg (eds.): Écrit, pouvoirs et société en Occident aux XIIe–XIVe siècles: Angleterre, France, Italie, péninsule Ibérique (CAPES-Agreg), Paris 2019, 257–269.

44 References to the "imperial public notary" attached to the officiality are not isolated cases within the region. Some individuals held posts simultaneously within several officialities.

45 Francis I, Duke of Brittany (1442–1450).

46 In this period, Jean II de Brosse was Count of Penthièvre in right of his wife, Nicole de Châtillon-Blois.

47 AD Loire-Atlantique, Trésor des chartes des ducs de Bretagne, E 169–15, 27 June 1448.

48 The Penthièvre family attempted to reclaim the Duchy of Brittany and signalled its claim by using the coat-of-arms of Brittany. See Laurent Hablot, Briser les hermines : les armoiries des vicomtes et vicomtesses de Limoges de la maison de Bretagne, Annales de Bretagne 126:2 (2019), 171–186.

Fig. 2: Agreement between Jacquette de Saint-Avit and her sister Isabelle on the one hand, and the chapter of the Sainte Chapelle at Bourges on the other. Jean de La Chapelle is keeper of the seal of the chancery of Boussac (AD Cher, TSC 297 [original: 8 G 2291], April 18, 1490 [detail]).

towers, all of which is surmounted by a quartered shield semé-de-lis in the first and fourth quarters with the other quarters plain. These were the arms of the House of Albret. Another seal of the same castellany dates from 1510.[49] In the fifteenth century, other castellanies in Berry also had one or more seals, including Le Blanc (seal and counter seal, 1425)[50] and Selles-sur-Cher (seal, counter seal and contract seal, 1419–1444).[51]

I note here that the seals of the first three seigneuries mentioned above depict their lords' respective coats-of-arms, and with the exception of Châteaumeillant do not show any distinctive sign of the town's own identity and repute. This demonstrates that the jurisdiction remained an organ of seigneurial rather than municipal power.

49 Sigilla database, Châtellenie de Châteaumeillant: https://dev.irht.cnrs.fr/iiris/Sigilla/web/42261 (accessed 03/07/2024).

50 Sigilla database, Châtellenie du Blanc: https://dev.irht.cnrs.fr/iiris/Sigilla/web/68685 (accessed 03/07/2024).

51 Sigilla database, Châtellenie de Selles-sur-Cher: https://dev.irht.cnrs.fr/iiris/Sigilla/web/68806 (accessed 03/07/2024).

3.1.3. The issue of language

Central France was a region where several languages met. This means that in addition to their legal skills, professional scribes (whether trained in small schools or in universities) had to have language skills: that is to say, they needed to be able to use Latin as well as the vernacular languages of langue d'oïl, French, and Occitan.

Until the fifteenth century, most legal documents were in Latin. Usage of various vernacular languages began to increase around the mid-thirteenth century when franchise charters were enacted. In the following century, the use of French was still sparse and remained so until the last quarter of the fourteenth century. Contact between langue d'oc and langue d'oïl can be seen in the vocabulary used by professional scribes.[52]

3.2. Seigneurial administration

It is difficult to define with precision the activity of professional scribes working in seigneuries because the original documents have unfortunately not been preserved. The documents studied today are official copies or engrossments.

From a legal standpoint, the tabellion ensured the functioning of gracious jurisdiction by expediting official copies of sales, leases, and other transactions under the seal of the castellany. The tabellion also played an important role in civil proceedings since he also sat on the assizes of both the bailiff and the provost.[53] At the end of the Middle Ages, the staff of the seigneurial courts in La Marche and Malval became specialised; we thus find various people taking on roles including those of the keeper of the seal, notary, judge, prosecutor, and court clerk, amongst others. In Haute-Marche, it appears that having a keeper of the seal was the long-held privilege of titled or important lords. Notaries also kept the court rolls, some of which have been preserved, including those of Culan[54] in Berry and Malval in Haute-Marche.[55]

Furthermore, professional scribes were involved in creating all documents connected to seigneurial management. Several notaries were needed to draw up terriers and rent rolls, dozens of which were compiled in the region between 1450 and 1550; these have been the subject of numerous studies.[56] Although those who drafted these documents were commissioned by the lords because they lived in or were passing through the region, other notaries already exercised the roles of prosecutor or bailiff

52 See for example Antoine Thomas, Franç. seme; prov. se(p)te, Romania 36 (1907), 96–99.

53 Robert-Henri Bautier, L'exercice de la juridiction gracieuse en Champagne du milieu du XIIIe siècle à la fin du XVe, Bibliothèque de l'école des chartes 116 (1958), 29–106.

54 Françoise Michaud-Fréjaville, De l'utilisation des notaires en Berry rural (XIVe–XVe siècles), Cahiers de recherches médiévales et humanistes 22 (2011), 441–455.

55 AD Creuse, 1 Mi 81, R2, views no. 3–78, 1485.

56 See especially the thesis of David Glomot, "Héritage de serve condition", une société et son espace. La Haute Marche à la fin du Moyen Âge, Limoges 2013, 55–75.

in neighbouring seigneuries or chanceries. In Toulx-Sainte-Croix, the prior asked the sworn notaries and functionaries of the chanceries of La Marche and Boussac to draw up the terrier.[57] In the same period, notes from around a hundred rent survey expeditions were returned to the chanceries of Boussac and Huriel and copied into the cartulary of the collegiate church of Évaux, of which the priory was dependent.[58] In 1520 in Sainte-Sévère, it was Jehan Robinet, bachelor of law and procurator general of the new lord of the manor, François de Blanchefort, who compiled the pledges.[59]

3.3. Feudal legal documents between lord and vassal

The most numerous type of legal document in the corpus studied are *aveux et dénombrements* (pledges and inventories). An aveu et dénombrement is a written document in which a vassal acknowledges that he holds a fief in homage to his suzerain and which gives a description of the goods pertaining to the fief in question.[60] Many examples of this type of document survive. In Berry, where aveux et dénombrements survive from the end of the thirteenth century, the earliest documents were compiled by literate clerics. During the fourteenth century, the authorities under which these were drafted gradually changed from the officiality and the provostry to the seigneurial jurisdiction. Thus, between 1315 and 1321 around fifteen aveux et dénombrements were drawn up in the Castellany of Sainte-Sévère when the lord changed and were validated by the Officiality of Bourges while a few more were validated by the provostry. Three other such documents delivered in 1315 were neither set before the officiality nor the provostry: the three lords simply affixed their seals. Subsequently, aveux et dénombrements came under seigneurial jurisdiction,[61] with that particular jurisdictional seal now validating the document. Like elsewhere in Berry, aveux et dénombrement only include references to a keeper of the seal or to a sworn contract clerk, and only rarely to a notary clerk.[62]

Professional scribes were also employed to draw up wills. The Robinet family dealt with the wills of lay lords. Thus in 1356, Pierre Robinet, "chaplain of Creyssac, public notary and tabellion", recorded the last will and testament of Louis de Brosse in French. In 1370, he also recorded the will (in Latin) of Guillaume Le Groyng, squire, Seigneur of Villebouche in his capacity as "chaplain of Croissat, public notary and sworn commissioner of the court of Bourges". Finally, in 1392, Louis Malval made his will before Philippe Robinet, juré of the Officiality of Limoges and of the Chancery of La Marche.

57 AD Creuse, 26 J 26, 1426–1520.

58 AD Allier, H 522, fifteenth century.

59 AD Indre, 17 J 3, 1520. Jehan Robinet is probably a late descendant of the Robinet family described above.

60 Christophe Marion, Les aveux et dénombrements du Vendômois: réalités et représentations (1311–1550), Annales de Bretagne et des pays de l'Ouest 110 (2003), 55–76.

61 In 1476, three such aveux et dénombrements were presented to the lord of Sainte-Sévère before the seigneurial court.

62 Michaud-Fréjaville 2011 (as note 54), 441–455.

4. Some comparisons

Having focused our attention on a few seigneurial jurisdictions, we shall now widen our perspective by considering scribal practices in neighbouring central French jurisdictions.

4.1. In the local area

In the neighbouring seigneurial jurisdictions, sources are scant and of a later date. It is therefore difficult to compile a precise account of how these jurisdictions operated. In Marche, notarial registers have only been preserved from the sixteenth century onwards; the same is true for the registers of Culan and Châteaumeillant in Berry. Further north in Bourges, the notarial registers are slightly older, surviving from the mid-fifteenth century onwards. The change that occurred at the end of this century represents a transition from scribes who worked in a given jurisdiction to notaries who maintained their own practices.

Many archives survive from Bourbonnais and its ducal administration. Although studies have been made on the chancery,[63] the seigneurial jurisdictions have yet to be examined. For example, in Montluçon (one of the principal towns of the duchy), there were a large number of notaries. Between the fifteenth and sixteenth centuries, a dual system of notaries[64] developed comprising both ducal and royal notaries. Ducal notaries had been present since the beginning of the fifteenth century, but in 1531, when Bourbonnais became attached to the Crown, they were joined by royal notaries. The earliest original documents drawn up by royal notaries in Montluçon date from 1562. Until the end of the sixteenth century, the notary was merely one of the roles in the seigneurial administrative cog works producing private legal documents, alongside the tabellion, the keeper of the minutes (*garde-notes*), and the keeper of the seal. It was the royal seal of the Duke of Bourbon that guaranteed the authenticity of the document, and the royal notaries of Montluçon also occupied multiple roles. In the sixteenth century, royal notaries (hailing from noble families) were assisted by clerks and lawyers, and the engrossment and expediting of official copies of deeds still did not necessarily require a notary. The minute book of a royal notary in Montluçon indicates that he took his own notes, thus showing the combination of multiple roles held by a single person.

63 Mattéoni 1998 (as note 38), 144–145; Olivier Mattéoni, Écriture et pouvoir princier. La chancellerie du duc Louis II de Bourbon (1356–1410), in: Guido Castelnuovo / Olivier Mattéoni (eds.): "De part et d'autre des Alpes" II. Chancelleries et chanceliers des princes à la fin du Moyen Âge. Actes de la table ronde de Chambéry, 5 et 6 octobre 2006 (Sociétés, religions, politiques), Chambéry 2011, 137–178; Idem, Écrire et signer à la chancellerie d'un contemporain de Jean de Berry, Louis II de Bourbon (1356–1410), in: Olivier Mattéoni / Olivier Guyotjeannin (eds.): Jean de Berry et l'écrit. Les pratiques documentaires d'un fils de roi de France: actes des journées d'études des 16 et 17 juin 2016, Bourges, hôtel du département et archives départementales du Cher, Paris 2019, 159–186.

64 Gibiat 2004 (as note 42), 81–120.

In Haute-Marche, the situation is much more difficult to understand as most of the archives have been lost.[65] However, the many engrossments that have been preserved in various places, mostly in the form of copies, enable us to surmise that the duke exercised a gracious jurisdiction known as the Chancery of La Marche from the mid-fourteenth century.[66]

4.2. Similar practices in more distant northern regions

In the Duchy of Orléanais,[67] notaries and tabellions coexisted in practice and in the expression "notary and sworn tabellion of contracts"; we also find expressions such as "imperial notary and notary of the court of the Bishop of Orléans", which are reminiscent of the ambiguous titles of Pierre Robinet.

In Nivernais, there were professional scribes similar in every way to those we have already discussed.[68] Here too there are frequently examples of tabellions attached simultaneously to two or even three different jurisdictions, able to work just as easily for a lay lord as for a church official or even a municipality. The accumulation of posts was undoubtedly an economic necessity, since income from the office of the seigneurial seal was well below that from the provostry. Tabellions could supplement their income with parallel occupations, whether linked to writing as an occupation or not. But here again, the terminology is a source of confusion because in this region, the term "tabellion" is never used, but only (and always) the term "notary" – and in the county of Nevers from the region under study, the scribe employed to write is invariably described as a "sworn notary". Another similarity is that the great majority of individuals seen in Puisaye and Nivernais call themselves "clerks", with some of them also being priests. This is explained by the pioneering role played by the church courts in establishing gracious jurisdiction and by the fact that many tabellions in lay courts were simultaneously employed as notaries by church courts. How these people were trained is poorly understood: they may have been trained on the job or in small schools; we know that only a few tabellions had university degrees. The use of signatures emerged during the last third of the fourteenth century, and it must be assumed that tabellions used formularies that the officiality wished to see used more widely.

65 Antoine Thomas, Les archives du comté de la Marche, Bibliothèque de l'école des chartes 42 (1881), 36–51.

66 Éric Boyron is currently studying the Chancery of La Marche starting with an inventory of the sources (more than five hundred digitised engrossments).

67 Jean Thibault, Notaires et tabellions: l'exemple d'Orléans et de Nevers à la fin du Moyen Âge, in: Jean-Louis Roch (ed.): Tabellionages au Moyen Âge en Normandie: un notariat à découvrir (Changer d'époque), Mont-Saint-Aignan 2014, 45–66.

68 Jean-Baptiste Raze, Les tabellions en Puisaye et en Nivernais, in: Mathieu Arnoux / Olivier Guyotjeannin (eds.): Tabellions et tabellionages de la France médiévale et moderne: actes de deux journées d'études, 23–24 septembre 2005 et 7 septembre 2007 (Mémoires et documents de l'École des chartes 90), Paris 2011, 227–252.

5. Conclusion

At what point can we talk about seigneurial chanceries? If we take validative authority as the sole criterion, then all gracious jurisdictions – even those that consisted only of a keeper of the seal – were chanceries. Can we consider a keeper of the seal and the sworn notaries of the said seal to form a chancery? This would imply that the chancery had its own staff with literacy skills, its own legal formulae, and even its own office. Such institutionalisation would be difficult for seigneuries to attain, and this is why it is better to describe them as scribal workshops.[69]

Ultimately, the practices and practitioners we have examined demonstrate that such organisations were not at the forefront of the spread of scribal practices. However, the proliferation of practices and multiplicity of posts held simultaneously by the region's notaries is striking. There must have been many notaries working in seigneurial jurisdictions, but their status is sometimes difficult to define as they were not regulated – a fact pointedly demonstrated by the customs about them that *were* written down in the sixteenth century. In my view, the ambiguity of the titles and the term *notaire* is due to the emergence of the figure of the tabellion in the region, something difficult to date due to disparities in the sources. The registers that have been preserved do not go back further than the sixteenth century, whereas further north in Berry and in Normandy – where tabellions were commonplace – registers have been preserved from the mid-fourteenth century. Notaries came from a restricted sector of society, albeit with rudimentary education and on-the-job training, and the profession spread through family connections. By working in multiple posts, these families increasingly acquired comfortable financial means but remained shy of amassing any substantial fortune.

Rather than finding a true tabellion system established in each area, we see staff who move between jurisdictions according to need, keeping the records of a gracious jurisdiction and drafting the last will and testament of a secular lord. The tabellion attached to lesser lords only appears in the fourteenth century; before that, such lords used the scribal workshops available in the surrounding towns, such as those of the church courts in Bourges or Limoges, or of the provostry of Issoudun. In all such places, it was the court seal that authenticated legal documents.

This rural area of Central France was a transition zone, as can be clearly seen in the way professional scribes were described. What is more, the use of French and the designation of these scribes show northern influences; however, the surviving customary charters refer to southern France.[70] This study provides further evidence of the soft border between the tabellion system of northern France and the notarial system of southern France, with the example of the imperial public notary and

69 Thomas Brunner / Julien Briand, Les écrits municipaux dans le nord de la France, in: Bousquet-Labouérie / Destemberg (eds.) 2019 (as note 43), 299–311.

70 Several of these appear to be inspired by the franchise charters of Montpellier, Le Puy or Montferrand, the latter having known some success.

tabellion Pierre Robinet affixing his mark serving as an illuminating example of the flexibility of practices.

In 1542, the Edict of Angoulême made notaries the only officers able to receive and draw up legal documents for the tabellions, and tabellions the only agents with the power to expedite these in authenticated form. In 1597, this duality ended with the suppression of the offices of both notary and tabellion and their replacement with so-called *notaires garde-notes*, who combined the remits of both. Yet the tabellion system did not entirely disappear, seeing as it persisted in various regions such as Flanders.

II. Pluralität von Rechtsnormen und Pluralität rechtlicher Praktiken

Vielfältiges Recht in der Stadt? Entstehung von Räumen unterschiedlichen Rechts als eigendynamischer Prozess

Franz-Josef Arlinghaus

1. Lodo del vescovo Daiberto (Pisa zwischen 1088 und 1092)

Geschlechter- oder Wohntürme, das ist sicherlich bekannt, prägten die Silhouette der italienischen Städte des Hoch- und Spätmittelalters.[1] Auch in Deutschland, insbesondere in Regensburg, sind sie noch erhalten. Im hochmittelalterlichen Italien gab es in größeren Städten mehrere Dutzend solcher Bauten. Ein Beispiel ist das eher kleine San Gimignano, in dem sich noch heute etwa 14 von den ursprünglich 72 Türmen finden. In ihrer Entstehungszeit und darüber hinaus hatten sie durchaus auch eine militärische Funktion, nutzten doch die führenden Familien diese z. T. festungsartigen Türme – die Eingangstür lag oft erst im zweiten Stock – als Basis für gewalttätige Auseinandersetzungen innerhalb der Stadt.

Das gilt auch für Pisa, das im Mittelalter über mehr als 150 solcher Türme verfügt haben soll.[2] In dieser Stadt kam es in den letzten Jahrzehnten des 11. Jahrhunderts zu zahlreichen Morden, der Zerstörung von Häusern, inzestuösen Eheschließungen *et alia mala quampluria*. Diese Übel seien, so liest man in der als ‚Schiedsspruch (lodo) des Bischofs Daiberto' oder auch ‚*lodo delle torri*' bekannten Urkunde, auf die alte Pest des Hochmuts (*antiquam pestem superbie*) zurückzuführen.[3] Der Text wendet sich dann etwas unvermittelt Regelungen zu, die die Höhe eben jener Pisaner Geschlechtertürme limitiert sehen will. Bischof Daiberto und sechs weise Männer, unter ihnen der Vicecomes Petrus, sowie die Einwohner der Stadt Pisa seien übereingekommen, dass alle Wohntürme in der Stadt nicht höher als der Turm von Stephanus, Sohn von Balduinus und Lambert, sein sollten. Die Einwohner des Dorfes und

1 Übersicht: Klaus Tragbar, Vom Geschlechterturm zum Stadthaus. Studien zu Herkunft, Typologie und städtebaulichen Aspekten des mittelalterlichen Wohnbaus in der Toskana (um 1100 bis 1350) (Beiträge zur Kunstgeschichte des Mittelalters und der Renaissance 10), Münster 2003.

2 Tragbar 2003 (wie Anm. 1), 11, nennt für Pisa 197 Geschlechtertürme, aber das ist wohl eine Frage der Definition. Zahlreiche Abbildungen von Resten Pisaner Bauten; hier: ebd., 215ff., Abb. 111ff.

3 Gabriella Rossetti, II lodo del vescovo Daiberto sull'altezza delle torri: prima carta costituzionale della repubblica pisana, in: Cinzio Violante (Hg.): Pisa e la Toscana occidentale nel Medioevo. A Cinzio Violante nei suoi 70 anni. Bd. 2 (Piccola biblioteca Gisem), Pisa 1991, 25–47. Dies und das Folgende nach Rossetti ebd., 27, die in ihrem Aufsatz die maßgebliche Edition besorgt hat.

Vorortes Quinzica dürfen ihre Geschlechtertürme nicht höher als den des Guinizonis, Sohn des Gontolinus, bauen bzw. wiedererrichten. Sollte ein Streit darüber entstehen, ob ein Haus höher als die genannten gebaut wurde, sollte dies entsprechend vermessen werden.[4]

2. Anerkennung der Zunft der Decklaken- und Scharzenweber (Köln 1149)

Die Kölner Decklaken- und Scharzenweber erhielten die Anerkennung als Zunft in einer 1149 ausgestellten Urkunde. Es ist zugleich das erste Dokument dieser Art in Köln. In Gegenwart von Reinzo, Wildericus, Heinricus, Everoldus und weiteren Mitgliedern der Bruderschaft der Weber wurde die Zunft durch Untervogt Ricolfus, Untergraf Hermannus sowie die Schöffen (*senatoribus*) anerkannt. Sie tun dies „gemeinsam mit den Besten (*melioribus)* und unter Zustimmung des ganzen Volkes der Stadt (*tocius* [sic!] *civitatis vulgi [...] favore applaudente*)". In der Unterschriftenzeile sind nicht weniger als 33 Personen aufgeführt, die die Urkunde bestätigten.[5] Eine recht große Gruppe scheint sich neben Schöffen, Untervogt und Untergraf auf dem Bürgerhaus versammelt zu haben. Daneben dürfte eine beträchtliche Anzahl weiterer Personen, deren Namen die Urkunde nicht nennt, anwesend gewesen sein.

3. Thesen

Was hat die Vereinbarung über die Höhe der Geschlechtertürme in Pisa mit der Anerkennung einer Zunft von Decklakenwebern gemein? Und warum sollte dies für das Thema ‚Städtische Rechtskulturen' von Relevanz sein?

Die vormoderne Stadt zeichnet sich durch eine Vielzahl von Rechtsräumen aus. Klöster und Universitäten, das ist mehr als bekannt, stellen in der Stadt eigene Rechtsräume dar, schon weil die Mitglieder dieser Personenverbände nicht zu den Bürgern gerechnet wurden.[6] Darum soll es hier jedoch nicht gehen. Wichtiger scheint mir die Beobachtung, dass sich auch die ‚normale' Einwohnerschaft Pisas oder Kölns in verschiedene Rechtsräume gliederte, also eben keine einheitliche Rechtsgemeinschaft darstellte. Jede Zunft, jedes Gremium schaffte sich eigene Rechtsstatuten und damit oft genug eigene Einrichtungen, die im Streitfall für Einhaltung der Regeln Sorge

4 Rossetti 1991 (wie Anm. 3), 28f.

5 Heinrich von Loesch (Hg.), Die Kölner Zunfturkunden nebst anderen Kölner Gewerbeurkunden bis zum Jahre 1500, 2 Bde., Bd. 1: Allgemeiner Teil (Publikationen der Gesellschaft für Rheinische Geschichtskunde 22), Bonn 1907 [ND Düsseldorf 1984], 25f.

6 Vgl. Franz-Josef Arlinghaus, Inklusion – Exklusion. Funktion und Formen des Rechts in der spätmittelalterlichen Stadt. Das Beispiel Köln (Norm und Struktur 48), Wien 2018, 148f.

trugen. Und mit den Arbeiten von Jörg Oberste im Gepäck kann man sagen: Das gilt ebenso für die Königsstadt Paris, und selbst noch für die Frühe Neuzeit.[7]

Der Text möchte einen Beitrag dazu leisten, die Entstehung dieser pluralen Rechtsräume in der Stadt nachzuvollziehen. Das späte 11. und 12. Jahrhundert, in der sich die mittelalterliche okzidentale Stadt erst herausbildete, stellt den Ausgangspunkt dar. Rechtspluralität der Einwohnerschaft und Stadtentwicklung sind, so die Vermutung, sehr eng miteinander verbunden. Dazu drei Thesen:

1) Innerhalb der Städte Mittel- und Südeuropas schließen sich Gruppen von Einwohnern immer wieder (!) zu Personenverbänden zusammen. Diese Verbände reklamieren eigene Rechtsräume unterschiedlicher ‚Reichweite' für sich. Eigener Personenverband und eigenes Recht sind also eng miteinander verknüpft. Man könnte sagen, dass eigenes Recht den Verband erst ausmacht. Diese Verbände sind sehr dynamisch, sie entstehen, entwickeln sich wandelnde Relationierungen zueinander und lösen sich ggf. wieder auf.

Warum aber bilden sich immer wieder Gruppen, lösen sich auf und bilden sich neu? Die Frage erscheint zunächst merkwürdig, bilden sich doch in der Gesellschaft der Gegenwart, von der Bürgerinitiative gegen den Bau einer Umgehungsstraße bis hin zur neuen Partei, ständig Verbände unterschiedlichster Art. Kennzeichnend für diese Gruppen kann gelten, dass sie bestimmten Zwecken folgen. Zwar lässt sich dies auch für das 11. oder 12. Jahrhundert sagen, wichtiger und dominanter als die Verfolgung eines Zwecks war jedoch die Frage der Statusgenerierung. Die zweite These knüpft an Max Webers grundlegende Unterscheidung zwischen Zweck-Kontrakt und Status-Kontrakt an. Vormoderne Status-Kontrakte hatten „eine Veränderung der rechtlichen Gesamtqualität, der universellen Stellung und des sozialen Habitus von Personen" zum Ziel.[8] Im Anschluss daran lässt sich formulieren:

2) Einzelpersonen sind motiviert sich in Personenverbänden zusammenzuschließen, weil über diese innerhalb der Stadtgesellschaft Status generiert werden kann, der sonst nur schwer zu erlangen ist. Anders formuliert: Vor die Wahl gestellt lediglich gestützt auf die unmittelbare Verwandtschaft seinen Status im sozialen Gefüge zu behaupten oder sich mit anderen zu einem statusgenerierenden Verband zusammenzuschließen, erschien letzteres *über weite Strecken* der Stadtgeschichte als die pragmatischere, bessere Alternative (aber natürlich nicht die Einzige).

Damit ließe sich bereits eine Historisierung der Gruppen- oder besser Verbandsbildung erreichen. Die beiden Thesen können jedoch noch etwas weitergeführt werden. Denn die Veränderungen, die in vielen Städten des Hoch- und Spätmittelalters von der Forschung intensiv beleuchtet worden sind, lassen sich so noch einmal anders fassen:

7 Vgl. Jörg Oberste, Die Geburt der Metropole. Städtische Räume und soziale Praktiken im mittelalterlichen Paris (Forum Mittelalter-Studien 12), Regensburg 2018.

8 Max Weber, Wirtschaft und Gesellschaft. Grundriss der verstehenden Soziologie, hg. von Johannes Winckelmann, 5. Aufl., Tübingen 1980, 401f. (Moderne) Zweck-Kontrakte sind demgegenüber auf bestimmte, wenn man so will, reduzierte sachliche Ziele gerichtet.

3) Die tiefere Ursache für die beobachtbare Dynamik, so die zentrale These, ist die Notwendigkeit der Statusgenerierung. Statusgenerierung, die Motivlage der Akteure, speist sich aus der Grundkonstellation der vormodernen Ständegesellschaft, auch und gerade in der Stadt. Zur Statussicherung und -generierung, in welcher Form auch immer, waren alle Akteure, ob am Königs- oder Fürstenhof oder in der Stadt, angehalten. Es ging gar nicht ohne, weil dies in der Vormoderne die primäre Grundlage aller sozialen Relationierung darstellte.[9]

So betrachtet liegt hier ein sich aus sich selbst speisender Prozess, also eine Eigendynamik,[10] vor, die vormodernen Gesellschaften generell eigen ist und zu permanenten Veränderungen führt.[11] Vorgeschlagen wird also, für die Vormoderne bestimmte, epochenspezifische Veränderungsdynamiken anzunehmen, die zunächst die Verhältnisse in der Stadt weniger als Sonderfall erscheinen lassen. Allerdings nimmt Eigendynamik bei bestimmten Konstellationen innerhalb der Stadtmauern eine besondere Form an, die eben zur Ausfaltung von genossenschaftlichen Personenverbänden mit eigenem Recht führte. Veränderungen in der Stadt waren, so gesehen, Varianten spezifisch vormoderner eigendynamischer Prozesse, die u. a. durch die Notwendigkeit, Status zu generieren und zu halten, angetrieben werden.

4. Köln und die Richerzeche – Gruppenbildung und Statusgenerierung

Zurück zu den Kölner Decklakenwebern und der, für sie ausgestellten, Urkunde von 1149. Als ‚Decklaken' bezeichnete man die Über- oder Oberbetten, also jene Schutzdecken, die tagsüber die eigentliche Leinenbettwäsche schützten und die oft sehr repräsentativ gearbeitet waren. Die Weber dieser Textilien spielten die aktive Rolle in

9 Das lässt sich bis in die Frühe Neuzeit verfolgen; vgl. grundlegend: Milos Vec, Zeremonialwissenschaft im Fürstenstaat. Studien zur juristischen und politischen Theorie absolutistischer Herrschaftsrepräsentation (Jus Commune Sonderheft 106), Frankfurt a. M. 1998; für die Stadt: Marian Füssel, Gelehrtenkultur als symbolische Praxis. Rang, Ritual und Konflikt an der Universität der Frühen Neuzeit (Symbolische Kommunikation in der Vormoderne), Darmstadt 2006.

10 Eigendynamische Prozesse liegen dann vor, wenn sie sich „aus sich selbst heraus und ohne weitere externe Einwirkung weiterbewegen und dadurch ein für sie charakteristisches Muster produzieren und reproduzieren"; Renate Mayntz / Birgitta Nedelmann, Eigendynamische soziale Prozesse. Anmerkungen zu einem analytischen Paradigma, in: Renate Mayntz (Hg.): Soziale Dynamik und politische Steuerung. Theoretische und methodologische Überlegungen (Schriften des Max-Planck-Instituts für Gesellschaftsforschung Köln 29), Frankfurt/M. 1997, 86–114, hier 87.

11 Seit geraumer Zeit arbeiten Kai Bremer, Marion Eggert, Achim Mittag, Ulla Kypta, Jörg Quenzer, Andreas Rüther und ich daran, Eigendynamiken in der Vormoderne für verschiedene Weltregionen (u.a. China, Japan und Korea) zu identifizieren und zu beschreiben. Zwischen April und September 2025 wird die Gruppe, zusammen mit Gästen, am Zentrum für Interdisziplinäre Forschung, Bielefeld, dazu arbeiten. Der Beitrag stellt einen Ausschnitt aus den Diskussionen dieser Gruppe dar.

dem beurkundeten Rechtsakt. Sie waren es, die um eine Bestätigung als genossenschaftlicher Personenverband, als Zunft, nachsuchten. Quasi als Repräsentanten der Gruppe nennt die Urkunde Reinzonus, Wildericus, Henricus und Everoldus. Die Zunft dürfte also schon über ein gewisse Binnenstruktur verfügt und vermutlich zwischen einem Personenkreis, der Leitungsfunktionen übernehmen konnte, und einfachen Mitgliedern unterschieden haben. Dies legen zeitgleiche Quellen der Pfarrverwaltung sowie Zunftstatuten aus späterer Zeit nahe.

So ist davon auszugehen, dass die Zunft bereits ohne Anerkennung durch eine kommunale Einrichtung bestanden hat. Heinrich von Loesch, der die Kölner Zunfturkunden ediert hat, findet selbst für das 14. Jahrhundert, also in einer Zeit, in der die Administration der Stadt besser durchstrukturiert war als im 12. Jahrhundert, Hinweise darauf, dass etwa die Zunft der Gürtler vor ihrer Anerkennung 1327 wohl schon mehrere Jahrzehnte existierte.[12] Mit Susan Reynolds lässt sich verallgemeinert sagen, dass „[a]ssociations bound by oaths [were]… commonplace", dass eidlich gefestigte Personenverbände also zur Alltagserscheinung (commonplace) der Vormoderne gehörten.[13]

Im städtischen Raum als Zunft Anerkennung zu bekommen ist selbstredend von Vorteil, übten doch Zünfte über ihre Mitglieder erheblichen Zwang aus und waren bei Streitigkeiten unter den ihnen angehörenden Personen zumeist erste Instanz. Das ging in der Regel weit über die zur engeren handwerklichen Tätigkeit gehörenden Zwistigkeiten hinaus und betraf etwa auch Konflikte ungebührlichen Verhaltens bei Zusammenkünften bis hin zur Ahndung von Gewalttaten.[14]

Wer aber sollte 1149 in Köln die Existenz der Zunft anerkennen? Wie erwähnt, sind es der Untervogt, der Untergraf, die Schöffen *(senatores)* und die Besten *(meliores)* unter Zustimmung des ganzen Volkes. Zu betonen gilt, dass die genannten Amtsträger – also eben vor allem die Schöffen – schon zu dieser Zeit nur noch sehr bedingt als Vertreter des Stadtherrn aufzufassen sind. Vielmehr gelten sie bereits, darin ist sich die Forschung einig, weitgehend als Exponenten der Einwohner Kölns.[15]

12 1327 bestätigt die Richerzeche den Gürtlern ihre Zunft, „die sie ‚eine Weile hergebracht und gehalten' hatten" (s. von Loesch, Zunfturkunden 1907 [wie Anm. 5], Band I, Nr. 30). Aus einer anderen Quelle erfährt man, dass bereits 40 Jahre zuvor ein Kaufhaus der Gürtler bestand, „woraus man mit Wahrscheinlichkeit die Existenz der Zunft in diesem Zeitpunkt erschliessen (sic!) kann"; Heinrich von Loesch, Einleitung, in: ders. Zunfturkunden 1907 (wie Anm. 5), 1–158, hier 57.

13 Susan Reynolds, Kingdoms and Communities in Western Europe 900–1300, 2. Aufl., Oxford 1997, 174.

14 von Loesch, Einleitung, Zunfturkunden 1907 (wie Anm. 5), 88 f. Köln ist hier keine Ausnahme: „Die Zunftgerichte deckten einen beachtlichen Teil der Rechtsprechung ab"; Sabine von Heusinger, Die Zunft im Mittelalter. Zur Verflechtung von Politik, Wirtschaft und Gesellschaft in Straßburg (Vierteljahrschrift für Sozial- und Wirtschaftsgeschichte / Beihefte 168), Stuttgart 2009, 14. Was hier für Straßburg formuliert wird, lässt sich leicht verallgemeinern.

15 So schon Friedrich Lau, Entwicklung der kommunalen Verfassung und Verwaltung der Stadt Köln bis zum Jahre 1396 (Preisschrift der Mevissen-Stiftung, gekrönt und

Dennoch, oder vielleicht gerade deshalb, reicht die Beteiligung dieser Amtsträger nicht aus und man zieht eben ‚die Besten' hinzu. Diese *meliores* finden sich dann, zusammen mit den Schöffen, in der Zeugenliste aufgeführt, die mit der Formulierung *testimonium videlicet virorum illustrium et tocius civitatis probatissimorum* eingeleitet wird.[16]

Damit sind wir mitten in der Problemstellung angelangt: Wen zählte man neben den Amtsträgern zu den Besten, die hier neues Recht schafften? Zunächst einmal ist klar, dass diese Personen in der städtischen Hierarchie über den Zunftmitgliedern standen. Dies hing nur zum Teil damit zusammen, dass sie ein Amt hatten. Wichtiger war, dass man sie zu den *probatissimi* zählte.

Probatissimi, meliores, illustrissimi, die ganze Begrifflichkeit verweist auf Status, auf herausgehobenen Status gegenüber anderen. Dies ist das entscheidende Kriterium, aber eben auch ein sehr schwammiges. Es beruht, das hat die Adelsforschung insbesondere von Jörg Peltzer deutlich gemacht, primär auf der Anerkennung eines solchen Status durch andere und dies möglichst in öffentlichen Zusammenkünften.[17] Wenn auch die prosopografische Forschung für eine Vielzahl der genannten Personen die familiären Hintergründe herausgearbeitet hat,[18] so bleibt doch unklar, warum gerade diese 33 genannt werden, warum es nicht 30 oder 40 gewesen sind. Für die namentlich aufgeführten *illustrissimi* der Urkunde lässt sich keine klare Struktur als Gruppe erkennen, sind keine festen Konturen feststellbar. Ihre Auflistung verrät eher eine Mischung aus Unsicherheit und Offenheit der Situation. Man kann daher mit einigem Recht fragen, ob das Genannt-Werden in der Zeugenliste eigentlich für die Urkunde wichtig war, *oder doch nicht eher für die aufgeführten Personen selbst*. Denn die namentliche Nennung unter den Zeugen macht eigentlich erst greifbar, dass man sich zu den *meliores* zählen durfte. ‚Anerkennung' war in dieser Situation dann keine Einbahnstraße, denn nicht nur die Zunft, sondern auch die Mitglieder der Führungsschicht, finden hier eine Bestätigung ihrer Position. In der *offenen Situation* von 1149 dürfte die Zeugenliste selbst ein Statusgenerator gewesen sein für jene, die dort ihren Namen finden. Die Urkunde verschriftlicht Ansätze einer neuen, ständischen Diffe-

hg. von der Gesellschaft für Rheinische Geschichtskunde 1), Bonn 1898 [ND Amsterdam 1969], 19f.

16 von Loesch, Zunfturkunden 1907 (wie Anm. 5), 25f.

17 "The public negotiation of rank has two major consequences: firstly, the individual needs to communicate publicly and consistently his or her rank or what (s)he perceived to be his/her proper rank. But, secondly, the individual cannot create his or her rank entirely by his or her own doing. The creation of individual rank mainly depends on the reaction of others, most notably future members of the same rank. It is their public recognition that propels one's rank form the sphere of ambition into actual being. If such recognition is withheld, the individual claims, even those that may have been accepted in the past, are bound to fail"; Jörg Peltzer, Introduction, in: Jörg Peltzer (Hg.): Rank and Order. The Formation of Aristocratic Elites in Western and Central Europe, 500 – 1500 (Rank. Politisch-soziale Ordnungen im mittelalterlichen Europa 4), Ostfildern 2015, 13–37, hier 22.

18 Vgl. Manfred Groten, Die Kölner Richerzeche im 12. Jahrhundert. Mit einer Bürgermeisterliste, Rheinische Vierteljahrsblätter 48 (1984), 34–85 (mit Literatur).

renzierung im Rahmen einer performativen Zusammenkunft; das Schriftstück kann man als Bestandteil dieses Differenzierungsaktes betrachten.

Die Decklakenweber hatten bereits einen Personenverband gebildet, dessen Strukturen sich ganz grob abzeichnen. Sie konnten, etwa durch Androhung des Ausschlusses, ihre Mitglieder disziplinieren. Wichtiger noch: Das Rechtsverhältnis der Zünftler untereinander, zu anderen Gruppen in der Stadt, wie auch zur Führungsschicht, war nun *vergleichsweise* klar: Konnte man sich zugehörig fühlen, hatte man diese oder jene Pflichten und Privilegien. Das bedeutet für den einzelnen Handwerker, der Mitglied der Zunft war, ein gesteigertes Maß an Sicherheit, und entlastete ihn davon, dies auf individueller Basis herzustellen.

Bei den *meliores* ist das noch nicht, oder jedenfalls nicht in ausreichendem Maße, der Fall. Um in die Zeugenliste aufgenommen zu werden, war jeder auf sein persönliches Prestige und das seiner Familie verwiesen. 1149 machte nur der individuelle Status den Einzelnen zu einem der Besten. Denn wie könnte eine Person sicher sein, ihren Namen auch bei der nächsten Urkunde unter den *illustrissimi* zu finden? Das erforderte permanente Arbeit am individuellen Status verbunden mit einem hohen Maß an Unsicherheit, was die Erfolgsaussichten anging. Eine Person, die zu den ‚Besten' gehören wollte, musste sich ihres herausragenden Status schon sehr sicher sein, um weiterhin auf die ‚individualistische' Karte zu setzen. Welche Alternativen boten sich aber an?

Das nächste Schriftstück, das die Existenz einer Kölner Zunft dokumentiert, datiert aus dem Jahre 1183 oder 1184.[19] Ca. 35 Jahre nach den Decklakenwebern sind es nun die Drechsler, die ihre Ordnung bestätigt wissen wollten. Die Urkunde spricht jedoch nicht mehr von einer unzureichend definierten Gruppe ‚der Besten'. Vielmehr sind es jetzt die Bürgermeister zusammen mit der ‚Genossenschaft der Reichen' oder ‚Richerzeche', die tätig wurden. Und statt 33, wie noch 1149, führt das Dokument von 1183/84 neben der Nennung der zwei Bürgermeister lediglich 13 Namen in der *subscriptio* auf. Die Richerzeche ist es auch, die in dieser Zeit die beiden Bürgermeister wählte, wobei einer der beiden immer auch zugleich Schöffe war.[20] So können alle, auch die prominent in der Urkunde vertretenen Amtsträger, als Exponenten der ‚Zunft der Reichen' betrachtet werden.

Was war das für ein Personenverband, der nun an Stelle der *meliores* Zünfte legitimieren konnte? Die Entstehung wird von Teilen der Forschung bereits auf die 1120er Jahre datiert, ist aber wohl erst für die 1170er Jahre anzunehmen.[21] Den ersten

19 Zur Datierung Groten 1984 (wie Anm. 18), 41f.

20 Einen raschen Überblick über die Richerzeche (mit Literatur) bei Hugo Stehkämper / Carl Dietmar, Köln im Hochmittelalter. 1074/75 –1288 (Geschichte der Stadt Köln 3), Köln 2016, 209f.

21 Die schon etwas ältere Diskussion fasst Wolfgang Peters, Zum Alter der Kölner Richerzeche, Jahrbuch des Kölnischen Geschichtsvereins 59 (1988), 1–18, hier 1f., zusammen. Einen knappen, aktuellen Überblick bei Stehkämper / Dietmar 2016 (wie Anm. 20), 62f. Immer noch grundlegend Lau 1898 (wie Anm. 15), 76ff.

sicheren Beleg stellt jedenfalls eben jene genannte Urkunde von 1183/84 dar, die die Ordnung der Drechslerzunft bestätigt. Bei der Richerzeche handelte es sich um einen, fast möchte man sagen, üblichen Verband, der sich nicht zuletzt durch Zusammenkünfte im gemeinsamen Mahl konstituierte.

Dabei ist von Anfang an eine Binnendifferenzierung der Genossenschaft in die sogenannten ‚verdienten Amtleute', *officiati* genannt, und die übrigen Mitglieder feststellbar. Nicht alle Mitglieder der Richerzeche, sondern nur die *officiati* waren es, die die Bürgermeister aus den Mitgliedern des Gesamtverbandes wählten. Die gewesenen Bürgermeister wurden dann automatisch zu ‚verdienten Amtleuten', also *officiati*.[22] Den Bürgermeistern kam ein besonderer Status in der Gruppe zu, und dieser Status wurde vor allem durch die Ausrichtung aufwändiger Gastmähler und die Vergabe gewisser Geschenke in Form von Wein und Wachs an die übrigen Genossenschaftsmitglieder immer wieder evoziert.[23]

Vor diesem Hintergrund soll hier das unterschiedliche ‚Personal' verglichen werden, das die Urkunde der Decklakenweber von 1149 und die der Drechsler von 1183/84 aufweisen. Zunächst fällt auf, dass Untergraf und Untervogt als prominente Amtsträger der ersten Urkunde in dem zweiten Schriftstück von den, durch die *officiati* der Richerzeche gewählten, Bürgermeistern abgelöst wurden.[24] Aber nicht der Unterschied Untervogt hier – Bürgermeister dort macht die eigentliche Differenz aus. In drei Punkten soll dies gegenübergestellt werden:

1) 1149 wird an zentraler Stelle im Dokument vom „Volk" in Köln gesprochen, das zugestimmt habe. Damit dürften jene gemeint sein, die auf dem Bürgerhaus präsent waren und vielleicht ebenfalls zu den ‚Besten' oder zu ihrem Umfeld gehörten, aber in der Zeugenliste nicht namentlich genannt sind. Dieses ‚Volk' ist aus dem Text der Urkunde von 1183/84 fast gänzlich verschwunden. Lediglich am Ende der Zeugenliste wurde ein formelhaftes *et alii quamplures* angehängt.

22 Schon 1895 bemerkte Robert Hoeniger, Die älteste Urkunde der Kölner Richerzeche, in: Beiträge zur Geschichte vornehmlich Kölns und der Rheinlande. Zum 80. Geburtstag Gustav von Mevissens, Köln 1895, 253–298, hier 269: „Wir haben innerhalb der Richerzeche zwei concentrische Kreise zu scheiden: den weiteren Kreis der Pfründengeniesser und den engeren Kreis der verdienten Amtleute". Allerdings sollte man vielleicht besser von Strata als von Kreisen sprechen, denn im Kern geht es hier um quasi-ständische Differenzierung.

23 Der ‚Große Schied' von 1258 will, dass die gewählten Bürgermeister *nullas expensas faciant sive in conviviis, sive in donariis*, außer bestimmte Mengen an Wachs und Wein, damit sie nicht aufgrund der Ausgaben erpressbar seien; der Text bei Manfred Groten, Albertus Magnus und der Große Schied (1258) (Lectio Albertina 12), Münster 2011, ad 1 et 2, 58.

24 *Notum sit […] quod temporibus illis quibus Theodericus in Mulingazzin et Heuricus Flaco magistri civium extiterunt, ipsi ex communi consilio et consensu officialium de richirzeigcheide karpentariis ipsis quidem petentibus ad honorem s. Iohannis ewangeliste et utilitatis causa fraternitatem concedere decreverunt, et hoc in domo burgensium in capitulo officialium de richirzeigeheide constanter fuit approbatum*; von Loesch, Zunfturkunden 1907 (wie Anm. 5), 34, mit veralteter Datierung 1179–1182; richtiger wohl 1183/84.

2) 1149 sieht sich die Urkunde genötigt, neben dem „Volk“ 33 Personen namentlich aufzulisten, um dem Dokument das nötige Gewicht und die nötige Akzeptanz zu verleihen. Die Stellung dieser 33 Personen innerhalb der Stadt war sicher herausragend, wie der Text nicht müde wird zu betonen. Jedoch leitete sie sich vor allem aus der Position ab, die *der Einzelne* für sich reklamieren musste, was eben auch zu einer wenig fest umrissenen Struktur der Zeugengruppe führte. Dagegen waren die *verdienten Amtleute* der Richerzeche, die *officiati*, die 1183/84 die Urkunde bestätigten, eine recht klar umrissene Personengruppe.

3) Entscheidend ist, dass die lediglich 13 Personen, die die Anerkennung der Zunft bezeugten, zur Gruppe ehemaliger Bürgermeister gehörten, also zu den ‚verdienten Amtleuten‘, den *officiati* zählten. Sie gewinnen ihren Status im Dokument also durch ihre Position innerhalb der Genossenschaft der Reichen, nicht durch ihren Status als Einzelperson.

Durch die beschriebene hierarchische Zweiteilung: a) einfache Mitglieder und b) verdiente Amtleute (nach Ausscheiden aus dem Amt als Bürgermeister) wird aus dem genossenschaftlichen Verband ein ‚Statusproduzent‘. Selbstredend wurde nicht jeder Mitglied der ‚Zunft der Reichen‘; sie rekrutierten sich aus dem Kreis der führenden Familien. Individuelle Ressourcen für die erwähnte Ausrichtung der Gastmähler und der Geschenke mussten weiter in erheblichem Umfang mobilisiert werden – für ein Mitglied der ‚Zunft der Reichen‘ nicht das Problem. Aber erst die Binnendifferenzierung der Gruppe in einfache Mitglieder und ‚gewesene Amtsträger‘ wies gehobenen Status zu. Diese Differenzierung gab Anerkennung[25] durch die anderen, der zentrale Punkt der Statusgenerierung, eine sichere Form, die Routine werden konnte. Ökonomische Ressourcen, über die viele verfügten, war, wie zuvor auch, lediglich notwendige, aber nicht hinreichende Bedingung für die Erlangung von Status.

Eine Bestätigung erfährt die These, dass Gruppenbildung als Statusgenerator diente und von Vorteil war, durch das allmähliche Verschwinden des Begriffs *meliores* aus den Quellen, rekurrierte diese Bezeichnung doch stark auf die individuelle, ‚gruppenunabhängige‘ Reputation des Einzelnen. ‚Die Besten‘ tauchen später auch dort nicht mehr auf, wo, aufgrund besonderer Umstände, die verdienten Amtleute der Richerzeche *allein* die Statuten einer Zunft nicht zu bestätigen wussten und man eine amorphe Gruppe von herausragenden Personen wird vermuten können. Am 12. Dezember 1325 waren es die *iudices, scabini et officiales de richerzecheyde*, also die Richter, Schöffen und verdienten Amtleute der Richerzeche, und damit die Mitglieder mehrerer verschiedener, aber klar definierter Gruppen, die gemeinsam die Statuten der wichtigen Wollen- und Leingewandschneiderzunft legitimierten, aber eben keine *meliores*, obwohl das Dokument 24 Zeugen namentlich aufführt.[26]

25 S. zur zentralen Bedeutung der Anerkennung für die Statusgenerierung das in Anm. 17 gegebene Zitat von Peltzer 2015, 22.

26 von Loesch, Zunfturkunden 1984 (wie Anm. 5), 52 und 54.

Die Vorteile für die Mitglieder der Richerzeche liegen auf der Hand und es scheint sinnvoll, gerade im Vergleich der beiden Urkunden, die Statusgenerierung als wesentlichen Antrieb für die Herausbildung der Gruppe wie auch ihre Gestaltung anzusehen. Die Motivation der Akteure, eine Genossenschaft der Reichen in der vorliegenden Struktur und Situierung in der Stadt aufzubauen, dürfte sich wesentlich aus den Grundkonstellationen einer ständisch-hierarchischen Gesellschaft speisen. Die aufscheinende Dynamik ist damit keineswegs abgeschlossen, denn die Richerzeche ist eben nicht die einzige Gruppierung in Köln, die Status zu generieren vermochte. Schon im 13. Jahrhundert besaßen die *officiati* der Richerzeche nicht mehr ein Monopol in der Bestätigung von Zünften. 1270 und 1293 erlassen die ‚Herren unter den Gademen' eine Ordnung für die Tuchscherer unter den Gademen.[27] Im 14. Jahrhundert geriet die ‚Zunft der Reichen' gegenüber dem Rat der Stadt mehr und mehr ins Hintertreffen; 1391 wurde sie schließlich ganz aufgelöst.

Mit Gerhard Dilcher kann man den Stadtrat ebenfalls als genossenschaftlichen Personenverband definieren.[28] Für die hier verfolgte Argumentation heißt das dann, dass sich die individuelle Statusgenerierung wesentlich auf die Mitgliedschaft in dieser Gruppe stützt, die in Köln quasi die Richerzeche ablöste.

5. Pisa: Sehr anders und zugleich sehr ähnlich

Der Text der oben bereits thematisierten Urkunde aus Pisa wendet sich, nach Auflistung der in der Stadt geschehenden Übeltaten, etwas unvermittelt Regelungen zu, die die Höhe der Geschlechtertürme limitieren. Wie erwähnt kommen sechs weise Männer und Bischof Daiberto, sowie die Einwohner, überein, dass alle Wohntürme in der Stadt nicht höher als der Turm von Stephanus sein sollten. Für die Gebäude im Vorort Quinzica gilt die Höhe des Geschlechterturms des Guinizonis als Maßstab. Schon damit sind zwei Personen herausgehoben, deren Gebäude quasi zum Maßstab werden: Nicht höher als diese. Das ist umso erstaunlicher, da der Text weiter unten das Maß mit 36 *bracia*, etwa 20 Metern[29], angibt und festhält, man solle bei Streitigkeiten nachmessen. Damit ist unterstrichen, dass die übrigen Großen der Stadt mit Stefan

27 von Loesch, Zunfturkunden 1984 (wie Anm. 5), Nr. 72, 187ff. und Nr. 73, 189ff. Dazu ebd., 93.

28 „Der Rat wird [...] zu einer Genossenschaft, weil er die Kooptation vornimmt oder ihr, sofern sie auf dem Vorschlag eines Ratsmitgliedes beruht, zustimmen muß. Die Ratsgenossenschaft erhält durch Eid, gemeinsames Mahl in der Ratsstube und Gottesdienst in der Ratskapelle selber bruderschaftlichen Charakter, der sich auch in der Anrede ‚liebe friunde' ausdrückt. Als eigene Genossenschaft hebt sich das Ratskollegium von der Bürgerschaft ab. Der oder die Bürgermeister sind, wie der Titel ‚Ratsmeister' deutlich ausdrückt, ihr Vorstand, entsprechend dem alten Gildemodell"; Gerhard Dilcher, Deutsche Rechtsgeschichte, 2. Teil: Die Rechtsgeschichte der Stadt, in: Karl Siegfried Bader / Gerhard Dilcher (Hgg.): Deutsche Rechtsgeschichte. Land und Stadt – Bürger und Bauer im Alten Europa. Enzyklopädie der Rechts- und Staatswissenschaft, Berlin 1999, 249–827, hier 560f.

29 Das Maß ist einer Urkunde Heinrichs IV. von 1081 entnommen; Rossetti 1991 (wie Anm. 3), 36, DD H. IV., Nr. 336.

und Guinizonis bestenfalls gleichziehen können, man aber wohl gut beraten war, etwas ‚Abstand' zu halten. Allerdings wurden zwei Ausnahmen zugelassen: Den Wohntürmen des Vizegrafen Ugo und seines Sohnes Albizo war es weiterhin erlaubt, die für alle anderen festgelegte Höhe zu überschreiten. Schon Ottavio Banti führt dies auf die herausragende Stellung der beiden in der Stadt zurück, die nicht zufällig auch dem Umfeld des Metropoliten zuzuordnen sind.[30]

Der Text sieht dann noch weitere Regelungen vor. So dürfe niemand das Haus eines anderen beschädigen oder zerstören, außer aufgrund des gemeinsamen Ratschlags der Stadt oder der Mehrheit der Guten und Weisen *(vel maioris partis bonorum et sapientum)*, und keiner anderen.[31] Auch sollten alle hölzernen Aufbauten, die etwa zur Einrichtung von Kriegsmaschinen benutzt werden können, beseitigt werden. Diese Übereinkunft sollte zudem von jedem, der älter als 15 Jahre ist, innerhalb von 15 Tagen mit einem Eid beschworen werden.[32]

Insbesondere diesen letzten Punkt, das gemeinsame Eidschwören aller Einwohner, hat die Stadtgeschichtsforschung immer wieder hervorgehoben, die ja nach Beginn und Ursprung der Kommune fragt.[33] Der Text selbst ist schon von den Zeitgenossen als wichtig und zentral betrachtet worden. 1162, also etwa 70 Jahre später, soll er als Teil des *breve consulum* verlesen und erneut beschworen werden.[34]

An diese Diskussion kann sehr gut angeschlossen werden, denn es geht auch hier um die Herausbildung neuer sozialer Formationen. Legt man einmal die Frage der Kommunebildung beiseite, so ist zunächst festzuhalten: Es gibt eine Reihe von, man kann es nicht anders sagen, herausragenden Personen, die ihren Status durch entsprechende Bauten unterstrichen. Dieser Status hob sie von den anderen Einwohnern deutlich ab. Untereinander trugen diese ‚Guten' und ‚Weisen' ihre Konflikte oft genug mit Gewalt aus, wobei sie die Geschlechtertürme sowohl zur Verteidigung als auch zum Angriff nutzten. Schon Marc von der Höh schreibt, dass die Regelungen des

30 Ottavio Banti, „Civitas" e „Commune" nelle fonti italiane dei secoli XI e XII, Critica storica 9,4 (1972), 568–584. Anders Rossetti 1991 (wie Anm. 3), 39, die allein sicherheitspolitische Erwägungen für die Ausnahmeregelung (besserer Schutz der Stadt vor äußeren Feinden) sehen will.

31 *nisi forsitan communi consilio civitatis vel maioris partis bonorum et sapientum, nec alicui alteri homini consentiat*; Rossetti 1991 (wie Anm. 3), 28.

32 Rossetti 1991 (wie Anm. 3), 30.

33 Marc von der Höh, Erinnerungskultur und frühe Kommune. Formen und Funktionen des Umgangs mit der Vergangenheit im hochmittelalterlichen Pisa (1050–1150) (Hallische Beiträge zur Geschichte des Mittelalters und der Frühen Neuzeit 3), Berlin 2006, 28f., der zwar mit anderen davon ausgeht, dass bereits zuvor mit einer Kommunebildung gerechnet werden muss, dann aber zu Recht notiert: „Dennoch markiert der Lodo delle torri einen wichtigen Einschnitt, da hier erstmals die Schwurgemeinschaft der Einwohner mit exklusivem Anspruch auftritt"; ebd., 30.

34 *Securitates quas fieri fecit episcopus Gerardus et archiepiscopus Daibertus, ne tempore huius mei consulatus rumpantur studium et operam dabo: Quas in ecclesia Sancte Marie publice bis legere faciam;* Ottavio Banti (Hg.), I brevi dei consoli del Comune di Pisa degli anni 1162 e 1164. Studio introduttivo, testi e note con un' Appendice di documenti (Fonti per la storia dell'Italia medievale. Antiquitates 7), Roma 1997, 60, Nr. 29 (1162), dazu auch Anm. 38; ebd., 88, Nr. 27 (1164).

Dokuments fast ausschließlich die Führungsschicht selbst betrafen.[35] Der Text benennt zwar die Folgen der Kämpfe zwischen diesen Personen – Zerstörung von Häusern, Mord –, gibt als Ursache aber lediglich *superbia* an. Hochmut im mittelalterlich-christlichen Sinne war sicherlich nicht der Grund, aber es ist doch bezeichnend, dass man dem gewalttätigen Treiben der Führungsschicht ausgerechnet durch eine – aus heutiger Sicht – baupolizeiliche Maßnahme begegnen wollte. Turmhöhe erscheint hier als ein wichtiger Ausdruck von Status, von sichtbarer Positionierung im sozialen Gefüge der Stadt. Dieser Status, diese Positionierung war ein wesentlicher Antrieb für Auseinandersetzung, und eine Regelung der Höhe konnte dann tatsächlich zur Pazifizierung beitragen, weil sie zugleich Statusfragen regelte.

Die Bestimmungen sehen dabei eine typisch vormoderne Kombination aus Gleichheit und Ungleichheit vor, unter weitgehender Hintanstellung der Sachfrage. Nicht die absolute Höhe gemessen in *bracia* wird betont, sondern dass niemand höher bauen darf als Stephanus und Guinizonus. Und nicht alle Geschlechtertürme müssen gleich sein; die von Ugo und seinem Sohn Albizo sind ‚ein bisschen gleicher': Eine Hierarchisierung in drei Ebenen, die zudem mit konkreten Personen verknüpft ist. Viele sind gleich, zwei sind gleicher, und zwei sind noch gleicher. Die Statusdifferenzen wurden nun von allen anerkannt und von allen beschworen. Sie waren in der Stadt deutlich sichtbar, und die Pazifizierung – militärische Einrichtungen auf den Türmen sollten ja beseitigt werden – klopfte dies fest.

Um 1090 scheint die Situation in Pisa mit der in Köln um 1149 vergleichbar. Hier wie dort sind es Einzelpersonen, die aufgrund ihrer individuellen Stellung in der Stadt eine herausragende Position in der Hierarchie erlangen konnten. Hier wie dort manifestiert sich dies in einem Schriftstück, das selbst als Teil des Prozesses der Statusgenerierung und -festigung betrachtet werden muss. Als beteiligte Personen werden im Text sowohl übergeordnete Autoritäten – der Vogt als Amtsträger des Kölner Metropoliten, Bischof Daiberto in Pisa –, aber auch die Einwohner, und das meint vor allem die jeweiligen Führungsschichten, genannt. In beiden Fällen ging es primär um Differenzierungen innerhalb des städtischen aristokratiegleichen Standes,[36] und

35 von der Höh 2006 (wie Anm. 33), 31.

36 ‚Oligarchie' wäre der falsche Begriff, denn es geht nicht um die Herrschaft der Wenigen, sondern der sich als qualitativ besser Empfindenden (und weitgehend Akzeptierten). Zur Diskussion von Stadtadel und Patriziat in Deutschland vgl. Kurt Andermann, Zwischen Zunft und Patriziat. Beobachtungen zur sozialen Mobilität in oberdeutschen Städten des späten Mittelalters, in: Kurt Andermann / Peter Johanek (Hgg.): Zwischen Nicht-Adel und Adel (Vorträge und Forschungen 53), Stuttgart 2001, 361–382; Gerhard Fouquet, Stadt-Adel. Chancen und Risiken sozialer Mobilität im Mittelalter, in: Günther Scholz (Hg.): Sozialer Aufstieg. Funktionseliten im Spätmittelalter und in der frühen Neuzeit (Buedinger Forschungen zur Sozialgeschichte 2000/2001), Berlin 2002, 171–192, hier 171f.; Michael Hecht, „Nobiles Urbani". Konzeptionen von Stadtadel zwischen Diskurs und Praxis in niedersächsischen Städten der Frühen Neuzeit, Niedersächsisches Jahrbuch für Landesgeschichte 84 (2012), 171–196, hier 171f. Für Italien wird für viele Städte die herausragende Position der gleichen Familien vor und nach Ausbildung der Kommune hervorgeho-

dies im Falle Pisas sogar unter Verzicht auf Machtmittel wie etwa militärisch nutzbare Einrichtungen auf den Türmen.

Die Entwicklung seit den 1010er Jahren in Pisa hin zur vollen Ausbildung einer unter der Regie von Konsuln verwalteten Kommune, kann hier nur angedeutet werden.[37] Parallelen zu Köln hinsichtlich der Statusgenerierung durch Gruppen deuten sich, zumindest bis 1200, auch für die italienische Küstenstadt an. Für Chris Wickham ist ein zentrales Kennzeichen kommunaler Strukturen in Italien ein „regularly rotating set of magistracies, chosen or at least validated by that collectivity (not often in any 'democratic' way, but *at any rate not chosen by superior powers such as kings or bishops*)". Speziell für Pisa ist für ihn kennzeichnend, dass die konsulare Führungsschicht durch „horizontal and eventually bottom-up links" zu herrschen vermochte.[38] Anders als beim *Lodo del vescovo Daiberto* bildet sich mit dem Konsulat in Italien eine, mit der Kölner Richerzeche und den späteren Stadträten vergleichbare, Gruppe aus, die ihren Status nicht mehr aus übergeordneten Herrscherfiguren ableitete, sondern selbst in der Lage war, eine solche Position zu erzeugen. Es ging also auch hier, so die These, weniger um eine wie auch immer geartete ‚demokratische' Legitimierung, sondern um Status als Basis für Herrschaft.

Allerdings verlief die weitere Entwicklung im Süden anders als im Norden. Wie in vielen italienischen Städten der Zeit, greift man auch in Pisa um 1200 auf den Podestà, als zentrale, vermeintlich neutrale Figur, zur Herrschaft in der Stadt zurück.[39] Der Gegensatz zwischen Magnaten und Popolo prägte, wie in anderen italienischen Städten auch, die zweite Hälfte des 13. Jahrhunderts, die dann in der Signorie, also der Herrschaft eines Einzelnen und seiner Familie, mündete.[40] Gelingt es Einzelpersonen, gestützt auf eine Entourage und Klientelismus, in der Stadt eine herausragende Position einzunehmen und sich zu behaupten, können sie damit auf Statusgenerierungen, wie sie in der Richerzeche beschrieben wurden, verzichten. Bei näherem Hinsehen ist

ben; Chris Wickham, Sleepwalking into a New World. The Emergence of Italian City Communes in the Twelfth Century, Princeton 2015, 115f.

37 Die Art, wie die Eroberung Mallorcas 1113 durch Pisa in den Quellen beschrieben wird, macht dies anschaulich; Wickham 2015 (wie Anm. 36), 67ff. Zur Diskussion, ob mit dem ersten Nennen von Konsuln (in Pisa in den 1080er Jahren) bereits von ‚Kommune' gesprochen werden kann oder erst später ebd., 14 und 16f.

38 Wickham 2015 (wie Anm. 36), 15 [Hervorhebung des Verfassers] und 116.

39 Der Podestá ist eine zumeist von außerhalb kommende, auf Zeit (meist ein Jahr) von der Stadt bestellte Person, die mit ihrem Stab quasi wie ein Bürgermeister oder Gouverneur ‚regierte'. Hintergrund ist die Zerstrittenheit der Kommunen, die mit einer neutralen, eben oft von außen kommenden Person, eine Lösung zu finden hofften; François Menant, L'Italie des communes (1100–1350), Paris 2005 [ND Rome 2010], 71f.; Wickham 2015 (wie Anm. 36); Forschungsüberblick: Hagen Keller, Die Erforschung der italienischen Stadtkommunen seit der Mitte des 20. Jahrhunderts, Frühmittelalterliche Studien 48 (2014), 1–38, hier 1f.; Christoph Dartmann, Politische Interaktion in der italienischen Stadtkommune. 11.–14. Jahrhundert (Mittelalter-Forschungen 36), Ostfildern 2012.

40 Überblicksdarstellung: Philip Jones, The Italian City-State. From Commune to Signoria, Oxford 1997.

dies jedoch keineswegs ein von Gruppenzusammenhängen gelöster Status. Auch der Signore bedarf der Akzeptanz der aristokratischen Führungsschicht,[41] die allerdings durch den Aufbau adelshofähnlicher Strukturen gewährleistet werden konnte.

6. Schluss

Ausgegangen wurde von der Frage, warum sich eigentlich Personen in der mittelalterlichen Stadt zu Gruppen zusammenfanden. Die These war, dass Gruppen, so, wie sie gebaut sind, als Statusgeneratoren dienen. Sie sind in der Lage, den Einzelnen davon zu entlasten, seine Position innerhalb der Stadtgesellschaft allein aufgrund eigener Ressourcen zu behaupten und ggf. zu verbessern. Das ist begleitet durch die Ausfaltung neuer Rechtsräume, weil Gruppenbildung und Rechtsbildung (eigene Statuten, Privilegierung durch Höhergestellte etc.) untrennbar miteinander verwoben sind.

Der oben unternommene, viel zu grobe Ausblick auf die weitere Entwicklung nördlich und südlich der Alpen dient allein dazu, aufzuzeigen, dass Gruppenbildung zur Statusgenerierung in der Stadt a) selbst Veränderungen unterworfen ist (die Richerzeche wird durch den Stadtrat abgelöst), und b) nur eine von mehreren Möglichkeiten darstellte, im ständisch-hierarchischen Gefüge der Stadt eine Position zu erlangen. Allerdings war dies eine sehr effektive und vor allem nördlich der Alpen über lange Zeit gebrauchte Möglichkeit der Statusgenerierung. Gelang es jedoch einer Familie, wie in den italienischen Städten des Spätmittelalters weit verbreitet, selbst genügend Sozialkapital anzuhäufen, konnte sie eine Signorie errichten oder es konnte gar, wie in Mailand, ein Herzogtum etabliert werden.

Grundlegend für beide Formen war das Bestreben nach Status oder Statusgewinn. Status leitet sich dabei nicht aus persönlichen Eitelkeiten ab. Vielmehr ist ständische Hierarchie im vormodernen Sinne das zentrale Ordnungsmuster der Gesellschaft dieser Epoche, gerade auch im städtisch-kommunalen Umfeld. Die fortlaufenden Veränderungen, die mit Statusgenerierung und -behauptung einhergingen (z. B. Bildung von immer neuen Gruppen), können somit als typisch vormoderne, eigendynamische Prozesse beschrieben werden; Prozesse also, die aus sich selbst heraus Akteure dazu anleiteten, auf spezifisch vormoderne Weise immer wieder an Veränderungen mitzuwirken.

Der Text möchte damit zugleich einen Beitrag dazu leisten, vormoderne Wandlungsprozesse stärker zu historisieren. Das Streben nach Macht und Einfluss, nach Gewinn und ökonomischem Vorteil ist selbstredend ebenfalls Antrieb für Veränderung. In der Gesamtschau jedoch rücken diese, vermeintlich zu allen Zeiten primären, Antriebe für Wandel an die zweite Stelle. Mehr noch: Gerade in der mittelalterlichen Stadt ging es den aristokratiegleichen Führungsschichten in Köln wie in Pisa

41 S. oben bei Anm. 17.

um Statusgewinnung. Macht und Geld stellen dabei die notwendigen Voraussetzungen dar, etwa um aufwändige Gastmähler ausrichten oder besonders hohe Häuser bauen zu können; sie sind aber nicht das eigentliche Ziel. Zwar war das Konzept einer hierarchisch-ständisch gegliederten Gesellschaft auch in der Stadt bis in die Frühe Neuzeit hinein Grundlage gesellschaftlichen Handels. Dies stellte jedoch in der Praxis kein starres, Veränderungen verhinderndes Korsett dar. Vielmehr mussten die Konkretisierung der Ordnung sowie insbesondere die Positionen der einzelnen Akteure zueinander immer wieder neu hergestellt werden. Insofern ‚beherbergte' die vormoderne Gesellschaft ihre eigene, ganz spezifische Affinität zu Wandel, ihre eigene Dynamik. Dabei gab es auch in der Stadt ein breites Spektrum, wie diese Eigendynamik jeweils in die Praxis umgesetzt wurde. Die unterschiedlichen Verläufe der Entwicklung der Kommunen in den beiden betrachteten Regionen zeigen dabei zugleich die Offenheit des Ausgangs eigendynamischer Prozesse, die gleichwohl von ähnlichen Grundlagen angetrieben werden und letztlich auch, bei aller Unterschiedlichkeit, zu vergleichbaren Ergebnissen führten.

Stadtrechtskulturen in Österreich: Das Erzbistum Salzburg und das Herzogtum Österreich im Vergleich

Elisabeth Gruber

1. Zur Einleitung: Stadtrechte und städtische Rechte

Stadtrechte stellen im weiten Feld städtischer Rechtskulturen der Vormoderne nur eine von zahlreichen Möglichkeiten dar, wie Recht im städtischen Raum ausverhandelt, gesetzt, normiert und verschriftlicht werden konnte.[1] Als besondere Form von schriftlich fixiertem und für eine bestimmte Gruppe von Bewohner*innen einer Stadt geltendes Recht beinhalten sie Bestimmungen, die vom Stadtherrn oder der Stadtherrin festgelegt und gewährt wurden. Die Initiative der Bürgergemeinde konnte dafür ein ausschlaggebender Faktor sein, musste dies aber nicht zwingend. Meist wurden bestehende und oder vom Landrecht abweichende Gewohnheitsrechte aufgezeichnet und schriftlich verankert. Straf-, zivil- und verwaltungsrechtliche Aspekte fanden gemeinsam mit bestimmten Sonderrechten in die Bestimmungen Eingang.[2] Der für das enge Miteinander in einer Stadt wichtige Aspekt der Friedens-

1 Die Erforschung von Stadtrechten und Stadtrechtskodifikationen hat seit dem 19. Jahrhundert unterschiedliche Schwerpunktsetzungen durchlaufen, die alleine im deutschsprachigen Raum neben einer umfangreichen Anzahl an Einzelstudien zu Stadtrechtsentwicklungen ausgewählter Städte (und Märkte) auch eine Reihe vergleichender Arbeiten hervorgebracht hat. Zur einführenden Orientierung sei auf einige Überblicksdarstellungen verwiesen: Gerhard Dilcher, Hell, verständig, für die Gegenwart sorgend, die Zukunft bedenkend. Zur Stellung und Rolle der mittelalterlichen deutschen Stadtrechte in einer europäischen Rechtsgeschichte, Zeitschrift der Savigny-Stiftung für Rechtsgeschichte: Germanistische Abteilung 106 (1989), 12–45; Knut Schulz, Von der *familia* zur Stadtgemeinde. Zum Prozess der Erlangung bürgerlicher Freiheitsrechte durch hofrechtlich gebundene Bevölkerungsgruppen, in: Johannes Fried (Hg.): Die abendländische Freiheit vom 10. zum 14. Jahrhundert. Der Wirkungszusammenhang von Idee und Wirklichkeit im europäischen Vergleich (Vorträge und Forschungen/Konstanzer Arbeitskreis für Mittelalterliche Geschichte 39), Sigmaringen 1991, 461–484; Eberhard Isenmann, Die deutsche Stadt im Mittelalter 1150–1550: Stadtgestalt, Recht, Verfassung, Stadtregiment, Kirche, Gesellschaft, Wirtschaft, Wien 2012, insbesondere das Kapitel zum Stadtrecht, 172–207.

2 Pierre Monnet, Introduction, in: Pierre Monnet / Otto Gerhard Oexle (Hgg.): Stadt und Recht im Mittelalter. La ville et le droit au Moyen Âge (Veröffentlichungen des Max-Planck-Instituts für Geschichte 174), Göttingen 2003, 9–24, hier 12–13; zum Landrecht in den österreichischen Ländern vgl. Maximilian Weltin, Das österreichische Landrecht des 13. Jahrhunderts im Spiegel der Verfassungsentwicklung, in: Maximilian Weltin / Folker Reichert (Hg.): Das Land und sein Recht. Ausgewählte Beiträge zur Verfassungsgeschichte Österreichs im Mit-

wahrung stand dabei im Mittelpunkt. Auch die Rechtsstellung der Bürger*innen untereinander und ihr Verhältnis zur Stadtherrschaft konnten im Stadtrecht definiert werden. Für die Erteilung von Stadtrechtsprivilegien gab es zudem unterschiedliche Motivationen. Neben der expliziten Willenserklärung eines Stadtgründers konnte die Anwerbung von Neubürger*innen oder die Verbesserung der wirtschaftlichen Situation der Stadt den Anstoß für die Erteilung eines derartigen Privilegs geben. Das Vorhandensein einer Bürgergemeinschaft, die explizit angesprochen wird und deren Rechtsgebarung einer gewissen Regulierung unterzogen wird, ein Marktgeschehen mit überregionaler Reichweite, das Recht, die Siedlung zu befestigen, all das konnte schriftlich dokumentiert werden und seinen Weg in die Überlieferung finden.

Der folgende Beitrag möchte die Frage aufwerfen, wie Aushandlungsprozesse von Rechten, die die Gemeinschaften kleinerer Städte betreffen, in der frühen Phase der Städtegeschichte des österreichischen Donauraums und im Erzstift Salzburg dokumentiert und verschriftlicht wurden. In diesem quellenarmen Zeitraum sind es oft nur die Ergebnisse dieser Aushandlungsprozesse, die darüber Aufschluss geben. In manchen Fällen wird dabei auch auf Anlassfälle für die Verschriftlichung oder Praktiken der Rechtsgebarung Bezug genommen.

Für die Städte des Herzogtums Österreich sind ab der Mitte des 12. Jahrhunderts vereinzelte Stadtrechtsprivilegien überliefert, mit denen die jeweiligen Stadtherrn wirtschaftliche oder politische Sonderrechte erteilten, so etwa das Privileg Bischof Konrads von Passau für St. Pölten (1159), jenes Herzog Leopolds VI. für Zwettl (1200) oder die Privilegien desselben Herzogs die Wiener Burgmaut betreffend (um 1200).[3] In den meisten Fällen wurde nicht neues Recht gesetzt, sondern bestehende Gewohnheitsrechte aufgezeichnet und schriftlich verankert. Keines dieser Privilegien verfügte jedoch über den Charakter eines umfassenden Stadtrechtes. Die im 13. Jahrhundert zunehmende schriftliche Normierung städtischer Praktiken durch die Stadtherren lässt auf deren kontinuierliche Einflussnahme schließen.[4] Den öster-

telalter (Mitteilungen des Instituts für Österreichische Geschichtsforschung, Ergänzungsband 49), Wien 2006, 93–129; zum Stadtrecht vgl. Günter Cerwinka, Beobachtungen zur Rechtsqualität österreichischer Städte und Märkte am Formular landesfürstlicher Privilegien des 14. Jahrhunderts, in: Helmut Bräuer / Gerhard Jaritz / Käthe Sonnleitner (Hgg.): Viatori per urbes castraque: Festschrift für Herwig Ebner zum 75. Geburtstag (Schriftenreihe des Instituts für Geschichte 14), Graz 2003, 111–129; zusammenfassend zum Verhältnis von Stadt- und Marktrecht Elisabeth Gruber, Handel- und Handelsrechte im österreichischen Donauraum des Hoch- und Spätmittelalters, in: Peter Rauscher / Andrea Barbara Serles (Hgg.): Wiegen, Zählen, Registrieren: Handelsgeschichtliche Massenquellen und die Erforschung mitteleuropäischer Märkte (13.–18. Jahrhundert) (Beiträge zur Geschichte der Städte Mitteleuropas 25), Innsbruck 2015, 45–68, bes. 58–60.

3 Einen guten Überblick über urkundlich fixierte Rechte der Städte im heutigen Österreich bietet der Elenchus Fontium Historiae Urbanae: G. van Herwijnen / Piet Henri de Leupen / Wilhelm Rausch (Hgg.), Acta Collegii Historiae Urbanae societatis historicorum internationalis, Bd. 3/Teil 2: Willibald Katzinger (Hg.), Elenchus Fontium Historiae Urbanae, Leiden 1992.

4 Dazu im Überblick Peter Csendes, Governance, Privileges, and Rights, in: Susana Zapke / Elisabeth Gruber (Hgg.): A Companion to Medieval Vienna (Brill's Compa-

reichischen Landesfürsten war es gelungen, eine Reihe von Städten in ihren Einflussbereich zu überführen. Dazu gehörten etwa die sieben landesfürstlichen Städte im Land ob der Enns sowie weitere 24 im Land unter der Enns, einschließlich der größten Stadt des Herzogtums, Wien. Zudem befanden sich auf dem Territorium des Herzogtums eine ganze Reihe Städte, deren Stadtherrn etwa die Bischöfe von Freising, Passau oder Bamberg oder mehr oder weniger einflussreiche adelige Grundherren waren und in Interaktion mit den Städten der österreichischen Herzöge traten oder treten mussten.[5] Aushandlungsprozesse hinsichtlich der rechtlichen Freiheiten und Einschränkungen einzelner Gruppen waren vorprogrammiert.

Die Erzbischöfe von Salzburg scheinen hingegen in ihrem Territorium eine andere Strategie verfolgt zu haben. Die Kodifikationen der salzburgischen Städte und Märkte haben eher den Charakter von Rechtsweisungen der Stadtherren, also der Erzbischöfe von Salzburg, und sind weniger als Kodifikationen bereits bestehender und von den Stadtgemeinden beanspruchter Rechte zu betrachten. Die salzburgische Stadt Pettau/Ptuj im heutigen Slowenien hingegen wurde auf Initiative des bischöflichen Amtmanns mit einer Zusammenstellung bestehender Normen und Rechte in Form eines Statuts verfasst, die vom Bischof bestätigt wurde.

An ausgewählten Beispielen des österreichischen Donauraums und des Erzbistums Salzburg wird nun vorgestellt, welche Strategien und Mechanismen sowohl von Stadtherren und (den weniger zahlreich auftretenden) Stadtherrinnen als auch von städtischen Eliten aktiviert wurden, um den Rechtsstatus „Stadt" im Sinne der jeweils eigenen Interessen in Schriftform feststellen zu lassen.[6] Zudem interessiert die Frage, inwieweit sich die geistliche und weltliche Stadtherrschaft in ihren Vorstellungen unterschied, Privilegien zu gewähren und Ordnung herzustellen und welche Auswirkungen dies auf die Entwicklung sozialer und materieller Räume der Stadt hatte.

2. Recht verhandeln und verschriftlichen

Mit den 1212 für Enns und 1221 für Wien durch die babenbergischen Herzöge und Landesfürsten erteilten Stadtrechten liegen die ältesten überlieferten Privilegien des Herzogtums vor, die einzelne Vorrechte hinsichtlich des Warenverkehrs festlegten und Fragen des innerstädtischen Zusammenlebens regelten.[7] In anderen Fällen

nions to Medieval Europe 25), Leiden 2021, 163–186, hier bes. 165–166.

5 Für einen Überblick vgl. Herwig Weigl, Große Herren und kleine Städte im spätmittelalterlichen Österreich, in: Elisabeth Gruber u. a. (Hgg.): Mittler zwischen Herrschaft und Gemeinde. Die Rolle von Funktions- und Führungsgruppen in der mittelalterlichen Urbanisierung Zentraleuropas (Forschungen und Beiträge zur Wiener Stadtgeschichte 56), Innsbruck 2013, 49–60, mit Belegen und einer Überblickskarte auf S. 53.

6 Die gewählten Beispiele stellen eine Auswahl an möglichen Varianten dar. Bewusst verzichtet wurde auf die Bezugnahme auf die Residenz der österreichischen Herzöge, Wien, da sich Stellung und Größenordnung deutlich von den anderen Beispielen abhebt.

7 Reinhardt Harreither, 800 Jahre Stadtrechtsurkunde Enns. Von der spätantiken

beschränkten sich die frühen Privilegierungen auf wirtschaftliche Rahmenbedingungen, wie etwa das 1277 für Freistadt ausgestellte allgemeine Niederlageprivileg. Für die Stadt am Hauptverkehrsweg aus dem Herzogtum Österreich nach Böhmen wurde zunächst der Warenverkehr – allen voran der Handel mit Salz – aus stadtherrlicher Perspektive geregelt, bevor die Bürger der Stadt im 15. Jahrhundert eine Stadtordnung erwirken konnten.[8] Für die landesfürstlichen Städte Krems und Stein an der Donau, meist als „Doppelstädte“ bezeichnet, liegt das erste Stadtrechtsprivileg aus dem Jahr 1305[9] vor und bezieht sich in Anlehnung an das Wiener Stadtrecht auf eine Reihe von Aspekten städtischen Zusammenlebens. 1276/1279 wiederum erlangte der Bischof von Passau zwar das Befestigungsrecht für seine grundherrliche Stadt Mautern an der Donau, ein Stadtrechtsprivileg oder eine Stadtordnung ist allerdings nicht überliefert.[10] Das Donau aufwärts gelegene Eferding erhielt 1222 die Rechte der Stadt Passau. Stadtherr war in beiden Fällen der Bischof von Passau.[11] Das ebenfalls an der Grenze zu Böhmen gelegene Weitra schließlich wurde als grundherrliche Stadt von der Familie Kuenringer (Hadmar II.) gegründet; es erhielt allerdings erst im ersten Drittel des 14. Jahrhunderts durch die neuen Besitzer – die habsburgischen Landesfürsten – eine entsprechende Urkunde (1321).[12]

Mit diesen Beispielen wird die initiierende Rolle des Stadtherren für die rechtlichen Handlungsspielräume einer städtischen Gemeinschaft im Allgemeinen deutlich, und jene der babenbergischen und habsburgischen Landesfürsten als Stadtherrn insbesondere dann, wenn dynastische Wechsel abgesichert werden mussten, wie dies im 13. Jahrhundert mehrmals der Fall war. Mit der Herrschaftsübernahme durch den Böhmischen König Přemysl Ottokar II. und der daran anschließenden Auseinandersetzung um die Königswürde im Heiligen Römischen Reich zwischen Ottokar und Rudolf von Habsburg wird das Ausmaß an Interaktion zwischen Städten und Landesfürsten besonders deutlich.[13] Während der vorangegangenen Herrschaft der

civitas Lauriacum zur spätmittelalterlichen Stadt, Stadt Enns. Begleitheft zur Ausstellung, Enns 2012; Peter Csendes, Das Wiener Stadtrechtsprivileg von 1221, Wien 1987.

8 Die älteste Stadtordnung ist aus dem Jahr 1440/47 überliefert. Belege zusammengestellt bei Elisabeth Gruber, *Raittung und außgab zum gepew.* Kommunale Rechnungspraxis im oberösterreichischen Freistadt. Edition und Kommentar der Stadtgrabenrechnung (1389–1392) (Quelleneditionen des Instituts für Österreichische Geschichtsforschung 14), Wien 2015, hier 17.

9 Otto Brunner (Hg.), Die Rechtsquellen der Städte Krems und Stein (Fontes rerum austriacarum 3/1), Wien 1953, Nr. 253, 153.

10 UBLOE 3, Nr. 490 (1276 Dezember 13), 453; Elisabeth Gruber / Thomas Kühtreiber / Herwig Weigl, Die Stadtbefestigung – Quellen, Fragen und Befunde, Österreich in Geschichte und Literatur (mit Geographie), 60:3 (2016), 242–264, hier 245–246.

11 Weigl 2013 (wie Anm. 5), 65, dort mit Belegen.

12 Herbert Knittler (Hg.), Rechtsquellen der Stadt Weitra (Fontes rerum Austriacarum 3/4), Wien 1975, Nr. 4, 72–73; Folker Reichert, Zur Geschichte und inneren Struktur der Kuenringerstädte, Jahrbuch für Landeskunde von Niederösterreich Ser. NF, 46/47 (1980/81), 142–187, hier 147–148.

13 Maximilian Weltin, Zur Herrschaft Ottokars II. Přemysl in Österreich, in: Andreas Kusternig / Maximilian Weltin (Hgg.): Ottokar-Forschungen (Jahrbuch für Landeskunde NÖ NF 44/45), Wien 1978–1979, 159–225.

Babenberger Herzöge wurden eine Reihe von bisher grundherrlichen Städten an den Landesfürsten gebunden; damit einher ging meist eine ‚Aufwertung', entweder durch Erneuerung und damit verbundener Erweiterung eines bestehenden Stadtrechts oder einer Rechteerweiterung vom Markt- zum Stadtrecht. Im Zuge seiner Herrschaftsübernahme war Ottokar daher mit einer Gruppe an Städten konfrontiert, deren Unterstützung er sicherstellen musste. Bei seiner Reise in das benachbarte Territorium erreichte Ottokar zunächst 1251 Freistadt, dessen Privilegien er ebenso bestätigte wie jene von Wiener Neustadt (1251, 1253); seine erste Versammlung mit den Landesherren hielt er in Korneuburg ab, wo auch die Hochzeit mit Margarete, der letzten Vertreterin der Babenberger stattfand. 1252 hatte Ottokar Einzug in Steyr gehalten und Linz diente ihm zwischen 1252 und 1256 mehrfach als Aufenthaltsort. Die Stadtgründung von Marchegg/Donau sollte die Grenze zu Ungarn sichern und die Erweiterungen von Krems sowie der Oberstadt von Klosterneuburg, die seiner Herrschaftsperiode zuzuordnen sind, kamen wohl der Absicherung der Donauübergänge entgegen.[14] Seinen Amtleuten trug er auf, auch die Bürger der passauischen Städte Eferding und Mautern in ihren Rechten zu bewahren.[15] Diese Praxis der Herrschaftsabsicherung wird im Anschluss daran bei Rudolf I. von Habsburg als Nachfolger Ottokars II. besonders deutlich. Diesem Bedürfnis ist zwischen 1276 und 1281 die Ausstellung von Privilegien für sämtliche Städte geschuldet; gleichzeitig akzeptierte er damit auch die Städte als eindeutig zum Land gehörig. In seiner Funktion als ‚Schirmherr der Kirche' erneuerte er 1279 die Rechte der passauischen Stadt Mautern. Mit jedem folgenden – auch innerdynastischen – Herrschaftswechsel war potentiell auch die Aktualisierung oder Erweiterung der zuerkannten Rechte verbunden. Die Initiative ging vorwiegend von den städtischen Akteur*innen aus, die aufgrund ihrer Position Zugänge zum Territorialherrn erlangen konnten.[16]

Etwas anders gelagert waren Spielräume patrimonialer Städte im Herzogtum Österreich. Dieser Frage hat sich beispielsweise Gerhard Fouquet in Bezug auf die niederadeligen Städte Südwestdeutschlands gewidmet und dabei auf einige aufschlussreiche Faktoren aufmerksam gemacht.[17] Dort gründeten mehrheitlich im

14 Heinz Dopsch, Přemysl Ottokar II. und das Erzstift Salzburg, Jahrbuch für Landeskunde NÖ NF 44/45 (1978–1979), 470–508; Karl Gutkas, König Ottokars Städtepolitik in Österreich und in der Steiermark, in: Jan Hrdina / Petr Kubín / Marie Bláhová / Ivan Hlaváček (Hgg.): Böhmisch-österreichische Beziehungen im 13. Jahrhundert. Österreich (einschließlich Steiermark, Kärnten und Krain) im Großreichprojekt Ottokars II. Premysl, König von Böhmen. Vorträge des internationalen Symposions vom 26. bis 27. September 1996 in Znaim, Prag 1998, 107–125, hier 110–116; 120–121.

15 UBLOE 3, Nr. 369 (1276 März 15), 346–347.

16 Vgl. dazu Karl Gutkas, Das Städtewesen der österreichischen Donauländer und der Steiermark im 14. Jahrhundert, in: Wilhelm Rausch (Hg.): Stadt und Stadtherr im 14. Jahrhundert. Entwicklungen und Funktionen (Beiträge zur Geschichte der Städte Mitteleuropas 2), Linz 1972, 229–250.

17 Gerhard Fouquet, Stadt, Herrschaft und Territorium. Ritterschaftliche Kleinstädte Südwestdeutschlands an der Wende vom Mittelalter zur Neuzeit, Zeitschrift für die Geschichte des Oberrheins 141/NF 102 (1993), 70–120, hier 86.

13. Jahrhundert eine Reihe von kleinadeligen Territorialherrschaften städtische Siedlungen – meist als zentraler Ort der Herrschaft –, die vor allem politisch-administrative und fortifikatorische Funktionen für die Stadtherren erfüllten. Die stadtgründenden kleinadeligen Familien nutzten ihre Stadtanlage als privilegierte Herrschaftszentren, die adeliges Selbstverständnis und Familienbewusstsein sowohl in der Handlungsfähigkeit der stadtbürgerlichen Gemeinden als auch in der baulichen Gestalt dokumentierten. Die Städte blieben Teil der adelig-herrschaftlichen Organisation, die einer Emanzipation der Bürgergemeinde wenig Möglichkeiten erlaubte. Daran änderte auch die Einsetzung von Bürgermeistern und Stadtrichtern wenig, die in ihrer Funktion zwar zwischen Stadtherrn und Gemeinde vermittelten, die Gemeinde verblieb jedoch weiterhin in einem traditionellen feudalen Abgabensystem verankert.[18]

Dies lässt sich beispielsweise für die Stadt Weitra zumindest in der frühen Phase der Stadt ähnlich skizzieren. Im nördlichen Niederösterreich traten vorwiegend adelige Familien wie die Grafen von Hardegg oder die Herren von Kuenring und Maissau als Träger der territorialen Erschließung und Stadtgründung auf.[19] Der Autor des *Liber fundatorum* der von Hadmar I. gegründeten Zisterze Zwettl verweist – freilich aus einer späteren Perspektive – auf den Gründungsakt von Weitra durch die Adelsfamilie der Kuenringer.[20] Die Anlage von Burg und Stadt auf einem nach Nordwesten abfallenden Granitplateau bildete gemeinsam mit einem abgeschlossenen Platz und einer Kirche, deren Pfarrrechte aus Alt-Weitra übertragen wurden, eine bauliche Einheit.[21] Die zwischen 1201 und 1208 angelegte Stadt wurde unter Heinrich II. Kuenring als Sitz einer der beiden Hauptlinien der Familie genutzt. Die Einrichtung von zwei Wochenmärkten lässt auf die wirtschaftlichen und in weiterer Folge fiskalischen Interessen an der grundherrlichen Stadt schließen, deren materieller Nutzen für den Stadtherrn in der Erhebung von direkten und indirekten Steuern, etwa Standgeldern, Marktgebühren und Naturaldiensten, aber auch Zöllen und den Einnahmen des Stadtgerichts bestand.[22] Die Parteinahme für den böhmischen König im bereits angesprochenen Konflikt um die Herrschaft im Herzogtum Österreich erwies sich für

18 Fouquet 1993 (wie Anm. 17), 104–113.

19 Weigl 2013 (wie Anm. 5), 54.

20 Neben Weitra gehörten die ebenfalls im nördlichen Niederösterreich (Waldviertel) gelegenen Städte Dürnstein, Gmünd, Zistersdorf und Zwettl zur Grundherrschaft der Kuenringer; siehe dazu Reichert 1980/81 (wie Anm. 12), 147–148; zum Zusammenhang zwischen der bildlichen Darstellung im Stifterbuch und dem Stadtsiegel Weitras siehe Elisabeth Gruber, Symbols, Signs and Acts of Social Cohesion in Central European Towns, in: Fabian Kümmeler / Eirik Hovden / Judit Majorossy (Hgg.): Practicing Community in Urban and Rural Eurasia (1000–1600): Comparative Perspectives and Interdisciplinary Approaches, Leiden 2021, 27–50, dort mit weiteren Belegen.

21 Wolfgang Katzenschlager, Fallbeispiel Weitra – Die Burg in ihrer Entwicklung seit dem 12. Jahrhundert, in: Die Kuenringer. Das Werden des Landes Niederösterreich. Niederösterreichische Landesausstellung. Stift Zwettl 16. Mai–26. Oktober 1981, Wien 1981, 630–638, hier 630–633.

22 Belege bei Reichert 1980/81 (wie Anm. 12), 158. Zum Streben nach nicht-agrarischen Finanzquellen adeliger Territorialherren siehe Fouquet 1993 (wie Anm. 17), 100–103.

diesen Zweig der Familie als fatal. Stadt und Herrschaft wurden konfisziert und erst 1292 wieder als herzogliches Lehen zurückgewonnen. Eine neuerliche Involvierung in die Parteinahme gegen die neuen Landesherren 1295/96 endete mit dem vollständigen Verlust der Stadt, die in der Folge von landesfürstlichen Pflegern verwaltet wurde. Erst mit der 1321 erfolgten Privilegierung durch den Landesfürsten lässt sich dessen Einfluss auf die in wirtschaftlicher Hinsicht geförderten Stadt-Umland-Beziehungen beobachten.

Im Einflussbereich der Erzbischöfe von Salzburg setzte etwa um 1300 im Zusammenhang mit der Loslösung der salzburgischen Territorien aus dem Herzogtum Bayern eine eigenständige Rechtsentwicklung ein, die städtischen Siedlungen eingeschlossen.[23] Auch die Kodifikationen der salzburgischen Städte und Märkte sind als Rechtsweisungen der Territorialherren zu betrachten; sie geben verbindliche Auskunft darüber, was im konkreten Fall deren Rechtsverständnis entspricht. Wichtigster Kern dieser Stadtrechte war auch hier neben verschiedenen straf- und zivilrechtlichen Regelungen die Friedenswahrung im Gemeinwesen durch das Verbot von Zusammenschlüssen, die durch einen Eid abgesichert wurden und sich gegen den Erzbischof oder die Kirche von Salzburg richten konnten. Mitte des 13. Jahrhunderts erhielten beispielsweise 27 Bürger der erzbischöflichen Stadt Laufen das alleinige Recht, mit ihren eigenen Schiffen und auf Risiko und Gewinn die Schifffahrt auf der Salzach zu betreiben. Diese privilegierte Gemeinschaft der Schifffahrer in Laufen forderte 1343 eine Neuausstellung dieser Ordnung in deutscher Sprache, damit sie diesen *allen låwten gezaigen môchten.*[24]

Als 1289 der Erzbischof von Salzburg der Stadt Radstadt die Rechte der Stadt Salzburg verlieh, betonte er in der Urkunde, diese in der gleichen Form wie für alle anderen erzbischöflichen Städte und den von Mauern umschlossenen Märkten zu gewähren.[25] Dieses Recht beinhaltete auch eine Befreiung von Steuern und Abgaben für einen Zeitraum von zehn Jahren. Ausgenommen von dieser Befreiung waren jene Zahlungen, die für die Befestigung und Bewachung der Stadt erforderlich waren. Begründet wurde die Verleihung des Stadtrechts mit dem Engagement der als *cives* bezeichneten Stadtbürger hinsichtlich der Befestigung und Bewachung der erzbischöflichen Stadt. Am Verbindungsweg über die Tauern diente die Stadt als Befestigung

23 Für eine Darstellung zum Stadtrecht von Salzburg noch immer relevant ist Josef Klemens Stadler, Beiträge zur Rechtsgeschichte der Stadt Salzburg im Mittelalter (Südostbayerische Heimatstudien 9), Hirschenhausen 1934; Heinz Dopsch, Recht und Verwaltung, in: Heinz Dopsch / Hans Spatzenegger (Hgg.): Geschichte Salzburgs. Stadt und Land, Band 1/2: Vorgeschichte, Altertum, Mittelalter, Salzburg 1983, 867–950, hier 890–892.

24 SUB IV, Nr. 389 (1343 Juli 14), 460–461; im Detail: Franz Heffeter, Die Salzachschiffahrt und die Stadt Laufen, Mitteilungen der Gesellschaft für Salzburger Landeskunde 129 (1989), 5–60, hier 23–31; Fritz Koller, Die Salzachschiffahrt bis zum 16. Jahrhundert, Mitteilungen der Gesellschaft für Salzburger Landeskunde 123 (1983), 1–126, hier 60–63.

25 SUB IV, Nr. 152 (1289 Juli 27), 183; Ferdinand Opll, Die Gründung von Radstadt, in: Friederike Zaisberger / Fritz Koller (Hgg.): Die alte Stadt im Gebirge. 700 Jahre Stadt Radstadt, Radstadt 1989, 74–82, hier 76.

und wichtiger Stützpunkt zwischen den Territorien des Erzstiftes nördlich und südlich der Alpen. In der Praxis dürfte die Gleichstellung jedoch nicht vollinhaltlich zur Umsetzung gelangt sein, denn 40 Jahre später stellte Erzbischof Friedrich II. fest, dass Radstadt die einzige der salzburgischen Städte war, die zweimal jährlich besteuert wurde. Erst zu diesem Zeitpunkt erfolgte die faktische Gleichstellung von Radstadt mit Salzburg.[26]

Auch die Stadt Friesach bezeichnete der Erzbischof schließlich nach lang andauernden Konflikten, die sowohl über Verschriftlichungsprozesse als auch militärische Interventionen ausgetragen wurden, im Jahr 1238 uneingeschränkt als *civitas nostra*.[27] Dieser Feststellung des Bischofselekten Philip von Spanheim waren Auseinandersetzungen vorangegangen, die die Salzburger Erzbischöfe mit dem Bischof von Gurk führten, der plante, Friesach zum Sitz seines völlig vom Erzstift Salzburg abhängigen Suffraganbistums auszubauen. Hauptinteresse beider Seiten war das mit Friesach verbundene Berg- und Münzregal.[28] Ein ausformuliertes Stadtrecht soll Friesach 1339 erteilt worden sein, das Original der Stadtrechtsurkunde sei jedoch lediglich als Insert der Stadtrechtsurkunde für Gmünd überliefert.[29] Die von Erzbischof Ortolf 1346 ausgestellte Stadtrechtsurkunde für Gmünd enthält zwar keinen Hinweis auf die Gegebenheiten in Friesach.[30] Vielmehr stellte dieser im März des gleichen Jahres eine Urkunde aus, die den Bürgern der Stadt Gmünd die selben Rechte und Pflichten erteilt, wie jenen von Friesach: [...] *die recht di vnser stat ze Frisach hat in aller der mazz als si in von vnsern vorvodern beståtiget vnd verschriben sint [....]*.[31] Bekräftigt wird zudem die Verfügungsgewalt der Erzbischöfe, die die *[...] vollen gewalt haben di*

26 SUB IV (1329), 389; vgl. dazu Heinz Dopsch, Zur Entstehung der erzbischöflichen Herrschaft und der Landeshoheit im Gerichtsbezirk Radstadt, in: Zaisberger / Koller 1989 (wie Anm. 25), 29–45, hier 36.

27 Alfred Ogris, Studien zur Geschichte der Bürgerschaft in den mittelalterlichen Städten Kärntens bis 1335, Wien 1971, 28–37; Wilhelm Wadl, Friesachs historische Entwicklung, in: Barbara Kienzl / Gerhard Seebach / Ulrike Steiner (Hgg.): Österreichische Kunsttopographie. Bd. 51: Die profanen Bau- und Kunstdenkmäler der Stadt Friesach. Mit einem Nachtrag: Paramente auf dem Petersberg (heute im Stadtmuseum am Berg), Wien 1991, 1–71, hier 20–24; Michaela Laichmann-Krissl, Österreichischer Städteatlas, Lieferung 7: Friesach, Wien 2002.

28 Christine M. Gigler / Elisabeth Lobenwein / Alfred Stefan Weiß, Die Salzburger Besitzungen in Kärnten, in: Das größere Salzburg. Salzburg jenseits der heutigen Landesgrenzen, Salzburg 2018, 133–158, hier 136.

29 August von Jaksch, Das Recht der Stadt Friesach in Kärnten, Mitteilungen des Instituts für österreichische Geschichtsforschung 22 (1901), 661–664, die Edition der Urkunde 662–663; Wilhelm Deuer, Ritter – Kanoniker – Patrizier. Typen mittelalterlicher Eliten in Städten der Obersteiermark und Kärntens, in: Gruber u. a. (Hgg.) (wie Anm. 5), 81–108, hier 84.

30 Kärntner Landesarchiv, Allgemeine Urkundenreihe, Urkunde AT-KLA 418-B-C 420 St (1346 Oktober 03), online: Monasterium.net, URL /mom/AT-KLA/AUR/AT-KLA_418-B-C_420_St/charter [letzter Zugriff 06.03. 2024].

31 Kärntner Landesarchiv, Allgemeine Urkundenreihe, Urkunde AT-KLA 418-B-C 431 St (1346 März 22), online: Monasterium.net, URL /mom/AT-KLA/AUR/AT-KLA_418-B-C_431_St/charter [letzter Zugriff 06.03. 2024].

selben recht nach vnsers gotshaus vnd der vor genanten stat notdurft ze vercheren ze minnern oder ze meren wan vns des durft ist. Insbesondere wurde auf die bereits bestehende Praxis im Friesacher Stadtrecht verwiesen: *Als auch der selb artikkel auz getzogen ist an der hantvest di di selben vnser purger ze Frisach dar über habent.* Zwar bleibt unklar, warum im Oktober 1346 ein neuerliches Privileg für Gmünd ausgestellt wurde, diesmal ohne Bezugnahme auf die Friesacher Bestimmungen. Deutlich wird jedoch in beiden Fällen der selbstreferenzierende Begründungsbedarf der Einflussnahme auf die städtischen Rechte durch den Erzbischof.

Das Recht der Stadt Salzburg, auf das mehrfach Bezug genommen wurde, war im Rahmen des so genannten Sühnebriefs 1287 ausformuliert und verschriftlicht worden.[32] Diesem Akt der Verschriftlichung war ein längerer Konflikt zwischen dem Erzbischof und den Repräsentanten der Stadt vorausgegangen. Mit einer 1225 für das Augustiner-Chorherren-Stift Berchtesgaden erteilten Befreiung von Abgaben für ihren Hof in Salzburg stellte Erzbischof Eberhard II. sein Recht zur Besteuerung jener Städte klar, deren Stadtherrschaft ihm oblag.[33] Mit dieser rechtlichen Gleichstellung kamen zwei Aspekte deutlich zum Ausdruck. Zum einen erhielt keine der neun Städte eine Vorrangstellung gegenüber den anderen im gesamten territorialen Bereich des Erzstifts, auch nicht die Stadt Salzburg als Sitz des Erzbischofs. Zum anderen kommt die uneingeschränkte Stadtherrschaft des Territorialherrn deutlich zum Ausdruck.[34] Während der Amtszeit des Nachfolgers, Philipp von Spanheim, erlangten die Stadtbürger Salzburgs wieder mehr Handlungsfreiräume. Seine Interessen galten in erster Linie dem Erhalt seines Familienerbes und seiner Nachfolge im Herzogtum Kärnten.[35] Ein für das Jahr 1249 überlieferter Schadenersatzfall zwischen dem Kloster St. Peter und einem Bürger der Stadt verdeutlicht die Position der Stadtgemeinde, die für die Einhaltung der getroffenen Vereinbarungen zu sorgen hatte.[36] Ihre Verantwortung *pro comuni civitatis utilitate* wird im angehängten Siegel der Stadtgemeinschaft (*Sigillum civium Salceburgensium*) deutlich, das mit dieser Urkunde auch erstmals überliefert ist.

Mit dem so genannten Sühnebrief verschriftlichte der amtierende Erzbischof einen normativen Rahmen, der für Bürger und Bewohner der Städte und befestigten

32 Zum Sühnebrief vgl. Heinz Dopsch / Peter Michael Lipburger, Die Entwicklung der Stadt Salzburg, in: Heinz Dopsch / Hans Spatzenegger (Hgg.): Geschichte Salzburgs. Stadt und Land, Band 1/2: Vorgeschichte, Altertum, Mittelalter, Salzburg 1983, 675–746, bes. 696–697; Heinz Dopsch, Die „armen" und die „reichen" Bürger. Der Sühnebrief vom 20. April 1287 als ältestes Stadtrecht, in: Heinz Dopsch (Hg.): Vom Stadtrecht zur Bürgerbeteiligung. Festschrift 700 Jahre Stadtrecht von Salzburg, Salzburg 1987, 26–39.

33 SUB III, Nr. 800 (Salzburg, 1225), 328–329. *[...] quod licet in burgis, oppidis et foris de iure nobis communi competat, ut exactiones, steuras atque collectas nobis pro tempore et loco necessarias ab incolis hicinde possimus exigere [...].*

34 Dopsch 1987 (wie Anm. 32), 29.

35 Zu Philipp von Spanheim vgl. Heinz Dopsch, Philipp von Spanheim, in: Otto zu Stolberg-Wernigerode, Neue deutsche Biographie, Bd. 20, Pagenstecher – Püterich, Berlin 2001, 380–381.

36 SUB IV, Nr. 4 (1249), 3–4. Im Detail dazu vgl. Dopsch 1987 (wie Anm. 32), 29–30.

Märkte des Erzstiftes Verbindlichkeit hatte. Ausdrücklich wurde dabei auf das Verbot einer *conspiracio* gegenüber dem Erzbischof verwiesen, einem Erfahrungswert, der in Auseinandersetzung mit den Salzschifffahrern in Laufen und den Küfern in Hallein nun auch schriftlich entsprochen wurde.[37] Mit der Höhe der Strafandrohung wurde dabei sehr deutlich unterschieden, ob die Einigungen sich gegen den Erzbischof oder gegen eine andere Gruppe von Stadtbürgern richteten. Sämtliche den salzburgischen Städten erteilte Rechtsweisungen wurden schließlich 1328 in die so genannte Salzburger Landesordnung aufgenommen.[38]

Anders stellte sich das Normierungshandeln des Salzburger Erzbischofs im Fall der heute Slowenischen Stadt Ptuj/Pettau dar. Beinahe der gesamte Besitz in diesem Bereich, der sich von Pettau bis nach Polstrau an der Drau erstreckte, wurde als Lehen an die Herren von Pettau und deren Gefolgsleute vergeben.[39] Aus dieser Konstellation ergab sich eine machtpolitische Gemengelage, die zwischen den Herren von Pettau, die als erbliche Burggrafen der Burg Pettau politischen Einfluss wirksam machten, den restriktiv auf ihr Eigentum zugreifenden Erzbischöfen von Salzburg, und einer wirtschaftlich etablierten Bürgergemeinde oszillierte. Darin ist wohl auch der Grund zu suchen, dass für die salzburgische Stadt Pettau auf Initiative des bischöflichen Amtmanns in Leibnitz eine Zusammenstellung bestehender Normen und Rechte in Form eines Statuts 1376 verschriftlicht und vom Bischof bestätigt wurde. Insbesondere die Einleitung dieses Status verdeutlicht die grundlegend veränderte Konstellation zwischen dem Stadtherrn und der städtischen Gemeinde Pettaus. In 10 Abschnitten wird entlang der Benennung der jeweils amtierenden Stadtherren und deren Vertreter deutlich gemacht, dass die Gemeinde der Stadt Pettau gemäß der Überlieferung durch ihre Vorfahren eine Reihe von Rechten innehätte, auf deren Einhaltung seit Generationen geachtet würde: *Und sind daz die recht, die wir und unser eltern gehalten haben untz auf die czeit des jars LXXVI als ditz puech geschriben ist.*[40]

37 SUB IV, Nr. 94 (1278 Jänner 31), 101–103; Dopsch 1987 (wie Anm. 32), 34; Dopsch / Lipburger 1983 (wie Anm. 32), 694–699.

38 Peter Michael Lipburger, Bürgerschaft und Stadtherr. Vom Stadtrecht des 14. Jahrhunderts zur Stadt- und Polizeiordnung des Kardinals Matthäus Lang (1524), in: Dopsch (Hg.) 1987 (wie Anm. 32), 40–63.

39 Peter Štih, Salzburg an der untersteirischen Drau und Save im Mittelalter, in: Peter F. Kramml (Hg.): Stadt, Land und Kirche. Salzburg im Mittelalter und in der Neuzeit. Beiträge der Tagung zur Emeritierung von Heinz Dopsch in Salzburg vom 23. bis 24. September 2011 (Salzburg Studien. Forschungen zu Geschichte, Kunst und Kultur 13), Salzburg 2012, 85–112, hier 96–97; Dušan Kos, In Burg und Stadt. Spätmittelalterlicher Adel in Krain und Untersteiermark (Veröffentlichungen des Instituts für österreichische Geschichtsforschung 45), Wien 2006, hier bes. 409–410; Erich Marx, Die Salzburger Herrschaften an Drau und Sawe, in: Das größere Salzburg. Salzburg jenseits der heutigen Landesgrenzen, Salzburg 2018, 117–132; einen instruktiven Überblick über die Städte in der ehemaligen Untersteiermark bietet Norbert Weiss, Das Städtewesen der ehemaligen Untersteiermark im Mittelalter. Vergleichende Analyse von Quellen zur Rechts-, Wirtschafts- und Sozialgeschichte, Graz 2002.

40 Dušan Kos, Statut Mesta Ptuj 1376. Das Stadtrecht von Ptuj aus dem Jahre 1376. Prepis in Prevod. Abschrift und Übersetzung, in: Statut Mesta Ptuj 1376. Das Stadt-

3. An- und Abwesenheit des Stadtherrn

Die mit der Anwesenheit der Stadtherrn im Stadtraum verbundenen Residenzfunktionen werfen für einige der österreichischen und salzburgischen Städte die Frage auf, welche Auswirkungen die längere oder dauerhafte Abwesenheit des Stadtherrn für das städtische Zusammenleben mit sich bringen konnte.[41] In Mautern besaß der Bischof von Passau als Stadtherr zwar einen Amtssitz, nutzte diesen jedoch kaum selbst und überließ seinen Vertretern die Herrschaftsausübung.[42] An seiner Stelle residierte der Dechant in *curia episcopali*, der später als *techanthof* bezeichneten Wohn- und Wirtschaftsanlage des Bischofs.[43] Dort wurde auch jene Urkunde ausgestellt, mit der ein Streit zwischen dem Stift Göttweig und der Pfarre Krems um die Zehentrechte an Weingärten beigelegt wurde. Mittelsmann in diesem Streitfall war der Hofmeister und Vertreter des Bischofs von Passau. In den im Stadtbuch von Mautern eingetragenen Weisungsprotokollen wird dieser später als Dechant bezeichnet und steht an der Spitze des aus Richter und Rat bestehenden Gremiums zur Eröffnung von Testamenten. Als im Jahr 1449 die Schuster verschiedene Aspekte ihrer handwerklichen Gebarung zu regeln versuchten, traten sie vor den Dechant, den Richter und den Rat von Mautern und erbaten Aufnahme in die Zeche der Heiligen Apostel. Damit verbunden sollte die Aufsicht über Zutrittsregelung und Qualitätssicherung ebenfalls der Oberhoheit des Dechants sowie der städtischen Gremien unterliegen. Die Kontrolle der handwerklichen Qualitäten inklusive der Beschau hergestellter Produkte oblag den sechs Meistern der Zeche, die rechtliche Freigabe erfolgte jedoch vor dem genannten Gremium.[44] Zwar verschwindet die Nennung des Dechants ab 1478 aus den Testamentsweisungen, Grundherrschaft und zugehöriges Grundbuch blieben aber weiterhin im *techanthof* bestehen.[45] Noch nicht vollständig geklärt ist bisher, welche Konkurrenzsituationen sich durch die Anwesenheit des Passauer Kollegiatstiftes St. Nikola, vertreten durch seine Hofmeister, als weiteren Besitzkomplex in der Stadt Mautern ergeben konnten, zumal auch die Pfarrrechte erst um 1415 aus der Stiftspfarre Göttweig losgelöst wurden.[46]

recht von Ptuj aus dem Jahre 1376. Študijska Izdaja. Studienausgabe, Ptuj 1998, 103–199, hier 110.

41 Weigl 2013 (wie Anm. 5), 62–64; für die Städte der Salzburger Erzbischöfe in Kärnten und der Steiermark Deuer 2013 (wie Anm. 29).

42 Heinrich Demelius (Hg.), Aus dem Stadtbuch von Mautern an der Donau (1432–1550). Ein Beitrag zur österreichischen Privatrechtsgeschichte (Sitzungsberichte. Akademie der Wissenschaften in Wien, Philosophisch-Historische Klasse 277/2), Wien 1972, 81–82.

43 Adalbert Franz Fuchs (Bearb.), Urkunden und Regesten zur Geschichte des Benedictinerstiftes Göttweig (Fontes rerum Austriacarum 2/51), Wien 1901–1902, Nr. 355 (1329), 334–335.

44 OeNB, Stadtbuch von Mautern, ediert in Auszügen bei Demelius 1972 (wie Anm. 42), 102–103.

45 OeNB, Stadtbuch von Mautern, fol. 67v, 1500/1501. Neben diesem bestehen auch noch die Grundherrschaften der Pfarre St. Stephan und Göttweig, sowie des Stiftes St. Nikola in Passau.

46 Peter Aichinger-Rosenberger (Bearb.), Dehio Handbuch. Die Kunstdenkmäler Österreichs. Niederösterreich. Südlich der Donau (Vol. 1–2), Wien 2003, 1368–1383 (Art. Mautern an der Donau).

In Freistadt, als Befestigungsanlage an der Territorialgrenze zu Böhmen gelegen, führte die räumliche Entfernung zum Herrschaftssitz des Stadtherrn bzw. der Stadtherrin zu kontinuierlichen Aushandlungsprozessen um die Einsetzung des Stadtrichters. So diente ab 1396 die Burg zu Freistadt der Herzogin Beatrix von Hohenzollern, Gattin des 1395 verstorbenen Albrecht III., als Witwensitz. Von ihrem Lebensmittelpunkt, der Burg Perchtoldsdorf aus, führte sie bis zum Verzicht zugunsten ihres Enkels, Herzog Albrecht V., die Geschäfte ihres Erbes in Freistadt.[47] Dem überlieferten Briefwechsel zufolge entsprachen dabei die von ihr eingesetzten Vertreter nicht immer den Vorstellungen der Bürgergemeinde. Den an sie herangetragenen Vorwurf, mit der Bestellung eines Pflegers säumig zu sein, konterte sie mit der Bemerkung, die Bürgergemeinde von Freistadt wäre bisher wenig zufrieden gewesen mit ihrer Auswahl an Pflegern.[48] Umgekehrt konnten Pfleger in Ungnade fallen, wie im Fall des Andreas von Pollheim, der zunächst von Herzogin Beatrix eingesetzt wurde, ihr Vertrauen jedoch kurze Zeit später wieder verloren hatte. In einem Schreiben bat sie die Bürger der Stadt darauf zu achten, ob dieser möglicherweise durch eine Türe auf der Hinterseite der landesfürstlichen Burg *zewg* und *lewt* einbringen ließe.[49] Die Stadtherrin ließ sich jedoch nicht nur durch ihren Pfleger formal vertreten, sie hielt auch regen schriftlichen Kontakt zu ihren Amtleuten und der Stadtgemeinde: 43 Briefe, Mandate und Quittungen sind für den Zeitraum zwischen 1400 und 1408 im städtischen, 6 weitere in anderem Kontext überliefert.[50] Die Aufenthalte Beatrix' in Freistadt – wie jener im Oktober 1408 für den darauffolgenden November zumindest angekündigte Besuch, um die zum Fest des heiligen Martin fällige Gans gemeinsam mit dem Richter, dem Stadtrat und der gesamten Gemeinde mit Freude zu genießen – sind jedenfalls spärlich.[51] Ein einziges Mal fordert die Stadtherrin ihre Gemeinde

47 Julia Hörmann-Thurn und Taxis, Fürstinnenbriefe. Die politische und administrative Korrespondenz der Beatrix von Zollern († 1414), Witwe Herzog Albrechts III. von Österreich, in: Peter Rückert (Hg.): Briefe aus dem Spätmittelalter: herrschaftliche Korrespondenz im deutschen Südwesten, Stuttgart 2015, 81–104, hier 84–85; Herwig Weigl, Stadt, Fürst und Land im spätmittelalterlichen Österreich. Bemerkungen zu Stadtministerialen, dynastischen Verträgen und vermeintlichen Landständen, in: Roman Zehetmayer / Christina Mochty-Weltin (Hgg.): Adel und Verfassung im hoch- und spätmittelalterlichen Reich: die Vorträge der Tagung im Gedenken an Maximilian Weltin, 23. und 24. Februar 2017, Hörsaal des Instituts für Österreichische Geschichtsforschung, Universität Wien (Mitteilungen aus dem Niederösterreichischen Landesarchiv 18), St. Pölten 2018, 104–160, hier 147–148.

48 OÖLA, StA Freistadt, Uk Nr. 156 (1400 Oktober 16).

49 Elisabeth Gruber, *das last uns pey tag und pey nacht wissen*. Burg und Stadt Freistadt zwischen Landesherrschaft, Adel und Bürgerschaft, in: Klaus Birngruber / Christina Schmid (Hgg.): Adel, Burg und Herrschaft an der „Grenze": Österreich und Böhmen. Beiträge der interdisziplinären und grenzüberschreitenden Tagung in Freistadt, Oberösterreich, vom 26. bis 28. Mai 2011 (Studien zur Kulturgeschichte von Oberösterreich 34), Linz 2012, 119–128, hier 124; Hörmann-Thurn und Taxis 2015 (wie Anm. 47), hier 86.

50 Hörmann-Thurn und Taxis 2015 (wie Anm. 47), 88.

51 OÖLA, StA Freistadt, Uk Nr. 254 (1407 Oktober 8).

von ihrer Burg in Freistadt aus auf, dem neuen Stadtherrn, Herzog Albrecht IV., nach den Wirren um die Nachfolge den Treueeid zu leisten.[52]

Die sich nördlich und südlich der Alpen erstreckende Territorialherrschaft der Salzburger Erzbischöfe erforderte die Implementierung politisch potenter Stellvertreter. Rolle und Einfluss dieser Vertreter der Salzburger Erzbischöfe in den davon betroffenen Städten auf die stadtbürgerlichen Rechte sind unterschiedlich. So hatte beispielsweise der salzburgische Vertreter in Pettau maßgeblichen Einfluss auf die Verschriftlichung des Stadtrechts am Ende des 14. Jahrhunderts. Am Beispiel Friesach kann die Dominanz der Salzburger Erzbischöfe über den Bischof von Gurk auch in baulicher Hinsicht beobachtet werden. Mit der Errichtung eines erzbischöflichen Kollegiatstiftes am Fuß der salzburgischen Hauptfestung und eines weiteren am Fuß der Gurker Residenz wurde nicht nur ein wichtiger Schritt hin zum Ausbau von Friesach zur Nebenresidenz der Salzburger Erzbischöfe gesetzt. Neben der räumlichen Besetzung der wichtigen Positionen durch die beiden Kollegiatstifte wird auch die personelle Grundlage geschaffen für die Besetzung der wichtigen Vertretungsämter des Erzbischofs, wie etwa des Vizedoms und seines Personals, die aus den Kollegiatstiften bezogen werden.[53]

4. Zum Schluss

Die vorangegangenen Beispiele haben gezeigt, dass Interaktion zwischen Stadtherr*innen und Bürgergemeinde in mehr oder weniger engen Bezugsverhältnissen sowohl in größeren wie kleineren, grundherrlichen wie landesfürstlichen Territorialstädten der Stabilisierung von Herrschaftsverhältnissen, dem Aushandeln von Möglichkeiten der Einflussnahme und der Schaffung von Rahmenbedingungen für die Aktivitäten der Stadt und vor allem ihrer Eliten dienten. Weltliche wie geistliche Grundherren schufen genauso wie der Landesfürst einen Rahmen, in dem den in ihren Zuständigkeitsbereichen befindlichen Stadtgemeinden bestimmte Rollen zugewiesen wurden, die in erster Linie Herrschaftseinflüsse sichern sollten, wie beispielsweise die Sicherung von wirtschaftlichen Ressourcen, Unterstützungsleistungen in Konfliktsituationen oder die Bereitstellung von Infrastruktur. Wie weit die dafür notwendigen Berechtigungen und Zugeständnisse reichen konnten – räumlich, rechtlich/politisch, finanziell –, hing nicht zuletzt vom herrschaftspolitischen Einfluss und den Möglichkeiten der Stadtherrschaft ab, diesen geltend zu machen. Die in diesen Aushandlungsprozessen entstandenen Schriftstücke bilden nicht nur die Ergebnisse dieser Prozesse ab. Bei genauerer Betrachtung geben sie Hinweise auf bestehende und zu überformende Praktiken, auf die Intensität der Konflikte, die zur Formulierung der Rechtssätze geführt hatten, oder aber auch auf ein Bewusstsein von gegenseitiger Abhängigkeit hinsichtlich grundlegender Gestaltung von Ordnung.

52 OÖLA, StA Freistadt, Uk Nr. 312 (1412 September 9).

53 Darauf hat Wilhelm Deuer ausführlich und mit Belegen hingewiesen: Deuer 2013 (wie Anm. 29), 82–89.

Drei Vögte in der Stadt. Transkulturelle Verflechtungen im frühneuzeitlichen Kamjaneć-Podilskyj

Jürgen Heyde

Die Stadt Kamjaneć (ukr. Кам'янець-Подільський), mit deren Rechtskultur sich der vorliegende Beitrag beschäftigt, liegt in der Provinz Podolien (ukr. Поділля), die seit dem späten Mittelalter Teil des Königreichs Polen war und heute eine der zentralen Landschaften der Ukraine bildet. Rechtsgeschichtlich befindet sich die Stadt damit an den Rändern des Einflussgebiets des Magdeburger Rechts im östlichen Europa. Aber es ist nicht die vermeintlich periphere Lage, welche Kamjaneć-Podilskyj zu einem lohnenden Untersuchungsobjekt macht, sondern die schöpferische Aneignung der Organisationsmuster der selbstverwalteten, „okzidentalen Stadt" (Max Weber) in einer multikulturellen Stadtgesellschaft, die zudem die Anforderungen eines überregionalen Handelszentrums mit denen einer umkämpften Grenzfestung zu vereinbaren hatte. Hier lässt sich beobachten, wie durch kommunikative und performative Praktiken von Inklusion und Exklusion eine transkulturelle städtische Rechtskultur ausgeformt wird. Dabei geht es besonders um die Möglichkeiten und Strategien migrantischer oder nichtdominanter Bevölkerungen, als aktiv Handelnde und nicht nur passiv Betroffene städtische Rechtskulturen mitzuprägen.

Seit dem 15. Jahrhundert lässt sich in Kamjaneć eine dreifache Selbstverwaltung mit einem armenischen, polnischen und ruthenischen Magistrat nachweisen. Jede der Gemeinden hatte eine eigene Gerichtsbarkeit, jeweils auf der Grundlage des Magdeburger, des Armenischen oder des Ruthenischen Rechts, unter der Leitung eines Vogts, der in Rechtsstreitigkeiten auch als Repräsentant der jeweiligen Gemeinde auftrat. Erhalten sind jedoch nur die Akten des polnischen und des armenischen Gerichts; die Stellung des ruthenischen Gerichts und seines Vogts lässt sich durch Urkunden und Akten der anderen Gerichte rekonstruieren. Neben den Organen der Selbstverwaltung hatte der Starost als Vertreter des Königs eine wichtige Stellung in der Stadt inne. Er war in erster Linie für die militärische Rolle der Stadt zuständig und koordinierte die Leistungen der Gemeinden zur Verteidigung gegen äußere Feinde. In dieser Funktion griff er immer wieder in innerstädtische Belange ein und hatte teilweise auch Zugriff auf Grundbesitz innerhalb der Stadtmauern. Auch er übte Gerichtshoheit aus – ihm waren der Burgbezirk und die Vorstädte untergeordnet.[1] Die plurale Selbstverwaltungsstruktur, die sich im 15. Jahrhundert herausgebildet hatte, blieb bis zum Ende des 18. Jahrhunderts weitgehend stabil.

1 Adrian O. Mandzy, A city on Europe's steppe frontier: an urban history of early modern Kamianets-Podilsky, origins to 1672, Boulder, Colorado 2004, 57–90.

Im ersten Teil des Beitrags möchte ich die Praktiken herausarbeiten, mit denen die verschiedenen Akteursgruppen im späten Mittelalter die plurale Gerichts- und Selbstverwaltungsstruktur in der Stadt etablierten. Dabei wird die urkundliche Überlieferung als Quelle zur transkulturellen Kommunikationsgeschichte genutzt und Parallelen sowie Unterschiede in den Strategien der verschiedenen Gemeinden herausgearbeitet. Der zweite Teil richtet das Augenmerk auf eine spezifische Quelle, nämlich die am Ende des 18. Jahrhunderts entstandene Privilegiensammlung der Stadt Kamjaneć. Dieser Text wurde nach der Besetzung durch russische Truppen im Zuge der Zweiten und Dritten Teilung Polens zusammengestellt und den Vertretern der neuen Obrigkeit vorgelegt. Durch ihren Aufbau und innere Querverweise kann die Privilegiensammlung als ein städtisches ‚Wir-Dokument' bezeichnet werden, in dem die Tradition der pluralen Selbstverwaltung erzählt wird. Der Text bietet Einblicke in das Ordnungsverständnis der städtischen Führungsgruppen, sowohl im Umgang miteinander als auch in der Abgrenzung gegenüber Dritten. Der letzte Teil widmet sich der gegenseitigen Rezeption rechtkultureller Traditionen am Beispiel einer Rechtsweisung des armenischen Magistrats von Kamjaneć an die junge armenische Gemeinde in der Stadt Zamość im heutigen Südostpolen aus der ersten Hälfte des 17. Jahrhunderts. Sie ist gehalten im Duktus von Magdeburger Schöffensprüchen mit konkreten Anweisungen zur Ausgestaltung der Beziehungen zu nichtarmenischen Obrigkeiten ebenso wie zu innergemeindlichen Angelegenheiten. Durch die hybride Form in der äußeren, wie auch in der sprachlichen Gestaltung wurde das Dokument lesbar für die nichtarmenischen Obrigkeiten, die damit als weitere Rezipienten des Dokuments zu greifen sind.

1. Entwicklungslinien der Stadtgeschichte

Gegründet wurde Kamjaneć 1374 durch die Fürsten von Podolien, einer Nebenlinie der Kiewer Rurikidendynastie, die enge Beziehungen zum Königreich Polen unterhielten. Nach dem Aussterben des Fürstenhauses wurde die Stadt im 15. Jahrhundert zu einem bedeutenden Zentrum für den polnisch-litauischen Handel mit dem Osmanischen Reich und dem Schwarzmeergebiet.[2] In der frühen Neuzeit rückt dann der Charakter als Grenzfestung immer wieder ins Zentrum auch der überregionalen Aufmerksamkeit. Am Ende des 15. Jahrhunderts erreichte die osmanische Expansion die an Polen angrenzenden Moldaufürstentümer und das Krimchanat. Tatarische

2 Jürgen Heyde, Kamieniec im späten Mittelalter – Entwicklungslinien sozialer Ordnung in einer Migrationsgesellschaft, Zeitschrift für Ostmitteleuropa-Forschung 71 (2022), Heft 3, 327–358; Krzysztof Stopka, Die Stadt, in der Polen Deutsche genannt werden. Zwischenethnische Interaktion in Kam"janec' Podil's'kyj in der Darstellung armenischer Quellen um 1600, in: David Frick / Stefan Rohdewald / Stefan Wiederkehr (Hgg.): Litauen und Ruthenien: Studien zu einer transkulturellen Kommunikationsregion (15. – 18. Jahrhundert) (Lithuania and Ruthenia), Wiesbaden 2007, 67–110.

Verbände unternahmen häufig Raubzüge in die Grenzregion, und auf diplomatischer Ebene kam es zur Konfrontation zwischen Polen-Litauen und dem Osmanischen Reich um die Oberhoheit im Fürstentum Moldau.[3]

Gegen Ende des 16. Jahrhunderts etablierten sich die Kosaken als neue Kraft in den entvölkerten Grenzregionen zum Krimchanat. Von der polnischen Seite wurden sie zunächst als Verbündete angesehen, da sich ihre Beutezüge vor allem gegen das Krimchanat und das Osmanische Reich richteten. Ihr Status als Kriegsunternehmer bedeutete aber auch eine Belastung für die Region um Kamjaneć, weil jede Aktion auch wieder Vergeltungsmaßnahmen nach sich zog. Polnische Wojewoden und osmanische Paschas griffen zudem militärisch in die Moldaufürstentümer ein. Die Niederlage Sultan Osmans im polnisch-osmanischen Krieg von 1620/1621 brachte keine dauerhafte Beruhigung.[4] Am Ende des 17. Jahrhunderts fiel Kamjaneć für fast drei Jahrzehnte ans Osmanische Reich; als die Stadt 1699 von Polen-Litauen zurückerobert wurde, war sie weitgehend entvölkert und zerstört. Im 18. Jahrhundert etablierte sich das Russische Reich als neuer Hegemon in der Region und eignete sich nach und nach das Krimchanat, Teile des Osmanischen Reiches und große Gebiete Polen-Litauens an; 1793 fiel Kamjaneć dann unter russische Herrschaft.[5]

2. Die Etablierung der dreifachen Selbstverwaltung: Vergemeinschaftung durch Konfliktaustragung

Die Verleihung einer gerichtlichen Selbstverwaltung durch den Stadtherren gehört zu den Kerncharakteristika der „okzidentalen Stadt". Dieser Akt ist aber nur ein Teil gemeindlicher Selbstorganisation, die als Gegenüber des Stadtherren eine Gruppe von Menschen voraussetzt, welche gemeinsam Anspruch auf politische Wirksamkeit erheben. Die Lokationsurkunde für Kamjaneć aus dem Jahr 1374 (die jedoch nur in

3 Vitalij Mykolajovyč Mychajlovs'kyj, European expansion and the contested borderlands of late medieval Podillya, Ukraine, York 2020; Vitalij Mykolajovyč Mychajlovs'kyj, Elastyčna spil'nota: podil's'ka šljachta v druhij polovyni XIV – 70-ch rokach XVI stolittja [Elastische Gemeinschaft. Der podolische Adel von der zweiten Hälfte des 14. bis zu den Siebzigerjahren des 16. Jahrhunderts], Kyïv 2012; Janusz Kurtyka, Podolia. The „Rotating Borderland" at the Crossroads of Civilizations in the Middle Ages and in the Modern Period, in: Andrzej Janeczek / Thomas Wünsch (Hgg.): On the frontier of Latin Europe: integration and segregation in Red Ruthenia, 1350 – 1600 (An der Grenze des lateinischen Europa), Warsaw 2004, 119–187.

4 Taras Kovalets (Hg.), Khotyn 1621. Vijna i pam'jat' [Chotin 1621. Krieg und Erinnerung], Černivci 2022; Dariusz Milewski, Rywalizacja polsko-kozacka o Mołdawię w dobie powstania Bohdana Chmielnickiego (1648 – 1653), Zabrze 2011.

5 Renata Król-Mazur, Miasto trzech nacji. Studia z dziejów Kamieńca Podolskiego w XVIII wieku [Die Stadt der drei Nationen. Studien zur Geschichte von Kamjaneć-Podilskyj im 18. Jahrhundert], Kraków 2008; Dariusz Kołodziejczyk, Podole pod panowaniem tureckim: Ejalet Kamieniecki, 1672–1699 [Podolien unter türkischer Herrschaft. Das Ejalet Kamjaneć, 1672–1699], Warszawa 1994.

zwei abweichenden Transsumpten aus dem 16. und dem 18. Jahrhundert überliefert ist) verdeutlicht dies. Der Stadtherr, Fürst Jurii Koriatowicz, hebt hervor, dass er die Bürger in seine Stadt Kamjaneć gerufen habe und sichert ihnen Nutzungsrechte und Abgabenfreiheiten zu. Diese Bürger sollten Gericht nach ihrem eigenen Recht halten, und zwar vor ihren Ratsleuten. Den Vorsitz im Gericht solle der Vogt einnehmen, alle anderen Amtsträger des Fürsten jedoch keine Befugnisse gegenüber den Bürgern haben.[6] Spätere Urkunden zeigen, dass der Vogt in den folgenden Jahrzehnten nicht aus den Reihen der Bürgergemeinde kam, sondern vom polnischen König als dem neuen Stadtherren eingesetzt wurde.[7] Bei einer weiteren Verleihung der Vogtei, erneut an einen Adeligen, wurde erstmals das *jus teutonicum alias magdeburgense* als Rechtsgrundlage explizit genannt.[8] Die Bürgergemeinde orientierte sich nun an anderen Städten zu Magdeburger Recht, in welchem die Vogtei zumeist schon lange in die Hände des Rates übergegangen war. Als der adlige Vogt seiner Pflicht zur Heeresfolge nachkam und von einem Kriegszug nicht zurückkehrte, besetzte der Rat das Vogtsamt einfach selbst. Die Erben des Vogts strengten daraufhin einen Prozess gegen die Bürgerschaft an, der 1456 vor dem Landgericht von Podolien verhandelt wurde.[9] Die Erben wurden von elf weiteren Adeligen aus der Region unterstützt; ein Urteil ist nicht überliefert, doch in den überlieferten Vogteiakten (seit 1522) ist die Vogtei ein städtisches Wahlamt. Die Aneignung des Vogtsamtes durch den Rat geschah somit durch Konfliktaustragung. Anstatt, wie im nahegelegenen Lemberg, dem König die Rechte abzukaufen,[10] wurde die Auseinandersetzung mit

6 Andrzej Jureczko, Dokument lokacyjny Kamieńca Podolskiego [Die Lokationsurkunde von Kamjaneć-Podilskyj], in: Feliks Kiryk (Hg.): Kamieniec Podolski. Studia z miasta i regionu, Tom 1 [Kamjaneć-Podilskyj. Studien zu Stadt und Region, Bd. 1], Kraków 2000, 61–66.

7 Irena Sułkowska-Kuraś / Stanisław Kuraś (Hgg.), Zbiór dokumentów małopolskich. Cz. 6, Dokumenty króla Władysława Jagiełły z lat 1386–1417 [Sammlung kleinpolnischer Dokumente. Teil 6, Dokumente König Władysław Jagiełłos aus den Jahren 1386–1417], Wrocław 1974, hier 198, Nr. 1651.

8 Inventarium omnium et singulorum privilegiorum, litterarum, diplomatum, scripturarum et monumentorum quaecunque in Archivio regni in arce Cracoviensi continentur per commissarios a sacra regia majestate et republica ad revidendum et connotandum omnes scripturas in eodem archivio existentes deputatos confectum a. D. 1682 cura bibliothecae Polonicae editum, Lutet. Paris 1862, 274; vgl. Mykola Borysovyč Petrov, Misto Kam'janec'-Podil's'kyj v 30-ch rokach XV – XVIII stolit': problemy social'no-ekonomičnoho, demohrafičnoho, etničnoho ta istoryko-topohrafičnoho rozvytku ; mis'ke i zamkove upravlinnja [Die Stadt Kamjaneć-Podilskyj von den 1430er Jahren bis ins 18. Jahrhundert. Probleme der sozio-ökonomischen, demographischen, ethnischen und historisch-topographischen Entwicklung; Rechte der Stadt und der Burg] Kam'janec'-Podil's'kyj 2012, 235–237; Katalin Gönczi, Elemente der Magdeburger Stadtverfassung und ihr Transfer in die ostmitteleuropäische Rechtskultur, Annales Universitatis Mariae Curie-Skłodowska, Sectio F: Historia 72 (2017), 69–79.

9 Zygmunt Luba Radzimiński (Hg.), Archiwum książąt Lubartowiczów Sanguszków w Sławucie [Das Archiv der Fürsten Lubartowicz-Sanguszko in Slawuta]. Bd. 1: 1366–1506, Lwów 1887, 48–49, Nr. 51; vgl. Heyde 2022 (wie Anm. 2), 346–347.

10 Jürgen Heyde, Multiethnizität, Stadtrecht, Stadt. Lemberg im späten Mittelalter, Annales Universitatis Mariae Curie-Skłodowska, sectio F – Historia 72 (2018), 95–119.

dem regionalen Adel gesucht und seine Ansprüche demonstrativ zurückgewiesen. Dieser Umstand ist deswegen von Bedeutung, weil sich die Ausweitung von Selbstverwaltungsrechten durch die Inszenierung von Konflikten auch bei den beiden anderen politischen Gemeinden in der Stadt findet.

Seit dem späten 14. Jahrhundert sind auch die Anfänge einer armenischen Selbstorganisation zu greifen. Zunächst in Form einer Kirchengemeinde, in den ersten Jahrzehnten des 15. Jahrhunderts erfolgten dann die ersten Privilegien durch König Władysław Jagiełło. Diese sind nicht mehr erhalten, werden aber in einer Urkunde des königlichen Statthalters Jan von Czyżów aus dem Jahr 1443 erwähnt. Konkreter Anlass für die Urkunde war die Frage nach den Handelsrechten der armenischen Kaufleute in der Stadt. Der Statthalter bestätigte den Armeniern, dass sie die gleichen Rechte wie die Bürger besäßen und mahnte sowohl die königlichen Amtsträger in der Region als auch den Vogt, die Bürgermeister und die Ratsleute, dies zu beachten. Im Jahr 1460 folgte dann eine weitere Urkunde, diesmal ausgestellt von König Kasimir dem Jagiellonen, in welcher den Armeniern und ihrer Gemeinde das Recht bestätigt wurde, einen Vogt „wählen, einsetzen und an die Spitze berufen" zu können, „wie es ihr opportun und notwendig" erscheine.[11] Der Hintergrund dafür war die Klage, dass sich einige Armenier aus der Stadt oder dem Umland der Gerichtshoheit z. B. des Starosten unterstellt hätten, um sich von städtischen Wach- und Fuhrdiensten zu befreien. Dies wurde untersagt und die Gerichtshoheit des Vogtes (der bereits namentlich aufgeführt war) in allen Fällen bekräftigt. Dass das Oberhaupt der armenischen Gemeinde vier Jahre nach dem Konflikt der Bürger um das Vogtsamt in einer königlichen Urkunde als Vogt bezeichnet wurde, mag als Hinweis gelesen werden, dass der König jene Entwicklung nicht in Frage stellte.

Ähnlich wie die Bürger hatten die Armenier direkte Kommunikationslinien zum König und seinen höchsten Amtsträgern etabliert. Wenige Jahre später nutzte die Gemeinde dann die Gelegenheit, ihre Stellung auch gegenüber dem regionalen Adel zu unterstreichen. Die armenischen Ältesten hatten 1473 ein Haus in der Stadt erworben und es zum armenischen Rathaus ausgebaut. Der Platz davor wurde später zum armenischen Markt. Im Jahre 1479 meldete ein Adeliger Ansprüche auf das Haus an; es kam zum Prozess vor einem königlichen Komissariatsgericht unter der Leitung des Kastellans von Krakau und des Generalstarosten von Podolien, bei dem die Ansprüche der Gemeinde auf das Haus bestätigt wurden. Auch der Rat von Kamjaneć hatte am Prozess teilgenommen und die armenische Seite unterstützt.[12]

11 *Insuper memoratis armenis et eorum comunitati in Kamenecz plenam et omnimodam [facultatem] damus largimus et prebemus perpresentes advocatum eorum eligendi deputandi et preficiendi tociens quociens eis fruit oppo[rtunum] et necessarium* (Archiwum Główne Akt Dawnych, Warszawa [=AGAD], Dokumenty pergaminowe, Nr. 5855).

12 AGAD (wie Anm. 11), Dokumenty pergaminowe, Nr. 5863; Krzysztof Stopka, Interakcje etniczne w mieście staropolskim. Kamieniec Podolski w ujęciu źródeł ormiańskich od XV do połowy XVII wieku [Ethnische Interaktionen in einer altpolnischen Stadt. Kamieniec Podolski im Blick armenischer Quellen vom 15. bis zur Mitte des 17. Jahrhunderts], in: Andrzej A. Zięba (Hg.): Polska Akademia Umiejętności. Prace Komisji Wschodnioeuropejskiej. Tom XI, Kraków 2010, 85–124, hier 88–89 mit Anm. 10.

Beide Praktiken: die Etablierung direkter Kommunikation mit dem König und die Austragung von Konflikten mit dem regionalen Adel – hier in Gestalt lokaler Amtsträger – finden sich in der ältesten erhaltenen Urkunde für die ruthenische Gemeinde aus dem Jahr 1491.[13] Ihre Abgesandten forderten das Recht zur Wahl eines eigenen Vogtes und argumentierten, dass auf diese Weise älteres Unrecht behoben und die Wohlfahrt der Stadt insgesamt gesteigert würde. Explizit kritisierten sie die vom König bislang eingesetzten Amtleute, welche ihre Pflichten nachlässig erfüllt und die Gemeinde nicht vor Schaden geschützt hätten. Der König empfand diese Worte offenbar nicht als Angriff auf seine Majestät, sondern er nahm die Kritik explizit in seine Urkunde auf, in welcher er den Ruthenen die Wahl eines eigenen Vogtes und die eigene Gerichtsbarkeit bestätigte. Obwohl das ruthenische Recht an sich keine Unterscheidung zwischen Land- und Stadtrecht und somit auch keine gerichtliche Selbstverwaltung kannte, wollten die ruthenischen Ältesten nicht zum Magdeburger Recht wechseln, sondern im ruthenischen Recht verbleiben.

Die gerichtliche Selbstverwaltung, wie sie in der Lokationsurkunde von 1374 den nach Kamjaneć kommenden Bürgern verbrieft wurde, ging nur zu einem kleinen Teil auf eine einseitige herrscherliche Verleihung zurück. Alle drei Gemeinden nutzten zur Ausgestaltung ihrer Selbstverwaltung sowohl die Kommunikation mit dem König und seinen obersten Würdenträgern als auch den performativen Konflikt mit dem regionalen Adel. Die Verweise auf Gleichberechtigung und Gleichbehandlung sind vor diesem Hintergrund nicht nur als Hinweise auf Konflikte zwischen den Gemeinden zu lesen, sondern vor allem auch als Ausweis gegenseitiger Information. Alle drei strebten analoge Strukturlösungen für ihre Selbstverwaltung an, ohne dabei eine rechtliche Angleichung ins Auge zu fassen.

Eine jüdische Gemeinde kann sich erst im 18. Jahrhundert in der Stadt herausbilden, doch erlangt sie keine Beteiligung am Stadtregiment. Seit dem 15. Jahrhundert haben die drei Gemeinden wiederholt Privilegien erlangt, welche den Juden eine Ansiedlung in der Stadt selbst untersagte. Juden ließen sich stattdessen in den Vorstädten im Gerichtsbezirk des königlichen Stellvertreters, des Starosten, nieder.[14]

3. Die Privilegiensammlung der Stadt Kamjaneć als städtisches ‚Wir-Dokument'

Die Teilungen Polens und damit der Übergang der Stadt Kamjaneć unter russische Herrschaft am Ende des 18. Jahrhunderts fielen in eine Zeit, in der die frühneuzeitlichen Rechtstraditionen intensiv überdacht wurden. Nach dem Schock der (ersten)

13 AGAD (wie Anm. 11), Dokumenty pergaminowe, Nr. 5912.

14 Król-Mazur 2008 (wie Anm. 5), 291–302; Feliks Kiryk, Z dziejów Żydów kamienieckich [Zur Geschichte der Juden in Kamjaneć], Studia Judaica 5–6 (2002), Heft 1–2, 31–39.

Teilung durch Preußen, Österreich und Russland 1772 begann Polen-Litauen einen tiefgreifenden Reformprozess, der mit der Verabschiedung der ersten geschriebenen Verfassung in Europa am 3. Mai 1791 den Staat auf neue Grundlagen stellte.[15] Die Nachbarmächte intervenierten daraufhin erneut militärisch; Preußen und Russland besetzten 1793 weitere Gebiete und teilten zusammen mit Österreich 1795 den Rest des polnisch-litauischen Territoriums untereinander auf.

Zu Beginn der russischen Herrschaft wurde in Kamjaneć eine Sammlung der städtischen Privilegien erstellt, welche den neuen Machthabern eine Orientierung über die Stadtverfassung geben sollte. Ihre Entstehungszeit ist zwar nicht explizit datiert, sie spricht aber von der polnischen Herrschaft in der Vergangenheitsform und erwähnt bereits den Generalgouverneur, also den Repräsentanten der russischen Herrschaft, der im ehemaligen armenischen Rathaus residierte. Der Text ist als Handschrift überliefert und wird in der ukrainischen Nationalbibliothek in Lemberg aufbewahrt.[16] Dabei handelt es sich nicht um eine obrigkeitliche Privilegienrevision, in der die vorgelegten Dokumente von den neuen Herrschaftsträgern erfasst und geordnet werden, sondern um eine kommentierte Urkundensammlung, in der die Vorlagen (Originale oder Abschriften aus der Reichsmatrikel mit Datierungen) benannt und zum Teil auf die Umstände einer Privilegienverleihung hingewiesen wird. Die Struktur der Sammlung legt nahe, dass sowohl die russischen Kommissare als auch Abgesandte der drei städtischen Gemeinden an der Abfassung beteiligt waren. Betrachtet man die Abfolge der Urkunden und Dekrete, so ergibt sich eine in groben Zügen chronologische Ordnung, die allen drei am Stadtregiment beteiligten Gemeinden Raum gab, die ihnen wichtigen Urkunden zu präsentieren. Zudem wurden sämtliche Urkundentexte nicht in der Originalsprache, sondern in polnischer Übersetzung präsentiert – sie wurden demnach für die Sammlung eigens redigiert. Dazwischen finden sich zusammenfassende und kommentierende Einschübe (ebenfalls in polnischer Sprache) der russischen Abgesandten.

Im Titel und in den Kommentaren kommen die Vorstellungen der Revisionskommissare über die soziale und rechtliche Ordnung in der Stadt zum Ausdruck. Es fällt auf, dass die Verschiedenheit der Privilegien und ihrer Empfängergruppen a priori als Ausweis einer Konfliktgeschichte interpretiert wird, die – so ist unausgesprochen zwischen den Zeilen zu lesen – unter der neuen aufgeklärten Herrschaft überwunden wird. Die Abfolge der vorgelegten Urkunden ergibt ein anderes Bild. In chronologischer Abfolge präsentieren die Stadtgemeinden in gemischter Reihung die von ihnen als wesentlich erachteten Privilegien. Ihre Zahl und Reihung vermittelten Einblicke in das Miteinander der verschiedenen Gruppen in der Stadt.

15 Vgl. die Beiträge von Michael G. Müller und Yvonne Kleinmann in: Michael G. Müller (Hg.): Polen in der europäischen Geschichte. Ein Handbuch in vier Bänden, Bd. 2: Hans-Jürgen Bömelburg (Hg.), Frühe Neuzeit, Stuttgart 2017, 513–618.

16 L'vivs'ka Naukova Biblioteka im. V. Stefanyka NAN Ukraïny. Viddil rukopysiv (Ossolins'kich), f. 141, op. 1, rkps 2250: Zbiór przywilejów m. Kamieńca 1374–XIX w. [Sammlung der Privilegien der Stadt Kamieniec 1374 – 19. Jahrhundert].

Am Anfang steht, wenig überraschend, die Lokationsurkunde, deren Original als verloren galt. Die Sammlung enthält stattdessen zwei polnische Übersetzungen, eine längere aus dem 16. und eine kürzere aus dem 18. Jahrhundert – beides offensichtlich eher Nacherzählungen als wortgetreue Übersetzungen.[17] Es folgt ein kommentierender Abschnitt über nicht weiter genannte Privilegien König Władysław Jagiełłos, um den Übergang der Stadt in königlichen Besitz zu dokumentieren. Ausführlicher wird das Dokument dann bei der Urkunde für die Armenier von 1443.[18] Auch hier wird der Inhalt in polnischer Sprache wiedergegeben, allerdings sehr nahe am Wortlaut der vorgelegten Originalurkunde. Die Revisoren notieren die Bestätigung der Rechte und die Gleichstellung mit den Bürgern ebenso wie die Mahnung an die königlichen Beamten sowie die Ratsleute und Schöffen, die Armenier in ihren Rechten zu achten. Im Kommentar findet sich allerdings ein anderer Schwerpunkt: Die Urkunde beweise, dass Podolien zu Polen gehöre und es vor der Herrschaft dieses Königs unter der Regierung der Fürsten von Podolien gestanden habe. Anschließend folgt eine Urkunde des Starosten von 1447, welche den Juden die Niederlassung in der Stadt untersagte, und der Hinweis, dass diese Bestimmung von König Sigismund III. auf dem Reichstag von 1598 bestätigt worden sei.[19] Weiter hinten kommt die Sammlung noch einmal auf eine Initiative der drei Vogteien aus dem 18. Jahrhundert zu sprechen, in dem die Beachtung dieser Exklusionsmaßnahme gefordert wird.

Anschließend folgt ein längerer Einschub der Revisoren, in dem sie ihre Vorstellungen über die soziale Ordnung in Kamjaneć darlegen. Polen, Ruthenen und schließlich Armenier hätten je einen eigenen Vogt und Schöffen. Die Verschiedenheit der Nationen in der Stadt und der unterschiedlichen Jurisdiktionen seien der Grund für häufigen Zank und Streit zwischen den Einwohnern gewesen. Sie führten dazu, dass jede Jurisdiktion beim König für sich eigene Privilegien erwirkte, sodass es neben den Urkunden, die für die ganze Stadt erlassen wurden, auch solche gibt, die den Polen, Ruthenen und Armeniern verliehen wurden.[20]

Die ruthenische Gemeinde, die von den Revisoren an zweiter Stelle der sozialen Hierarchie verortet wurde, findet erst jetzt Erwähnung. Auch hier hält sich der polnische Text der Sammlung eng an den Wortlaut der vorgelegten Bestätigungsurkunde, einschließlich der expliziten Kritik an der vorherigen Politik der königlichen Amtsträger, deren Nachlässigkeit der Gemeinde Schaden gebracht habe, weswegen sie jetzt eine selbstverwaltete Gerichtsbarkeit mit eigenem Vogt haben müsse.[21] Im Anschluss folgen drei weitere Privilegien der armenischen Gemeinde und ausführliche Einlassungen zu Streitigkeiten zwischen der Stadt und dem regionalen Adel sowie zu Klagen gegen den Starosten. Damit ist die Liste im 16. Jahrhundert angelangt, und sie wird in ähnlicher Form bis ins 18. Jahrhundert fortgeführt.

Für die Frage nach der städtischen Rechtskultur sind die unterschiedlichen Ordnungsvorstellungen wichtig, die bereits hier deutlich werden. Die Revisoren heben

17 Zbiór przywilejów m. Kamieńca (wie Anm. 16), Bl. 1–3.
18 Ebd., Bl. 4–5
19 Ebd., Bl. 5.
20 Ebd., Bl. 5–6.
21 Ebd., Bl. 6.

die Autorität des Königs hervor, dessen Rechtsnachfolgerin die russische Kaiserin war. Auch präsentieren sie den Starosten als entscheidende Instanz vor Ort, welcher den Selbstverwaltungen übergeordnet wäre. Die Verschiedenheit der Jurisdiktionen wird als Organisationsmodell eindeutig abgelehnt: da sie nur zu Zwist und Streit führe. In der sozialen Ordnung der Stadt sehen sie Katholiken / Polen an der Spitze, während sie den Armeniern die unterste Stufe zuordnen.

Die vorgelegten Privilegien sprechen demgegenüber eine andere Sprache. Die beiden Versionen der Lokationsurkunde legen den Grundstein für die Stadt als Ganzes und zeigen den Repräsentationsanspruch der Bürgergemeinde. Danach folgen aber die Armenier, die mit einer umfangreichen Liste von Urkunden ihren Platz im rechtlich-historischen Gedächtnis beanspruchen. Im Gegensatz zu Bürgern und Ruthenen sind sie in der Lage, viele Dokumente noch im Original vorzulegen. Interessant ist dann aber die interpretatorische Aneignung durch die Revisoren – das Privileg 1443 für die Armenier sei deshalb wichtig, weil es die Zugehörigkeit der Landschaft zum Königreich beweise.

Anstelle von „Streit und Gezänk“ unter den Selbstverwaltungen wird das Bestreben deutlich, allen die Gelegenheit zur Selbstdarstellung zu geben. Die Privilegiensammlung vermittelt den Eindruck eines Nebeneinanders der drei Vogteien; Dokumente für Auseinandersetzungen zwischen den Gemeinden werden nicht präsentiert. Auf der anderen Seite ziehen sich die gemeinsamen Exklusionsbemühungen gegenüber Juden bis ins 18. Jahrhundert durch, als Juden längst auch Immobilien in der Stadt erwarben. Das fast schon choreographiert erscheinende Abwechseln der Gruppen in der Präsentation der Urkunden und die Querverweise, die gerade bei den Juden deutlich werden, liefern einen Hinweis darauf, dass die Privilegiensammlung nicht ad hoc zusammengestellt wurde, sondern bewusst verfügbares Wissen für eine gruppenübergreifende Selbstdarstellung zusammenführte.

4. Die Rechtsweisung für Zamość von 1616. Hybridität und Verflechtung in einer Rechtsnorm

Das Dokument, welches im letzten Abschnitt im Mittelpunkt stehen soll, zeigt, wie in Kamjaneć eine gruppenübergreifende Rechtskultur in der Praxis funktionierte. Die drei Vogteien, die sich im Laufe des 15. Jahrhunderts in der Stadt etabliert hatten, agierten im 16. und 17. Jahrhundert jeweils eigenständig und auf unterschiedlichen Rechtsgrundlagen: Magdeburger Recht, armenisches und ruthenisches Recht standen nebeneinander und die jeweiligen Gerichte dienten auch Personen von außerhalb als bevorzugte Anlaufstellen, so dass sich eine Art ethnokultureller Arbeitsteilung etablierte. Bereits im ältesten erhaltenen Gerichtsbuch der polnischen Vogtei wird daneben eine gemeinsame Instanz erwähnt, das Gericht der Drei Vögte.[22] Von der

22 CDIA Ukrainy, Kyjiv, Akta miasta Kamieńca, Fond 39 op. 1, Spr. 2, Bl. 11 <1522>.

polnischen und der armenischen Vogtei sind eigene Gerichtsbücher überliefert (seit 1522 bzw. 1559), von der ruthenischen sind keine Akten erhalten. Bereits im 16. Jahrhundert kooperierten die polnische und die ruthenische Gemeinde eng miteinander und hielten die Wahlen zu den jeweiligen Magistraten in gemeinsamen Zeremonien ab.[23] Nach dem Ende der osmanischen Besatzung 1699 verbanden sich die beiden Magistrate und agierten von da an gemeinsam, während die Armenier an die Tradition des eigenständigen Gerichts anknüpften.[24] Auch das armenische Gericht agierte nicht isoliert von den anderen. Bei Bürgerrechtsverleihungen berief sich der armenische Vogt häufig auf die Fürsprache des Starosten und des polnischen Vogtes.[25]

Die enge Verflechtung in der Rechtskultur spiegelte sich nicht nur in der Gerichtspraxis, sondern sie lässt sich sogar an einem normativen Rechtstext ablesen: Im Jahre 1616 erstellte der armenische Magistrat im Kamjanec auf Bitten der armenischen Gemeinde in der wenige Jahrzehnte zuvor gegründeten Stadt Zamość eine Rechtsweisung,[26] die sich in der Form an die seit dem Mittelalter verbreiteten Magdeburger Schöffensprüche anlehnte.[27] In 14 Punkten wurden unterschiedliche Fragen der Rechts- und Verwaltungspraxis angesprochen: von der Wahl zum armenischen Magistrat, über Fragen der Steuererhebung, gerichtliche Zuständigkeiten in Vormundschaftsfragen, Privatrechts- und Kriminalprozessen einschließlich der Appellation an das Gericht des Königs bis hin zu Nachbarschaftsstreitigkeiten, dem Verhalten gegenüber Auswärtigen und dem Erwerb des Bürgerrechts. Damit erhielt die Gemeinde in Zamość ein Gerüst, um ihre Stellung gegenüber der dortigen Bürgergemeinde, aber auch gegenüber den eigenen Gemeindeangehörigen sowie in die Stadt kommenden Armeniern zu definieren. Das Dokument argumentierte strikt aus Sicht der Verwaltungs- und Gerichtspraxis, fast ohne Bezüge auf den Kodex des armenischen Rechts in Polen, also auf das Armenische Statut von 1519.[28] Dies machte es auch für die nichtarmenischen Obrigkeiten interessant, und im Jahr 1632 wurde es in die

23 CDIA Ukrainy, Kyjiv, Akta miasta Kamieńca, Fond 39 op. 1, Spr. 9, Bl. 2–3 <1573>; Bl. 16–16v <1576>.

24 Król-Mazur 2008 (wie Anm. 5), 206–251.

25 So. z. B. CDIA Ukrainy, Kyjiv, Akta miasta Kamieńca, Fond 39 op. 1, Spr. 8, Bl. 4v <1578>.

26 Jaroslav Daškevič, Ustav armjanskoj obščiny v Kamence-Podolskom v 1616 g. [Das Statut der armenischen Gemeinde in Kamjanec-Podilskyj im Jahre 1616], Rocznik orientalistyczny 38 (1976), 101–109; zur Geschichte der armenischen Gemeinde in Zamość s. Mirosława Zakrzewska-Dubasowa, Ormianie zamojscy i ich rola w wymianie handlowej i kulturalnej między Polską a Wschodem [Die Armenier von Zamość und ihre Rolle im Austausch von Handel und Kultur zwischen Polen und dem Osten], Lublin 1965.

27 Zu den Schöffensprüchen als Textgattung vgl. Friedrich Ebel (Hg.), Magdeburger Recht, Bd. 2: Die Rechtsmitteilungen und Rechtssprüche für Breslau. Teil 1: Die Quellen von 1261 bis 1452; Teil 2: Die Quellen von 1453 bis zum Ende des 16. Jahrhunderts (Mitteldeutsche Forschungen 1), Köln 2016, 1757; aus der Empfängerperspektive siehe Friedrich Ebel (Hg.), Der Rechte Weg: ein Breslauer Rechtsbuch des 15. Jahrhunderts, Köln 2000.

28 Marian Oleś, The Armenian Law in the Polish Kingdom (1356–1519): A Juridical and Historical Study, Rom 1966; Oswald Balzer, Statut ormiański w zatwierdzeniu Zygmunta I z r. 1519 [Das armenische Statut in der Bestätigung Sigismunds I. aus dem Jahr 1519], Lwów 1910.

Akten des Burggerichts von Kamjaneć eingetragen mit dem Titel: „Über die Art und Weise, wie man sich in den Punkten und Artikeln zwischen dem Armenischen Recht und dem städtischen Amt gewöhnlich verhält".[29] Damit war es von einer innerarmenischen Handreichung zu einem städtischen Grundlagendokument geworden.

In der Rechtsweisung wird die selbstständige Autorität des armenischen Magistrats herausgestellt, doch es sind vor allem die verschränkten Zuständigkeiten mit den anderen Magistraten, die immer wieder ins Zentrum rücken. Gleich der erste Punkt erhebt den Anspruch, nicht nur für die armenische Gemeinde, sondern für die Stadtverwaltung insgesamt zu sprechen: „Wie man die Wahl zum Stadtamt von Kamjaneć und auch zu der armenischen Nation abhalten soll".[30] Inhaltlich geht es um die Beteiligung des Vogtes und der „armenischen Schöffen" sowie des „Volkes". Die Ergebnisse werden auf dem armenischen Rathaus ermittelt, anschließend begibt man sich zum polnischen Rathaus. Zur Eidesleistung kommen dann der polnische Bürgermeister und der armenische Vogt gemeinsam mit zwei Ratsleuten ins armenische Rathaus. In Anwesenheit des Starosten hört man die Amtseide der Neugewählten und anschließend kommt man zur gemeinsamen Beratung zusammen. Ähnlich mehrstufig und verflochten sind die Vorschriften für die Aufnahme von Neubürgern und den Bürgereid.

Eine klare Abgrenzung der Kompetenzbereiche wird im Abschnitt über Immobilientransaktionen vorgenommen.[31] Jeder Armenier, der ein Haus oder Grundstück in der Stadt erwarb, musste den Kauf beim armenischen Gericht eintragen lassen. Bei den Fristen für den Eintrag des Besitzes und einen möglichen Widerspruch gegen den Verkauf bezieht sich dieser Abschnitt ausnahmsweise explizit auf das Armenische Recht. Ein Eintrag vor einem anderen Gericht werde als ungültig betrachtet und als Verstoß mit einer Geldstrafe von 14 Mark Silber sowie Gefängnis bestraft. Hier zeigt sich, dass der armenische Magistrat bestrebt war, seine Autorität nicht nur gegenüber den anderen Jurisdiktionen, sondern auch gegenüber den eigenen potenziellen Gemeindeangehörigen zu bekräftigen.

Ethnische Kategorisierungen finden sich auch im Abschnitt über die Gleichberechtigung der Handwerker in den Zünften oder beim Umgang mit Fremden.[32] Es wird davon ausgegangen, dass ein Armenier, auch wenn er nur als Gast in der Stadt ist, automatisch dem armenischen Gericht unterstellt sei. Daraus ergibt sich aber vor allem eine Schutzverpflichtung für das Gericht – dem Gast selbst wird die Möglichkeit eingeräumt, auf sein armenisches Recht zu verzichten und sich einem anderen Gericht zu stellen. Keine Rolle spielt die ethnische Zugehörigkeit hingegen beim Gerichtsstand der Gerichtsdiener.[33] Die Rechtsweisung geht klar davon aus, dass auch

29 *Articuli inter magistratum Armenorum Kamenecensium et magistratum Polonum Iuris Theutonici Kamenecensi Podoliae conservandum/ sposób, który się w punctach y artyculach między prawem ormieńskim y urzędem mieyskim zwykł zachowywać* (Daškevic 1975 [wie Anm. 26], 102 mit Anm. 5).

30 Ebd., 104.

31 Ebd., 105.

32 Ebd., 105–106.

33 Ebd., 107.

beim armenischen Gericht ein Nicht-Armenier diese Stellung innehaben kann. Ungeachtet seiner konfessionellen oder ethnischen Zugehörigkeit jedoch müsse er sich in dieser Funktion immer vor dem armenischen Gericht verantworten.

Die Rechtsweisung des armenischen Magistrats von Kamjaneć für die armenische Gemeinde in Zamość war, wie zu sehen ist, alles andere als eine innerarmenische Angelegenheit. Sie war in polnischer Sprache verfasst und glich in ihrem Aufbau einem Magdeburger Schöffenspruch. Sie legte die Grundlagen der armenischen Selbstverwaltung in zentralen Punkten dar, zeigte aber auch, wie intensiv diese Selbstverwaltung mit den anderen verflochten war. Sowohl das Magdeburger als auch das Armenische Recht sind als Orientierungsmarken im Hintergrund zu erkennen, doch sie stehen weder in einem hierarchischen noch in einem konfrontativen Verhältnis zueinander. Die Bedeutung der armenischen Selbstverwaltung erschließt sich gerade im hohen Maß gegenseitiger Abstimmung mit den anderen Selbstverwaltungen, die bei Wahlen und Einbürgerungen auch öffentlich vor dem städtischen Publikum inszeniert wurden.

5. Zusammenfassung

Mit seiner geographischen Grenzlage und seiner dreigestaltigen Stadtverwaltung scheint Kamjaneć auf den ersten Blick eine zwar interessante, aber doch in erster Linie eine Ausnahme in der europäischen Städtelandschaft zu sein. Ich möchte die Rechtskultur dieser Stadt aber vor allem als methodische Herausforderung sehen, den Beitrag migrantischer oder anderer nichtdominanter Bevölkerungen an der Stadtentwicklung jenseits von a-priori-Zuschreibungen wie ‚Sondergruppen' oder ‚Randgruppen' neu zu betrachten.

Bei der Implementierung gerichtlicher Selbstverwaltung zeigt sich, wie nicht nur strukturelle Lösungen, sondern auch Konfliktstrategien gruppenübergreifend genutzt wurden. Die Bürgergemeinde nutzte das Vorbild des Magdeburger Rechts in anderen Städten, um die vollständige Kontrolle über das Gerichtswesen zu erlangen. Armenier und Ruthenen, deren gemeindliche Organisation in der Form von Kirchgemeinden begonnen hatten, knüpften ebenso wie die Bürger direkte Kommunikationslinien zum König und seinen höchsten Würdenträgern, um ihre Interessen vor Ort gegen Ansprüche regionaler Adeliger oder lokaler Amtsträger durchzusetzen. Sie nutzten dieselbe Terminologie wie die Bürger, um eine Vergleichbarkeit der Organisationsformen zu erreichen und damit die Zusammenarbeit zu erleichtern.

Die Inszenierung gruppenübergreifender Verflechtung zeichnet auch die Privilegiensammlung aus. Die städtischen Akteure bestimmten die Abfolge der Dokumente und sandten damit eine Botschaft, welche den Repräsentanten der neuen Herrschaft eher fremd zu sein schien. Konfliktlinien werden ebenfalls markiert, doch verlaufen sie durchaus anders, als es in der Stadtgeschichte ebenso wie in den Nationalhistoriographien in der Regel konzeptualisiert wird.

Die Rechtsweisung des armenischen Magistrats für die Gemeinde in Zamość schließlich verweist auf den innersten Bereich der Rechtskultur – die schriftliche Normsetzung. Sowohl Armenier als auch Ruthenen hatten nachdrücklich betont, ihr eigenes armenisches oder ruthenisches Recht anwenden zu wollen und nicht das Magdeburger Recht zu übernehmen. Dies ist auch die Grundlage für die Rechtsweisung, die sich von einer armenischen Gemeinde an eine andere richtet. In ihrem Aufbau und in ihrer sprachlichen Form ist sie aber auch für die nichtarmenischen Akteure in Kamjaneć lesbar und wird deswegen als gruppenübergreifende Instruktion in die Bücher des Land- und Burggerichts eingetragen.

Verflechtungen zeigen sich im gegenseitigen Umgang miteinander, aber auch in der Weise, wie sich alle drei Gemeinden gegen Partizipationsansprüche Dritter, seien es Adelige oder Juden, positionieren. Die städtische Rechtskultur, so wie sie in Gerichts- und Verwaltungspraktiken der Frühen Neuzeit erscheint und am Ende des 18. Jahrhunderts auch gegenüber der neuen Obrigkeit inszeniert wird, erwuchs aus dem Zusammenspiel aller drei Gemeinden in der Stadt.

III. Die Anpassungsleistung der Praxis

Wahrheit im Feuer. Das Ordal als vormoderne Praktik der Wahrheitsproduktion*

Tim Weitzel

Fake News sind in aller Munde.[1] Ja, so mancher Beobachter wähnt sich gar in einem ‚postfaktischen Zeitalter', in dem sich die Wahrheit als Bezugsgröße bzw. Garant des gesellschaftlichen Zusammenhalts zunehmend auflöse.[2] Bei derartigen pessimistischen Gegenwartsdiagnosen wird aber gerne – ob nun wissentlich oder unwissentlich – übersehen, dass Wahrheit nicht erst heute ein ebenso begehrtes wie umstrittenes Gut ist. Konkurrierende Wahrheitsansprüche ebenso wie Fake News gab es nämlich auch schon zu früheren Zeiten, wie zwei Konferenzen gezeigt haben, die beide im zweiten Pandemiejahr (2021) an der Universität Münster gehalten wurden.[3]

* Der hier publizierte Beitrag wurde im Rahmen der Ringvorlesung „Fakt oder Fake? Kulturen des Fälschens von der Antike bis zur Gegenwart" gehalten, die das Regensburger Mittelalterzentrum „Forum Mittelalter" im Sommersemester 2024 an der Universität Regensburg veranstaltete. Aufgrund des praxeologischen Zugangs zur mittelalterlichen Rechtskultur und zur Ordalforschung, der im letzten Teil des Beitrags dargestellt wird, haben mich die Herausgeberinnen zur Teilnahme am vorliegenden Band eingeladen.

1 Angesichts der allenthalben geführten Rede von den Fake News überrascht es nicht, dass auch diverse Forscherinnen und Forscher den Begriff aufgegriffen haben. Hier genügt es, die Titel einiger jüngerer mediävistischer Publikationen anzuführen, um jene Konjunktur der Begrifflichkeit in der Mittelalterforschung zu belegen. Vgl. Marcel Bubert, Deutungskämpfe – Fake News – Judenmorde. Zur Formierung von Verschwörungstheorien im europäischen Spätmittelalter, Archiv für Kulturgeschichte 104 (2022), 15–48; Ders., Verschwörungstheorien und Fake News vor der Aufklärung? Zur Formierung von Zeichenskepsis, Heucheleidiskurs und Konspirationismus im europäischen Spätmittelalter, in: Vera Podskalsky / Deborah Wolf (Hgg.): Prekäre Fakten, umstrittene Fiktionen. Fake News, Verschwörungstheorien und ihre kulturelle Aushandlung (Philologie im Netz. Beiheft 25), Berlin 2021, 77–103; Ian Worthington, Fake News. The Greek Orators' Rhetorical Presentation of The Past, Roda da Fortuna 9 (2020), 15–31; Niklas Huth, Fake News 812 – Geldern wurde erstmals um 900 erwähnt, Geldrischer Heimatkalender (2019), 18–21. Kritisch zum analytischen Gehalt der fraglichen Begrifflichkeit zuletzt Klaus Oschema, Wahrheitsproduktion(-en) im späten Mittelalter. Perspektiven und Grenzen der Suche nach „Fake News" in der Vormoderne, in: Amelie Bendheim / Jennifer Pavlik (Hgg.): „Fake News" in Literatur und Medien. Fakten und Fiktionen im interdisziplinären Diskurs, Bielefeld 2022, 79–104.

2 Die ersten Stimmen, die von einem postfaktischen Zeitalter sprachen, lassen sich schon Ende des 20. Jahrhunderts vernehmen, wobei die Verwendung der Begrifflichkeit seitdem rapide zugenommen hat. Vgl. Carl Bybee, Can Democracy Survive in the Post-Factual Age? A Return to the Lippmann-Dewey Debate about the Politics of News, Journalism & Communication Monographs 1 (1999), 28–66.

3 Vgl. die Tagungsankündigung: „Contesting truths. Wahrheitskonkurrenzen vom Mittelalter bis zur Gegenwart" auf dem Online-Portal H-Soz-Kult: https://www.hsozkult.de/event/id/event-112243 [letzter Zugriff 05.08.2024] und den Tagungsbericht

Was aber nach wie vor aussteht, ist eine Historisierung der Praktiken, die in der Vormoderne bemüht wurden, um Wahrheitsfragen zu entscheiden. Eine solche vormoderne Kulturtechnik, nämlich das Ordal, soll im Folgenden exemplarisch in den Blick genommen werden, um etwas mehr Licht darauf zu werfen, wie im europäischen Mittelalter Wahrheit erzeugt, ausgehandelt, abgesichert und stabilisiert wurde.

1. Der Chronist Raimund von Aguilers – Parteinahme für einen *pauper rusticus*

Im April des Jahres 1099 unterzog sich der Visionär Petrus Bartholomäus in Arqa, einer Stadt im heutigen Libanon, einer Feuerprobe, um die Echtheit jenes Gegenstandes zu erweisen, von dem er behauptete, es sei die Lanze, mit der Jesus Christus auf Golgatha die Seite durchstoßen wurde. Zuvor waren im Kreuzfahrerheer Zweifel laut geworden, ob die Lanze wirklich echt sei.

Um die Kritik an der Lanze ebenso wie die Ereigniskette nachvollziehen zu können, die schließlich zum Gottesurteil führte, gilt es, den Kontext aufzuzeigen, in dem sie standen: Zunächst muss Erwähnung finden, dass das strittige Objekt ebenso wie der Visionär während eines Krisenmomentes des Kreuzzugs in Erscheinung traten, nämlich während der Belagerung Antiochias. Die Belagerung der stark befestigten Stadt am Orontes war sicherlich eine kritische, wenn nicht die kritischste Situation des Ersten Kreuzzugs. Zwar war es den Kreuzfahrern in der Nacht vom zweiten auf den dritten Juni 1098 gelungen, das schwer befestigte Antiochia nach sechsmonatiger Belagerung einzunehmen; allerdings wurden die Kreuzfahrer nur zwei Tage nach der Eroberung ihrerseits durch ein Entsatzheer des Atabegs von Mossul, Kerbogha, in der Stadt eingeschlossen. Es war in dieser kritischen Situation im Juni des Jahres 1098, die von einem englischen Forscher als „darkest hour“[4] des Ersten Kreuzzugs bezeichnet wurde, in der unser Visionär in Erscheinung trat: Petrus Bartholomäus.

„Ich weiß nicht, wer wahr sagt, wer lügt‘. Fake News und ihre kulturelle Aushandlung im europäischen Mittelalter“ bei H-Soz-Kult: https://www.hsozkult.de/conferencereport/id/fdkn-127594 [letzter Zugriff 05.08.2024]. Die Tagungsbeiträge wurden teilweise bereits publiziert oder stehen kurz vor der Drucklegung. Vgl. Wolfram Drews, Contesting Religious Truth. Argumentationsstrategien in religiösen Wahrheitskonkurrenzen am Beispiel der christlich-jüdischen Auseinandersetzung des hohen Mittelalters, Frühmittelalterliche Studien 57 (2023), 69–102; Marcel Bubert / Pia Doering (Hgg.): Fake News im Mittelalter? Falschheit und ihre kulturelle Aushandlung in politischen, religiösen und literarischen Diskursen des europäischen Mittelalters (Das Mittelalter. Perspektiven mediävistischer Forschung, Beihefte), Heidelberg 2024. Ankündigung einsehbar unter: https://www.uni-muenster.de/Geschichte/histsem/MA-G/L2/personen/Bubert.html [letzter Zugriff am 05.08.2024]

4 Thomas Asbridge, The Holy Lance of Antioch. Power, Devotion and Memory on the First Crusade, Reading Medieval Studies 33 (2007), 3–36, hier 19.

Zwar kommen fast alle zeitgenössischen Historiographen im Zusammenhang der Belagerung Antiochias auf diesen charismatischen Akteur zu sprechen, der sich als göttlicher Prophet ausgab und dem Heer den Aufbewahrungsort der Lanze verkündete, jedoch räumt von allen Historiographen Raimund von Aguilers dem Wirken Petrus' Bartholomäus nicht nur den größten Raum ein, sondern das Interesse an Raimunds *Liber* speist sich vor allem aus der privilegierten Beobachterposition des Chronisten.[5] Denn laut eigenen Angaben war der Chronist Kanoniker aus Le Puy-en-Velay[6] und zudem Kaplan des Grafen von Toulouse[7], womit er in engem Kontakt mit den beiden Anführern des provenzalischen Kreuzfahrerkontingentes stand: Graf Raimund IV. von Toulouse und Bischof Adhémar von Le Puy.[8] Aufgrund dieser Position will der Chronist nicht nur zum Augenzeugen der ersten Begegnung des Visionärs und der beiden provenzalischen Anführer am 10. Juni 1098 geworden sein, sondern auf Befehl des Grafen von Toulouse sei Petrus Bartholomäus gar in die Obhut des Chronisten übergeben worden.[9] An vielen Wegmarken von Petrus' Wirken will Raimund von Aguilers daher persönlich anwesend und teilweise sogar selbst beteiligt gewesen sein – etwa an der Schlüsselszene für Petrus' charismatische Karriere, dem Auffinden der Heiligen Lanze in der Petersbasilika von Antiochia am 14. Juni 1098.[10] Wenngleich sich der Historiograph mithin als Augenzeuge des Berichteten darstellt, darf seine Darstellung keineswegs als mimetische Reproduktion der historischen Wirklichkeit gelesen werden, sondern – wie jede andere Geschichtsschreibung auch – als narratives Konstrukt, das einer bestimmten Erzählabsicht folgt. Raimunds Historiographie zielt darauf ab, den Kreuzzug als gottgeleitetes Unterfangen darzustellen, in das Gott immer wieder selbst mittels Visionen eingreift.[11]

5 Le „Liber" de Raymond d'Aguilers, ed. John Hugh Hill / Laurita Lyttleton Hill (Documents relatifs à l'histoire des croisades 9), Paris 1969. Zur Textkritik vgl. Kristin Skottki, Vom „Schrecken Gottes" zur Bluttaufe. Gewalt und Visionen auf dem Ersten Kreuzzug nach dem Zeugnis des Raimund d'Aguilers, in: Peter Burschel / Christoph Marx (Hgg.): Gewalterfahrung und Prophetie (Veröffentlichungen des Instituts für Historische Anthropologie 13), Wien 2013, 445–492, hier 447–450.

6 Als Kanoniker aus Le Puy bezeichnet sich der Chronist im Widmungsschreiben an den Bischof von Viviers: *Episcopo Vivariensi domino meo et omnibus [ortodoxis], Pontius de Baladuno, et Raimundus canonicus Podiensis salutem, et laboris nostri participationem.* Le „Liber" de Raymond d'Aguilers, ed. Hill / Hill (wie Anm. 5), 35. Aus der genannten Passage geht außerdem hervor, dass die Chronik ursprünglich als Gemeinschaftswerk des Chronisten, Raimund von Aguilers, sowie eines weiteren Autors, nämlich Pons von Balauzun (Pontius de Baladuno), angelegt war. In einem späteren Kapitel erfährt der Leser jedoch, dass jener zweite Autor im Zuge der Belagerung der Stadt Arqa im Jahr 1099 durch einen Katapultstein getötet wurde. Vgl. Le „Liber" de Raymond d'Aguilers, ed. Hill / Hill (wie Anm. 5), 107f.

7 Im Zusammenhang des Lanzenfundes präsentiert sich Raimund als Kaplan des Grafen und Autor der Geschichte: *Raimundi comitis capellanus, qui hęc scripsit, [...].* Le „ Liber" de Raymond d'Aguilers, ed. Hill / Hill (wie Anm. 5), 75.

8 Vgl. Skottki 2013 (wie Anm. 5), 449.

9 Vgl. Le „Liber" de Raymond d'Aguilers, ed. Hill / Hill (wie Anm. 5), 72.

10 *Fuit auten in illis .xii.*[cim] *viris, episcopus Aurasicensis, et Raimundi comitis capellanus, qui hęc scripsit, [...].* Le „Liber" de Raymond d'Aguilers, ed. Hill / Hill (wie Anm. 5), 75.

11 Vgl. Colin Morris, Policy and Visions. The Case of the Holy Lance at Antioch, in: John

Als Instrument und Verkünder seines Willens erwählt Gott laut Raimund jedoch keinen Adeligen oder Bischof aus, sondern erwählte einen, so wörtlich, armen Bauern (*pauper rusticus*).[12]

Die ganze Berufungsszene in Raimunds Darstellung zielt darauf ab, den Gegensatz zwischen Petrus' geringer Position in der sozialen Hierarchie und seiner göttlichen Erwählung herauszustreichen. Denn es bedarf ganzer fünf Visionen des Apostels Andreas bis sich der erwählte Bauernjunge dem göttlichen Mandat fügt und den Anführern des provenzalischen Kreuzfahrerkontingentes den Aufbewahrungsort der Lanze verkündet.[13]

Die Schlüsselszene für Petrus' Charisma erscheint bei Raimund von Aguilers als „carefully orchestrated event", um es mit Thomas Asbridge auszudrücken.[14] Am 14. Juni habe sich der Visionär in Begleitung von zwölf Männern in die Petersbasilika begeben, um nach der Lanze zu suchen. Namentlich hebt der Chronist von diesen Begleitern den Grafen Raimund von Toulouse, den Bischof von Oranges, Farald de Touars, sowie seinen Co-Autor, Pons von Balauzun[15] und sich selbst hervor.[16] Diesem Bergungsteam gelingt es jedoch zunächst nicht, die Lanze zu finden. Es ist laut Raimunds Geschichte der Verdienst des jungen Visionärs, dass die Lanze schließlich doch noch geborgen wird, als einige Beteiligte die Suche bereits aufgegeben hätten, darunter auch Graf Raimund von Saint-Gilles. Nachdem sich der Visionär bis auf ein einfaches Gewand entkleidet und barfüßig in die leere Grabungsstelle hinabgestiegen sei, habe er alle Anwesenden zum Gebet aufgefordert. Man wird jenen performativen Symbolhandlungen kaum gerecht, wenn man sie als „theatrical set piece" abtut.[17] Vielmehr wird jenen Handlungen in der Szenerie eine konstitutive Bedeutung für den Lanzenfund zugeschrieben. Denn erst infolge dieser Handlungen gelingt Petrus Bartholomäus das, was bis dahin keinem anderen möglich gewesen sei, wie uns der Chronist berichtet, der selbst Zeuge der Szenerie geworden sein will.[18]

Nicht zuletzt die Art und Weise, wie Raimund von Aguilers über den Lanzenfund berichtet, hat in der modernen Forschung Zweifel an der Authentizität der Lanze aufkommen lassen. Angefangen mit der Arbeit von Clemens Klein Ende des 19. Jahrhunderts gilt die Lanze vielen Forschern bis heute als „frommer Betrug" und der Protagonist der Szene, eben Petrus Bartholomäus, als Betrüger und Scharlatan.[19] Vor allem

B. Gillingham / James Clarke Holt / Ann Kettle / Leonard E. Scales (Hg.): War and Government in the Middle Ages. Essays in honour of J. O. Prestwich, Woodbridge 1984, 33–45.

12 Le „Liber" de Raymond d'Aguilers, ed. Hill / Hill (wie Anm. 5), 68.

13 Ebd., 68–72.

14 Asbridge 2007 (wie Anm. 4), 7.

15 Siehe zu Pons von Balauzun oben Anm. 6.

16 Vgl. Le „Liber" de Raymond d'Aguilers, ed. Hill / Hill (wie Anm. 5), 75.

17 Asbridge 2007 (wie Anm. 4), 7.

18 Vgl. Le „Liber" de Raymond d'Aguilers, ed. Hill / Hill (wie Anm. 5), 75.

19 Hans Eberhard Mayer, Geschichte der Kreuzzüge, Stuttgart, 10. Aufl., 2005, 573. Ähnliche Einschätzungen finden sich aber auch bei weiteren Forscherinnen und Forschern. Vgl. Clemens Klein, Raimund von Aguilers. Quellenstudie zur Geschichte des 1. Kreuzzuges, Berlin 1892, 37f.; Wolfgang Giese, Die lancea Domini von Antiochia (1098/1099), in: Fälschungen im Mittelalter

traf das vernichtende Urteil der Historiker aber ihren vormodernen Kollegen: Raimund von Aguilers. Dieser wurde als „gewissen- und skrupelloser Priester" hingestellt und sein Werk insgesamt als „Lügengespinst" verworfen.[20] Bis in jüngste Arbeiten gilt Raimund von Aguilers als geradezu tartuff'scher Heuchler;[21] ja selbst über eine klerikale Verschwörung rund um den Chronisten wurde spekuliert, die den bäuerlichen Visionär lediglich benutzt hätte, um Einfluss auf den Kreuzzug zu erlangen.[22]

2. Der Fund der Heiligen Lanze: Fakt oder *fake*?

Die letztlich essentialistische Frage, ob die Lanze tatsächlich echt war oder doch nur ein *fake*, soll hier nicht weiterverfolgt werden. Dass derartige Fragen nicht eben weiterführen, wissen wir von der historischen Wunderforschung, genauer von der Historikerin Gabriela Signori: „Die Grenzen zwischen Kultur und Natur verschieben sich im Verlauf der Jahrhunderte bekanntermaßen ständig. Nicht zuletzt deshalb ist die häufig gestellte Frage, ob ein Wunder echt ist oder nicht, für den Historiker die falsche Herangehensweise. Es ist nicht an ihm, Wunder zu verifizieren oder zu falsifizieren. Unsere Untersuchungsgegenstände sind die Vorstellungen und Praktiken, die im Wunder in Text- oder Bildform zur Darstellung gelangen."[23] Wenn man diesen Grundsatz von Signori auf unser Fallbeispiel anwendet, ist also nicht so sehr von Interesse, ob die Lanze tatsächlich authentisch sei oder eben nicht, sondern wie man zeitgenössisch mit jenem Artefakt und ihrem Visionär umging – und welche Praktiken man dabei bemühte, um dessen Authentizität zu überprüfen. Und ein solcher Blick, eine solche Analyseeinstellung zeigt schnell, dass sich von Beginn an die Geister an dem fraglichen Objekt schieden, wie es etwa Fulcher von Chartres berichtet. Er erwähnt, dass viele aus dem Klerus und dem Volk (*multos de clero ac populo*) bezweifelt hätten, ob es sich bei dem geborgenen Objekt tatsächlich um die *dominica lancea* handeln würde, oder nicht vielmehr um eine Täuschung des als Tölpel (*homo stolidus*) bezeichneten Visionärs.[24]

Von jenen Zweiflern hebt Fulcher insbesondere den päpstlichen Legaten Adhémar von Le Puy hervor.[25] Dass der päpstliche Legat zu Lebzeiten ein Zweifler der Lanze

(MGH Schriften XXXIII/1–5), Tl. 5, Hannover 1988, 485–504, hier 495; Beate Schuster, Die Stimme des falschen „pauper". Der Kreuzzugsbericht des Raimund von Aguilers und die Armenfrage, in: Otto Gerhard Oexle (Hg.): Armut im Mittelalter (Vorträge und Forschungen 58), Ostfildern 2004, 79–126, hier 97; Conor Kostick, The Social Structure of the First Crusade (The Medieval Mediterranean 76), Leiden 2008, 137; Jay Rubenstein, Armies of Heaven. The First Crusade and the Quest for Apocalypse, New York 2011, 218.

20 Klein 1892 (wie Anm. 19), 63, 82.

21 Schuster 2004 (wie Anm. 19), 104.

22 John Hugh Hill / Laurita Lyttleton Hill, Raymond IV de Saint-Gilles, 1041 (ou 1042)–1105 (Bibliothèque méridionale 2, 35), Toulouse 1959, 89–92.

23 Gabriela Signori, Wunder. Eine historische Einführung (Historische Einführungen 2), Frankfurt a. M. 2007, 10.

24 Fulcher von Chartres, Historia Hierosolymitana, I, 18, 2–3, ed. Heinrich Hagenmeyer, Heidelberg 1913, 236–238.

25 Ebd.

gewesen sei, berichtet auch Raimund von Aguilers.[26] Andere Chronisten, wie der Normanne Radulf von Caen, stellen hingegen Bohemund von Tarent als Wortführer der Zweifler in den Fokus. Jener Bohemund, der im Laufe des Kreuzzugs zum Fürsten Antiochias avancieren sollte, habe die Reputation des Visionärs öffentlich angegriffen, indem er Petrus Bartholomäus als Trinker, Herumtreiber und Nichtsnutz bloßgestellt habe.[27] Diese Desavouierung gipfelt in dem ironischen Kommentar, dass der Heilige Apostel wahrlich eine würdige Person auserwählt hätte, um sie in das Geheimnis des Himmels einzuweihen: *Honestam elegit sanctus apostolus personam, cui celi panderet archanum!*[28] Um diese Kritik nachvollziehen zu können, müssen wir uns ins Gedächtnis rufen, dass das fragliche Objekt, die Heilige Lanze also, in der Hauptkirche Antiochias gefunden worden war, nachdem der Apostel Andreas unserem Visionär, also Petrus Bartholomäus, den Aufenthaltsort der Heiligen Lanze verraten habe, wie es etwa bei Raimund von Aguilers nachzulesen ist.

Radulf von Caen zeichnet hingegen einen ganz anderen Tathergang des Lanzenfundes. Dieses Ereignis hat für Radulf nichts Wundersames und noch weniger Göttliches an sich, sondern ist ein politisches Komplott – modern gesprochen ein purer *fake*: Im Auftrag des Grafen von Toulouse, habe Petrus eine alte arabische Speerspitze in der Kirche des Heiligen Petrus in Antiochia vergraben, da er sich darüber im Klaren gewesen sei, so heißt es bei Radulf wörtlich, dass sein Betrug beim Auffinden einer Lanze lateinischer Machart sogleich aufgeflogen wäre.[29] Interessant ist nun, mit welchen Argumenten Bohemund diese Lüge angegriffen habe. Bohemund soll nämlich hinterfragt haben, warum ein Christ die Lanze nicht an einem näher gelegenen Ort (als Antiochia) versteckt haben sollte; und, so soll der Normanne gleich nachgesetzt haben, wenn es kein Christ, sondern ein Heide oder Jude gewesen sei, der das fragliche Objekt einst verbarg, warum er dies innerhalb einer Kirche, ja gar unter einem Altar getan haben sollte.[30] Diese bemerkenswerte Falsifikationsstrategie gipfelt in einem aus heutiger Perspektive ungewöhnlich modern, ja geradezu historisch-kritisch anmutenden Argument: Bohemund soll seinen Zweifel nämlich durch die rhetorische Frage untermauert haben, bei welchem *historiographus* sich ausfindig machen lasse, dass Pontius Pilatus nach Antiochia gekommen sei. Was diese Frage mit der Authentizität der Lanze zu tun hat, darüber lässt Bohemund seine Zuhörer nicht lange im Unklaren, bzw. der Chronist seinen Leser. Da es allgemein bekannt sei, dass die Lanze ursprünglich einem Soldaten des Pilatus gehört habe – womit der

26 Vgl. Le „Liber“ de Raymond d’Aguilers, ed. Hill / Hill (wie Anm. 5), 72.

27 Vgl. Radulf von Caen, Tancredus, 311, ed. Edoardo D’Angelo (CCCM 231), Turnhout 2011, 87.

28 Ebd.

29 *Habebat autem ipse clam apud se cuspidis Arabicae ferrum, die cuius inuentione fortuita materiam fallendi sibi assumpserat. Scabram quippe intuitus, exesam, annosam, usui nostro forma et quantitate dissimilem, auspicatus est ilico hinc fidem nouis figmentis adhesuram.* Radulf von Caen, Tancredus, 308, ed. D’Angelo (wie Anm. 27), 87.

30 *Nam de loco, cui fictus non patet dolus? Si Christianus abdidit, cur altaris proximi latibulum declinauit? Aut si Gentilis seu Iudeus, cur intra parietes ecclesiae, cur secus altare?* Radulf von Caen, Tancredus, 311, ed. D’Angelo (wie Anm. 27), 87.

Chronist freilich auf Longinus anspielt, der Jesus auf Golgatha mit seinem Speer durchbohrt haben soll –, könne es sich bei der fraglichen Lanze nur um eine Fälschung handeln, so lautet die Pointe der Argumentationskette.[31]

Freilich ist damit noch nicht gesagt, dass Bohemund diese ihm hier in den Mund gelegte Skepsis tatsächlich so oder so ähnlich vorgetragen hat – ja, ob er ursprünglich überhaupt zu den Zweiflern der Lanze zählte. Zwar ist dies naheliegend, weil Bohemund im Jahr 1098 mit dem Grafen von Toulouse eine heftige und auch blutige Auseinandersetzung um die Herrschaft über Antiochia führte, die sich im Kern um die Frage drehte, welchem der beiden die Herrschaft über die Stadt am Orontes zufallen sollte. Es ist also nicht anzunehmen, dass der Normanne aus Süditalien, Bohemund von Tarent also, einen Visionär aus den Reihen seines politischen Gegners unterstützte. Um diese These aber weiter zu stützen, müsste man freilich Egodokumente des Hautville aus der Frühphase der Kreuzzugbewegung heranziehen, die uns tatsächlich vorliegen, und in denen Bohemund *nicht* als Zweifler der Lanze in Erscheinung tritt.[32] Doch wie man auch immer Bohemunds Haltung in der Lanzenfrage bewerten mag, offenbar gab es im Heer so massive Kritik an der Lanze, dass sich der Visionär schließlich im April des Jahres 1099 dem ebenso spektakulären wie schmerzhaften Ritual des Feuerordals unterziehen musste.

3. Die Feuerprobe des Petrus Bartholomäus – ein Beispiel für die Mehrdeutigkeit des Ordals

Zu jenem drastischen Mittel der Wahrheitsfindung sollen die Anführer des Kreuzzugs laut Radulf von Caen gegriffen haben, weil sich die Kontroverse um die Lanze während der Belagerung von Arqa derartig zugespitzt habe, dass die Einheit des Kreuzzuges auf dem Spiel gestanden habe. An der Authentizitätsfrage soll sich nämlich das ganze Heer gespalten haben, eine Situation, die der Chronist als *scisma* bezeichnet, als Schisma also.[33]

Dass es am 8. April 1099 zu jenem Ereignis kam, zum Gottesurteil also, daran lassen die ansonsten sehr disparaten Quellen kaum Zweifel aufkommen. Der Visionär soll an diesem Tag, nur mit einem Hemd und einer Hose bekleidet, ein großes Feuer durchschritten haben.[34] Für Radulf von Caen besteht kein Zweifel an dem Ausgang dieses Rituals, dessen vermeintlich eindeutige Logik er seinem Leser eindringlich vor Augen stellt: *quatinus hac examinatione aut illesi uera probetur inuentio, aut falsa*

31 *Quod si neutri, sed fortunae, ascribitur, apud quem historiographum uenisse Antiochiam Pilatus inuenitur? Scimus nempe et lanceam fuisse militis, et militem Pilati.* Radulf von Caen, Tancredus, 311, ed. D'Angelo (wie Anm. 27), 87f.

32 Vgl. dazu Morris 1984 (wie Anm. 11), 37.

33 Radulf von Caen, Tancredus, 311, ed. D'Angelo (wie Anm. 27), 92.

34 *At mox postridie iterum conuenitur: flammascunt ordine gemino spinae; Petrus, tunica et bracchis uelatus, nudus cetera, per medium graditur, in exitu ambustus cadit, postridie expirat.* Radulf von Caen, Tancredus, 326, ed. D'Angelo (wie Anm. 27), 92.

ustulati.[35] Da Petrus am Tag nach dem Ordal seinen Verbrennungen erlag, habe das Volk seinen Irrtum erkannt: Ihm sei aufgegangen, dass es sich durch die gerissenen Worte eines Schülers des Simon Magus (*Symonis magi discipulus*) hatte blenden lassen.[36]

Auch für Fulcher von Chartres bewirkte das Ordal im Kreuzfahrerheer einen Sinneswandel. Das Gottesurteil habe aus ehemaligen Anhängern Zweifler gemacht, aus *creduli increduli.*[37] Doch ganz so eindeutig, wie die beiden Historiographen die Dinge darstellen, war der Ausgang des Gottesurteils offenbar nicht. Beide Seiten interpretierten das Ergebnis jeweils in ihrem Sinne, d h. gemäß ihren Wahrnehmungen, Interessen und Darstellungsabsichten. Laut Raimund von Aguilers durchquerte Petrus das Feuer fast unversehrt und bewies somit die Authentizität der Lanze, sei jedoch nach der Feuerprobe von der aufgebrachten Menschenmasse tödlich verwundet worden. Denn die Menschen hätten nicht nur versucht, den Visionär zu berühren und Teile von dessen Kleidung als Reliquie zu erhaschen, sondern sie sollen sogar sein Fleisch begehrt haben, wie Raimund berichtet. Hierdurch soll Petrus mehrere Wunden erlitten haben – wobei sich der Chronist nicht sicher ist, ob es drei oder vier waren – und ihm das Rückgrat gebrochen worden sein.[38] Letztlich wurde der Visionär also ein Opfer seines eigenen Charismas, so zumindest stellen sich die Dinge in Raimunds Geschichte dar.

Besonders differenziert fällt die Position Guiberts von Nogent aus: Laut seinem Urteil war der Ausgang des Rituals im Heer höchst umstritten. Einige sollen in dem Ritual den Beweis für die Authentizität der Lanze erblickt haben, wohingegen andere das genaue Gegenteil als erwiesen angesehen hätten.[39] In diesem Streit sei Petrus Bartholomäus schließlich von seinen Gegnern *pro nichilo* getötet worden, wie Guibert vermerkt.[40] Der Historiograph lässt dann auch keinen Zweifel daran aufkommen, welche der beiden gegensätzlichen Positionen er für die richtige hält. Er konfrontiert die Zweifler der Lanze, deren Position ihm als *sententia vulgaris* gilt, mit dem Umstand, dass der Bischof von Le Puy die *sacrosancta lancea* für höchst verehrungswürdig gehalten habe, ja sogar so sehr, dass man ihn am Ort ihres Auffindens

35 Radulf von Caen, Tancredus, 327, ed. D'Angelo (wie Anm. 27), 92.

36 *Videns quid actum est, populus calliditate uerbosa seductum se fatetur, errasse penitet, Petrum Symonis magi discipulum fuisse testatur.* Radulf von Caen, Tancredus, 327, ed. D'Angelo (wie Anm. 27), 92f.

37 Fulcher von Chartres, Historia Hierosolymitana, I, 18, 5, ed. Hagenmeyer (wie Anm. 24), 240f.

38 *Ut vero Petrus de igne egressus est, ita ut nec tunica eius conbusta fuerit, nec etiam pannus ille subtilissimus de quo lancea Domini involuta erat, signum alicuius lesionis habuisset accepit eum omnis populus cum signasset eos tenens manu lanceam ea clamasset alta voce Deus adiuva, accepit eum et traxit eum per terram et conculcavit eum omnis pene illa multitudo populi. Dum quisque volebat eum tangere, vel accipere de vestimento eius aliquid, et dum credebat eum esse quisquam apud alium. Itaque tria vel .iiii*[or]*. vulnera fecerunt in eius cruribus abscidentes de carne eius, et spinam dorsi eius confringentes, crepuerunt eum.* Le „Liber" de Raymond d'Aguilers, ed. Hill / Hill (wie Anm. 5), 122.

39 Vgl. Guibert von Nogent, Dei Gesta per Francos et cinq autres textes, VI, 22, ed. Robert Huygens (CCCM 127A), Turnhout 1996, 263.

40 Ebd.

bestattet habe.[41] Auch wenn stark bezweifelt werden muss, dass Bischof Adhémar tatsächlich ein Anhänger der Lanze war, was Guibert hier als bekannte Tatsache voraussetzt (*scimus*), so macht der Historiograph dennoch auf einen wichtigen Aspekt aufmerksam, nämlich die Mehrdeutigkeit des Ordals. Offenbar handelt es sich auch bei jener vormodernen Form der Wahrheitsfindung, eben dem Gottesurteil, keineswegs um einen „epistemological fatalism", wobei dem Menschen allein die Funktion zukommt, den sich offenbarenden Willen Gottes abzulesen.[42] Das Fallbeispiel zeigt indessen nicht nur die Mehrdeutigkeit und Interpretationsoffenheit jener vormodernen Kulturtechnik der Wahrheitsproduktion, eben des Ordals, auf, sondern macht noch etwas anderes sinnfällig: Bevor der Visionär in Arqa nämlich seine Hand buchstäblich ins Feuer legte, griff man offenbar zu einer anderen, weit weniger schmerzhaften Technik, um die Streitfrage zu klären. Man berief ein Konzil ein, um die Echtheit – oder Falschheit – der fraglichen Lanze zu klären.[43] Zunächst habe man den Anführer der Skeptiker, Arnulf von Chocques, angehört, der seine Zweifel an der Lanze unter Rückgriff auf den verstorbenen Legaten legitimierte, der ebenfalls ein Kritiker der Lanze gewesen sei, wie Raimund von Aguilers berichtet.[44] Die Frage, warum gerade Arnulf von Chocques auf der Versammlung als Wortführer der Zweifler in Erscheinung trat, erschließt sich, wenn man bedenkt, dass Papst Urban II. nicht nur den Bischof von Le Puy, sondern auch den Kanzler Roberts von der Normandie, eben Arnulf von Chocques, mit Legationsvollmachten ausgestattet hatte – was jedoch oftmals übersehen wird.[45] Daher nimmt es nicht Wunder, dass Arnulf eine tragende Rolle in der Streitfrage um die Lanze spielte, da sein Wort als Legat sicherlich großes Gewicht besaß.

Laut Raimund von Aguilers wurde die Haltung Arnulfs von Chocques jedoch durch mehrere Zeugen entkräftet, die sich für den Visionär und die Authentizität der Lanze aussprachen. Der Chronist erwähnt den Bischof von Apt, die beiden Priester Petrus Desiderius und Stephan von Valence sowie einen gewissen Eberardus, der ebenfalls Priester war – und sich selbst.[46] Am bemerkenswertesten ist dabei die Exkulpationsstrategie von Petrus Desiderius, welche Thomas Asbridge als „masterstroke of manipulation" gilt.[47] Der Priester habe auf dem Konzil von einer Vision des

41 *Sed quocumque modo se sententia vulgaris egisset, illum gloriosum presulem omni sacrosanctam lanceam scimus veneratione complexum, adeo, ut in eo ipso quo reperta fuerat loco sit eiusdem pontificis corpus, ipso precipiente, sepultum. De his ita res sese habuit.* Guibert von Nogent, Dei Gesta per Francos, VI, 22, ed. Huygens (wie Anm. 39), 263f.

42 Finbarr McAuley, Canon Law and the End of the Ordeal, Oxford Journal of Legal Studies 26 (2006), 473–513, hier 496.

43 Le „Liber" de Raymond d'Aguilers, ed. Hill / Hill (wie Anm. 5), 116ff.

44 Vgl. Le „Liber" de Raymond d'Aguilers, ed. Hill / Hill (wie Anm. 5), 116.

45 Dass Arnulf von Urban zum Legaten ernannt wurde, konstatiert Hans Eberhard Mayer mit Verweis auf die Chronik von St. Pierre-le-Vif. Vgl. Hans Eberhard Mayer, Zur Beurteilung Adhémars von Le Puy, Deutsches Archiv für Erforschung des Mittelalters 16 (1960), 547–552, hier 550.

46 Le „Liber" de Raymond d'Aguilers, ed. Hill / Hill (wie Anm. 5), 117–120.

47 Asbridge 2007 (wie Anm. 4), 23.

verstorbenen Legaten berichtet, die auch Adhémars Skeptizismus bezüglich der Lanze in ein anderes Licht rückt. Der Legat habe Petrus Desiderius nämlich anvertraut, dass er für die Zweifel, die er zu Lebzeiten hinsichtlich der Lanze gehegt habe, nach seinem Tod im Fegefeuer (*in infernum*) habe büßen müssen.[48] Diese Vision verfolgt ganz offensichtlich den Zweck, einen ehemaligen Zweifler und Kritiker der Lanze posthum zu einem Befürworter umzudeuten.

Raimunds Darstellung macht außerdem deutlich, dass man zur Beilegung der Kontroverse offenbar zunächst auf eine zeitübliche Technik der Wahrheitsfindung zurückgriff, die jedoch ungleich weniger schmerzvoll war als ein Feuerordal: den Reinigungseid. Auch andere Quellen bezeugen, dass Petrus Bartholomäus einen Eid bezüglich seiner Visionen ablegte.[49] Doch offensichtlich versagte das Authentifizierungsinstrument in diesem Fall. Zwar sah es zunächst so aus, als würden die Zweifler angesichts von Petrus' Eideshelfern ihre Position aufgeben, ja Arnulf von Chocques soll gar eine öffentliche Bußleistung für seine Zweifel in Aussicht gestellt haben, so berichtet es Raimund von Aguilers.[50] Als Arnulf seine Buße jedoch später zurückzog, sei Petrus Bartholomäus derart zornig geworden (*iratus nimium*), dass er selbst das Gottesurteil eingefordert habe.[51] Warum der Eid in diesem Fall offenbar nicht ausreichte, um die Kontroverse beizulegen, könnte mit der sozialen Position des Visionärs in Verbindung stehen. Denn der Schwur eines Bauern hatte beim Reinigungseid nicht dasselbe Gewicht wie der Schwur einer sozial höher gestellten Person, z. B. eines Adeligen oder Klerikers.[52] Zumal deutet der Ereignisverlauf auf eine Taxonomie der Authentifizierungspraktiken hin. Offenbar wurde dem Ordal ein höheres Maß an Verifikations- bzw. Falsifikationspotential zugeschrieben als dem Reinigungseid. Doch unser Fallbeispiel der Kreuzzugsgeschichte macht noch etwas anderes sinnfällig, was dem modernen Beobachter durchaus vertraut vorkommen mag: Wahrheit war offensichtlich (auch) in der Vormoderne ein ebenso erstrebtes wie umstrittenes Gut – wie es heutzutage immer noch der Fall ist.

4. Zur Funktion und Taxonomie vormoderner Techniken der Wahrheitsproduktion

Fremder, wenn nicht gar archaisch, mögen dem modernen Betrachter hingegen die Praktiken anmuten, die in der Vormoderne, hier während des ersten Kreuzzugs, bemüht wurden, um das Dilemma der Wahrheitsfindung aufzulösen. Gerade das

48 Le „Liber" de Raymond d'Aguilers, ed. Hill / Hill (wie Anm. 5), 117.

49 Gesta Francorum et aliorum Hierosolimitanorum, ed. Rosalind Hill, London 1962, 60.

50 *His atque pluribus aliis auditis, credidit Arnulfus, et confessus est. Promisitque episcopo Albariensi quod coram omni populo pro incredulitate sua veniam faceret.* Le „Liber" de Raymond d'Aguilers, ed. Hill / Hill (wie Anm. 5), S 120.

51 Ebd.

52 Vgl. Asbridge 2007 (wie Anm. 4), 5.

Gottesurteil fügt sich nur zu gut in das bis heute wirkmächtige – wenn auch längst dekonstruierte – Bild vom ‚fremden' oder gar ‚finsteren' Mittelalter, als dessen Inbegriff es erscheinen mag.[53] Richard W. Southern hat es beispielsweise als „barbarische Verwirrung" [54] bewertet und Finbarr McAuley betrachtet es als „epistemological fatalism"[55], als Kapitulation vor jeglicher Rationalität, wohingegen ein anderer Forscher es als eine Art *ultima ratio* in strittigen Rechtsfällen verstanden wissen will: „It was a device for dealings with situations in which certain knowledge was impossible but uncertainty was intolerable". [56] Paul R. Hyams hat auf den stark inszenatorischen Charakter des Ordals hingewiesen, dessen Ausgang allen Anwesenden von vornherein klar gewesen sei: „[...] it was common knowledge what result was desired. Even the parties knew."[57] Folgerichtig wird die Funktion des Richters in der Forschung auch als überflüssig betrachtet, da es bei einem Gottesurteil eigentlich nichts zu richten gegeben habe, wie es etwa Talal Asad formuliert hat: „But the judge's role was, strictly, superfluous. In ordeals there was nothing to judge."[58] Unser Fallbeispiel zeigt allerdings, dass auch ein Gottesurteil keineswegs eindeutig ausgehen musste, sondern den Akteuren durchaus Interpretationsspielräume bot. Der Ausgang war mitnichten „apparent for all to see"[59], gleichsam in den Körper des Probanden eingeschrieben, sondern musste im Spannungsfeld der Akteure ausgehandelt werden – was nicht eben selten Reibungen und Irritation erzeugte. Mit anderen Worten: Das Ordal bildet die Wahrheit nicht einfach ab oder *re*produziert diese, sondern erzeugt bzw. produziert diese überhaupt erst. Wir haben es beim Gottesurteil also keineswegs mit einem Instrument der Wahrheits*findung* oder *-reproduktion* zu tun,[60] sondern mit einem (vormodernen) Konstruktionsmechanismus sozialer Wirklichkeit.

Und zumal zeigt der Blick auf jenes Kapitel der Kreuzzugsgeschichte, dass das mittelalterliche Arsenal mehr Praktiken zur Wahrheitsproduktion bereithielt als nur das Gottesurteil. Wir erinnern uns, dass in unserem Fallbeispiel sowohl das Gottesurteil als auch der Reinigungseid bemüht wurde, um die Streitfrage zu klären. Aber diese wurden offenbar in ihrem Authentifizierungsgrad nicht als gleichrangig ange-

53 Peter Dinzelbacher hat seine Untersuchung zum Gottesurteil dann auch unter die Überschrift „Das fremde Mittelalter" gestellt. Vgl. Peter Dinzelbacher, Das fremde Mittelalter. Gottesurteil und Tierprozess, Essen 2007.

54 Richard W. Southern, Saint Anselm and his Biographer. A Study of Monastic Life and Thought 1059 – c.1130, Cambridge 1963, 265.

55 McAuley 2006 (wie Anm. 42), 496.

56 Robert J. Bartlett, Trial by Fire and Water. The Medieval Judicial Ordeal, Oxford 1986, 33.

57 Paul R. Hyams, Trial by Ordeal. The Key to Proof in the Early Common Law, in: Morris S. Arnold / Thomas A. Green / Sally A. Scully / Stephen D. White (Hgg.): On the Laws and Customs of England. Essays in Honor of Samuel E. Thorne (Studies in Legal History), Chapel Hill 1981, 90 –126, hier 98.

58 Talal Asad, Genealogies of Religion. Discipline and Reasons of Power in Christianity and Islam, Baltimore 1993, 91.

59 Ebd.

60 Als Mechanismus der Wahrheitserzeugung wurde das Ordal etwa von der Mediävistin Racha Kirakosian bezeichnet: „Das Ordal reproduziert Wahrheit und macht sie für den Menschen erfahrbar." Racha Kirakosian, „Hoc iudicium creavit omnipotens Deus". Über die Ritualität von Gottesurteilen, Francia 39 (2012), 263 –283, hier 282.

sehen. Diese hier nur schemenhaft vorgetragenen Beobachtungen aus der Kreuzzugsgeschichte lassen jedoch weit mehr Fragen aufkommen als sie beantworten: Welche Praktiken standen in der Vormoderne neben dem Gottesurteil und dem Reinigungseid noch zur Verfügung, um Wahrheit her- bzw. sicherzustellen und Lügen als solche zu demaskieren? Welche Logiken lassen sich hinter diesen Konstruktionsmechanismen sozialer Wirklichkeit dechiffrieren? Welche Strategien wurden ferner von den Akteuren in Anschlag gebracht, um ihre Sicht der Dinge als Wahrheit durchzusetzen und andere Geltungsansprüche zurückzuweisen? Vor allem aber drängt sich die Frage auf, ob es in der Vormoderne eine Taxonomie der wahrheitsgenerierenden Praktiken gab, an deren Spitze etwa das Gottesurteil – oder aber eine andere Technik der Wahrheitsproduktion – stand. Letztlich ist damit das Verhältnis zwischen den unterschiedlichen Kulturtechniken der Wahrheitsproduktion angesprochen. Es steht fernerhin zu vermuten, dass sich jene Relation bzw. Taxonomie im historischen Prozess verschob. Bekanntlich wurde das Gottesurteil auf dem vierten Laterankonzil 1215 *de facto* verboten, indem man dem Klerus die Ritualteilnahme unter Strafandrohung der Exkommunikation verweigerte. Im Konzilstext heißt es: „Niemand darf bei einem Gottesurteil, das mit siedendem oder eiskaltem Wasser oder mit glühenden Eisen vorgenommen wird, einen Segens- oder Weiheritus vollziehen. Die früher erlassenen Verbote für Einzelkämpfe oder Duelle bleiben natürlich in Geltung.“[61] Doch welches Movens stand hinter dieser Maßnahme? Wurde das Gottesurteil ein Opfer der zunehmenden Rationalisierungstendenz des 12. Jahrhunderts, weil es dem am Vernunftargument orientierten Rationalitätsprinzip der Scholastik widersprach, wie dies ein Teil der Forschung annimmt?[62] Aber warum fiel dann nicht auch der Reinigungseid, der einer ähnlichen Logik folgte wie das Ordal, eben jenem mentalitätsgeschichtlichen Prozess zum Opfer?[63]

61 *[...] nec quisquam purgationi aquae ferventis vel frigidae seu ferri candentis ritum cuiuslibet benedictionis aut consecrationis impendat, salvis nihilominus prohibitionibus de monomachiis sive duellis antea promulgatis.* Constitutiones Concilium Lateranense IV, 18, in: Conciliorum oecumenicorum Decreta, Bd. 2: Konzilien des Mittelalters. Vom ersten Laterankonzil (1123) bis zum fünften Laterankonzil (1512–1517), ed. Johannes Bernhard Uphus / Josef Wohlmuth / Gabriel Sunnus, Paderborn 2000, 244. Übersetzung ebd.

62 Vgl. Raoul C. van Caenegem, Methods of Proof in Western Medieval Law, Academiae Analecta 45 (1983), 83–127, hier 71; Ders., Reflexions on Rational and Irrational Modes of Proof in Medieval Europa, Tijdschrift voor rechtsgeschiedenis 58 (1990), 263–279; John Wesley Baldwin, The Intellectual Preparation for the Canon of 1215 against Ordeals, Speculum 36 (1961), 613–636, hier 614; Henry Lea, Superstition and Force. Essays on the Wager of Law, the Wager of Battle, the Ordeal, Torture, Philadelphia, 4. Aufl., 1892, 590.

63 Kritisch zur Rationalisierungsthese äußern sich: McAuley 2006 (wie Anm. 42), 496; Mirjan Damaska, Rational and Irrational Proof Revisited, Cardozo Journal of International and Comparative Law 5 (1997), 25–40, hier 29–32; Richard Kieckhefer, The Specific Rationality of Medieval Magic, The American Historical Review 99 (1994), 813–836, hier 814; Peter Brown, Die Gesellschaft und das Übernatürliche. Vier Studien zum frühen Christentum. Aus dem Engl. von Martin Pfeiffer (Kleine kulturwissenschaftliche Bibliothek 40), Berlin 1993, 137–141; Hyams 1981 (wie Anm. 57), 90–126; Charles M. Radding, Superstition to Science. Nature,

5. Ein Plädoyer für einen praxeologischen Zugang in der Ordalforschung

All jene Fragen sind beim derzeitigen Forschungsstand noch völlig offen. Denn obgleich gegenwärtig der Themenkomplex der Fake News in aller Munde ist,[64] und in den Wissenschaften die Rufe nach einer Rückkehr zur Wahrheit als Bezugsgröße wissenschaftlichen Arbeitens immer lauter werden[65] und sich auch die jüngst gegründete Netzwerkgruppe ‚Rechtsgeschichte' dem nur schwer greifbaren Phänomen der Wahrheit in einer mehrtägigen internationalen Konferenz angenommen hat,[66] wurde dabei das Ordal nicht thematisiert, womit eine Kulturtechnik übersehen wurde, der im frühen und hohen Mittelalter ein erhebliches Gewicht in der sozialen Konstruktion der Wirklichkeit bzw. Wahrheit beigemessen wurde.[67] Kurzum, die Erforschung des Ordals als Kulturtechnik der Wahrheitsproduktion steht noch ganz am Anfang. Klar dürfte jedoch sein, dass sich die Analyse der Gottesurteile nicht allein auf normative Texte stützen darf. Denn wenn man nur jene Quellengattung im Blick hat, dann erscheint das fragliche Ritual tatsächlich als epistemologischer Fatalismus, der die Aporie menschlicher Erkenntnisfähigkeit und die Grenzen der Rechtsprechung dem Urteil einer höheren Instanz überstellt, an deren Urteilsspruch, es nicht zu deuteln und rütteln gibt. Oder um es mit den Worten der Mediävistin Racha Kirakosian zu formulieren: „Wie auch immer die Probe ausgehen mag, sie wird im Lichte dieser unbestechlichen Logik gedeutet. Gott ist in der Sprache gefangen, mehr noch, er ist nichts als ‚Worte', die selbstlegitimierend Wirklichkeit schaffen wollen. Die Schlussfolgerung ist eine Tautologie, in deren geschlossenem Zirkel sich kein Platz für Gottes ‚wahrhaftiges Urteil' findet."[68] Ein völlig anderes Bild ergibt sich jedoch, wenn man Texte heranzieht, in denen sich Spuren der rituellen Praxis erhalten haben. Auch diese Texte spiegeln die historische Wirklichkeit freilich nicht mimetisch wider, sie

Fortune and the Passing of the Medieval Ordeal, The American Historical Review 84 (1979), 945–969, hier 969; Rebecca V. Colman, Reason and Unreason in Early Medieval Law, The Journal of Interdisciplinary History 4 (1974), 571–591.

64 Siehe die Literatur oben in Anm. 1.

65 Vgl. Carsten Dutt / Martial Staub, Zum Thema: Die Rückkehr der Wahrheit, Zeitschrift für Ideengeschichte 1 (2007), 4; Simon Blackburn, Kehrt die Wahrheit tatsächlich zurück?, Zeitschrift für Ideengeschichte 1 (2007), 5–20; Rainer Maria Kiesow / Dieter Simon (Hgg.): Auf der Suche nach der verlorenen Wahrheit. Zum Grundlagenstreit in der Geschichtswissenschaft, Frankfurt a. M./New York 2000; Richard J. Evans, Fakten und Fiktionen. Über die Grundlagen historischer Erkenntnis, Frankfurt a. M. 1998, Hans-Ulrich Wehler, Die Herausforderung der Kulturgeschichte, München 1998.

66 Tagungsbericht: Konflikte um Wahrheit, in: H-Soz-Kult, 05.09.2023, www.hsozkult.de/conferencereport/id/fdkn-138302 [letzter Zugriff 05.08.2024].

67 Auch in den beiden einschlägigen Konferenzen, die im Jahr 2021 an der Universität Münster unter den Titeln „Contesting truths. Wahrheitskonkurrenzen vom Mittelalter bis zur Gegenwart" bzw. „,Ich weiß nicht, wer wahr sagt, wer lügt'. Fake News und ihre kulturelle Aushandlung im europäischen Mittelalter" veranstaltet wurden, blieb das Gottesurteil als Technik der Wahrheitsproduktion unberücksichtigt. Siehe den Link zur Tagungsankündigung bzw. zum Tagungsbericht oben in Anm. 3.

68 Kirakosian 2012 (wie Anm. 60), 277.

haben jedoch eine andere Färbung als die normativen Textzeugen und ermöglichen somit ein differenziertes Bild. Im Spiegel dieser Texte zeigt sich nämlich, dass das Gottesurteil den Akteuren durchaus einen Deutungsspielraum ließ – selbst wenn es auf einer binären Differenzlogik fußte, dies sollte unser Fallbeispiel hinlänglich gezeigt haben.

Ein vielversprechender methodischer Ansatz, um derartige Fragen und Themenkomplexe zu bearbeiten und zu beantworten, wie sie hier skizziert wurden, wurde von Seiten der Wissenschaftsgeschichte vorgelegt. Die „Praxeologie der Wahrheit", wie sie von Bernhard Kleeberg und Robert Suter zugeschnitten wurde, setzt sich zum Ziel, die „Konstitutionsprozesse von Wahrheiten" zu analysieren, wobei sie einen dezidiert praxeologischen Ansatz verfolgt, der nicht von „idealtypisch gedachten Formen der Wahrheitsfindung"[69] ausgeht, sondern stattdessen nach den Praxisformen der Wahrheit fragt. Oder mit den Worten der beiden Forscher: „Deshalb erfolgt hier der Vorschlag, die Wahrheit praxeologisch zu untersuchen: im Sinne eines situativ gebundenen *doing truth*."[70]

Einer praxeologisch ausgerichteten Forschung geht es also nicht in erster Linie, um die – epistemologisch ebenso heikle wie umstrittene – Frage, was Wahrheit (eigentlich) sei, sondern vielmehr um die Frage nach dem Wie ihrer Feststellung, Erzeugung, Sichtung, Modellierung, Delegitimierung, kurzum die Frage nach dem *doing truth*, um erneut die Formulierung der beiden Konstanzer Forscher aufzugreifen.[71] Während erstere Frage vor allem eine epistemologische ist, ist zweitere eine genuin historische. Denn was sich im Diskurs als wahr oder falsch erweist, entscheidet sich an den historisch bedingten Konstituierungsbedingungen der Wahrheit. Mit anderen Worten ist an dieser Stelle historische Tiefenschärfe gefragt, sind die historisch arbeitenden Kulturwissenschaften aufgerufen, um der Kontextabhängigkeit und Prozesshaftigkeit der Normen und Praktiken der Wahrheitserzeugung bzw. des *doing truth* nachzuspüren. Bisher wurde die Herausforderung einer Historisierung der Wahrheitspraktiken aber vor allem für die Moderne und Postmoderne in Angriff genommen, die Vormoderne im Allgemeinen und das Mittelalter im Besonderen scheint eher am Rande thematisiert worden zu sein.[72]

69 Bernhard Kleeberg / Robert Suter, „Doing truth". Bausteine einer Praxeologie der Wahrheit, Zeitschrift für Kulturphilosophie 8 (2014), 211–226, hier 211.

70 Ebd., 213.

71 Vgl. Kleeberg / Suter 2014 (wie Anm. 69). Für ein Umdenken in der Wahrheitsfrage hat auch Achim Landwehr optiert: „Das Problem ist also nicht, ob es Wirklichkeit und Wahrheit gibt, sondern nur wie es sie gibt. Und dann wird man ebenso unzweifelhaft feststellen müssen, dass keine Form von Wahrheit existiert, die universale Geltung für sich nicht nur beanspruchen, sondern auch tatsächlich einlösen kann." Achim Landwehr, Rezension zu: Paravicini, Werner: Die Wahrheit der Historiker, München 2010, ISBN 978-3-486-70105-0, In: H-Soz-Kult, 05.04.2011, www.hsozkult.de/publicationreview/id/reb-15200 [letzter Zugriff 05.08.2024].

72 Dies zeigt etwa ein Blick auf die Publikationen der Erfurter Forschergruppe „Praxeologien der Wahrheit". Vgl. https://www.uni-er-

Es steht fernerhin zu vermuten, dass die Heuristik der Irritation eine Beobachtungschance für derartige Fragen, wie die hier aufgeworfenen, darstellt. Denn aus einer solchen Beobachtungsperspektive wird vieles sichtbar, was beim reibungslosen, routinisierten Prozessieren der Wahrheitspraktiken unreflektiert bleibt. Die Leistungsfähigkeit dieses Ansatzes wurde insbesondere durch die historische Ritualforschung demonstriert. Die Historikerin Barbara Stollberg-Rilinger hat die Beobachtungschance des Grenzfalls jüngst anhand von Ritualen deutlich gemacht: „Erst die Ausnahme macht die Regel überhaupt erkennbar. Oft veranlassen erst Regelverstöße die Akteure dazu, die zugrundeliegende Regel zu thematisieren, die sonst unausgesprochen und selbstverständlich ist. Erst ein Fehler bringt die Akteure dazu zu reflektieren, inwiefern dadurch die Wirkung des Rituals gefährdet oder zunichte gemacht worden sein könnte.“[73] Dies gilt *mutatis mutandis* auch für die Wahrheitsprozeduren im Allgemeinen und das Gottesurteil im Speziellen. Mit dieser Analyseeinstellung ist also nicht zuerst der alltägliche, reibungslose und damit unreflektierte Vollzug der Gottesurteile von Interesse; entscheidender sind diejenigen Situationen, in denen die Akteure die Funktionsweisen und Logiken selbst reflektieren. Man muss sich also nach Momenten umsehen, in denen Geltungsansprüche von Wahrheitspraktiken umstritten waren. Ein solcher Fall war sicherlich das Ordal von Arqa im April 1099 während des ersten Kreuzzugs. Freilich gibt es jedoch noch weitere Fallbeispiele, die hinsichtlich des hier anvisierten Fragenbündels relevant bzw. hinsichtlich der hier gewählten Methodik vielversprechend wären. Dies umzusetzen, bleibt indessen eine Aufgabe für zukünftige Studien.

furt.de/philosophische-fakultaet/forschung/forschungsgruppen/praxeologien-der-wahrheit [letzter Zugriff 05.08.2024]. Erst in den letzten Jahren wurden erste Arbeiten vorgelegt, die ausdrücklich vormoderne Techniken der Wahrheitsproduktion sowie konkurrierende Wahrheitsansprüche und Evidenzstrategien des Mittelalters untersuchen. Diese Arbeiten berücksichtigen jedoch weder das Ordal als Kulturtechnik der Wahrheitsproduktion noch nehmen sie Bezug auf die methodologischen Überlegungen der Erfurter Forschergruppe. Vgl. Oschema 2022 (wie Anm. 1), passim; Bubert 2022 (wie Anm. 1), passim; Ders. 2021 (wie Anm. 1), passim; Drews 2023 (wie Anm. 3), passim.

73 Barbara Stollberg-Rilinger, Rituale (Historische Einführungen 16), Frankfurt a.M. 2013, 211.

Schriftlichkeit und Mündlichkeit im frühneuzeitlichen Reichsprozess. Über ein pathologisiertes Komplementärverhältnis

Tobias Schenk

1. Zur Einführung: Wie Justitia Masch für Masch an ihrem Panzerhemd webt

Dass sich Recht im Handeln mit und in Sprache manifestiert,[1] dürfte unstrittig sein. Nicht nur aus geschichtswissenschaftlicher Sicht stellt sich allerdings die Frage, welcher Medien sich dieser Sprach- und Handlungsvollzug bedient. Mit Blick auf die Neuzeit reicht der bloße Verweis auf einschlägige Verfahrensgrundsätze kaum aus. „Die Parteien verhandeln über den Rechtsstreit vor dem erkennenden Gericht mündlich." So heißt es infolge der 1877 durch das Deutsche Reich eingeführten Mündlichkeitsmaxime noch heute in § 128 Absatz 1 der Zivilprozessordnung. Allerdings behaupten Spötter mit Blick auf eine prozessuale Aktenproduktion, die Kafkas kühnste Phantasien längst hinter sich gelassen hat,[2] es gehe vor Gericht weniger um Recht*sprechung* als um Recht*schreibung*.[3] Aus wissenssoziologischer Sicht hat die Akte jedenfalls ihre 1877 angefochtene Position als „Herzstück eines jeden Gerichtsverfahrens"[4] behauptet und *verkörpert* somit ein Spannungsfeld von Mündlichkeit und Schriftlichkeit, das jeder theoriegeleitete Zugang zu gerichtlicher Rechtsproduktion[5] zu reflektieren hat.[6]

1 Ekkehard Felder, Pragmatik des Rechts: Rechtshandeln mit und in Sprache, in: Ders. / Friedemann Vogel (Hgg.): Handbuch Sprache im Recht (Handbücher Sprachwissen 12), Berlin / Boston 2017, 45–66, hier 45.

2 Allein im Bundesland Nordrhein-Westfalen produzierte die ordentliche Gerichtsbarkeit 2009 rund 30 Regalkilometer Akten. Siehe: Landesarchiv Nordrhein-Westfalen (Hg.): Abschlussbericht der Projektgruppe „Archivierungsmodell Justiz", Düsseldorf 2009, 135.

3 Theo Rasehorn, Der Richter zwischen Tradition und Lebenswelt – Alternative Justizsoziologie, Baden-Baden 1989, 96.

4 Peter Stegmaier, Wissen, was Recht ist. Richterliche Rechtspraxis aus wissenssoziologisch-ethnografischer Sicht, Wiesbaden 2009, 196.

5 Im Folgenden wird vorausgesetzt, dass Recht vor Gericht entgegen juristischer Selbstbeschreibung nicht etwa gefunden, sondern in einem kommunikativen Prozess erzeugt wird. Hierzu: Benjamin Lahusen, Rechtspositivismus und juristische Methode. Betrachtungen aus dem Alltag einer Vernunftehe, Weilerswist 2011; vgl. mit Blick auf die heutige Verfassungsgerichtsbarkeit: Dieter Grimm, Die Historiker und die Verfassung. Ein Beitrag zur Wirkungsgeschichte des Grundgesetzes, München 2022, 32f.: „Verfassungsanwendung ist nicht bloß die Aufdeckung eines in der Norm schon immer deponierten Sinns. Der Sinn der Norm wird vielmehr im Prozess ihrer Anwendung zum größeren oder kleineren Teil erst konstituiert."

6 So auch: Cornelia Vismann, Akten. Medientechnik und Recht, 3. Aufl., Frankfurt am Main 2011, 17; als mediävistische Fallstudie: Gabriela Signori, Das Westfälische Femege-

Dies gilt nicht nur für die Gegenwart, sondern auch für die Vormoderne. Zu den ersten Chronisten des Aktenzeitalters, das in der Justiz mit der Rezeption des römischen Rechts anbrach, zählt François Rabelais, der seinem Richter Zäumegans um 1532 die Einschätzung in den Mund legte, ein Prozess reife und formiere sich in Gliedern,

> *welches die Sätz und Akten sind. [...] Denn ein Prozeß, wann er zur Welt kommt, scheint mir [...] unförmlich, roh und misgestalt. Wie ein junger neugeborener Bär weder Händ noch Füß, Haut, Haar, noch Haupt hat, nichts als ein roh unförmlich Stück Fleisch ist, dem die Bärinn durch Lecken erst die Glieder formiret [...], also seh ich [...] auch die Prozeß in ihrem Ursprung unförmlich ohn Glieder geboren werden; sind höchstens ein bis zwey Stuck daran, sind noch zur Zeit nur wüste G'schöpf. Erst wann sie brav in Massen sich fassen und Sack- und Stoßweis verpanzen lassen, kann man sie wahrhaft articulirt und formiret heissen. [...] Der Aktus zeugt ein neues Glied, dieß wieder eins, wie Masch für Masch das Panzerhemd gefertigt wird.*[7]

Mit welcher von Jahr zu Jahr wachsenden Hingabe Justitia an diesem Panzerhemd webte, sollte sich 1794 zeigen, als die Truppen der französischen Revolution vor den Toren der Reichsstadt Wetzlar standen, in der das Reichskammergericht ansässig war. Die zeitweilig anvisierte Evakuierung des Tribunals scheiterte am Umfang der Registratur, deren Gesamtgewicht auf rund 10.000 Zentner geschätzt wurde, zu deren Abtransport man etwa 1.000 Pferde benötigt hätte. So viele Tiere entsprachen dem Vorspann eines Armeekorpses und waren mitten im Krieg nirgends aufzutreiben, so dass Richter und Akten in Wetzlar ausharren mussten.[8]

In ihrer einstigen Materialität ist die Reichskammergerichtsregistratur nicht mehr erfahrbar, da sie im 19. Jahrhundert aufgeteilt wurde und sich heutigen Tags auf rund 50 Archive in Deutschland, Österreich, Frankreich, Belgien, Dänemark und Polen verteilt.[9] Wer einen Eindruck von den materialen Artefakten rechtlicher Kommunikation

richt im Spannungsfeld von Kommunikation und Interaktion, in: Jan Marco Sawilla / Rudolf Schlögl (Hgg.): Medien der Macht und des Entscheidens. Schrift und Druck im politischen Raum der europäischen Vormoderne (14.-17. Jahrhundert) (Historische Formationen Europas 5), Göttingen 2014, 103–121, hier 114: „Interaktion vor Ort war offenbar effizienter als alles Briefeschreiben."

7 François Rabelais, Gargantua und Pantagruel, Bd. 1, Leipzig 1832, 508–510.

8 Anbefohlenes unterthänigstes Gutachten sämmtlicher des Kaiserlichen Reichs-Kammergerichts Advokaten und Prokuratoren, die provisorische Verlegung des Gerichts und die Rettung des Archivs betreffend, vom 16.10.1794, publiziert in: Kaiserlich-Allergnädigstes Kommissionsdekret an die Hochlöbliche allgemeine Reichsversammlung zu Regensburg vom 09.03.1795, 22–29, Zahlenangaben ebd., 24. Zum Referenzwert von 1.000 Vorspannpferden für ein Armeekorps: Philipp Jakob Karrer, Tagebuch der vorgefallenen Hauptbegebenheiten in der Reichsstadt Memmingen und auf der dazu gehörigen Landschaft von der zwoten Hälfte des Jahrs 1796 bis zur Wiederherstellung des Friedens, o. O. 1797, 28.

9 Tabellarische Übersicht über die Verwahrorte der Prozessakten bei: Friedrich Battenberg / Bernd Schildt (Hgg.): Das Reichskammergericht im Spiegel seiner Prozessakten.

an frühneuzeitlichen Zentralgerichten gewinnen möchte, kann dies indes im Wiener Haus-, Hof- und Staatsarchiv tun. Auf drei Magazinetagen summieren sich dort die Akten und Protokolle des kaiserlichen Reichshofrats, der von der Mitte des 16. Jahrhunderts bis 1806 unter anderem als Zentralgericht des Heiligen Römischen Reiches fungierte,[10] zu mehr als einem Regalkilometer (Abb. 1).

Über die Hofburg hinaus lassen diese Dimensionen erahnen, in welch starkem Maße frühneuzeitliche Justizkollegien Rückhalt am Speicher- und Distanzmedium der Schrift fanden, um sachbezogene Entscheidungsprozesse gegenüber einem von mündlicher Anwesenheitskommunikation geprägten höfischen Umfeld auszudifferenzieren.[11] Am Ende der Frühen Neuzeit war die Akte zu einem Symbol des Rechtssystems avanciert, das nicht nur juristische Rationalitätsansprüche transportierte, sondern in Zeiten gewaltsamer Umstürze Hass auf sich zog. 1807 betrachtete der württembergische Spätaufklärer Johann Gottfried Pahl *die ungeheuern Pappiermassen, unter denen die Tribunale von Wien und Wetzlar begraben waren,*[12] neben den Reichsinsignien als eines der wichtigsten Symbole des untergegangenen Reiches und wollte sie eben deshalb dem Feuer überantworten. Und wie man bei Elias Canetti nachlesen kann, zählen Gerichtsgebäude auch in der Moderne noch immer zu den ersten staatlichen Einrichtungen, die bei Revolten mitsamt ihren Akten unter dem Jubel der Umstehenden in Flammen aufgehen.[13]

Bilanz und Perspektiven der Forschung (Quellen und Forschungen zur höchsten Gerichtsbarkeit im Alten Reich 57), Köln / Weimar / Wien 2010, 423–427.

10 Als Gesamtdarstellung weiterhin: Oswald von Gschließer, Der Reichshofrat. Bedeutung und Verfassung, Schicksal und Besetzung einer obersten Reichsbehörde von 1559 bis 1806 (Veröffentlichungen der Kommission für neuere Geschichte des ehemaligen Österreich 33), Wien 1942; zur Frühphase nunmehr: Eva Ortlieb, Kaiserlicher Hofrat und kaiserliche Herrschaft unter Karl V. (1520–1556). Ein Beitrag zur Geschichte des Reichshofrats (Quellen und Forschungen zur höchsten Gerichtsbarkeit im Alten Reich 79), Köln / Weimar / Wien 2024.

11 Hierzu Rudolf Schlögl, Anwesende und Abwesende. Grundriss für eine Gesellschaftsgeschichte der Frühen Neuzeit, Konstanz 2014, 263–278.

12 Johann Gottfried Pahl, Betrachtungen eines Teutschen, in: Ders. (Hg.): Chronik der Teutschen, Nr. 19, 13. Mai 1807, 147–149, hier 148. Pahl war nicht der einzige Spätaufklärer, der davon träumte die Akten der Reichsgerichte zu verbrennen. Siehe etwa: Hans Deutschmann [Hans von Held], Patriotenspiegel für die Deutschen in Deutschland. Ein Angebinde für Bonaparte bey seiner Kaiserkrönung, Teutoburg 1804, 82: *Das heilige römische Reich deutscher Nation, samt den Nahmen Kayser, Churfürst, Landgraf, Reichsfürst, Herzog, Reichsstädte etc. mag verschwinden, wenn nur aus dem Staube, oder noch lieber, aus der Asche seiner Reichstags- und Cammergerichtsacten und seiner zahllosen Hausarchive ein Germanien, ein fester, durch Nothwendigkeit und gleiches Interesse geschützter Bund von fünf oder sechs großen germanischen Regenten hervorgeht.* Zu dieser Schrift: Anna Joisten, „Vor den Richterstuhl der Zeitgenossen und der öffentlichen Meynung". Der Fall des preußischen Staatsdieners und Spätaufklärers Hans von Held (Neue Forschungen zur schlesischen Geschichte 32), Wien / Köln 2023, 428–434.

13 Siehe dessen Bericht über den Brand des Wiener Justizpalastes und seiner Akten im Jahr 1927: Elias Canetti, Die Fackel im Ohr. Lebensgeschichte 1921–1931 (Gesammelte Werke 8), München 2015, 231.

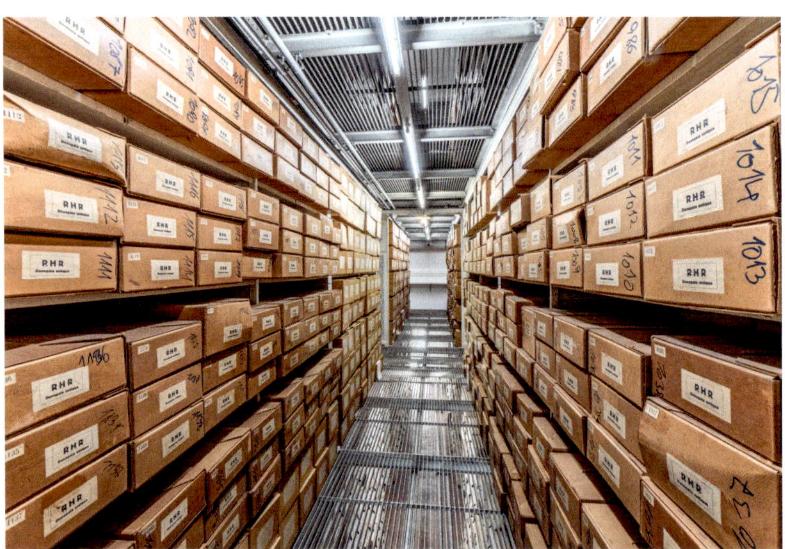

Abb. 1: Reichshofratsakten im Magazin des Wiener Haus-, Hof- und Staatsarchivs.

2. Prozessakten als interdisziplinäre Herausforderung

Die einleitende Tour d'Horizon deutet an, vor welchen Aufgaben eine interdisziplinäre Forschung zum Recht mit Blick auf die vor einem halben Jahrtausend einsetzende und noch immer andauernde Evolution des Aktenzeitalters in der Justiz steht. Zunächst müsste es darum gehen, auf hilfswissenschaftlich abgesichertem Fundament theoriegeleitete Perspektiven auf die Funktion von Akten für die Rechtsproduktion neuzeitlicher Gerichte zu entwickeln. Epochenübergreifend liegt nämlich noch immer keine Aktenkunde der Justiz vor, und auch hinsichtlich der Archivbestände von Reichskammergericht und Reichshofrat ist das Gefälle zwischen Erschließung und aktenkundlicher Durchdringung mittlerweile unübersehbar geworden.[14]

Auf methodisch derart dünnem Eis fällt es zwangsläufig schwer, in der empirischen Arbeit jenen Positivismus zu überwinden, der all die brüchig gewordenen Fortschrittsnarrative trug, denen die Erforschung der frühneuzeitlichen Reichsgerichte über Jahrzehnte hinweg verpflichtet war.[15] Eine ‚neue' Geschichte frühneuzeit-

14 Hierzu Tobias Schenk, Unbeobachtet vorübergegangen? Gerichtliches Entscheiden im Spiegel der genetischen Aktenkunde, in: Josef Bongartz / Alexander Denzler / Carolin Katzer / Stefan Andreas Stodolkowitz (Hgg.): Feder und Recht. Schriftlichkeit und Gerichtswesen in der Vormoderne (bibliothek altes Reich 39), Berlin / Boston 2023, 313–343.

15 Kritik am Forschungsstand bei: Anja Amend-Traut / Nils Jörn / Tobias Schenk, Zentralgerichtsbarkeit im Heiligen Römi-

licher Rechtserzeugung wird sich schließlich nicht damit begnügen können, große Erzählungen als unterkomplex vom Tisch zu wischen. Sie wird die Scheuklappen etablierter Epochenschranken ablegen und eine *andere* Geschichte der Gegenwart erzählen müssen.[16] Wie anderen Orts ausgeführt wurde, fänden Geschichtswissenschaft, Jurisprudenz und Soziologie in einer systemtheoretisch konzipierten Organisationssoziologie das hierfür notwendige Instrumentarium.[17] Als Kommunikationstheorie dürfte ein solcher Zugang auch gegenüber der Sprachwissenschaft anschlussfähig sein[18] und das Prozessschriftgut von Reichskammergericht und Reichshofrat einer Linguistik des Entscheidens[19] zugänglich machen können.

Gegenüber einer gelegentlich freischwebenden Praxeologie ist jedenfalls darauf zu insistieren, dass kritische Zugänge zum Medium der Prozessakte als einem materialen Artefakt rechtlicher Kommunikation weder bei den Parteien noch gar bei der Gesellschaft, sondern bei der Gerichtsorganisation als jener Strukturbildung anzusetzen haben, die die Akte einst anlegte. Problematisieren lässt sich die in diesem Medium verkörperte Selbstreferenz rechtlicher Kommunikation nämlich nur, wenn man sie auch ernst nimmt und epochenspezifische System-Umwelt-Differenzierungen präzise vermisst. Denn die „Vielzahl und Verschiedenartigkeit der Kommunikationen, zu denen Rechtsfälle und ihre besonderen Probleme Anlaß geben, repräsentieren als solche nicht etwa die Umwelt des Systems. Rechtsfälle und darauf bezogene Kommunikationen gibt es nur im System für das System“.[20] Dies gilt nicht nur für die

schen Reich Deutscher Nation in transnationaler Perspektive, in: Zeitschrift für Neuere Rechtsgeschichte 45 (2023), 97–126, insb. 114–126.

16 So auch: Philip Hoffmann-Rehnitz / Matthias Pohlig / Tim Rojek / Susanne Spreckelmeier, Semantiken und Narrative des Entscheidens vom Mittelalter bis zur Gegenwart. Konzeptionelle Grundlagen und historische Entwicklungslinien, in: Dies. (Hgg.): Semantiken und Narrative des Entscheidens vom Mittelalter bis zur Gegenwart (Kulturen des Entscheidens 4), Göttingen 2021, 9–66, hier 41.

17 Als Klassiker der Organisationssoziologie weiterhin grundlegend: Niklas Luhmann, Funktionen und Folgen formaler Organisation. Mit einem Epilog 1994, 4. Aufl., Berlin 1995; vgl. Veronika Tacke / Thomas Drepper, Soziologie der Organisation, Wiesbaden 2018. Zur Anwendbarkeit organisationssoziologischer Instrumentarien auf frühneuzeitliche Gerichte am Beispiel des Reichskammergerichts: Rena Schwarting, Organisationsbildung und gesellschaftliche Differenzierung. Empirische Einsichten und theoretische Perspektiven, Wiesbaden 2020; vgl. mit Blick auf den Reichshofrat: Tobias Schenk, Actum et judicium als analytisches Problem der Justizforschung. Interdisziplinäre Perspektiven auf kollegiale Entscheidungskulturen am Beispiel des kaiserlichen Reichshofrats (Schriftenreihe der Gesellschaft für Reichskammergerichtsforschung 51), Wetzlar 2022, 23–27; Ders., Isomorphie und entgrenzte Informalität in der frühneuzeitlichen Reichsjustiz. Der Reichshofrat im Interaktionssystem des Kaiserhofes, Frühneuzeit-Info 33 (2022), 89–116.

18 Für einen Brückenschlag zwischen Systemtheorie und Linguistik plädierte jüngst: Walther Kindt, Wege zu einer erklärungsorientierten Linguistik im systemtheoretischen Paradigma. Grundlagentheoretische Untersuchungen (Sprache – System und Tätigkeit 74), Berlin 2021.

19 Anregungen bietet: Katharina Jacob, Linguistik des Entscheidens. Eine kommunikative Praxis in funktionalpragmatischer und diskurslinguistischer Perspektive (Sprache und Wissen 27), Berlin / Boston 2017.

20 Niklas Luhmann, Das Recht der Gesellschaft, 8. Aufl., Frankfurt am Main 2020, 374f.

Gegenwart, sondern in epochenspezifischer Weise auch für eine Frühe Neuzeit, in der die Rechtserzeugung durch Juristenfakultäten, Reichsgerichte und territoriale Obergerichte im Zuge ihrer Verwissenschaftlichung bereits wichtige Impulse zu kommunikativer Schließung empfangen hatte.[21] Die Tatsache, dass diese Verwissenschaftlichung die Ebene der Niedergerichtsbarkeit (und damit das Gros der Bevölkerung) vielerorts noch im 18. Jahrhundert kaum erfasst hatte,[22] mindert das analytische Potential dieses Top-Down-Prozesses in keiner Weise, so lange man ihn als solchen erkennt und behandelt.

Der Hinweis auf System-Umwelt-Differenzierungen erteilt einer konsequenten Verknüpfung von Organisations- und Gesellschaftsanalyse nicht etwa eine Absage, sondern bereitet ihr das notwendige Fundament. Selbstverständlich stellt sich die Frage, wie das Speicher- und Distanzmedium der Schrift mit den sozialen Normen frühneuzeitlicher „Präsenzkultur"[23] harmonierte, und es spricht nichts dagegen, dieses Forschungsproblem durch eine pragmatische Kombination von Angeboten der System- und Praxistheorie zu bearbeiten.[24] Eine Integration praxeologischer Instrumente liegt vor allem deshalb nahe, weil die Selbstbeschreibung des neuzeitlichen Rechtssystems durch eine besonders ausgeprägte Intellektualisierung und Entkörperlichung gerichtlicher Praxis gekennzeichnet ist.[25]

Eine Fremdbeschreibung[26] müsste deshalb auch die Materialität von Akten ernstnehmen und deren Dinglichkeit analytisch mit der Offenlegung von Praktiken verbinden, auf die eine stratifizierte Gesellschaft zurückgriff, um sich die vielfältigen Zumutungen organisierter Rechtserzeugung erträglich zu machen. Da diese Zumutungen maßgeblich mit der Bindewirkung von Schrift zusammenhingen, wäre gezielt nach Artefakten einer informalen Mündlichkeit zu fahnden, die in den prozessualen

21 Nils Jansen, Recht und gesellschaftliche Differenzierung. Fünf Studien zur Genese des Rechts und seiner Wissenschaft, Tübingen 2019, 27–79.

22 Schlaglichtartig verdeutlichen dies etwa die Konflikte um die Allmendenutzung, zu denen es im 18. Jahrhundert in der Oldendorfer Mark (Fürstbistum Osnabrück) kam. Während das mündlich prozedierende lokale Holzgericht allein in den 1740er Jahren rund 650 Delikte verhandelte, gelangten während des gesamten Jahrhunderts nur 25 Streitfälle vor territorialstaatliche Instanzen. Siehe Annika Schmitt, Naturnutzung und Nachhaltigkeit. Osnabrücker Markenwirtschaft im Wandel (1765–1820) (Westfalen in der Vormoderne 23), Münster 2015, 191.

23 Barbara Stollberg-Rilinger, Des Kaisers alte Kleider. Verfassungsgeschichte und Symbolsprache des Alten Reiches, München 2008, 299–305.

24 Hierzu ausführlich: Tobias Schenk, Praktiken funktionaler Differenzierung am kaiserlichen Reichshofrat. Ein Beitrag zur Evolution des Aktenzeitalters in der Justiz, in: Franziska Neumann / Matthias Pohlig / Hannes Ziegler (Hgg.): Vormoderne Organisationen. Anfänge, Funktionen, Folgen, Berlin 2025 (im Druck).

25 Hierzu André Kieserling, Selbstbeschreibung und Fremdbeschreibung. Beiträge zu einer Soziologie des soziologischen Wissens, Frankfurt a.M. 2004, 56–57; Bruno Latour, Die Rechtsfabrik. Eine Ethnographie des Conseil d'État, Konstanz 2016, 90, 110.

26 Zum Verhältnis von Selbst- und Fremdbeschreibung sozialer Systeme: Niklas Luhmann, Organisation und Entscheidung, 2. Aufl., Wiesbaden 2006, 417–443.

„Verfahrensgeschichten",[27] die das Gericht sich selbst und seinen Umwelten erzählte, invisibilisiert wurde. Es geht folglich nicht um die wahllose Beobachtung irgendwelcher Praktiken, sondern um die Vermessung in*formaler* Strukturbildungen, die stets in Beziehung zu der durch Akte und Protokoll verbürgten Formalität gerichtlicher Rechtserzeugung zu setzen sind. Den Dreh- und Angelpunkt einer solchen Fremdbeschreibung müssten deshalb die Aktenpraktiken juristischer Experten bilden, deren „Normativitätserzeugungswissen"[28] zwischen den sozialen Normen der Umwelt und den Rechtsnormen der Gerichtsorganisation vermittelte.[29]

Im Folgenden soll skizziert werden, mit welchen Strukturbildungen sich ein solches Vorhaben auseinanderzusetzen hätte. Hierzu werden zunächst die vorprozessuale Streitaufbereitung und die formale Funktion der Akte im schriftlichen Verfahren der Reichsgerichte beschrieben, um sodann informale Kontaktsysteme[30] zu vermessen, über die das Gerichtspersonal in Face-to-Facekommunikation mit seiner sozial stratifizierten Umwelt die Folgeprobleme anlaufender funktionaler Differenzierung bearbeitete. Auf dem Weg zu einer Dekonstruktion überkommener rechtshistorischer Fortschrittsnarrative verdienen diese Systeme auch deshalb besondere Aufmerksamkeit, weil deren bereits im 18. Jahrhundert einsetzende Diskursivierung den Übergang zur Mündlichkeitsmaxime legitimierte, die längst an ihrem Anspruch gescheitert ist, die wissenssoziologischen Aporien kollegialgerichtlichen Entscheidens aus der Welt zu schaffen. Beschließen wird den Beitrag ein Ausblick auf ein geplantes Projekt zur Digitalisierung der Reichshofratsprotokolle, die nicht nur innovative prozedurale Analysen gerichtlichen Entscheidens, sondern auch linguistische Studien zur Evolution juristischer Fachsprache in einem Zeitraum von rund 250 Jahren ermöglichen würde.

3. *Kein latheiner bin ich nicht:* zur Verknappung der sprechenden Subjekte vor Gericht

Große Hilflosigkeit[31] registrierte Gerichtsreporterin Gabriele Tergit 1925 im Kriminalgericht Moabit: *Vorn auf dem Richtertisch türmen sich die Akten, blaue Deckel,*

27 Begriff nach: Niklas Luhmann, Legitimation durch Verfahren, 11. Aufl., Frankfurt a. M. 2019, 43–45.

28 Begriff nach: Thomas Duve, Rechtsgeschichte als Geschichte von Normativitätswissen?, Rechtsgeschichte – Legal History 29 (2021), 41–68, hier 58–59; daran anschließend: Tobias Schenk, Normativitätserzeugungswissen am kaiserlichen Reichshofrat. Überlegungen in interdisziplinärer Absicht, in: Thomas Duve / Peter Oestmann (Hgg.): Normativitätswissen (EViR Working Papers), Münster 2024 (im Druck).

29 Mit Heinrich Popitz wird im Folgenden davon ausgegangen, dass Rechtsnormen im Vergleich zu sozialen Normen über das Alleinstellungsmerkmal einer Zentralinstanz verfügen, „die eine angebbare Reihe von sozialen Normen kraft *alleiniger* Sanktionsgewalt" schützt. Siehe Heinrich Popitz, Soziale Normen, Frankfurt a. M. 2006, 70.

30 Begriff nach: Luhmann 2019 (wie Anm. 27), 75–81.

31 Gabriele Tergit, Vom Frühling und von der Einsamkeit. Reportagen aus den Gerichten, Frankfurt a. M. 2020, 44, hiernach auch das folgende Zitat.

grüne Deckel, rosa Deckel, türmen sich die Gesetzbücher. Dahinter sitzen fünf Männer, drei im Talar, dazu noch Staats- und Rechtsanwalt. Aber keiner weiß etwas auf diese in einem höchst kindlichen Ton vorgetragene Rede [des Angeklagten] zu erwidern. Aus soziologischer Perspektive beschreibt Tergit jene „Verknappung [...] der sprechenden Subjekte",[32] die mit der kommunikativen Schließung eines gesellschaftlichen Funktionssystems und der Ausbildung einer eigenen Fachsprache zwangsläufig einhergeht. Von da an gilt mit Foucault: „Niemand kann in die Ordnung des Diskurses eintreten, wenn er nicht gewissen Erfordernissen genügt, wenn er nicht von vornherein dazu qualifiziert ist."

Anhand der materialen Artefakte einer in den 1660er Jahren gescheiterten Nutzung des Reichshofrats lässt sich dieses Phänomen beobachten. Laut Sitzungsprotokoll hatten sich die Reichshofräte 1666 mit einem Schriftsatz zu befassen, den der Prozessführer Laurenz Schedel aus Esslingen selbst verfasst und eingereicht hatte: *Schädel contra Eßlingen sub praesentato 16 hujus exhibet allerunderthenigste replicirung mit Beylag A et B. Idem sub praesentato 19 hujus urget resolutionem erstgedachter replicirung.* Das Kollegium weigerte sich jedoch, auf Grundlage des formlosen Vorbringens eine Entscheidung zu treffen: *Wirdt Supplicant förmblich anruffen und seine schrifften durch den Agenten Dummer, der ihm ex officio zugeordnet ist, underschreiben lassen, so erfolgt ferner bescheidt* (Abb. 2, rechte Seite unten).

Über seine mangelnde Qualifikation war sich Schedel selbst im Klaren. Noch 1669 ließ er die Mitglieder des Reichshofrats in mühsam aufs Papier gezwungener Schrift wissen, dass ihm die Arbeit seines Agenten nicht ganz geheuer sei: *Waß aber mein Agent hatt aufgesetzt, zwar aber hab ich es nicht geleßen, dan vil lateinisch darinnen, und hoch teutsch ist es gesetzt, kein latheiner bin ich nicht. Rechtsachen versteh ich auch nicht. Zwar veracht ich meineß Agenten seine schriften auch nicht. Und hab meinem Agenten befolen, daß er mir keinen ain[z]igen puncte außlaß.*[33] Ob ihm die Reichshofräte *um die heiligste fünf Wunden Jesu Christi* willen nicht einfach helfen könnten? Im Gegenzug versprach Schedel, bis ans Ende seiner Tage für das Seelenheil der reichshofrätlichen Magnifizenzen zu beten – doch Justitia verschlug es die Sprache.

Schlaglichtartig verdeutlicht Schedels Hilflosigkeit, welchen Grad die Selbstreferenz rechtlicher Kommunikation in der zweiten Hälfte des 17. Jahrhunderts bereits erreicht hatte. Während Teile der Geschichtswissenschaft „nur noch listige Untertanen"[34] sehen wollen, „die souverän auf der institutionellen Klaviatur von Gerichten

32 Michel Foucault, Die Ordnung des Diskurses, 15. Aufl., Frankfurt a.M. 2019, 26, ebd. auch das folgende Zitat.

33 Österreichisches Staatsarchiv, Abteilung Haus-, Hof- und Staatsarchiv (nachfolgend ÖStA HHStA), RHR, Antiqua, K. 750, Nr. 3, Bl. 95.

34 So die treffende Kritik von: Stefan Brakensiek, Erfahrungen mit der hessischen Policey- und Niedergerichtsbarkeit des 18. Jahrhunderts. Zugleich ein Plädoyer für eine Geschichte des Gerichtspersonals, in: Paul Münch (Hg.): „Erfahrung" als Kategorie der Frühneuzeitforschung (Historische Zeitschrift. Beihefte. Neue Folge 31), München 2001, 349–368, hier 361.

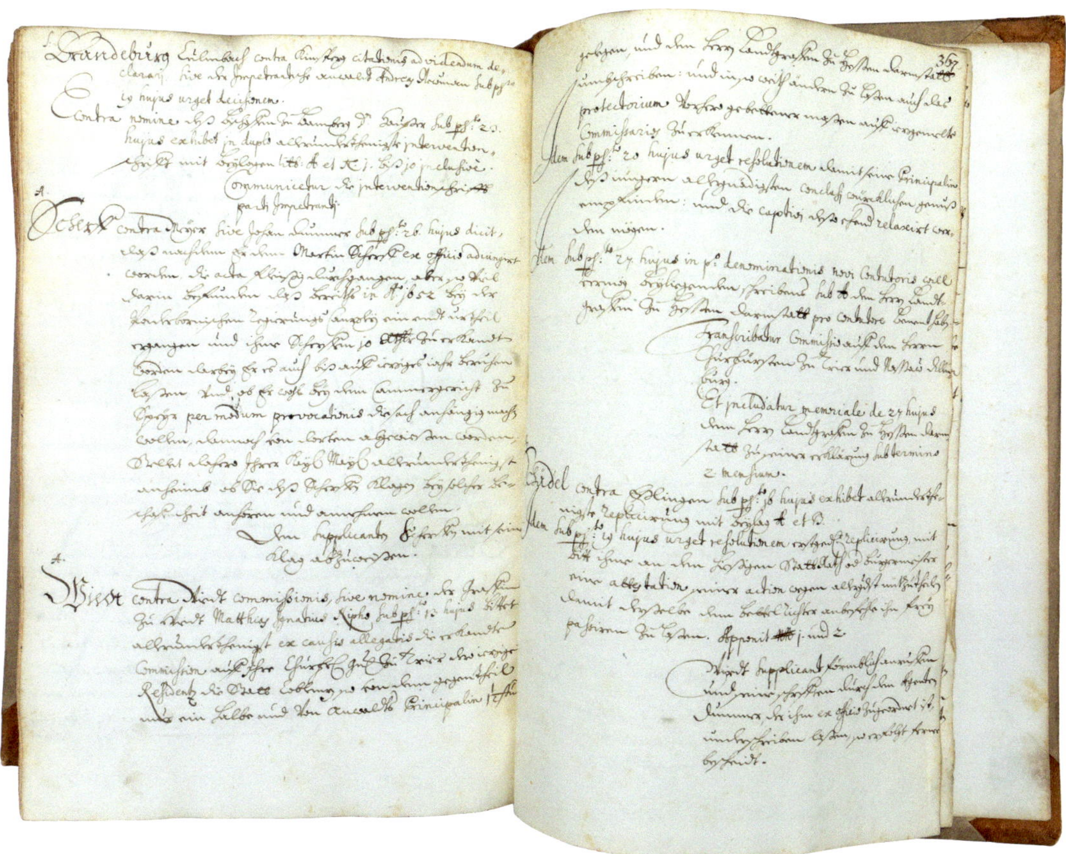

Abb. 2: ÖStA HHStA, RHR, Resolutionsprotokolle, Bd. XVII/225, Bl. 367.

und Behörden spielen“, tut man deshalb gut daran, sich an Max Weber zu halten und mit Blick auf die Rezeption des römischen Rechts von einer sukzessiven Entfremdung von Gesellschaft und Justiz auszugehen.[35] Damit soll nicht behauptet werden, es ließen sich in der frühneuzeitlichen Gesellschaft keine Aneignungsprozesse beobachten, die über den Kreis studierter Juristen hinaus zu unterschiedlichsten Formen von Legal Literacy[36] führten. Gefragt waren solche Wissensbestände jedoch nur des-

35 Max Weber, Wirtschaft und Gesellschaft. Die Wirtschaft und die gesellschaftlichen Ordnungen und Mächte. Nachlaß, Teilband 3: Recht. Studienausgabe der Max-Weber-Gesamtausgabe, Tübingen 2014, 144.

36 Mia Korpiola (Hg.): Legal Literacy in Premodern European Societies (World Histories of Crime, Culture and Violence), Cham 2019; vgl. mit Blick auf den Reichshofrat: Werner Troßbach, Frühstück im „Blauen Mondschein“. Lern- und Kommunikationsprozesse im Spannungsfeld zwischen Dorfgemeinden und Reichsgerichten (1550–1790), in: Constanze Engel u. a. (Hgg.): Development – Organization – Interculturalism. Essays in Honor of Prof. Dr. Michael Fremerey, Kassel 2009, 85–99.

halb, weil sich vor Gericht eine die Laien „entmündigende Expertenherrschaft“[37] bereits entfaltet hatte.

Bei der Lektüre reichsgerichtlicher Prozessakten ist zu berücksichtigen, dass sich diese Entmündigung nicht erst in der Verfahrensgeschichte, sondern schon in der Phase „vorprozessualer Streitaufbereitung“[38] geltend machte, mit der ein sozialer Konflikt in einen gerichtlich entscheidbaren Rechtsfall transformiert wurde. Maßgeblich gesteuert wurde diese Komplexitätsreduktion, derer Gerichte im Verkehr mit ihrer Umwelt ebenso bedürfen wie jede andere Organisation,[39] durch einen Anwaltsstand, der sich im Gegensatz zur Gegenwart in Advokaten und Prokuratoren bzw. Agenten gliederte.[40] Während erstere meist in räumlicher Nähe zu den Parteien die Schriftsätze verfassten, oblag es letzteren, diese Schriftsätze nach vorangegangener formaler Prüfung bei Gericht einzureichen. Die Mitwirkung der Parteien an dieser Kommunikation beschränkte sich in aller Regel (jedenfalls formal) auf die Unterschrift unter der Agentenvollmacht.

Jenen Teilen der Geschichtswissenschaft, die das in den Prozessakten dokumentierte Parteivorbringen in die Nähe von Ego-Dokumenten rücken, um in unreflektierter Anlehnung an postmoderne Subjektivierungsdiskurse in die Psyche der Prozessführer*innen vorzudringen, möchte man deshalb mit Heinrich von Kleist zurufen: *Nichts seht ihr, mit Verlaub, die Scherben seht ihr.*[41] Wer von der Selbst- zur Fremdbeschreibung des neuzeitlichen Rechtssystems und seiner Semantik gelangen will, kann nicht von den Parteien sprechen, *bevor* die Verknappung der schreibenden Subjekte auf juristische Experten einer sorgfältigen Analyse unterzogen wurde. Dies gilt für die Gegenwart,[42] und es gilt in noch stärkerem Maße für die Frühe Neuzeit.

Im Epochenvergleich ist zunächst die gemeinrechtliche Schriftlichkeitsmaxime zu berücksichtigen, der zufolge das Verfahren beider Reichsgerichte keine mündliche Verhandlung umfasste, weil die Entscheidung auf der Akte als formal einziger Erkenntnisgrundlage beruhen sollte.[43] Interaktion zwischen Parteien und Richtern

37 Ivan Illich, Entmündigende Expertenherrschaft, in: Ders. (Hg.): Entmündigung durch Experten. Zur Kritik der Dienstleistungsberufe, Reinbek bei Hamburg 1979, 7–35.

38 Hierzu mit Blick auf die Gegenwart: Oskar Hartwieg, Sachverhaltsarbeit als Steuerungsinstrument im Zivilprozeß. Ein entscheidungstheoretischer Versuch (Beiträge zu Grundfragen des Rechts 2), Göttingen 2010, 27f.

39 Luhmann 2006 (wie Anm. 26), 39–80.

40 Anette Baumann, Advokaten und Prokuratoren. Anwälte am Reichskammergericht (1690–1806) (Quellen und Forschungen zur höchsten Gerichtsbarkeit im Alten Reich 51), Köln / Weimar / Wien 2006; Thomas Dorfner, Mittler zwischen Haupt und Gliedern. Die Reichshofratsagenten und ihre Rolle im Verfahren (1658–1740) (Verhandeln / Verfahren / Entscheiden – Historische Perspektiven 2), Münster 2015.

41 Heinrich von Kleist, Der zerbrochne Krug. Studienausgabe, 3. Aufl., Stuttgart 2011, 34.

42 Hans-Georg Soeffner, Strukturanalytische Überlegungen zur gerichtlichen Interaktion, in: Ders. / Ehrhardt Cremers (Hgg.): Interaktionstyp „Recht-Sprechen“, Hagen 1988, 7–51, hier 20.

43 Peter Oestmann, Art. Prozess, gemeiner, in: Handwörterbuch zur deutschen Rechtsgeschichte, 2. Aufl., 28. Lieferung, Berlin 2020, 875–878, hier 877. Auf das mündliche Verfahrenselement der Audienz, das nicht mit einer mündlichen Verhandlung zu verwech-

war in einem solchen System also nicht vorgesehen, so dass dem Gericht keinerlei kommunikatives Korrektiv gegenüber der von den Anwälten schriftlich geleisteten Komplexitätsreduktion zu Gebote stand. Dabei sollte die Verflechtung zwischen Richtern und Prokuratoren bzw. Agenten allerdings nicht übersehen werden.

Noch heute unterliegen Anwälte im Verkehr mit den Richtern einem „Gesetz des Wiedersehens“[44] und leisten für das Gericht „unbezahlte zeremonielle Arbeit“.[45] Mit Blick auf die Vormoderne muss jedoch von einer wesentlich höheren Interessenkongruenz zwischen Richtern und Prokuratoren bzw. Agenten ausgegangen werden. Letztere waren nämlich nicht etwa in einer Anwaltskammer als einer Körperschaft des öffentlichen Rechts organisiert, sondern unterlagen der Disziplinaraufsicht des Gerichts, sind also dessen Mitgliedern zuzurechnen.[46] Nimmt man hinzu, dass die Gerichtsorganisation als Subsystem eines Rechtssystems anzusprechen ist, dessen kommunikative Schließung gegenüber seiner höfischen Umwelt noch längst nicht abgeschlossen war, muss davon ausgegangen werden, dass frühneuzeitliche Prozesspraxis bereits in der Phase der Streitaufbereitung durch eine besonders stark ausgeprägte Vermachtung rechtlichen Wissens gekennzeichnet war (Abb. 3).

Darüber hinaus ging das Vordringen von Anwälten mit einer erheblichen Kommodifizierung des Rechts einher.[47] Mit der „brutale[n] Tatsache der universellen Reduzierbarkeit auf die Ökonomie“[48] haben Selbstbeschreibungen bekanntlich ihre Probleme. In den häufig wiederholten Verordnungen, welche die mit ihren Mandanten nach der Zahl beschriebener Bögen abrechnenden Agenten dazu anhielten, überflüssige Allegationen zu unterlassen und kein allzu dreistes Spiel mit Schriftgröße und Zeilenabstand zu betreiben,[49] schimmert der schnöde Mammon indes unübersehbar durch. Als symbolisch generalisierte Erfolgsmedien[50] schrieben Macht und Geld an der von juristischen Experten betriebenen Transformation sozialer Konflikte

seln ist, sondern lediglich der Verkündung von Urteilen und der Einreichung von Schriftsätzen diente, wird hier aus Platzgründen nicht näher eingegangen. Zur Audienz am Reichskammergericht: Anette Baumann, Visitationen am Reichskammergericht. Speyer als politischer und juristischer Aktionsraum des Reiches (1529–1588) (bibliothek altes Reich 24), Berlin / Boston 2018, 73–80.

44 Niklas Luhmann, Der neue Chef, 2. Aufl., Berlin 2016, 61.

45 Luhmann 2019 (wie Anm. 27), 114.

46 Dorfner 2015 (wie Anm. 40), 45–80.

47 Zu Gabentausch und Korruption am Reichshofrat: Tobias Schenk, Der Reichshofrat im Spannungsfeld von Zweck-Mittel-Rationalität und Korruption. Praxeologische Betrachtungen zur Kommodifizierung des Rechts in der Frühen Neuzeit, in: Josef Bongartz / Alexander Denzler / Carolin Katzer / Stefan Andreas Stodolkowitz (Hg.): Beschleunigung und Effizienzbemühungen im Gerichtswesen der Vormoderne (in Vorbereitung).

48 Pierre Bourdieu, Ökonomisches Kapital – Kulturelles Kapital – Soziales Kapital, in: Ders., Die verborgenen Mechanismen der Macht (Schriften zu Politik & Kultur 1), Hamburg 2015, 49–79, hier 71.

49 Verwiesen sei lediglich auf den Gemeinen Bescheid des Reichshofrats vom 14.05.1763, abgedruckt bei Peter Oestmann (Hg.): Gemeine Bescheide, Teil 2: Reichshofrat 1613–1798 (Quellen und Forschungen zur höchsten Gerichtsbarkeit im Alten Reich 63/2), Köln / Weimar / Wien 2017, 397–400.

50 Hierzu: Niklas Luhmann, Die Gesellschaft der Gesellschaft, 11. Aufl., Frankfurt am Main 2021, 316–396.

Abb. 3: Im Rahmen interdisziplinärer Studien zu vorprozessualer Streitaufbereitung gerieten neben Agenten/Prokuratoren und Advokaten auch die kaiserlichen Notare in den Blick. Deren in den Reichshofratsakten zahlreich überlieferte Signets stellen einen noch weithin unerforschten Bestandteil von Semantik und Semiotik vormoderner städtischer Rechtskulturen dar. Abgebildet ist das Signet des Nürnberger Notars Johann Philipp Leisner aus dem Jahr 1701. ÖStA HHStA, RHR, Antiqua, K. 1014, Nr. 1, Bl. 432.

in Rechtsfälle jedenfalls in einem Maße mit, das in weiten Teilen der Rechtsgeschichte nicht einmal ansatzweise reflektiert wird.[51]

Demgegenüber hätte eine theoriegeleitete Erforschung aktenmäßiger Verfahrensgeschichten bei der Frage anzusetzen, welche Teile der Gesellschaft faktisch über Zugang zu jenen juristischen Experten verfügten, ohne deren Wissen der Zugang zum Verfahren (und damit zum Recht) nicht zu erlangen war. Schließlich waren die Nutzer von Reichskammergericht und Reichshofrat in sozialer Hinsicht durch eine extreme Spreizung gekennzeichnet, die vom einfachen Untertanen bis zum Reichsfürsten

51 Keine Regel ohne Ausnahme: Ulrich Falk, Consilia. Studien zur Praxis der Rechtsgutachten in der frühen Neuzeit, Frankfurt a.M. 2006. Vgl. nunmehr auch: Katharina Pistor, Der Code des Kapitals. Wie das Recht Reichtum und Ungleichheit schafft, Berlin 2023.

reichte.[52] Die Tatsache, dass die Nutzung durch reichsmittelbare Personen prinzipiell möglich war, darf nicht zu der Fehleinschätzung verleiten, es habe auch de facto jedermann über Zugang zum Recht verfügt. Vielmehr sind im gezielten Rückgriff auf Komplementärüberlieferungen jene filternden Praktiken kenntlich zu machen, die gerichtlicher Aktenbildung unmittelbar vorgelagert waren. Gelingen kann dies nur, wenn diese Praktiken auf der informalen Hinterbühne des Gerichts verortet und somit in Beziehung zu dessen formaler Organisation gesetzt werden. Unabhängig vom jeweiligen disziplinären Hintergrund ist eine gründliche Auseinandersetzung mit der Funktion der Akte in den operativen Strukturen des Gerichts deshalb unerlässlich.[53]

4. Grundsätzliches zur Aktenkenntnis in frühneuzeitlichen Kollegien und zur Schlüsselposition des Berichterstatters

Ob nun auf Ebene des Reiches oder seiner Territorien: Wer mit Blick auf die Frühe Neuzeit von gelehrter Rechtserzeugung spricht, meint in der Regel keine Einzelrichter, sondern Kollegien. Allerdings sind die rechts- und geschichtswissenschaftlichen Defizite bei der Erforschung kollegialer Entscheidungsprozesse epochenübergreifend gravierend.[54] Woran es vor allem fehlt, sind prozedural angelegte, über das Prozessrecht hinausgehende Analysen, die von der organisationssoziologischen Einsicht in die Nichtidentität von Verfahrensrecht und Entscheidungsprozess[55] ausgehen und Formalität und Informalität als strukturnotwendige Bestandteile ein und desselben sozialen Systems begreifen. In Abwesenheit solcher Perspektiven bleibt der zur problembewussten Analyse rechtlichen Wissens unverzichtbare Entstehungs- und Verwertungskontext[56] von Voten, Relationen und anderen Artefakten juristischer Expertise nämlich zwangsläufig im Dunkeln.

52 Siehe etwa: Anette Baumann, Die Gesellschaft der Frühen Neuzeit im Spiegel der Reichskammergerichtsprozesse (Quellen und Forschungen zur höchsten Gerichtsbarkeit im Alten Reich 36), Köln / Weimar / Wien 2001.

53 Dies gilt nicht nur für Rechts- und Geschichtswissenschaft, sondern auch für die Rechtslinguistik, die die „Vorhersehbarkeit und Verlässlichkeit von Rechtsentscheidungen“ nicht am Wortlaut des Rechts festmacht, sondern „an die in epistemischer Hinsicht unterstellte Einheitlichkeit einer Interpretationsgemeinschaft (z. B. derjenigen der formal bzw. institutionell legitimierten Rechts-Anwender und -Entscheider) delegiert“ sieht. Siehe Dietrich Busse, Semantik des Rechts: Bedeutungstheorien und deren Relevanz für Rechtstheorie und Rechtspraxis, in: Felder / Vogel 2017 (wie Anm. 1), 22–44, hier 35.

54 Eine luzide Auseinandersetzung mit diesem Defizit bietet aus rechtswissenschaftlicher Perspektive: Wolfgang Ernst, Rechtserkenntnis durch Richtermehrheiten. „group choice“ in europäischen Justiztraditionen, Tübingen 2016.

55 André Kieserling, Legitimation durch Verfahren, in: Oliver Jahraus / Armin Nassehi / Mario Grizelj u. a. (Hgg.): Luhmann-Handbuch, Stuttgart 2012, 145–150, hier 149.

56 Hierzu aus rechtsphilosophischer Sicht: Alexander Somek, Rechtliches Wissen, Frankfurt a. M. 2006, 14–16.

Dies gilt auch für die Reichsgerichtsforschung, der es ungeachtet ihrer zahlreichen Verdienste in der empirischen Arbeit noch immer schwerfällt, zu Ergebnissen zu gelangen, mit denen sich eine durch Intellektualisierung und Entkörperlichung gerichtlicher Praxis geprägte Selbstbeschreibung irritieren ließe. Allein mit Blick auf den Reichshofrat bedürfte es mehrerer Monographien, um dieses Defizit zu beheben. An dieser Stelle kann es lediglich darum gehen, auf das durch die Akte *verkörperte* wissenssoziologische Kernproblem kollegialen Entscheidens im schriftlichen Verfahren aufmerksam zu machen, um von dort aus auf die informale Hinterbühne des Gerichts vorzustoßen.

Alle zeitgenössischen bildlichen Darstellungen des Reichshofrats, die der Forschung bislang bekannt geworden sind, zeigen die versammelten Räte im Moment der Diskussion.[57] Prinzipiell nicht anders als heute stand der gemeinsame Beratungs- und Abstimmungsprozess also schon vor 300 Jahren im Zentrum kollegialer Selbstbeschreibung. Allerdings hängt der deliberative Gehalt einer Sitzung unter anderem davon ab, dass die Sprechakte der Teilnehmer nicht in einem Kontext aufeinandertreffen, der von großen informationellen Ungleichgewichten geprägt ist.[58] Mit Blick auf das schriftliche Verfahren der Frühen Neuzeit ist damit die Frage nach der Aktenkenntnis des Spruchkörpers aufgeworfen.

Überblickt man den Zeitraum vom Spätmittelalter bis ins 17. Jahrhundert, ist an den meisten Kollegien auf dem europäischen Kontinent ein langsamer Abschied vom Anspruch gleichmäßiger Aktenkenntnis festzustellen (Abb. 4).[59] An deren Stelle trat durch die Bestellung von Berichterstattern (Referenten) eine Geschäftsverteilung, mit der man nicht nur dem wachsenden Geschäftsanfall, sondern auch der heterogenen Besetzung der Kollegien Rechnung trug. Schließlich verfügten viele Gerichte neben Gelehrten-, auch über Adelsbänke, deren Mitglieder zwar zur sozialen Reichweite der Rechtsorganisation wesentlich beitrugen, zu kontinuierlicher Aktenarbeit jedoch nicht durchgängig hinlängliche Fachkenntnisse und den notwendigen Habitus mitbrachten.

Bis heute bildet die Bestellung von Berichterstattern gegenüber den Kollegien des Common Law ein Alleinstellungsmerkmal der Kollegialgerichte im kontinental-

57 Andreas Deutsch, Inszenierte Macht? Eine Zusammenschau der frühneuzeitlichen Illustrationen zur höchsten Reichsgerichtsbarkeit, in: Eva Schumann (Hg.): Justiz und Verfahren im Wandel der Zeit. Gelehrte Literatur, gerichtliche Praxis und bildliche Symbolik. Festgabe für Wolfgang Sellert zum 80. Geburtstag (Abhandlungen der Akademie der Wissenschaften zu Göttingen. Neue Folge 44), Berlin 2017, 133–184, hier 159–166.

58 Jürgen Habermas, Wahrheitstheorien, in: Helmut Fahrenbach (Hg.): Wirklichkeit und Reflexion. Walter Schulz zum 60. Geburtstag, Pfullingen 1973, 211–265, hier 255f.

59 Soweit im Folgenden nicht anders angegeben, stützen sich die Ausführungen auf: Tobias Schenk, Vom *dominus referens* zum Berichterstatter. Überlegungen zur Karriere eines umstrittenen juristischen Experten als Beitrag zu einer akteurszentrierten Fremdbeschreibung kollegialen Entscheidens, in: Anette Baumann (Hg.): Juristen als Experten? Wissensbestände und Diskurse von Juristen im 16. und 17. Jahrhundert (bibliothek altes Reich 40), Berlin / Boston 2023, 15–101.

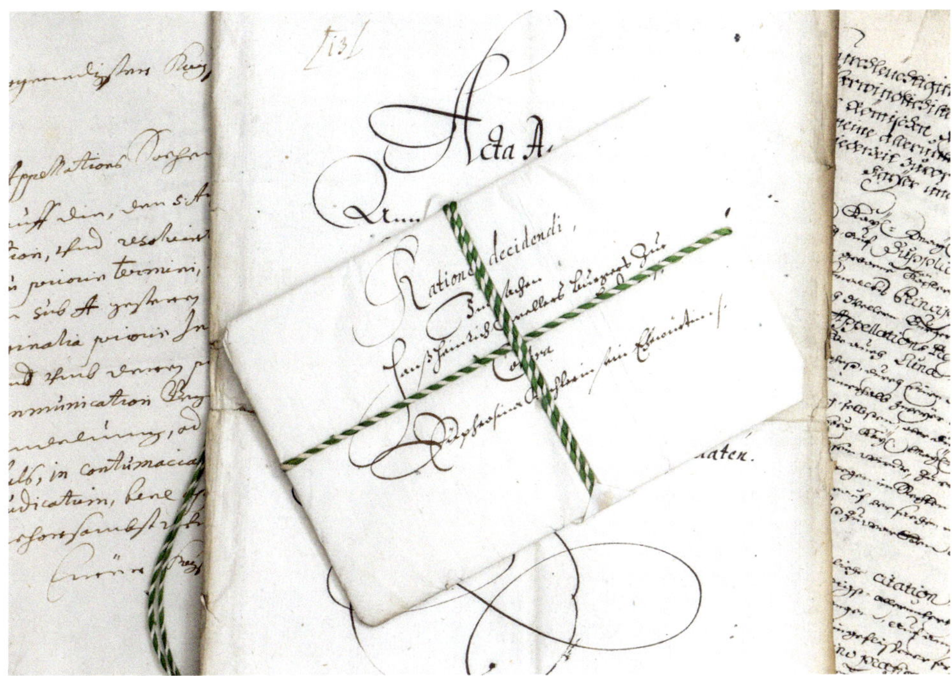

Abb. 4: Wissensgeschichtliche Studien zur Aktenkenntnis frühneuzeitlicher Justizkollegien hätten auch die richterliche Aktenunkenntnis in den Blick zu nehmen. Die rationes decidendi, die die Stadt Lindau 1660 im Rahmen eines Appellationsprozesses an den Kaiserhof schickte, nahm der Reichshofrat ungelesen zu den Akten, und das Urteil, um das die Parteien mehrfach baten, fiel nie. ÖStA HHStA, RHR, Antiqua, K. 1026, Nr. 3.

europäischen Rechtskreis des Civil Law. Rechtsvergleichende Studien schreiben letzteren deshalb eine Ex-Ante-Logik zu, da der Vortrag des Berichterstatters die kollegiale Deliberation zwar nicht vorwegnimmt, jedoch zweifellos vorstrukturiert.[60] Gegenüber Rechtspraktikern, die das informationelle Ungleichgewicht zugunsten der Berichterstatter in jüngerer Zeit als irrational kritisiert haben,[61] kann sich eine auf Fremdbeschreibung zielende Justizforschung epochenübergreifend auf die Position zurückziehen, dass Logik nicht etwa „in den Institutionen und ihrer äußeren Funktionalität [zu suchen ist], sondern in der Art, in der über sie reflektiert wird".[62]

60 Mathilde Cohen, Ex Ante Versus Ex Post Deliberations: Two Models of Judicial Deliberations in Courts of Last Resort, in: American Journal of Comparative Law 62 (2014), 401–458.

61 Thomas Fischer, Der Einfluss des Berichterstatters auf die Ergebnisse strafrechtlicher Revisionsverfahren. Eine empirische Untersuchung über Zusammenhänge zwischen gesetzlichem Richter, personeller Zuständigkeit und Erledigungsart in den Entscheidungen der Strafsenate des BGH, Neue Zeitschrift für Strafrecht (2013), 425–432.

62 Peter L. Berger / Thomas Luckmann, Die gesellschaftliche Konstruktion der Wirklichkeit. Eine Theorie der Wissenssoziologie, 27. Aufl., Frankfurt a. M. 2018, 68f.

Mit Blick auf reichshofrätliche Aktenpraktiken ist davon auszugehen, dass interessierten Zeitgenossen die folgenden Rahmenbedingungen bekannt waren:

1. Die große Mehrzahl der Beisitzer hatte das in der Akte dokumentierte schriftliche Parteivorbringen im Moment der Abstimmung nicht gelesen, zumal kein reguläres Umlaufverfahren praktiziert wurde, welches das informationelle Ungleichgewicht zugunsten des Berichterstatters abgemildert hätte. Die nicht referierenden Beisitzer stimmten folglich *aus dem Stegreif*[63] ab. Formal betrachtet war das Verfahren des Reichshofrats also nicht unmittelbar, sondern nur mittelbar schriftlich.
2. Die Referentenvorträge bedienten sich der Instrumentarien einer juristischen Relationstechnik, die sich zwar sukzessive professionalisierte, bis 1806 jedoch keine „überzeugenden, konsistenten und breit akzeptierten Lösungen“[64] anbieten konnte. Der Hiatus zwischen individueller Entscheidungsfindung des Referenten und kollegialer Entscheidungsfindung im Plenum war also schlicht und ergreifend da.
3. Die Bestellung der Berichterstatter erfolgte ad hoc durch den Präsidenten und nicht etwa durch abstrakt vorherbestimmte Geschäftsverteilungspläne wie in der Gegenwart.
4. Als Rechtsgelehrter war der Berichterstatter kein Jurist als solcher. Er war *auch Mensch*.[65]

Dass die Gerichtsherren um die Menschlichkeit von Berichterstattern (und Parteien) ebenfalls wussten, verdeutlichen die strikten Geheimhaltungsvorschriften, denen die Geschäftsverteilung allerorts unterlag. Auch am Reichshofrat sollte die Akte unverzüglich einem anderen Rat zugeteilt werden, falls es einem besonders gerissenen Prozessführer tatsächlich gelungen sein sollte, den Namen des Berichterstatters auszukundschaften.[66]

Konfrontierte man diese Vorschriften mit den Akten und Protokollen des Reichshofrats, könnte man zum Schluss gelangen, es habe diese Geheimhaltung mustergültig funktioniert. In rund 15jähriger Archivarbeit ist mir jedenfalls noch kein Verfahren untergekommen, das wegen Bekanntwerden des Referenten einem anderen Berichterstatter zugeteilt worden wäre. Doch bevor man in rechtshistorische Rationalitätsmythen von höchstgerichtlicher Sachverhaltskonstruktion nach Aktenlage einstimmt, sollte man sich fragen, ob die durch Akte und Protokoll

63 So nach reichshofrätlicher Selbstauskunft in einem 1767 verfassten Votum ad Imperatorem: ÖStA HHStA, RK, Verfassungsakten, RHR, K. 8, Konv. 3, Nr. 2.

64 Ernst 2016 (wie Anm. 54), 113; vgl. mit Blick auf den Reichshofrat: Eva Ortlieb, Schriftlichkeit im Entscheidungsprozess. Die Relationen des Reichshofrats, in: Bongartz u. a. 2023 (wie Anm. 14), 345–364.

65 Friedrich August Fritzsche, Der vollkommene Jurist. Ein Handbuch für junge Leute, die sich den Rechten widmen und auch für Eltern, die ihre Söhne zum Juristen bestimmen wollen, Leipzig 1792, 651.

66 Reichshofratsordnung von 1654, Tit. IV § 13. Abgedruckt bei Wolfgang Sellert (Hg.): Die Ordnungen des Reichshofrates 1550–1766, 2 Bde., Köln / Wien 1980 / 1990, hier Bd. 2, 170.

erzählte Verfahrensgeschichte überhaupt der rechte Ort ist, um der Nichtidentität von Verfahrensrecht und Entscheidungsprozess auf die Spur zu kommen.

5. Von der sozialen Praxis frühneuzeitlicher Relationstechnik über deren Diskursivierung in der Sattelzeit bis zur Mündlichkeitsmaxime des Jahres 1877 – Umrisse einer Fremdbeschreibung

Wer frühneuzeitliche Relationstechnik als eine soziale Praxis beschreiben will, muss bei der Analyse überlieferter Relationen berücksichtigen, dass er es mit einer Verschriftlichung juristischer Rhetorik[67] zu tun hat. Ihren unmittelbaren Einfluss auf den Akt kollegialer Rechtserzeugung entfaltete die Relation nicht als geschriebener Text, sondern als mündlicher Vortrag des Referenten vor seinen Kollegen. Konzipiert wurde dieses Referat jedoch in den Wohnungen der Berichterstatter, in denen sich auch erhebliche Teile der Akten laufender Verfahren befanden. Während die Relationstechnik also in medialer Hinsicht zwischen Schriftlichkeit und Mündlichkeit changierte, vermittelte sie in raumsoziologischer Perspektive zwischen Privatwohnung und Beratungszimmer. Eine Fremdbeschreibung vormodernen juristischen Expertenwissens muss dieses doppelte Spannungsfeld entfalten, und sie wird hierzu vor allem jenen häuslichen Kontext unter die Lupe nehmen müssen, den die Rechtsgeschichte bislang konsequent ausgeblendet hat.

Denn während die Gerichtsordnungen diesen Kontext als einen Raum kontemplativer Aktenarbeit konzipierten und die Verfahrensgeschichten diesem Drehbuch zu folgen scheinen, artikulierten Zeitgenossen ganz andere Wahrnehmungen. Von einem *Taubenschlag*[68] war die Rede, in dem es ständig zu einer prozessrechtlich nicht vorgesehenen Interaktion zwischen Parteien bzw. deren Vertretern und dem Berichterstatter kam. Wo sich solche Befunde nicht ignorieren ließen, wurden sie von einer ersichtlich mit legitimatorischen Aufgaben belasteten Rechtsgeschichte pathologisiert und mit individuellen Charakterschwächen der Akteure in Verbindung gebracht.[69] Demgegenüber sollte eine interdisziplinäre Justizforschung nüchtern jene informalen Strukturbildungen vermessen können, die in der Komplementärüberlieferung sichtbar werden und mit der Schlüsselposition des Berichterstatters im

67 Ulrich Falk, Rhetorik, in: Albrecht Cordes / Heiner Lück / Dieter Werkmüller u. a. (Hgg.): Handwörterbuch zur deutschen Rechtsgeschichte, 2. Aufl., 32. Lieferung, Berlin 2024, 1963–1967.

68 So der Hallenser Barbier Johann Dietz im Rückblick auf seine Hausbesuche bei Mitgliedern des kurbrandenburgischen Geheimen Rats zu Berlin, bei denen er sich in den 1690er Jahren um ein Hofbarbierprivileg bemühte. Zitiert nach Ernst Consentius (Hg.): Meister Johann Dietz des Großen Kurfürsten Feldscher. Mein Lebenslauf, München 1966, 177.

69 So etwa von Bengt Christian Fuchs, Die Sollicitatur am Reichskammergericht (Quellen und Forschungen zur höchsten Gerichtsbarkeit im Alten Reich 40), Köln 2002, 226.

Verfahren zusammenhängen. Aus organisationssoziologischer Perspektive hat man es mit Praktiken innerhalb von Kontaktsystemen zu tun, die auf die organisierte Mitgliedsrolle der Referenten bezogen waren. Praxeologischen Studien öffnet sich hiermit ein weites Feld, dessen Bearbeitung allerdings die konsequente Verknüpfung von Organisations- und Gesellschaftsanalyse voraussetzt. Wie anderen Orts detailliert ausgeführt wurde,[70] sind bei dieser Verknüpfung zwei Problembereiche zu unterscheiden.

Einerseits wurde in der Referentenwohnung über die Reihenfolge der gerichtlichen Bearbeitung verhandelt, auf die der Berichterstatter erheblichen Einfluss besaß. Die zeitgenössische Jurisprudenz diskutierte diese Praktiken unter dem Schlagwort der Sollicitatur und brachte sie mit einer zur Bewältigung des Geschäftsanfalls angeblich unzureichenden personellen Ausstattung der Gerichte in Verbindung. Demgegenüber wird eine Fremdbeschreibung offenzulegen haben, dass sich frühneuzeitliche Rechtsorganisationen wie der Reichshofrat unabhängig vom tatsächlichen Geschäftsanfall darauf verließen, es würden die Parteien die zur Aktenarbeit notwendige Motivation des Gerichtspersonals mit Hilfe symbolisch generalisierter Erfolgsmedien (Macht, Geld) selbst erzeugen. Bis zur Mitte des 18. Jahrhunderts verfügten die meisten Kollegien nämlich gar nicht über statistische Disziplinierungsinstrumente, mit denen sie einen vom Einzelfall abstrahierenden Erledigungsdruck auf ihre Mitglieder hätten ausüben können.[71]

Die Frühneuzeitforschung hat es deshalb im Regelfall mit Kollegien zu tun, die ihren Marsch in die moderne Disziplinargesellschaft noch vor sich hatten. Die Organisationskultur vom type ancien erlaubte es den Referenten, juristische Expertise mit privatwirtschaftlichem Kalkül zu kombinieren und die Parteien mit der informalen Erwartung zu konfrontieren, für die mit der Relation verbundene Aktenarbeit bezahlt zu werden. Bei alledem ist aus praxeologischer Perspektive zu betonen, dass die Akte, an der im schriftlichen Verfahren der Rationalitätsanspruch des gesamten Verfahrens hing, bei den Verhandlungen über den Preis der Relation buchstäblich auf dem Tisch lag. 1740 beklagte sich ein ambiguitätsintoleranter Reichshofrat darüber, viele seiner Kollegen schienen in ihren Wohnungen *darinnen ein sonderliches gefallen zu setzen, wann sie mit einer wohl ausgefülten Registratur von Judicial-Acten paradiren können, zu deren Elaboration auch das späteste Alter eines Menschen nicht zureichen dörffte.*[72] In ihrer Materialität diente die Akte den Richtern auf dem Markt der Sollicitatur somit auch dazu, den Preis ihrer Expertise nach oben zu treiben. Aus

70 Schenk, Actum et judicium 2022 (wie Anm. 17), 27–116; Schenk 2023 (wie Anm. 59), 66–92.

71 Tobias Schenk, „Ökonomisierung der Zeit". Justizstatistiken als Medium preußisch-österreichischer Staatenkonkurrenz im 18. Jahrhundert, in: Franziska Neumann / Jorun Poettering / Hillard von Thiessen (Hgg.): Konkurrenzen in der Frühen Neuzeit. Aufeinandertreffen – Übereinstimmung – Rivalität (Frühneuzeit-Impulse 5), Köln/Wien 2023, 503–514.

72 So Reichshofrat Johann Christoph Burkhardt von der Klee. Siehe ÖStA HHStA, MEA, Reichshofrat, K. 10a, Nr. 1. Ich plane eine Edition dieses Gutachtens.

Sicht der Prozessführer *verkörperte* die Akte also eine Kommodifizierung des Rechts, die in der durch sie erzählten Verfahrensgeschichte invisibilisiert wurde.

Die Kontamination des an die Akte gebundenen juristischen Rationalitätsanspruchs durch informale häusliche Praktiken ging aber noch wesentlich weiter und betraf mit der Sachverhaltskonstruktion den Kern der gesamten Veranstaltung. Die Reichsgerichtsforschung hat bislang kaum reflektiert, dass die Mittelbarkeit eines ‚wirklich' schriftlichen Prozessverfahrens den sozialen Normen der frühneuzeitlichen Gesellschaft diametral zuwidergelaufen wäre. Die Wohnung des Berichterstatters bildete deshalb eine informale Hinterbühne, auf der die Rechtsorganisation den Parteien jenes rechtliche Gehör (im Wortsinne!) gewährte, das sie ihnen auf der Vorderbühne verweigerte. Legion sind die Belege in der Parteienüberlieferung, nach denen es vor dem Referenten zu einem informalen mündlichen wie schriftlichen Tatsachenvortrag kam,[73] der selbst nach Einschätzung vieler Juristen auch dann in den Kollegialakt einfloss, wenn er der Akte, die die Mehrzahl der Beisitzer nicht gelesen hatte, widersprach. Der bereits zitierte Reichshofrat berichtete 1740, man habe in der gemeinsamen Beratung bereits *ettlichmahl mit Verwunderung bemercken müssen, daß die Votanten auff einen ihnen von der Parthey extrajudicialiter beygebrachten umbstandt ihr gantzes fundamentum decidendi gebauet, auch davon nicht abzubringen gewesen*, obwohl davon in den Akten *nichts vorkomme.*[74]

Nach alledem entpuppt sich das „quod non est in actis non est in mundo" der gemeinrechtlichen Schriftlichkeitsmaxime als eine „organisierte Heuchelei",[75] die die Tatsache verdeckte, dass die Relationen der Berichterstatter und in der Folge auch der Kollegialakt des Spruchkörpers auf einer intransparenten Medienkonstellation aus Schriftlichkeit und Mündlichkeit beruhte. Organisiert war diese Heuchelei, weil sie nicht etwa mit den individuellen Dispositionen einzelner Referenten zu erklären ist, sondern auf informale Verhaltenserwartungen von Seiten der Gerichtsherren zurückging. Derselbe Kaiserhof, der die Schriftlichkeitsmaxime in die Reichshofratsordnung schrieb, erteilte den einzelnen Räten mündlich die Anweisung, gegen sie zu verstoßen – denn *es schickhe sich nit, das man den Leuthen den Zuetritt oder verhör waigern solle, seye bei Hof nit herkommen.*[76] Auch die vorgeschriebene Geheimhaltung der

73 Die informale, häufig nicht in die Akte eingehende Schriftlichkeit dokumentieren die noch heute zu Tausenden überlieferten gedruckten Relationen und Präokkupationslibelle, die den Räten in Anwesenheitskommunikation überreicht wurden. Zu den noch gänzlich unerforschten Auswirkungen dieser Schriften auf die Sachverhaltskonstruktion: Peter Oestmann, Entscheidungsfindung und Entscheidungsdarstellung am Reichskammergericht, in: Anja Amend-Traut / Ignacio Czeguhn / Ders. (Hgg.): Urteiler, Richter, Spruchkörper. Entscheidungsfindung und Entscheidungsmechanismen in der Europäischen Rechtskultur (Quellen und Forschungen zur höchsten Gerichtsbarkeit im Alten Reich 75), Köln / Weimar / Wien 2021, 371–386, hier 378f.

74 Siehe Anm. 72.

75 Begriff nach: Nils Brunsson, The Organization of Hypocrisy. Talk, Decision and Actions in Organizations, 2. Aufl., Abingdon 2011.

76 Votum ad Imperatorem von 1597 in ÖStA HHStA, RK, Verfassungsakten, RHR, K. 1, Paket 2, Bl. 43f.

Geschäftsverteilung wurde tagtäglich ignoriert: Gegen einen Obolus teilte der Türhüter des Reichshofrats den Parteien den Namen ‚ihres' Referenten mit.

Diese vermeintlichen Widersprüche werden verständlich, wenn man sich vor Augen führt, dass frühneuzeitliche Gerichtsorganisationen gegenüber einer stratifizierten Gesellschaft zwingend einer informalen Hinterbühne bedurften, über die sich die vielfältigen ‚Gefahren', die von der Selbstreferenz rechtlicher Kommunikation und der Bindewirkung von Schrift ausgingen, situativ entschärfen ließen. Nicht nur einflussreiche Parteien versuchten, die Kontaktsysteme rund um die Referenten mit Hilfe symbolisch generalisierter Erfolgsmedien zu bespielen. Auch die Hofburg band die Berichterstatter in politisch heiklen Verfahren in informale, dem Plenum vorgelagerte Zirkel ein, um ihre Interessen bereits vor der kollegialen Beratung in das Verfahren einzuspeisen.

Die juristische Relationstechnik bildete also nicht etwa eine unabhängig von ihrem Verwertungskontext wirksame Rationalitätsgarantie, sondern ein durch Vermachtung und Kommodifizierung geprägtes Expertenwissen, das zwischen den sozialen Normen der höfischen Gesellschaft und den Rechtsnormen eines gelehrten Prozessverfahrens vermittelte: Law as Culture in the making.[77] Dass eine positivistische, informale Kontaktsysteme ausblendende Lektüre der Verfahrensgeschichte deshalb zwangsläufig auf Abwege führt, verdeutlichen die Vota ad Imperatorem, mit denen der Reichshofrat dem Kaiser seine Rechtsmeinung vortrug.[78] Teile der Forschung ziehen aus der Tatsache, dass der Kaiser diesen Gutachten kaum jemals widersprach, den Schluss, der Reichshofrat habe bei Hof über hohe Entscheidungsautonomie verfügt. Tatsächlich fuhr der unter argwöhnischer Beobachtung durch die Reichsstände stehende Kaiser dem Reichshofrat jedoch nur deshalb nicht fortwährend in die Parade, weil die Kollegialgutachten auf Referentenvoten beruhten, deren Tenor in informalen Zirkeln bereits abgesprochen worden war.

Nach alledem erweist sich bei der problembewussten Analyse frühneuzeitlichen Prozessschriftguts ein organisationssoziologisch informierter Praxisbegriff, der Formalität und Informalität als komplementäre Strukturbildungen begreift, als unverzichtbar. Dass in diesem Rahmen auch praxeologische Studien wichtige Beiträge zu liefern hätten, wurde mit Blick auf die Materialität der Akte bereits angedeutet. Ertragreich zu bearbeiten wäre aber auch die Tatsache, dass die Interaktion in informalen Kontaktsystemen zur Anwesenheit von Körpern am Gerichtsort führte, die dort – rein formal betrachtet – gar nichts zu suchen hatten. Gewiss: Reichsfürsten mussten sich nicht selbst auf den Weg an den Kaiserhof machen, sondern konnten auf der Hinterbühne des Verfahrens auf die Dienste ihrer Gesandten oder ad hoc

77 Zum Forschungskonzept von Law as Culture: Lawrence Rosen, Law as Culture. An Invitation, Princeton / Oxford 2006.

78 Hierzu ausführlich: Tobias Schenk, Die Vota ad Imperatorem des kaiserlichen Reichshofrats. Zur Verfahrensautonomie an einem herrschernahen Höchstgericht der Frühen Neuzeit, in: Anja Amend-Traut / Czeguhn / Oestmann 2021 (wie Anm. 73), 239–348.

angeheuerter Lobbyisten (sogenannter Sollicitanten) zurückgreifen. Letztere boten auch betuchten reichsmittelbaren Prozessparteien ihre Dienste an.

Wer jedoch als einfacher Untertan nicht über die hierfür notwendigen finanziellen Mittel und Netzwerke[79] verfügte, dem blieb kaum etwas anderes übrig, als sich sein Recht zu ‚erwandern',[80] indem er sich selbst auf den Weg an den Gerichtsort machte. Die Forschung vermittelt bislang kaum einen Eindruck von den Ausmaßen, die dieses „Laufen gen Hof"[81] in der Frühen Neuzeit annahm. An dieser Stelle muss der Hinweis genügen, dass das Wiener Gastgewerbe von den alljährlich an den Hof strömenden Prozessführern in einem Umfang profitierte, der von der Kameralistik des ausgehenden 18. Jahrhunderts als volkswirtschaftlich relevant eingeschätzt wurde.[82]

Eine Praxeologie des Reichshofratsprozesses müsste diesen Menschen nachspüren. Sie müsste sich an die Fersen jener Bauern heften, die von ihren hessischen Heimatgemeinden aus zunächst zu Fuß nach Regensburg marschierten, um sich dort einzuschiffen und über die Donau Wien zu erreichen.[83] Sie müsste einen 1775 verfassten Bericht des Statthalters der Stadt Wien lesen, wonach die Polizei im Stall eines Reichshofrats einen thüringischen Kaufmann aufgegriffen habe, der sich dort versteckt halte, um Tuchfühlung mit dem Berichterstatter zu halten – der kafkaesk anmutende Fall sei „in seiner Gattung nicht der erste".[84] Sie müsste die gefahrvollen Reisen jüdischer Prozessführer beschreiben, deren Weg zum Recht durch das seit 1671 ‚judenfreie' Niederösterreich zum Wiener Linienwall führte, wo auf kaiserlichen Befehl die entehrende Leibmaut zu entrichten war.[85] Sie müsste die Suppliken von Laurenz Schedel unter die Lupe nehmen – jenes Mannes, der kein Lateiner war

79 Eine höchst einfallsreiche Netzwerkpolitik betrieben beispielsweise die münsterischen Erbmänner im Prozess, der am Reichskammergericht über Generationen hinweg über ihre Ritterbürtigkeit geführt wurde. Einer der Erbmänner trat 1677 in die Dienste des Fürstbischofs von Speyer, um sich dauerhaft am Sitz des Reichskammergerichts niederlassen zu können. 1684 trat dessen Witwe in seine Fußstapfen und mietete sich beim Prokurator der Erbmänner ein, worauf sich auch die Prozessgegner dazu gezwungen sahen, eine Deputation nach Speyer zu entsenden. Siehe Rudolfine Freiin von Oer, Der münsterische „Erbmännerstreit". Zur Problematik von Revisionen reichskammergerichtlicher Urteile (Quellen und Forschungen zur höchsten Gerichtsbarkeit im Alten Reich 32), Köln/Weimar/Wien 1998, 30–32.

80 So mit Blick auf die Niedergerichtsbarkeit: Michael Ströhmer, Jurisdiktionsökonomie im Fürstbistum Paderborn. Institutionen – Ressourcen – Transaktionen (1650–1800) (Westfalen in der Vormoderne 17), Münster 2013, 31.

81 Renate Blickle, Laufen gen Hof. Die Beschwerden der Untertanen und die Entstehung des Hofrats in Bayern. Ein Beitrag zu den Varianten rechtlicher Verfahren im späten Mittelalter und in der frühen Neuzeit, in: Peter Blickle (Hg.): Gemeinde und Staat im Alten Europa (Historische Zeitschrift. Beihefte, NF 25), München 1998, 242–266.

82 Karl Friedrich Häberlin, Österreich, in: Ders., Repertorium des teutschen Staats- und Lehnrechts, Bd. 3, Leipzig 1793, 695–708, hier 706.

83 Werner Troßbach, Soziale Bewegung und politische Erfahrung. Bäuerlicher Protest in hessischen Territorien 1648–1806 (Sozialgeschichtliche Bibliothek), Weingarten 1987, 212.

84 ÖStA HHStA, RK, Reichsakten in specie, K. 33, Bl. 775–779.

85 Alfred Francis Pribram (Hg.): Urkunden und Akten zur Geschichte der Juden in Wien, Bd. 1, Wien / Leipzig 1918, 423–425.

und der den Krieg Rechtens gegen seine Heimatstadt Esslingen im Juni 1668 mit den Sommerkleidern begonnen hatte, die er am Leibe trug. Sie müsste lesen, wie er den Reichshofrat in den folgenden Monaten, während sich die Blätter färbten und der erste Schnee fiel, mit zunehmender Dringlichkeit anbettelte, man möge doch *unbeschwert die sache vorneme[n], dan leider kain lebenßmitel hab ich nicht, auch ein große frost und kälte. Ich waiß laider nicht, wie ich werde haim raißen. Die kälte thuet mir sehr weh im angesicht, bin auch nicht sicher vor den bettelrichter, muß mich schlagen, stoßen, schänden und schmähen laßen, auch gar mit den Eißen trowen laßen.*[86]

Eine praxeologische Forschung müsste sich mit Johanna Katharina von Berg auseinandersetzen, die sich ab 1694 über viele Jahre in Wien aufhielt und den Reichshofrat zunächst mit dem Vorwurf mangelnder Aktenkenntnis und schließlich mit Selbstmorddrohungen konfrontierte.[87] Aufmerksamkeit verdient hätte auch Bergs Zeitgenosse Matthäus Schalch, der sich wegen eines Reichshofratsprozesses mehr als 15 Jahre hindurch am Kaiserhof einquartierte und darüber in Schulden geriet, weil er *von Luft nicht leben können*.[88] Und natürlich müsste eine Praxeologie des Reichshofratsprozesses in Wiener Kirchenbüchern nach jenen Rechtssuchenden fahnden, die fern der Heimat zu Grunde gingen, ohne dass ein Hahn nach ihnen gekräht hätte.

Das alles und noch viel mehr hätten praxeologische Studien zu leisten – und zwar nicht etwa, um in all dem vergilbten Papier „die Sprache einer jetzt zum Schweigen gebrachten Stimme“[89] zu entziffern und sich in den frierenden Laurenz Schedel oder die mit Suizidphantasien umgehende Johanna Katharina von Berg einzufühlen. Gefordert sind vielmehr nüchterne praxeologische Beiträge zu einer Beschreibung historischen Wandels in der Justiz. Des Pudels Kern ist dies: Die permanente Anwesenheit so vieler prozessierender Körper an einem angeblich schriftlich prozedierenden Gericht verwies auf jene informalen Kontaktsysteme, ohne die der Zugang zum Recht faktisch kaum zu erlangen war. Dem Recht, das doch formal sein will,[90] waren diese Körper ein beständiges Ärgernis, zumal die Gesellschaft gar nicht umhin kam, all diese Fahrenden, Wandernden und Ausharrenden zu registrieren.

Wer im Zeitalter der Ambiguität[91] sozialisiert worden war, mochte noch mit den Schultern zucken: So war es nun mal. Mit diesem Laissez-fair machte aufgeklärte Ambiguitätsintoleranz jedoch Schluss, denn was *nur Unordnung schien, Verworrenheit*,[92] nahm *jetzt den Schein an der Veruntreuung*. Im 18. Jahrhundert lässt sich beobachten, wie der Rationalitätsanspruch des schriftlichen Verfahrens durch

86 ÖStA HHStA, RHR, Antiqua, K. 750, Nr. 3, Bl. 94.
87 ÖStA HHStA, RHR, Denegata Antiqua, K. 60.
88 ÖStA HHStA, RHR, Antiqua, K. 755, Nr. 1, Bl. 164.
89 Michel Foucault, Archäologie des Wissens, 19. Aufl., Frankfurt am Main 2020, 14.
90 Stanley Fish, Das Recht möchte formal sein. Essays, Berlin 2011.
91 Hillard von Thiessen, Das Zeitalter der Ambiguität. Vom Umgang mit Werten und Normen in der Frühen Neuzeit, Köln/Weimar/Wien 2021.
92 Kleist 2011 (wie Anm. 41), 22.

Korruptionskritik an den Interaktionssystemen rund um den Berichterstatter zu erodieren begann. Christoph Martin Wieland ließ die Beisitzer seines abderitischen Stadtgerichts in den 1770er Jahren während des Referats Würstchen verdrücken und Prostituierte besuchen. Bei alledem *waltete eine Art von stillschweigendem Compromiß auf den Referenten vor, und es geschah bloss um der Form willen, daß einige Minuten, eh er zur wirklichen Conclusion kam, sich jedermann wieder auf seinem Platz einfand, um mit gehöriger Feyerlichkeit das abgefaßte Urthel zu bekräftigen.*[93]

Ein Jahrzehnt später geriet der pommersche Seefahrer Joachim Nettelbeck auf Landgang in Lissabon in ein Wachsfigurenkabinett – und da *stand mitten inne der alte König Friedrich, mit einem Richterschwerdt in der Hand, und vor ihm lag ein Mann mit Weib und Kindern auf den Knieen, die um Gerechtigkeit zu flehen schienen. Ihm zur Rechten war eine große Wage angebracht, in deren Einen Schale eine Bildsäule der Gerechtigkeit thronte und die Andre, die mit Papieren und Acten angefüllt war, hoch in die Höhe wog. [...] und im Hintergrunde die großen leuchtenden Buchstaben: ‚Gerechtigkeits-Pflege des Königs von Preussen' – drunter aber der Name ‚Arnold.'*[94] Die Prozessakte symbolisierte hier also nicht länger rationales Entscheiden, sondern richterliche Korruption. Und wiederum 20 Jahre später schleuderte Kleist dem judex corruptus die Forderung entgegen: *Sprecht nicht mit den Parthei'n, Herr Richter Adam, vor der Session! [...] Ich sagte deutlich euch, daß ihr nicht heimlich vor der Sitzung sollt mit den Parthein zweideut'ge Sprache führen. Hier ist der Platz, der eurem Amt gebührt, und öffentlich Verhör, was ich erwarte.*[95]

In diesen mühelos zu vermehrenden Zitaten deutete sich die Emergenz des Begriffs „Referentenwirtschaft" an, mit dem die liberale rheinische Jurisprudenz nach 1815 gegen das schriftliche Verfahren zu Felde zog, um die schließlich 1877 reichsweit eingeführte Mündlichkeitsmaxime zu legitimieren.[96] Im Kern ging es dabei um eine gerichtliche Sachverhaltskonstruktion, für deren Rationalität nicht länger die Akte, sondern die gleichzeitige Anwesenheit aller Prozessbeteiligten bürgte. Die Frühneuzeitforschung hätte hierzu die Erkenntnis beizusteuern, dass die mündliche Verhandlung nicht etwa an Stelle eines ‚wirklich' schriftlichen Verfahrens trat, sondern jene informale Mündlichkeit formalisierte und egalisierte, die vormoderne Kollegien durch einzelne Mitglieder einzelnen Parteien nach eigenem Gutdünken gewährt oder versagt hatten.

Den zerbrochenen Krug hat freilich auch die mündliche Verhandlung nicht wieder zusammengefügt. Ihrer Einführung lag schließlich kein partizipativer Gesellschaftsbegriff zugrunde. Sie vollendete vielmehr die kommunikative Schließung eines Rechtssystems, dem die für jedermann sichtbaren Kontaktsysteme rund um die

93 Christoph Martin Wieland, Geschichte der Abderiten. Studienausgabe, Stuttgart 2012, 248.

94 Johann Christian Ludwig Haken (Hg.): Joachim Nettelbeck, Bürger zu Colberg. Eine Lebensbeschreibung, von ihm selbst aufgezeichnet, Bd. 2, Leipzig 1821, 164.

95 Kleist 2011 (wie Anm. 41), 30.

96 Hierzu ausführlich Schenk, Actum et judicium 2022 (wie Anm. 17), 40–49.

Berichterstatter ein Dorn im Auge gewesen waren.[97] Längst zählen zur Praxis des Zivilprozesses ‚Durchlauftermine', in denen die Anwälte der Mündlichkeitsmaxime durch Bezugnahmen auf Schriftsätze lediglich formal Rechnung tragen. 200 Jahre, nachdem die Rechtswissenschaft erkannte, dass Justitia im schriftlichen Verfahren gar nicht wirklich schriftlich verhandelte, wird in Deutschlands Gerichtssälen gar „nicht wirklich ‚mündlich verhandelt'".[98] Im Gegensatz zur stratifizierten Gesellschaft der Frühen Neuzeit bearbeitet die funktional differenzierte Gesellschaft unserer Tage die wissenssoziologischen Aporien gerichtlichen Entscheidens jedoch nicht länger durch Interaktion, sondern durch Systemvertrauen[99] und legitime Indifferenz.

6. Bilanz und Ausblick

Seit mehr als einem halben Jahrtausend prägen kollegiale Entscheidungsprozesse die oberen Instanzen des Gerichtswesens. Wie diese *Spruchkörper* zu ihren Entscheidungen gelangen, ist jedoch in Ermangelung prozedural angelegter Analysen epochenübergreifend noch weithin unklar. Nicht nur in der Rechtsgeschichte stößt man deshalb vielfach auf eine unkritische Reproduktion gerichtlicher Selbstbilder. Auch der Geschichtswissenschaft fällt es in der empirischen Arbeit schwer, der Selbstreferenz einer rechtlichen Kommunikation, die sich unter den Bedingungen fortgeschrittener System- und Organisationsbildung vollzog, analytisch beizukommen. Mit dem vorliegenden Beitrag sollte aufgezeigt werden, dass ein organisationssoziologischer Praxisbegriff, der Formalität und Informalität nicht als Gegensätze, sondern als Komplementärphänomene begreift, neue Perspektiven auf frühneuzeitliches Prozessschriftgut eröffnen und eine informale Mündlichkeit sichtbar machen kann, die in den Verfahrensgeschichten von Akte und Protokoll invisibilisiert wurde. Am Beispiel der Berichterstatter, denen im Rechtskreis des Civil Law epochenübergreifend eine Schlüsselposition im kollegialen Entscheidungsprozess zukommt, sollte deutlich geworden sein, dass sich Prozessschriftgut ohne Berücksichtigung seines informalen Entstehungskontextes einer kritischen Analyse entzieht.

Informale Strukturbildungen lassen sich ihrerseits nicht losgelöst von den formalen operativen Abläufen der Gerichtsorganisation beschreiben. Für die Reichsgerichtsforschung bildet es deshalb ein erhebliches Handicap, dass die groß angelegten Erschließungsprojekte der vergangenen Jahrzehnte allein auf die Prozessakten zielten und die nicht minder hochkarätige Protokollüberlieferung außer Acht ließen. Prozedural angelegte Analysen lassen sich nämlich allein gestützt auf die Akten nicht

97 Zu diesen Zusammenhängen mit Blick auf den Öffentlichkeitsgrundsatz die brillante Studie von: Marie Theres Fögen, Der Kampf um Gerichtsöffentlichkeit (Schriften zum Prozessrecht 33), Berlin 1974.

98 Johann Braun, Lehrbuch des Zivilprozeßrechts. Erkenntnisverfahren, Tübingen 2014, 125.

99 Vgl. Niklas Luhmann, Vertrauen. Ein Mechanismus der Reduktion sozialer Komplexität, 5. Aufl., Konstanz / München 2014.

Abb. 5: Die Sitzungsprotokolle des Reichshofrats – Big Data auch für linguistische Forschungsprojekte.

erarbeiten, da sich wichtige Etappen des Geschäftsganges (insbesondere Geschäftsverteilung, Beratung und Abstimmung) vornehmlich bzw. ausschließlich in den Protokollen abbilden. Gerade organisationssoziologische Ansätze gingen völlig ins Leere, wenn sie mit dem Protokoll ausgerechnet jene zentrale Formalisierungsinstanz[100] außer Acht ließen, auf die nicht nur das Verfahren, sondern auch die informalen Hinterbühnen des Entscheidungsprozesses ausgerichtet waren (Abb. 5).

Sofern sich Theorie und Empirie wechselseitig überraschen müssen,[101] setzt die Bearbeitung aktueller Forschungsfragen also einen Wandel in der Erschließung der archivalischen Quellen voraus. Den gestiegenen Anforderungen soll mit Blick auf den Reichshofrat ein derzeit in Planung befindliches DH-Projekt[102] Rechnung tragen, das

100 Franz Kafka, Das Schloß, 2. Aufl., Frankfurt am Main 2017, 102f.: *‚Wie? Ein Protokoll? […] warum denn ein Protokoll? War es denn eine amtliche Handlung?‘*

101 Rainer Forst / Klaus Günther, Normative Ordnungen. Ein Frankfurter Forschungsprogramm, in: Dies. (Hg.): Normative Ordnungen, 2. Aufl., Berlin 2021, 9–21, hier 10.

102 Die Projektgruppe besteht aus Peter Oestmann (Münster), Anja Amend-Traut (Würzburg), Sabine Ullmann (Eichstätt), Georg Vogeler (Graz) und Thomas Just (Wien).

auf die niedrigschwellige Volltextpräsentation der reichhaltigen Amtsbuchüberlieferung des kaiserlichen Kollegiums[103] zielt. Dabei geht es um 197 Posteingangsbücher (Gesamtlaufzeit: 1579–1806), elf die Geschäftsverteilung dokumentierende Referentenprotokolle (ca. 1690–1806) und 688 Sitzungsprotokolle (1544–1805).

Nicht nur für Rechtsgeschichte, Geschichtswissenschaft und Soziologie sind mit dieser Überlieferung weitreichende Perspektiven verbunden.[104] Auch die Linguistik könnte in der Auseinandersetzung mit diesen einzigartigen Quellen die Impulse zu einer germanistischen Protokollforschung wieder aufnehmen, die vor 20 Jahren von Michael Niehaus und Hans-Walter Schmidt-Hannisa ausgingen.[105] Neben linguistischen Beiträgen zu einer interdisziplinären Entscheidungsforschung der Frühen Neuzeit[106] ließen sich die Bände auch für spezifisch germanistische Gesellschaftsanalysen nutzen. Noch heute kann man in Baden-Württemberg bekanntlich alles außer Hochdeutsch. Auch Laurenz Schedel, den seine erfolglose Suche nach dem Recht von Esslingen an den Kaiserhof geführt hatte, war nicht nur kein Lateiner. Darüber hinaus fremdelte er erklärtermaßen mit der hochdeutschen Schriftsprache seines Agenten.

Diese Kommunikationsschwierigkeiten verweisen auf die jüngst aus geschichtswissenschaftlicher Perspektive aufgeworfene Frage, in welchem Maße die durch die Druckwerke der Reichspublizistik verbreitete Rechtserzeugung von Reichskammergericht und Reichshofrat die Entwicklung der deutschen Hochsprache geprägt hat.[107] Die Digitalisierung der Reichshofratsprotokolle stellte der Germanistik zur Bearbeitung dieser Frage Big Data zur Verfügung. Schließlich dokumentieren die Bände, verteilt auf einen Zeitraum von 250 Jahren, rund 30.000 Sitzungstage und etwa 500.000 Einzelentscheidungen.[108] Kann man sich eine bessere Quellengrundlage für Studien zu sprachlicher Standardisierung vorstellen?

103 Hierzu zuletzt: Thomas Just, Das Protokoll gibt es nicht, in: Peter Plener / Nils Werber / Burkhardt Wolf (Hgg.): Das Protokoll (AdminiStudies. Formen und Medien der Verwaltung 2), Berlin 2023, 167–174, hier 171f.

104 Amend-Traut / Jörn / Schenk 2023 (wie Anm. 15), 114–126; Schenk, Praktiken 2024 (wie Anm. 24).

105 Michael Niehaus / Hans-Walter Schmidt-Hannisa, Textsorte Protokoll. Ein Aufriß, in: Dies. (Hgg.): Das Protokoll. Kulturelle Funktionen einer Textsorte, Frankfurt am Main 2005, 7–23.

106 Hierzu Philip Hoffmann-Rehnitz / André Krischer / Matthias Pohlig, Entscheiden als Problem der Geschichtswissenschaft, Zeitschrift für Historische Forschung 45 (2018), 217–281.

107 Wolfgang Burgdorf, Wie aus Teutschland Deutschland wurde. Die Bedeutung der Reichspublizistik für die Entwicklung der deutschen Hochsprache, Historische Zeitschrift 316 (2023), 535–563; vgl. mit Blick auf reichsfürstliche und städtische Kanzleien die Beiträge in: Christian Braun (Hg.): Kanzleisprachen auf dem Weg zum Neuhochdeutschen, Wien 2011.

108 Zahlenangaben bei: Ulrich Rasche, Urteil versus Vergleich? Entscheidungspraxis und Konfliktregulierung des Reichshofrats im 17. Jahrhundert im Spiegel neuerer Aktenerschließung, in: Albrecht Cordes (Hg.): Mit Freundschaft oder mit Recht? Inner- und außergerichtliche Alternativen zu kontroversen Streitentscheidungen im 15. – 19. Jahrhundert (Quellen und Forschungen zur höchsten Gerichtsbarkeit im Alten Reich 65), Köln / Weimar / Wien 2015, 199–232, hier 232.

Inn vnnd ausserhalb Rechtenß

Anmerkungen zu Normpraxis und Normativitätswissen reichsstädtischer Untertanen um 1600 in Suppliken zu Ehrkonfliktsfällen

Florian Zeilinger

1603 schrieb Wilhelm Sonnenwald an Kaiser Rudolf II. (1576–1612), da er sich in der Freien Reichsstadt Schwäbisch Hall gegen den folgenschweren Vorwurf, Elisabeth Borckin ein Eheversprechen gegeben zu haben, verteidigen wollte, und rechtfertigte seine Bittschrift damit, dass

> *nit allein Vormöge aller Völcker vnndt der beschriebenen Geistlichen vnndt Weltlichen Rechten sondern auch der selbst naturlichen Erbar Vnnd billigkeit niemandt [...] zue guetten verordneten Rechts mittel weder Inn noch ausserhalb Rechtenß durch Einigen bescheidt Decret Sentenz od[er] vrthel wie daß Nahmen haben möchte, beschwehrendt oder [...] vornachteilt, sondern Einem Jeden seine gebuhrende Defension [...] gestattet werden soll.*[1]

Neben der kundigen Aufzählung diverser Rechte und verschiedener Bezeichnungen für Entscheidungen fällt die titelgebende Formulierung „Inn noch ausserhalb Rechtenß" auf, bei der lediglich der interne Part näher bestimmt ist. Auch andere Supplikanten verwendeten ähnliche Phrasen: So etwa Christoph Richter, verurteilter Ehebrecher aus Biberach/Riß, der um 1600 wiederholt um kaiserliche Wiederherstellung seiner Ehre bat, damit ihm sein Delikt weder *Inn, nach außerhalb Gerichts* zu keiner Schande vorgehalten werde, sondern er *in Rath und Gericht, kundtschafften, Zeugnuß, auch Zu aller Erlichen Ämpter, handlungen, Contracten, geschäfften, Zunfften, Handt werckh, burgerRecht, versamlungen, Rath vnd gmain [...] als taugenlich* qualificiert *[...], Redlich Erlich [...] gebraucht, vnd darfür erkhennt [...] sein solle*[2]. Hier

1 Akt Sonnenwald, Haus-, Hof- und Staatsarchiv Wien, Reichsarchive, Reichshofrat, Alte Prager Akten, Karton 185, Konvolut 3, fol. 425–434, erschlossen und reproduziert in: Untertanensuppliken am Reichshofrat Kaiser Rudolfs II. (1576–1612), https://dh.uni-graz.at/suppliken/de/verfahren/tabelle [letzter Zugriff 10.01.2024], hier fol. 425r; so auch der Nördlinger Stadtrat im Fall des Tuchscherers Thomas Fichtel, der nach Deliktsvorwürfen als ein *Inner unnd außer Rechtenns aggravierte[r] unnd verleümbte[r] Mann* Handwerksverbot erhalten hatte: Akt Fichtel, ebd. Kart. 53, Konv. 4, fol. 553–560, hier fol. 559r.

2 Akt Richter, HHStA RHR (wie Anm. 1), Restitutiones natalium ac legitimationes, Kart. 6, Konv. 5, fol. 212–225, hier fol. 215r-215v. Vgl. z. B. Akt Rautenberger, ebd., Kart. 6, Konv. 4, fol. 61–81, hier fol. 80v.

war die v. a. rechtsbasierte Anwendung von Normen inner- und außerhalb des rechtsprechenden Gerichts gemeint.[3] Der Begriff Recht konnte, neben einer Befugnis, gesetzlichen Normen und Rechtswissenschaft, auch Normanwendung, Gerichtsverfahren (Rechtsstreite) und richterliche Entscheidungen bedeuten.[4]

Das Verhältnis von reichsstädtischen Einwohnern*innen zum Recht war also ein durchaus komplexes. Historiker*innen sind sich dessen bewusst, dass sich Recht, ob seiner wandelbaren Ausformungen, geschichtswissenschaftlich nicht exakt definieren lässt; stattdessen muss nach dem jeweils kontextspezifischen Begriffsgebrauch gefragt werden.[5] Umso mehr interessiert das zeitgenössische Verständnis. Blickt man auf die Gerichts- und Strafpraxis, Juristen oder Laien-Supplikanten*innen, fokussiert man dabei stets auf Recht als Praxis,[6] auf die Anwendung von und den Umgang mit Normen.

Von kriminalitätsgeschichtlicher Seite wurde bereits auf das Forschungsdesiderat des „Doing Recht" hingewiesen.[7] Mittlerweile stellt der Bereich der außergerichtlichen, außerhalb der institutionalisierten Justiz angesiedelten und mit dieser konkordierenden, diese komplementierenden oder mit ihr konkurrierenden Konfliktbewältigung, bezeichnet als Infrajustiz, ein fruchtbares Forschungsfeld dar.[8] Verfahrens- und Entscheidungspraktiken zu beleuchten, steht hoch im Kurs.[9] Dass es

3 Gericht als Organisationsform zur Ausübung eines Herrschaftsrechts; als Herrschaftsgebiet; als Ort des Gerichts oder der Strafvollstreckung; als konkrete Sitzung: Heiner Lück, Art. Gericht, in: Albrecht Cordes / ders. / Dieter Werkmüller / Hans-Peter Haferkamp (Hgg.): Handwörterbuch zur deutschen Rechtsgeschichte 2, 2. Aufl., Berlin 2016, Sp. 131–143; Klaus Weber (Hg.): Creifelds Rechtswörterbuch, 31. Aufl., München 2023, s. v. Gericht.

4 Jacob u. Wilhelm Grimm (Hgg.): Deutsches Wörterbuch, https://www.woerterbuchnetz.de/DWB?lemid=R02053 [letzter Zugriff 10.01.2024], s. v. Recht.

5 Martin Otto, Art. Recht, in: Friedrich Jaeger / Georg Eckert / Ulrike Ludwig / Benjamin Steiner / Jörg Wesche (Hgg.): Enzyklopädie der Neuzeit Online, http://dx.doi.org/10.1163/2352-0248_edn_COM_390233 [letzter Zugriff 10.01.2024].

6 Grundlegend: Elisabeth Holzleithner, Rechtsnorm und Realität. Variationen zur Frage der Rechtsgeltung, Rechtsbefolgung und Rechtsdurchsetzung in geschlechtersensiblen Kontexten, in: Angelika Klampfl / Margareth Lanzinger (Hgg.): Normativität und soziale Praxis. Gesellschaftspolitische und historische Beiträge, Wien 2006, 25–38. Peter Stegmaier, Normative Praxis: konstitutions- und konstruktionsanalytische Grundlagen, in: Jürgen Raab / Michaela Pfadenhauer / Peter Stegmaier / Jochen Dreher / Bernt Schnettler: Phänomenologie und Soziologie. Theoretische Positionen, aktuelle Problemfelder und empirische Umsetzungen, Wiesbaden 2008, 263–272.

7 Rebekka Habermas, Rechts- und Kriminalitätsgeschichte revisited – ein Plädoyer, in: dies. / Gerd Schwerhoff (Hgg.): Verbrechen im Blick. Perspektiven einer neuzeitlichen Kriminalitätsgeschichte, Frankfurt a. M / New York 2009, 19–41, hier 37–41.

8 Ein Überblick in: Karl Härter, Infrajustiz und außergerichtliche Formen der Konfliktregulierung, in: Wim Decock (Hg.): Konfliktlösung in der Frühen Neuzeit (Handbuch zur Geschichte der Konfliktlösung in Europa 3), Berlin 2021, 37–47.

9 Zuletzt: Tobias Schenk, Actum et judicium als analytisches Problem der Justizforschung. Interdisziplinäre Perspektiven auf kollegiale Entscheidungskulturen am Beispiel des kaiserlichen Reichshofrats (Gesellschaft für Reichskammergerichtsforschung 51), Wetzlar 2022. Einführungen: Friederike Elias / Albrecht Franz / Henning Murmann / Ulrich Wilhelm Weiser, Hinführung zum Thema

aber nicht nur gerichtliche, sondern etwa auch administrative Verfahren[10] und außergerichtliche ‚Entscheidungsinstanzen' gab, bleibt nach wie vor zu betonen. In diesem Beitrag soll es weder um ‚große' Rechtsgelehrte, noch um Prozessrecht und Gerichtspraxis[11] gehen, sondern um Rechtsanwendung durch Untertanen in eigener Sache, in einer, in interdisziplinärer Anlehnung an die Geschichte des Rechtswissens,[12] engen Verschränkung[13] von Praxis- und Wissensgeschichte.

Im Folgenden wird daher, ausgehend von besonders aussagekräftigen Ehrrestitutionsverfahren am Kaiserlichen Reichshofrat (= RHR),[14] Recht in Ausschnitten der Praxis beleuchtet: Dafür ist es notwendig, zuvor (1) den Begriff der Rechtspraxis zu reflektieren. Recht wurde etwa (2) in Form von Sanktionen angewandt sowie (3) bei der explizit-sprachlichen Begründung von Suppliken. Dadurch können (4) Aussagen zu Rechtswissen und -praxis reichsstädtischer Stadtbewohner*innen getroffen werden.

1. Rechtspraktiken

Die eingangs zitierten Suppliken sind schriftliche Rechtsanwendungen. Sie stammen aus dem Bestand des RHRs und stellen die Hauptquellen dieser Mikrostudie dar.[15] Als Bittschriften waren Suppliken frühneuzeitliche Vorformen heutiger Petitionen,[16]

und Zusammenfassung der Beiträge. In: dies. (Hgg.): Praxeologie. Beiträge zur interdisziplinären Reichweite praxistheoretischer Ansätze in den Geistes- und Sozialwissenschaften (Materiale Textkulturen 3), Berlin / Boston 2014, 3–12, hier 4f. Theodore R. Schatzki, Introduction: practice theory, in: ders. / Karin Knorr Cetina / Eike von Savigny (Hgg.): The Practice Turn in Contemporary Theory, London / New York 2001, 1–14. Marian Füssel, Praxeologische Perspektiven in der Frühneuzeitforschung, in: Arndt Brendecke (Hg.): Praktiken der Frühen Neuzeit. Akteure – Handlungen – Artefakte (Frühneuzeit-Impulse 3), Köln / Weimar / Wien 2015, 21–33, und andere Aufsätze dieses Bandes. Lucas Haasis / Constantin Rieske, Historische Praxeologie. Zur Einführung, in: dies. (Hgg.): Historische Praxeologie. Dimensionen vergangenen Handelns, Paderborn 2015, 7–54.

10 Barbara Stollberg-Rilinger, Einleitung, in: dies. (Hg.): Vormoderne politische Verfahren (Zeitschrift für historische Forschung, Beiheft 25), Berlin 2001, 9–24, bes. 11, 14.

11 Peter Oestmann, Wege zur Rechtsgeschichte: Gerichtsbarkeit und Verfahren, Köln / Weimar / Wien 2015, 28.

12 Ino Augsberg, Wissen und Recht – eine Problemskizze, in: ders. / Gunnar Folke Schuppert (Hgg.): Wissen und Recht (Interdisziplinäre Studien zur Wissensgesellschaft 1), Baden-Baden 2022, 15–35.

13 Elias et al. 2014 (wie Anm. 9), 4. Marian Füssel, Wissen. Konzepte – Praktiken – Prozesse (Historische Einführungen 19), Frankfurt a. M. / New York 2021.

14 Ausgangsbasis sind die, hier rechtspraxeologisch systematisierten, mit anderen Quellen kontextualisierten und erweiterten, Ergebnisse der Dissertation des Verfassers: Florian Zeilinger, Wiederherstellbare Ehre. Konzept und Praxis der Ehrrestitution am Reichshofrat Kaiser Rudolfs II. (1576–1612) (Histoire 202), Bielefeld 2022.

15 Untertanensuppliken am Reichshofrat Kaiser Rudolfs II. (1576–1612), https://dh.uni-graz.at/suppliken/de [letzter Zugriff 10.01.2024].

16 Martin Schennach, Supplik, in: ENZ (wie Anm. 5) 13, Stuttgart 2011, Sp. 146–148, http://dx.doi.org/10.1163/2352-0248_edn_COM_361621 [letzter Zugriff 10.01.2024]. Thomas Schreiber, Untertanen als Supplikantinnen und Supplikanten am Reichshof-

Medien einer gewissen soziopolitischen Mitsprache und Institutionennutzung, welche grundsätzlich allen Untertanen*innen offen stand,[17] wenngleich man über das Wissen, um zu supplizieren, und die Mittel, (semi-)professionelle Schreiber bezahlen und die Supplik einem*r Mächtigen überbringen zu können, verfügen musste.[18] Die Akten, die durch das Einreichen und die folgende Bearbeitung der Suppliken entstanden, sind Praxisquellen par excellence.[19]

Zuletzt wurde von einem Team um Gabriele Haug-Moritz und Sabine Ullmann gezeigt, dass ‚einfache' Untertanen die gesamte Reichshierarchie überwinden und an den Kaiser des Heiligen Römischen Reichs Teutscher Nation persönlich supplizieren konnten, dessen RHR die Suppliken in den meisten Fällen bearbeitete.[20] Reichsstädtische Untertanen wandten sich an den Kaiser als Stadtherrn und Reichsoberhaupt, als höchste Instanz in Rechts-, Gnaden- und Lehenssachen.[21] Holte der RHR,[22] wie so oft, zusätzlich Berichte der lokalen Obrigkeiten ein, liegen Sachverhaltsdarstellungen reichsmittelbarer und -unmittelbarer Untertanen vor.[23]

Suppliken zu Ehrkonflikten geben Einblicke in die „Modi der Dar- und Herstellung von Ehrkonzepten"[24] und damit die Ehrkultur. Die alle Lebensbereiche, Wertvorstellungen und Wissensbestände umfassende Kultur einer Gesellschaft wird von

rat Kaiser Rudolfs II. (1576–1612). Eine systematische Analyse, Diss., Graz 2018, 15, 32f.

17 Gabriele Haug-Moritz / Sabine Ullmann, Frühneuzeitliche Supplikationspraxis und monarchische Herrschaft in europäischer Perspektive. Einleitung, in: dies. (Hgg.): Frühneuzeitliche Supplikationspraxis und monarchische Herrschaft in europäischer Perspektive (Beiträge zur Rechtsgeschichte Österreichs 5/2), Wien 2015, 177–189, hier 180f.

18 Schennach 2011 (wie Anm. 16), Sp. 147. Schreiber 2018 (wie Anm. 16), 84.

19 Peter Oestmann, Normengeschichte, Wissenschaftsgeschichte und Praxisgeschichte. Drei Blickwinkel auf das Recht der Vergangenheit, Rechtsgeschichte – Legal History 23 (2015), 1–11, https://papers.ssrn.com/sol3/papers.cfm?abstract_id=2526811 [letzter Zugriff 10.01.2024], hier 5.

20 Zuletzt: Thomas Schreiber, Das Votum ad imperatorem für den Schneider Niklas Huber. Ein Fallbeispiel aus der Onlinedatenbank „Untertanensuppliken am Reichshofrat Kaiser Rudolfs II. (1576–1612), in: Christian Lackner (Hg.): Modus supplicandi. Zwischen herrschaftlicher Gnade und importunitas petentium (Veröffentlichungen des Instituts für Österreichische Geschichtsforschung 72), Wien 2019, 201–220, hier 203f.

21 Eva Ortlieb, Gnadensachen vor dem Reichshofrat (1519–1564), in: Leopold Auer (Hg.): Höchstgerichte in Europa. Bausteine frühneuzeitlicher Rechtsordnungen (Quellen und Forschungen zur höchsten Gerichtsbarkeit im Alten Reich 53), Köln / Wien / Weimar 2007, 177–202. Dies., Reichshofrat, in: ENZ (wie Anm. 5), Stuttgart 2009, Sp. 914–921, http://dx.doi.org/10.1163/2352-0248_edn_COM_336038 [letzter Zugriff 10.01.2024].

22 Stefan Ehrenpreis, Kaiserliche Gerichtsbarkeit und Konfessionskonflikt. Der Reichshofrat unter Rudolf II. 1576–1612 (Schriftenreihe der Historischen Kommission bei der Bayerischen Akademie der Wissenschaften 72), Göttingen 2006, 29–45.

23 Thomas Schreiber, Die Ausübung kaiserlicher Gnadengewalt durch den Reichshofrat. Untertanensuppliken am Reichshofrat Kaiser Rudolfs II. (1576–1612), in: Haug-Moritz / Ullmann (Hgg.) 2015 (wie Anm. 17), 215–230, hier 219.

24 Sylvia Kesper-Biermann / Ulrike Ludwig / Alexandra Ortmann, Ehre und Recht. Zur Einleitung, in: dies. (Hgg.): Ehre und Recht. Ehrkonzepte, Ehrverletzungen und Ehrverteidigungen vom späten Mittelalter bis zur Moderne, Magdeburg 2011, 3–16, hier 4.

25 Peter Mankowski, Rechtskultur (Beiträge zum ausländischen und internen Privat-

der Forschung, unter anderem, als Praxis konzeptualisiert[25] und deren Teilpraktiken unterschiedlich, meist aber als körperliche, materielle und sprachliche Handlungsweisen, definiert.[26] Eine weitere Stärke der Praxeologie ist ihr nicht ausschließlich rationalistisches Handlungskonzept.[27] Damit trifft der Begriff auf alle Verhaltensweisen zu,[28] wenngleich die Frage bleibt, wie bewusst-normativ oder unbewusst-regelhaft, routinisiert ablaufend oder individuell unberechenbar[29] (welche) Praktiken sind. Praktiken konnten geschriebenen oder ungeschriebenen Normen folgen und anderen widersprechen, konnten sich öfter oder seltener zeigen. Praxis wendet Normen also selektiv und, mitunter, eigenwillig-individuell oder sogar widersprüchlich an. Auf jeden Fall versucht sie, unterschiedlich erfolgreich, Muster zu reproduzieren.

Unter – sprachlich-performativ geschaffenen[30] – Normen sollen hier alle entsprechenden sanktionsbewehrten Verhaltensregeln verstanden werden[31] (soziologisch: die Strukturen[32]), sei es geschriebenes Recht, seien es ungeschriebene Regeln. Die Frühe Neuzeit war von Multinormativität gekennzeichnet,[33] rechtshistorisch beson-

recht 115), Tübingen 2016, v. a. 3. Barbara Stollberg-Rilinger / Tim Neu, Einleitung, in: dies. / ders. / Christina Brauner (Hgg.): Alles nur symbolisch? Bilanz und Perspektiven der Erforschung symbolischer Kommunikation (Symbolische Kommunikation in der Vormoderne), Köln / Weimar / Wien 2013, 11–31, hier 21f. Kultur als Bündel sozialer Regeln und Wertmaßstäbe: Elias et al. 2014 (wie Anm. 9), 4.

26 Theodore R. Schatzki, Practice mind-ed orders: practice theory, in: ders. / Knorr Cetina / von Savigny (Hgg.) 2001 [wie Anm. 9], 42–55) beschreibt Praktiken auch als „sets of actions" (48), „of doings and sayings organized by a pool of understandings, a set of rules, and a teleoaffective structure" (53).

27 Elias et al. 2014 (wie Anm. 9), 4. Schatzki 2001 (wie Anm. 26).

28 Arndt Brendecke, Von Postulaten zu Praktiken. Eine Einführung, in: ders. 2015 (wie Anm. 9), 13–20, 14f.

29 Susann Wagenknecht, Zur Normativität von Praktiken, Berliner Journal für Soziologie 30 (2020), 259–286, hier 262–271. David Bloor, Wittgenstein and the priority of practice, in: Schatzki / Cetina / von Savigny (Hgg.) 2001 (wie Anm. 9), 95–106. Im Folgenden werden die Begriffe Normen und Regeln, ohne Zusatz, synonym verwendet.

30 Elias 2014 (wie Anm. 9), 3. John R. Searle, Die Konstruktion der Gesellschaftlichen Wirklichkeit. Zur Ontologie sozialer Tatsachen. Übers. v. Martin Suhr, Reinbek bei Hamburg 1997, 64f.

31 Arne Karsten / Hillard von Thiessen, Einleitung. Normkonkurrenz in historischer Perspektive, in: dies. (Hgg.): Normkonkurrenz in historischer Perspektive (ZHF [wie Anm. 10], Beiheft 50), Berlin 2015, 7–18, hier 8f. Heinrich Popitz, Soziale Normen (suhrkamp taschenbuch wissenschaft 1794), Frankfurt a.M. 2006, 78–83. Hillard von Thiessen, Normkonkurrenz. Handlungsspielräume, Rollen, normativer Wandel und normative Kontinuität vom späten Mittelalter bis zum Übergang zur Moderne, in: Karsten / ders. (Hgg.) 2015, 242–286, hier 248–251.

32 Karl-Heinz Hillmann (Hg.), Wörterbuch der Soziologie. Stuttgart 2007, s. v. Struktur. Wagenknecht 2020 (wie Anm. 29), 271, 274.

33 Thomas Duve, Multinormativität, in: João Figueiredo et al. (Hgg.): Münsteraner Glossar zu Einheit und Vielfalt im Recht, 3. Aufl., 2023, 101–103, https://miami.uni-muenster.de/Record/59d74ff8-dc63-495b-a973-854231f1f8f0 [letzter Zugriff 20.03.2024] [und weitere Beiträge aus diesem Band]. Thomas Duve, Rechtsgeschichte als Geschichte von Normativitätswissen?, in: Augsberg / Schuppert (Hgg.) 2022 (wie Anm. 12), 39–88, hier 60–65. Peter Oestmann, Rechtsvielfalt, in: Nils Jansen / ders.: Einführung, in: dies. (Hgg.): Gewohnheit. Gebot. Gesetz. Normativität in Geschichte und Gegenwart: eine Einführung, Tübingen 2011, 99–123.

ders für die Prozesspraxis untersucht.[34] Der Gegenstand der Praxeologie sind somit Strukturen und Verhalten: So, wie Praktiken durch implizite Normen zusammengehalten werden, Normen aber nur im Vollzug nachträglich als Vorgabe bestätigen oder verändern,[35] so gewinnen Normen erst in ihrer praktischen Anwendung, durch positive oder negative Sanktionierung von Verhalten durch entsprechende ‚Kontroll-'[36], ‚Entscheidungs-' und ‚Sanktionierungsinstanzen', sprachlich-symbolische und materielle Wirksamkeit. Norm und Praxis sind daher untrennbar miteinander verbunden in einem Zusammenspiel von individuellem Verhalten, Strukturen, Symbolen und Ereignissen.[37]

Stets basieren Praktiken auf zugrundeliegendem Wissen und spiegeln dieses. Das angewandte plurale[38] Wissen umfasst dabei sowohl Know-how,[39] als teils unreflektiertes soziales Wissen,[40] als auch Know-what[41] von Menschen verschiedener Bildungsniveaus.[42] Unter anderem wird Wissen definiert als „human […] asset enabling effective decisions and action in context"[43], womit wiederum praktische Handlungen und besonders Entscheiden als soziale Praxis[44] angesprochen sind.

Suppliken lassen sich als Bitten plus Argumente,[45] warum jene gewährt werden sollten, verstehen. In diesen Argumentenbündeln als Produkten historischer Praktiken lassen sich wiederum dahinterliegende Ordnungs- und Wertvorstellungen und Wissensbestände der Supplikanten*innen bzw. der von ihnen beauftragten Schreiber, oder des RHRs, erkennen. Alle überlieferten Akten arbeiteten jedoch, so Tobias Schenk, am Bau einer ihren Verfasser*innen genehmen, die Tiefendimension der Tatsachen einebnenden „Schaufassade" mit, einer offiziellen, aber verzerrten Dar-

34 Z.B. Clara Harder / Benjamin Seebröker, Norm-Praxis-Konflikt, in: Figueiredo et al. (Hgg.) 2023 (wie Anm. 33), 117–120. Peter Oestmann, Rechtsvielfalt vor Gericht. Rechtsanwendung und Partikularrecht im Alten Reich (Rechtsprechung 18), Frankfurt a.M. 2002.

35 Wagenknecht 2020 (wie Anm. 29), 261, 264, 274.

36 Lars Behrisch, Städtische Obrigkeit und soziale Kontrolle. Görlitz 1450–1600 (Frühneuzeit-Forschungen 13), Epfendorf/Neckar 2005, 18.

37 Wagenknecht 2020 (wie Anm. 29), 263.

38 Peter Burke, Soziologie und Geschichte des Wissens. Eine Einführung, in: Marian Füssel (Hg.): Wissensgeschichte (Basistexte Frühe Neuzeit 5), Stuttgart 2009, 43–62, hier 54–58. Achim Landwehr, Wissensgeschichte, in: ebd., 63–78, hier 63.

39 Haasis / Rieske 2015 (wie Anm. 9), 25.

40 Landwehr 2009 (wie Anm. 38), 65f.

41 Burke 2009 (wie Anm. 38), 53.

42 Füssel 2021 (wie Anm. 13), 7. Landwehr 2009 (wie Anm. 38), 64, 73.

43 ISO 30401:2018(en): Knowledge management systems – Requirements, https://www.iso.org/obp/ui/#iso:std:iso:30401:ed-1:v1:en [letzter Zugriff 10.01.2024]. Ein Überblick über in der Soziologie und Geschichtswissenschaft diskutierte Definitionen bei: Füssel 2021 (wie Anm. 13), v. a. 11, 31.

44 Philip Hoffmann-Rehnitz / André Krischer / Matthias Pohlig, Entscheiden als Problem der Geschichtswissenschaft, Zeitschrift für Historische Forschung 45 (2018), 217–281, hier 225–232. Ulrich Pfister, Einleitung, in: ders. (Hg.): Kulturen des Entscheidens. Narrative – Praktiken – Ressourcen (Kulturen des Entscheidens 1), Göttingen 2019, 11–34, hier 13.

45 Z.B. Birgit Rehse, Die Supplikations- und Gnadenpraxis in Brandenburg-Preußen: eine Untersuchung am Beispiel der Kurmark unter Friedrich Wilhelm II. (1786–1797) (Quellen und Forschungen zur brandenburgischen und preußischen Geschichte 35), Berlin 2008.

stellung des Geschehenen und Angestrebten.[46] Ein Blick auf Suppliken lässt Wissen zudem als Produkt der Zuschreibung, es sei Wissen, das nicht in jedem Moment überprüft wird, erkennen. Es ging darum, plausibel,[47] norm- und wertekonform[48] zu klingen; wobei sich geteilte Plausibilitätsvorstellungen in der Überlieferungshäufigkeit von Argumenten zeigen.

2. Strafpraxis

Im Heiligen Römischen Reich lebte ein Viertel der Menschen in Städten.[49] Die meisten der reichsunmittelbaren Freien Reichsstädte lagen im Südwesten des Reichs.[50] (Voll-)Bürger, seltener Bürgerin,[51] konnte, durch Eidschwur und Geldzahlung, werden, wer seine eheliche Geburt und ehrliche Herkunft nachweisen konnte, ein Gewerbe ausübte, über Grundbesitz in der Stadt verfügte, einen eigenen Haushalt führte[52] und wem keine Klagen anhingen, um die Ehre der Stadt zu wahren.[53] Zu den identitätsstiftenden Rechten der untereinander formal gleichen Bürger zählten die Möglichkeiten zur Handwerksausübung zur Existenzsicherung (*Nahrung*), zum Erwerb von Immobilien, zur Nutzung der eigenen Gerichte und zur politischen Partizipation.[54] Die Bürgerschaft machte jedoch nur einen Teil der Stadtbewohner*innen aus.[55]

In solchen Städten als Verbund von Untertanen und Obrigkeit (deren Grenzen nicht trennscharf sind, da Bürger in die Stadtregierung gewählt werden konnten) existierten verschiedene, teils sich ergänzende, teils miteinander konfligierende

46 Albrecht Cordes, Der „allzu scharf gerittene Pandectenhengst". Richterliches Selbstbewusstsein und juristische Argumente, in: ders. (Hg.): Juristische Argumentation – Argumente der Juristen (Quellen und Forschungen zur höchsten Gerichtsbarkeit im Alten Reich 49), Köln / Weimar / Wien 2006, 1–10, hier 4. Schenk 2022 (wie Anm. 9).

47 Natalie Zemon Davis, Der Kopf in der Schlinge. Gnadengesuche und ihre Erzähler. Übers. v. Wolfgang Kaiser, Frankfurt a.M. 1991, 19, 75, 80, 139.

48 Achim Landwehr, Geschichte des Sagbaren. Einführung in die Historische Diskursanalyse (Historische Einführungen 8), Tübingen 2001, 11–18, 97–134.

49 André Krischer, Einleitung, in: ders. (Hg.): Stadtgeschichte (Basistexte Frühe Neuzeit 4), Stuttgart 2017, 7–36, hier 7.

50 Thomas Lau, Unruhige Städte. Die Stadt, das Reich und die Reichsstadt (1648–1806) (bibliothek altes Reich 10), München 2012, 127. Ulrich Rosseaux, Städte in der Frühen Neuzeit (Geschichte kompakt), Darmstadt 2006, 26–28.

51 Rosseaux 2006 (wie Anm. 50), 55.

52 Eberhard Isenmann, Die deutsche Stadt im Spätmittelalter 1250–1500. Stadtgestalt, Recht, Stadtregiment, Kirche, Gesellschaft, Wirtschaft (UTB), Stuttgart 1988, 93f., 312. Rosseaux 2006 (wie Anm. 50), 54. Werner Schultheiss, Das Bürgerrecht der Königs- und Reichsstadt Nürnberg. Beiträge zur Verfassungsgeschichte der deutschen Städte, in: Max-Planck-Institut für Geschichte (Hg.): Festschrift für Hermann Heimpel zum 70. Geburtstag am 19. September 1971, Bd. 2 (Veröffentlichungen des Max-Planck-Instituts für Geschichte 36/II), Göttingen 1972, 159–194, hier 163.

53 Isenmann 1988 (wie Anm. 52), 94, 97.

54 Gerhard Dilcher, Bürgerrecht und Stadtverfassung im europäischen Mittelalter, Köln / Weimar / Wien 1996, 179–182.

55 Rosseaux 2006 (wie Anm. 50), 54–56.

Ordnungs- bzw. Normsysteme – v. a. Ehre, weltliches und geistliches Recht – nebeneinander;[56] zuletzt theoretisch beschrieben als Normkonkurrenz[57] und daraus resultierende normative Ambiguität[58]. Normsystem und -praxis lassen sich auch als praxisleitende Institution auffassen,[59] nicht im Sinn eines Sozialverbands, sondern als ständeübergreifendes[60] Sozialregulativ, welches soziale Wirklichkeit schuf.[61]

Gedeutet und beurteilt wurden mit Ehre als Medium sowohl das Geschehene als auch die anzuwendenden, faktisch geltenden Normen.[62] Dem jeweiligen Kontext entsprechend konnte der Begriff mit unterschiedlichen Bedeutungen befüllt werden.[63] Ehrkonflikte stellten symbolisch-performative Formen der Aushandlung des sozialen Status dar, die aus der Existenz und Konkurrenz von Intentionen, Normsystemen und Normativitätswissens,[64] d. h. stets, weil die Praxis ihrer Logik bzw. der Norm vorgeht:[65] Regelinterpretationen,[66] resultierten. Seien es Injurien oder die Wiederherstellung berufs- oder deliktsbedingt verlorener Ehre, sie alle waren seit dem Mittelalter, teilweise, geregelt, bevor es mit der Rezeption des Römischen Rechts zur Übernahme weiterer Normen kam.[67]

56 Lars Behrisch, Gerichtsnutzung ohne Herrschaftskonsens: Kriminalität in Görlitz im 15. und 16. Jahrhundert, in: Habermas/ Schwerhoff (Hgg.) 2009 (wie Anm. 7), 219–248, hier 244. Ralf-Peter Fuchs, Um die Ehre. Westfälische Beleidigungsprozesse vor dem Reichskammergericht 1525–1805 (Forschungen zur Regionalgeschichte 28), Paderborn 1999, 8, 29, 31 (gegen einen bloßen Dualismus von Ehre und Recht). Georg Simmel, Soziologie. Untersuchungen über die Formen der Vergesellschaftung, 7. Aufl., Berlin 2013, 418–421. Zu unterschiedlichen Begründungsanforderungen respektive Konzepten verschiedener Normen: Nils Jansen/ Peter Oestmann: Einführung, in: dies. (Hgg.) 2011 (wie Anm. 33), VII–XVIII, hier VIIIf.

57 von Thiessen 2015 (wie Anm. 31) und das gesamte Beiheft. Ders., Normkonkurrenz, historisch, in: Figueiredo et al. (Hgg.) 2023 (wie Anm. 33), 113–116 [und weitere Beiträge]. Für den RHR: Stefan Ehrenpreis, Religionsprozesse vor dem Reichshofrat 1555–1620, in: Cordes (Hg.) 2006 (wie Anm. 46), 97–126, hier 115.

58 Hillard von Thiessen, Das Zeitalter der Ambiguität. Vom Umgang mit Werten und Normen in der Frühen Neuzeit, Köln / Weimar / Wien 2021, bes. 11–21. Ehre als Lebensbereiche verbindende Wertebasis sozialer Normen, die das Alltagsleben strukturierten: ebd., 96–101.

59 Peter L. Berger, On the Obsolescence of the Concept of Honor, European Journal of Sociology 11/2 (1970), 339–347, hier 344–346. Krischer 2017 (wie Anm. 48), 26f. Searle 1997 (wie Anm. 30), 47–53 (Geld als Beispiel), 69–76, 123f. (Institutionen bestehen aus konstitutiven Regeln und Praktiken in der Form „X zählt als Y im Kontext K"). Stegmaier 2008 (wie Anm. 6), 263–272, hier 264, 268.

60 Krischer 2017 (wie Anm. 49), 7–36, hier 22f. Gerd Schwerhoff, Early Modern Violence and the Honor Code: From Social Integration to Social Distinction?, Crime, History & Societies 17/2 (2013), 27–46.

61 Searle 1997 (wie Anm. 30), 11, 14f.

62 Augsberg 2022 (wie Anm. 12), 15, 21–23, 30. Wolfgang van den Daele, Normativität und Faktizität. Zur Begründung normativer Geltungsansprüche in der Praxis von Diskursen, in: Augsberg / Schuppert (Hgg.) 2022 (wie Anm. 12), 145–188.

63 Schatzki 2001 (wie Anm. 9), 8.

64 Augsberg 2022 (wie Anm. 12) 21–23, 29. Duve 2022 (wie Anm. 33).

65 Bloor 2001 (wie Anm. 29). Wagenknecht 2020 (wie Anm. 29), 264.

66 Anthony Giddens, Interpretative Soziologie. Eine kritische Einführung (Campus Studium 557), Frankfurt a.M. /New York 1984, 64.

67 Injurien: Fuchs 1999 (wie Anm. 56), 34–57. Mario Müller, Verletzende Worte. Beleidi-

Strafen konnten vertikal durch die Obrigkeit ausgeübt werden, die Regierung, Legislative und Justiz[68] in einem war, etwa indem männliche Ehebrecher mit Gefängnishaft und ehrminderndem Amts- und Zeugnisfähigkeitsverlust bestraft wurden,[69] oder horizontal, indem sie auch von ihren Mitmenschen „gemieden“, nicht zu Berufen oder Geschäften zugelassen wurden oder ihnen der Zugriff auf die Mitgift der Braut verweigert wurde;[70] alles Sanktionierung[71] durch Exklusion[72], die körperlich oder auch materiell gespeichert werden konnte. Bestand Einvernehmen mit dem Delinquenten, betonten Stadtregierungen in späteren Berichten öfters, mit „bürgerlichen“ Strafen keinen Ehrverlust intendiert zu haben.[73] Mancher Ehrverlust schien ihnen jedoch, so das zugespitzte Gegenargument, verdient, verfüge doch ein Delinquent in einem Amt nicht über die nötige Glaubwürdigkeit.[74] Recht wurde jedenfalls nicht nur vom Gericht ‚gekannt‘ und ‚angewandt‘, sondern bestimmte auch die außergerichtliche Konfliktbewältigungspraxis. Normkonkordanzen verbanden Ehre, Recht und Religion (z. B. die Übereinstimmung religiöser Gebote wie „Du sollst nicht ehebrechen“[75] mit strafrechtlichen und sozialen Normen), Normkonkurrenzen zeigen sich auch darin, dass exkludierte Straftäter auch Fürsprecher*innen fanden (Stadtregierungen, Geschäftspartner, Verwandte).[76]

Allerdings ist der Zusammenhang von Ehre, Bürger- und Strafrecht nur punktuell erforscht. Dabei waren es Delikte, welche zur Aberkennung von Bürgerrechten führten – etwa, seit dem Römischen Recht, die genannte Amts-[77] und Zeugnisfähig-

gung und Verleumdung in Rechtstexten aus dem Mittelalter und aus dem 16. Jahrhundert (Hildesheimer Universitätsschriften 33), Hildesheim / Zürich / New York 2017, hier 39f., 106–147, 317–328.

68 Barbara Dölemeyer, Art. Justiz, in: ENZ (wie Anm. 5), Sp. 203–226, http://dx.doi.org/10.1163/2352-0248_edn_COM_288451 [letzter Zugriff 10.01.2024].

69 Akt Brenneisen, HHStA RHR, Rest. nat. ac leg., Kart. 1, Konv. 4, fol. 342–363 (Rottweil). Akt Richter (Biberach/Riß). Akt Rodenburger, ebd., APA, Kart. 154, Konv. 4, fol. 690–741 (Nürnberg) (alle: wie Anm. 1).

70 Akt Brenneisen (Geschäfte, Mitgift) (wie Anm. 69).

71 Martin Ingram unterscheidet kirchliche Bußen, obrigkeitliche Strafen und außergerichtliche Sanktionen: Martin Ingram, Shame punishments, penance and charivari in early modern England, in: Bénédicte Sère / Jörg Wettlaufer (Hgg.): Shame between Punishment and Penance (Micrologus' Library 54), Firenze 2013, 285–308

72 Zum Gegenstand, wenn auch aus systemtheoretischer Perspektive: Franz-Josef Arlinghaus, Inklusion – Exklusion. Funktion und Formen des Rechts in der spätmittelalterlichen Stadt. Das Beispiel Köln (Norm und Struktur 48), Wien / Köln / Weimar 2018, 29f.

73 Akt Brenneisen. Akt Rodenburger (beide: wie Anm. 69). Akt Richter (wie Anm. 1).

74 Akt Rodenburger (wie Anm. 68), fol. 700r. Akt Fichtel (wie Anm. 1), fol. 559r.

75 Akt Ebenhoch, HHStA RHR, APA, Kart. 48, Konv. 5, fol. 688–691, hier fol. 688r; Akt Radin/Seifried, ebd., Kart. 154, Konv. 3, fol. 554–570, hier fol. 554r (beide: wie Anm. 1).

76 Z. B.: Akt Brenneisen (wie Anm. 69).

77 Antonella Bettoni, Die Diffamation und die Wahrung des guten Namens in der Rechtslehre des Ius Commune, in: Kesper-Biermann / Ludwig / Ortmann (Hgg.) 2011 (wie Anm. 24), 41–57, hier 42. Bruce Frier / Simon Corcoran / Michael Crawford / John Dillon et al. (Hgg.): The Codex of Justinian. A New Annotated Translation 3. Bas. auf der Übers. v. Fred Blume, Cambridge 2016, 2819 (Lib. 12, 1). Andreas Deutsch, Was ist Ehre? Ein Rechtsbegriff im historischen Vergleich,

keit[78]. Die Delinquenten verloren durch vertikale Sanktionierung, von wenigen Fällen des Stadtverweises abgesehen, nicht ihr vollständiges Bürgerrecht, aber einzelne damit verbundene Fähigkeiten[79] (Anrüchigkeit als Schmälerung des bürgerlichen Ehrstatus)[80]. Dazu finden sich nur einzelne Anmerkungen in der Literatur: Jene (Hand-) Bücher zur Stadtgeschichte, die auf städtisches Recht eingehen, konzentrieren sich v. a. auf die Voraussetzungen zum Bürgerrechtserwerb.[81] Der Grund mag in den Quellen[82] zu finden sein: Denn auch Bürger- und Satzungsbücher gehen kaum auf den Zusammenhang von Ehre, Amts- und Zeugnisfähigkeit bzw. die Möglichkeit, Straftaten mit Ehr- und Rechtsverlust zu sanktionieren, ein. Die Nürnberger „Verneute Reformation" von 1564 erwähnt dazu die Beglaubigungsfunktion jeweils zweier Genannter des Großen Rats und nennt Testamentsaufrichten „Testieren", welches dem „gemaine[n] geschribne[n] Recht", also dem römischen Recht, folge und unter anderem Verschwendern verboten sei. Ehre wird nicht explizit erwähnt.[83] Auch in Bamberg war bis ins 18. Jahrhundert hinein die bürgerliche Amtsfähigkeit nicht systematisch verschriftlicht worden.[84] Selbst die *Constitutio Criminalis Carolina* von 1532, Straf- und Strafprozessrecht,[85] nannte neben Ehrenstrafen als allgemeine Sank-

in: Ditte Bandini / Ulrich Kronauer (Hgg.): Früchte vom Baum des Wissens. Eine Festschrift der wissenschaftlichen Mitarbeiter, Heidelberg 2009, 179–191, hier 189. Klaus Schreiner, Verletzte Ehre. Ritualisierte Formen sozialer, politischer und rechtlicher Entehrung im späteren Mittelalter und in der beginnenden Neuzeit, in: Dietmar Willoweit (Hg.): Die Entstehung des öffentlichen Strafrechts. Bestandsaufnahme eines europäischen Forschungsproblems, Köln / Wien / Weimar 1999, 263–320, 280.

78 Antonella Bettoni, Fama, shame punishment and metamorphoses in criminal justice (Fourteenth – Seventeenth centuries), Forum historiae iuris 2010, https://forhistiur.de/2010-03-bettoni/?l=en [letzter Zugriff 10.01.2024], Abs. 26. Deutsch 2009 (wie Anm. 77), 188. Schreiner 1999 (ebd.), 277f.

79 Günther Düll, Das Bürgerrecht der freien Reichsstadt Nürnberg vom Ende des 13. Jahrhunderts bis Anfang des 16. Jahrhunderts, Diss., Nürnberg 1954, 58–72.

80 Sibylle Hofer, Art. Ehrverlust, in: ENZ (wie Anm. 5), 88–90, hier 89f., http://dx.doi.org/10.1163/2352-0248_edn_COM_256248 [letzter Zugriff 10.01.2024].

81 Dilcher 1996 (wie Anm. 54), 71–84, 115–118. Rosseaux 2006 (wie Anm. 50), 54f.

82 Ausübung von Ämtern: Stadtarchiv Nürnberg (Hg.): Die Nürnberger Bürgerbücher I: Die Pergamentenen Neubürgerlisten 1302–1448 (Quellen zur Geschichte und Kultur der Stadt Nürnberg 9), Nürnberg 1974. Bußen bzw. Geldstrafen: Werner Schultheiß (Bearb.): Satzungsbücher und Satzungen der Reichsstadt Nürnberg aus dem 14. Jahrhundert 1, 1. Teil (Quellen zur Geschichte und Kultur der Stadt Nürnberg 3), Nürnberg 1965. Die 1479 erlassene „Neue Reformation" orientierte sich am Römischen Recht und wurde 1564 überarbeitet: Wolfgang Leiser, Nürnbergs Rechtsleben, in: Gerhard Pfeiffer (Hg.): Nürnberg – Geschichte einer europäischen Stadt, München 1971, 171–176, hier 174f. Der Stadt Nürnberg verneute Reformation, Nürnberg 1564, https://digi.ub.uni-heidelberg.de/diglit/drwNuernbergRef1564/0001/image,info,thumbs [letzter Zugriff 10.01.2024].

83 Verneute Reformation 1564 (wie Anm. 82), bes. fol. 175r, 176r.

84 Nina Hörl, *Worin eigentlich die Würkungen des Großen und Kleinen Burgerrechts bestehen*? Das Bamberger Bürgerrecht im 17. und 18. Jahrhundert, Bamberg 2009, https://fis.uni-bamberg.de/entities/publication/3853a0e7-8446-4649-a5db-9204514766ba/details [letzter Zugriff 10.01.2024], 63f., 81f.

85 Karl Kroeschell / Albrecht Cordes / Karin Nehlsen-von Stryk (Hgg.): Deutsche Rechtsgeschichte 2: 1250–1650, 9. Aufl., Köln / Weimar / Wien 2008, 294.

tionsmöglichkeiten (§§ 104, 110) nur Meineidige als Delinquenten*innen, welche zur Strafe „aller ehren entsetzt sein“ sollten (§ 107). Es braucht daher Zufallsfunde in Suppliken und den im Folgenden zitierten Gravamina vom Reichstag 1576, in denen es etwa heißt:

> *Darneben werden sy* [= bestimmte, von Protestanten exkludierte Katholiken, FZ] *zu keinen burgerlichen ehrnstandt, also zum rathganng, zum gericht [...], erwolt noch gelaßen, sonder darvon, als weren sie keine piderleüth noch christen, ausgeschlossen; ja es auch dahin kommen, dz man sie zu den hochtzeitten* [man denke an den englischen „man of honour“, FZ] *kindertauff und andere ehrlaisstung nit beruffen wil.*[86]

Dass römisch-rechtliche Normen nicht eigens für die Stadt verschriftlicht wurden, heißt also nicht, dass die dortige Praxis diesen nicht folgen sollte.[87]

3. Suppliken

Wenn es auf reichsstädtischer Ebene mit Konfliktlösung und Gnadenbitten nicht geklappt hatte, supplizierte man an den Kaiser. Unter 1.425 rudolfinischen RHRsakten von Verfahren, die durch die Supplik eines*r nicht adeligen Untertanen*in angestoßen wurden und in denen noch mindestens eine solche überliefert ist, stammten 33% aus Reichsstädten.[88] Darunter finden sich zumindest 26 Fälle, in denen ehrlos gewordene Delinquenten*innen um die Wiederherstellung ihrer Ehre baten, denn derartige Bitten waren angesichts diverser Möglichkeiten, wie Fälle gelagert und Petita formuliert werden konnten, voraussetzungsvoll. Prototypische Fälle waren jene der bereits bestraften, aber nach wie vor unter Exklusion leidenden Supplikanten aus Biberach/Riß, Nürnberg und Rottweil.[89] Kontextualisieren lassen sie sich durch andere Suppliken aus denselben Städten, die regelmäßig Konflikte um städtische In- und Exklusion behandelten, indem sie verschiedenen Strategien folgten. Die drei waren unterschiedlich große, verschiedenkonfessionelle Städte aus jenem süddeutschen Gebiet, aus dem die meisten Supplikanten*innen stammten:[90] Nürnberg als evangelische Großstadt, um 1600 mit 50.000 Einwohnern*innen[91] und 1.500 Quadratkilometern Land-

86 Religionsgravamina der katholischen Reichsstände (1576-09-19), in: Josef Leeb / Christiane Neerfeld / Eva Ortlieb / Florian Zeilinger / Roman Bleier (Bearb.): Der Regensburger Reichstag von 1576. Digitale Edition, 2023, https://gams.uni-graz.at/o:rta1576.edd1e10s46243 [letzter Zugriff 10.01.2024], fol. 184r.

87 Oestmann 2015 (wie Anm. 19), 6.

88 Schreiber 2018 (wie Anm. 16), 148, 160–162.

89 Akt Brenneisen (wie Anm. 69). Akt Richter (wie Anm. 2). Akt Rodenburger (wie Anm. 69).

90 Schreiber 2018 (wie Anm. 16), 167.

91 Rudolf Endres, Sozialstruktur Nürnbergs, in: Pfeiffer (Hg.) 1971 (wie Anm. 82), 194–199, hier 195. Anton Schindling, Nürnberg, in: ders. / Walter Ziegler (Hgg.): Die Territorien des Reichs im Zeitalter der Reformation und Konfessionalisierung. Land und Kon-

gebiet[92], Biberach als quasi paritätisch regierte[93] Stadt, um 1600 mit ca. 6.000,[94] und Rottweil als katholische Stadt, um 1500 mit ca. 5.000 Einwohnern*innen.[95] Aus Nürnberg sind 104 Verfahren 85 verschiedener Supplikanten*innen überliefert (darunter 15 männliche Supplikanten und 1 gemischtgeschlechtliche Gruppe, bzw. 19%, die soziale Exklusion wie Ehrverlust, Handwerksverbot, Injurien thematisierten); aus Biberach 11 Verfahren 12 verschiedener Supplikanten*innen(gruppen) (5 Supplikanten wegen deliktsbedingten Ehrverlusts, sicheren Geleits nach Delikten, 1 Supplikantin wegen Bürgerrechtserwerb nach unehelicher Geburt, insges. 50%); aus Rottweil 3 Verfahren (2 Supplikanten bzw. 66% wegen deliktsbedingten Ehrverlusts und Injurien) überliefert.[96] Die Betroffenen zeichneten sich durch ihre herrschaftliche Nähe zum Kaiser und, mehrheitlich, ihre berufliche Nähe zu Recht und Schriftlichkeit aus[97] (bei z. T. fehlenden Angaben und inklusive Doppelfunktionen: 10 Amtsträger, 2 Ärzte, 2 Diener*innen, 28 Handwerker, 2 Juristen, 30 Kaufmänner, 1 Musiker, 1 Offizier, 2 Schulmeister, 1 Übersetzer, 1 Wundarzt, aber auch 4 Bauern als Totschläger; insg. 84 Angaben). Auch familiäre Informationsflüsse trugen zum Supplizieren bei, so in den Fällen Georg Leopold und Valentin Fuhrmann aus Nürnberg oder Hans und Martin Radin aus dem Biberacher Landgebiet, wie auch andere Netzwerke. Dennoch verfassten meist Schreiber die formal anspruchsvollen Suppliken. Vorsicht ist geboten, da die Erschließung in der Datenbank nicht alle überlieferten Informationen erfasst:[98] Z. B. bat Eberhard Ebenhoch auch um Wiedereinlassung und Landeshuldigung.[99]

1582 etwa supplizierte der Seilergeselle Lukas Brenneisen d. J. aus Rottweil, nachdem er neun Jahre zuvor einen Mann ohne Vorsatz getötet hatte, sich zwar mit dessen Angehörigen verglichen und, als Katholik, die Absolution des Bischofs von Konstanz geholt hatte, nun aber, dies war ihm noch verwehrt, die Mitgift seiner Frau erhalten, zu Geschäften, Stadtämtern und „burgerlicher Verwandtnus" zugelassen werden wollte.[100] Hier zeigt sich die Zeit um 1600 als Übergangsphase von mittelalterlichem

fession 1500–1650 1: Der Südosten (Katholisches Leben und Kirchenreform im Zeitalter der Glaubensspaltung 49), Münster 1989, 32–43, hier 33.

92 Martin Schieber, Nürnberg. Eine illustrierte Geschichte der Stadt, München 2000, 47, 62.

93 Kurt Diemer, Biberach, in: Meinrad Schaab / Hansmartin Schwarzmaier (Hgg.): Handbuch der baden-württembergischen Geschichte 2, Stuttgart 1995 (Veröffentlichungen der Kommission für geschichtliche Landeskunde in Baden-Württemberg), 663–666, hier 665.

94 Kurt Diemer, Von der Bikonfessionalität zur Parität. Biberach zwischen 1555 und 1649, in: Dieter Stievermann (Hg.): Geschichte der Stadt Biberach, Stuttgart 1991, 289–307, hier 292.

95 Wilfried Enderle, Rottweil und die katholischen Reichsstädte im Südwesten, in: Schindling / Ziegler (Hgg.) 1993 (wie Anm. 91), 214–230, hier 216.

96 Datenbank Untertanensuppliken: Supplikanten, Verfahren (wie Anm. 1).

97 Schreiber 2018 (wie Anm. 16), 148–167.

98 Zeilinger 2022 (wie Anm. 14), 90f., 274. Für diese Studie konnten nicht alle Akten überprüft werden.

99 Akt Ebenhoch (wie Anm. 75).

100 Akt Brenneisen (wie Anm. 69), fol. 349r, 353r, 359v.

Buß- zu neuzeitlichem Strafverfahren.[101] Die Grenze zwischen straf- und schadensersatzrechtlichen,[102] punitiv-ausschließenden und restitutiv-reintegrierenden Strafen[103] war fließend.

Da erstens keine Appellation in Strafsachen vorgesehen war, zweitens bei Gnadensachen wie kaiserlicher Ehrrestitution kein subjektiver Rechtsanspruch auf Gewährung bestand[104] und drittens Allegationen, also Rechtszitate, an Reichsgerichten[105] nicht gerne gesehen waren, die Römisches Recht ohnehin berücksichtigen mussten,[106] bezogen sich Supplikanten nur selten explizit auf Rechtstexte. Oft rekurrierten sie dagegen auf die kaiserliche Gnadengewalt und Machtvollkommenheit.[107] Daneben wurde dennoch, selten, allegiert und somit Recht argumentationspraktisch angewandt. Allegationen sind laut Hermann Kantorowiczs der „am schlechtesten überliefert[e] […] Bestandteil der Rechtsliteratur“[108] oder, in Peter Oestmanns Worten, der praktische Gebrauch rechtlicher Belegstellen bzw. die Beibringung und Behauptung von Rechtsnormen.[109] Ausgewählt wurden Normen, die zur Erreichung des Prozessziels am günstigsten erschienen; im Zweifelsfall besser zu viel als zu wenig.[110] Brenneisen wurde beim Supplizieren wie bei den Vergleichsverhandlungen wohl von seinem Vater, einem Beisitzer am Rottweiler Hofgericht, unterstützt.[111] Dies erklärt, warum in seiner Supplik allegiert wurde. Kontextbedingt, dem römisch-deutschen Kaiser

101 Dietmar Willoweit, Gewalt und Verbrechen, Strafe und Sühne im alten Würzburg. Offene Probleme der deutschen strafrechtsgeschichtlichen Forschung, in: ders. (Hg.): Die Entstehung des öffentlichen Strafrechts. Bestandsaufnahme eines europäischen Forschungsproblems (Konflikt, Verbrechen und Sanktion in der Gesellschaft Alteuropas, Symposien und Synthesen 1), Köln / Weimar / Wien 1999, 215–233, hier 221.

102 Willoweit 1999 (wie Anm. 101), 227–233.

103 Bruce Lenman / Geoffrey Parker, The State, the Community and the Criminal Law in Early Modern Europe, in: Vic Gatrell / dies. (Hgg.): Crime and the Law. The Social History of Crime in Western Europe since 1500 (The Europa Social History of Human Experience), London 1980, 11–48, hier 11f., 23.

104 Oestmann 2015 (wie Anm. 11), 207. Schreiber 2015 (wie Anm. 23), hier 217.

105 Reichskammergerichtsordnung 1555: 3.XL §2: Adolf Laufs (Hg.), Die Reichskammergerichtsordnung von 1555 (Quellen und Forschungen zur höchsten Gerichtsbarkeit im Alten Reich 3), Köln 1976, 57–280. Vgl. Oestmann 2002 (wie Anm. 34), 672f. Erst die RHRO von 1654 verweist in Titel IV §11 dezidiert auf die RKGO. Die RHRO Ks. Rudolfs II. von 1594 berief sich in Abs. [10] auf das „gemeine […] geschriebene Recht“, Wolfgang Sellert (Hg.): Die Ordnungen des Reichshofrates 1550–1766 Halbband 1: bis 1626 (Quellen und Forschungen zur höchsten Gerichtsbarkeit im Alten Reich 8/I.), Köln 1980.

106 Oestmann 2002 (wie Anm. 34), 108.

107 Holger Erwin, Machtsprüche. Das herrscherliche Gestaltungsrecht „ex plenitudine potestatis“ in der Frühen Neuzeit (Forschungen zur deutschen Rechtsgeschichte 25), Köln / Weimar / Wien 2009.

108 Hermann Kantorowicz, Die Allegationen im späteren Mittelalter, in: Karl Brandi / Alfred Hessel (Hgg.): Archiv für Urkundenforschung 13, Berlin / Leipzig 1935, 15–29, hier 25.

109 Peter Oestmann, Geistliche und weltliche Gerichte im Alten Reich. Zuständigkeitsstreitigkeiten und Instanzenzüge (Quellen und Forschungen zur höchsten Gerichtsbarkeit im Alten Reich 61), Wien / Köln / Weimar 2012, 718.

110 Oestmann 2002 (wie Anm. 34), 683f.

111 Akt Brenneisen (wie Anm. 69), fol. 357r.

gegenüber, konnten das ‚nur' Passagen aus zentralen Texten des römischen Rechts (Codex Iustinianus, Digesten [ff.]), des kanonischen Rechts (Decretum Gratiani, Liber Sextus), seiner spätmittelalterlichen Kommentatoren (Bartolus de Saxoferrato, 1313/14–1357),[112] bis hin zu Juristen des 16. Jahrhunderts (Jacobus Menochius, 1532–1607, André Tiraqueau,[113] 1488–1558) sein, welche keinen Anspruch des Supplikanten, aber das Recht des Kaisers, eine *restitutio famae et honoris* vorzunehmen, mit komplexen intertextuellen Verweisen stützten. Wie in anderen Fällen[114] so wurde hier wörtlich eine *restitutio in integrum*, entsprechend dem damals teilweise noch im weiten Sinn gebrauchten Begriff, erbeten, während sich der RHR aber für die Formulierung einer „Absolution" entschied. In der Supplik hieß es, zuerst Bartolus Digesten-Kommentar allegierend: *Famae et in integrum Zurestituieren, scdm* ***Bart.*** *in l. infamem n.o 13. ff. depubl: Iud. Rubrum Cons. 50. n.o j.* ***Jacob. Menochium*** *lib. i. Quaest: 92. De Arbitr. iud. Sent. [...].*[115] Erst im 18. Jahrhundert sollten derartige „Gnadensachen", die schon 200 Jahre zuvor praktiziert wurden, als eigenständiger Bereich juristisch systematisiert werden.[116]

Die ehrbaren Bürger, die als Hofgerichtsbeisitzer fungierten, hatten in vielen Fällen die Lateinschule oder auch Universitäten besucht, waren jedoch nur selten Rechtsgelehrte, und urteilten nach dem Gewohnheitsrecht.[117] Brenneisens Vater, Lukas d. Ä., war nach dem Studium in Tübingen und Freiburg/Breisgau seit 1561 Bakkalaureus. 1573, im Annus Horribilis seines Sohns, war er Beisitzer geworden.[118] Auch nach der „Erneuerten Ordnung" des Hofgerichts von 1572[119] sollten die Urteilsspre-

112 Zu Bartolus, welcher Theorie und Praxis verband und systematisierte: Hermann Lange / Maximiliane Kriechbaum, Römisches Recht im Mittelalter: Die Kommentatoren, München 2007, 682–748.

113 Zur deutschen Rezeption seines Traktats *De poenis temperandis aut etiam remittendis:* Hans Schlosser, Von der Klage zur Anklage. Spuren eines Wandels am Beispiel der Augsburger reichsstädtischen Strafpraxis, in: Willoweit (Hg.) 1999 (wie Anm. 101), 239–262, hier 250.

114 Zeilinger 2022 (wie Anm. 14), 217–223. Bei Johann Mayer (HHStA RHR, APA, Kart. 116, Konv. 1–2, fol. 87–630 [wie Anm. 1], fol. 148v) *restitutio in integrum honoris*.

115 Akt Brenneisen (wie Anm. 69), fol. 359v–360r [Hervorhebungen durch den Verfasser].

116 Johann Jacob Moser, Neues teutsches Staatsrecht: Von der Landeshoheit in Gnaden-Sachen 22, Frankfurt a.M. / Leipzig 1773, https://books.google.at/books?id=L-PNKAAAAcAAJ&printsec=frontcover&hl=de&source=gbs_ge_summary_r&cad=0#v=onepage&q&f=false [Letzter Zugriff 10.01.2024].

117 Georg Grube, Die Verfassung des Rottweiler Hofgerichts (Veröffentlichungen der Kommission für geschichtliche Landeskunde in Baden-Württemberg B 55), Stuttgart 1969, 132–134, 143f. Adolf Laufs, Die Reichsstadt Rottweil und das Kaiserliche Hofgericht, in: Bernhard Kirchgässner / Hans-Peter Becht (Hgg.): Residenzen des Rechts. 29. Arbeitstagung in Speyer 1990 (Stadt in der Geschichte 19), Sigmaringen 1993, 19–35, hier 30.

118 Grube 1969 (wie Anm. 117), 224. Winfried Hecht, Zum Lebenslauf des Rottweiler Juristen Dr. Nikolaus Brenneisen, Rottweiler Heimatblätter 84/3 (2023), [3]–[4], hier [3].

119 Ulrike Schillinger, Die Neuordnung des Prozesses am Hofgericht Rottweil 1572. Entstehungsgeschichte und Inhalt der Neuen Hofgerichtsordnung (Quellen und Forschungen zur höchsten Gerichtsbarkeit im Alten Reich 67), Köln / Weimar / Wien 2016.

cher aus dem Stadtrat stammen,[120] in dem Lukas d. Ä. seit 1565 saß.[121] 1582 wurde Lukas d. Ä. Hofgerichtskommissar[122] und verfügte daher über zusätzliche Beziehungen zum Kaiser.[123] Sollte es nicht seine eigene Rechtskenntnis gewesen sein, die sich in der Supplik zeigt, so könnte er sich Hilfe bei den Hofgerichtsadvokaten Dr. Johann Nervius (1570–1590) aus Straßburg oder Dr. Johann Spreter von Kreudenstein (1574–1582)[124] geholt haben. Ersterer tauchte noch als Straßburger Advokat im Vergleichsvertrag für Lukas d. J. auf.[125] Daneben war ein Dr. Nikolaus Brenneisen ab 1583 Kanzleischreiber und ab 1584 Gesandter am Kaiserhof.[126] All dies waren möglicherweise die erwähnten „Rechtsgelehrten", die Lukas d. J. davon abgeraten hatten, als Infamer gerichtlich gegen seine Exklusion zu klagen.[127]

Doch erst eine zweite Supplik mit adaptierter Argumentation (verstärkter Schilderung negativer Straffolgen) hatte in Verbund mit einer stadtobrigkeitlichen Interzession Erfolg. Geschrieben wurden die unterschiedlich argumentierenden Suppliken übrigens von zwei verschiedenen Schreiberhänden.[128] Auch danach bezog sich der RHR in seinem „Absolutionsbrief" nicht weiter auf die Allegationen, sondern sprach nur allgemein von kaiserlicher Gnadengewalt[129] – also die ihrer rechtlichen Begründung bzw. Referenz entkleidete Kernaussage des Allegationenblocks. Auch Regeln der Normanwendung wurden folglich unterschiedlich interpretiert.

Bei Johann Mayer (1545–1608)[130] war es 1598[131] der eigene Werdegang, welcher seine Rechtsnutzung bestimmte: Der Doktor beider Rechte sei, laut eigener[132] Angabe, einst Rektor der Universität Valence in der Dauphine gewesen, vom französischen König Karl IX. geadelt und danach promoviert worden, ehe er nach Nürnberg gezogen und 14 Jahre (ca. 1573–1587) am Stadtgericht tätig gewesen sei. Von seiner Ehefrau geschieden, ihm zufolge, nachdem er als Ehebrecher diffamiert worden sei, damit seine Schwiegereltern ihm ihre Schulden nicht bezahlen mussten, sei er am 9. August 1587 inhaftiert worden und danach zehn Jahre (1587–1597) bis zu seinem minutiös geschilderten Ausbruch und seiner Flucht (17.–19. September) im Gefängnis gesessen. Sein Schwager Wolf von Elterlein habe ihm zudem sein mütterliches Erbteil

120 Ernewerte Ordnung.|| der Rö. Kay. Mt.|| Kaiserlichen Hoffge=||richts zü Rottweil.||, Mainz 1573 (VD16 D 1266), fol. 1r.

121 Stadtarchiv Rottweil, Ratsmitgliederbuch.

122 Grube 1969 (wie Anm. 117), 236. Laut Hecht (2023 [wie Anm. 118], [3]) war er 1576 Schultheiß geworden, in der im StA Rottweil lagernden Mappe „Rottweiler Ehrenbürger, Schultheiße und Bürgermeister" ist diese Angabe jedoch mit Fragezeichen versehen.

123 Enderle 1993 (wie Anm. 95), 214–216. Laufs 1993 (wie Anm. 117), 26f.

124 Grube 1969 (wie Anm. 117), 233f., 237. Theo Spreter von Kreudenstein, Johann Spreter von Kreudenstein. Doktor beider Rechte. Rottweiler Bürger im 16. Jahrhundert, Sigmaringen 1989, 17f., 21.

125 Akt Brenneisen (wie Anm. 69), fol. 353v.

126 Hecht 2023 (wie Anm. 118), [3]f.

127 Akt Brenneisen (wie Anm. 69), fol. 346v.

128 Akt Brenneisen (wie Anm. 69), fol. 346r–347v, 359r–361v.

129 Akt Brenneisen (wie Anm. 69), fol. 342r–343v, 362rf.

130 Stadtarchiv Nürnberg GSI 180 Nr. 152.415, bearb. v. Walter Bauernfeind.

131 Akt Mayer (wie Anm. 114), fol. 103v.

132 Anmerkung im Akt Mayer (wie Anm. 114), fol. 174r; mehrere Texte derselben Schreiberhand. Dagegen: Ebd., fol. 626r–629v.

vorenthalten.[133] Mayer rekurrierte nicht nur auf diverse Bibelstellen,[134] sondern er beteuerte, auch auf die „Nürnberger Reformation", Landfrieden und „Konstitutionen" bezogen, man habe ihm die „Justizia", also den gerechten Rechtsaustrag, „denegiert", was beigelegte vidimierte Akten „klar" beweisen[135] – auch hier wird die schriftlich-materielle Rechtspraxis deutlich. Und auch der Doktor beider Rechte allegierte, nämlich den Codex (Lib. 8, 4 zur Restitution von Eigentum), aber auch Andreas Gail als zeitgenössischen Juristen (Practicarum Observationum 2, 76 über Hochzeitsgaben und -geschenke). Daran schloss der Jurist eine 148 Blatt lange, detailliert artikulierte Liste *Mixta iniuriarum actione restitutionis in integrum honoris* mit Allegationen und andere Anhänge aus dem vorangehenden Gerichtsprozess an.[136] Nach reichshofrätlichen Schreiben um Bericht[137] antwortete der Stadtrat mit Vorwürfen des Schuldenmachens, des Verfassens einer Schmähschrift, teils eingestandener Ehebrüche und des Verstoßes gegen einen Stadtverweis,[138] woraufhin der RHR Mayers Bitte abwies.[139] Der Jurist starb 1608 in Prag.[140]

Unabhängig von ihrem Erfolg zeigen die Rechtszitate, wie reichsstädtische Juristen mit ihnen umzugehen zu wissen glaubten. Die Praxis war das, von dem sich der Handelnde qua Demonstration des eigenen Status, des eigenen (mitunter falschen oder lückenhaften) Wissens oder der eigenen Eingebundenheit und Verdienste Erfolg versprach, das der eigenen Gewohnheit entsprach oder mit dem man sich abzusichern hoffte.

4. Rechtswissen – Schlussfolgerungen

Eine frühneuzeitliche Stadt war ein komplexes Ensemble aus Menschen, mit ihren Medien, Praktiken und Wissensbeständen,[141] und ‚Instanzen', mit unterschiedlichen

133 Akt Mayer (wie Anm. 114), fol. 96r–103v. Besonders gut hatte Mayer bei seiner Promotion 1572 nicht abgeschnitten: *Jean Meyer avait rempli les functions de recteur [...] avant de se présenter à l'examen. Tous les professeurs ne furent pas d'accord su sa promotion [...].* Joseph Cyprien Nadal, Histoire de l'Université de Valence, et des autres établissements d'instruction de cette ville, depuis leur fondation jusqu'a nos jours, Valence 1861, 380f.

134 Akt Mayer (wie Anm. 114), fol. 96r: *doch one Rhum, sed in mensura á Deo inicli[?] concessae regulae, secund: Paul: 2. Corinth: 10* = 2 Kor 10,13: „Wir dagegen wollen uns nicht maßlos rühmen, sondern jenen Maßstab anlegen, den uns Gott zugeteilt hat." Die Bibel in Einheitsübersetzung, https://www.uibk.ac.at/theol/leseraum/bibel/2kor10.html [letzter Zugriff 10.01.2024].

135 Akt Mayer (wie Anm. 114), fol. 97v.

136 Akt Mayer (wie Anm. 114), fol. 101r (*per tex: L meminerint, C. unde ui, et in C. conquerente: de restitu: spoli: pulch : Panor : ibi num: 3. Boer: decis: 238. nu: 4. Part: 2. et And: Gail in obs. 76. lib: 2.*), fol. 104r–252v (notariell beglaubigte Mixta von Johann Mayer und Prokurator Konrad Knopf aus dem Jahr 1595), fol. 253r–211v (weitere Anhänge).

137 Akt Mayer (wie Anm. 114), fol. 88r–89r, 615rf.

138 Akt Mayer (wie Anm. 114), fol. 93r–95r.

139 Akt Mayer (wie Anm. 114), fol. 630r.

140 StA Nürnberg GSI 180 Nr. 152.415 (wie Anm. 130).

141 Krischer 2017 (wie Anm. 49), 36.

Interessen und Normen, eingebettet in den größeren (Rechts-)Raum des Reichs.[142] Nicht nur Gerichte waren qua Konfliktlösungsversuchen mit den zentralen sozialen Fragen der In- und Exklusion von Einzelpersonen beschäftigt.[143] Mit dem Begriff „inner- und außerhalb Gerichts“ wurde auf die Existenz verschiedener Normanwender*innen und -anwendungen auf der außergerichtlich-horizontalen und der judikativ-vertikalen sozialen Ebene hingewiesen. Das „Recht“ war in diesen Fällen seine obrigkeitlich-gerichtspraktische Anwendung, sein Außen die inoffiziell-horizontale Strafpraxis, die auf weltlichem Recht und anderen Normen basierte. Normanwendung und positive oder negative Sanktionierung, beides analytische Begriffe, stellten Tertia Comparationis dar. Innen und Außen bildeten jedoch keinen dichotomischen Dualismus, die Grenze war fließend: Das Recht eines Raums musste nicht eigens für ihn verschriftlicht sein und man musste weder Gericht noch Obrigkeit sein, um es, auch strafend, anwenden zu können. Man mag dabei die Obrigkeitsperspektive der Infrajustizforschung kritisieren,[144] doch wurde diese von den Supplikant*innen der Frühen Neuzeit geteilt.

Suppliken als Praxisquellen lassen Norminhalte und Relevanzzuschreibungen erkennen, über die andere Quellen keinen oder kaum Aufschluss geben. Das persönliche kulturelle, soziale und ökonomische Kapital[145] bestimmte die Supplikationspraxis. Wissen um Recht, Rechtskundige und rechtliche Möglichkeiten war vorhanden und wurde angewandt. Alle regelhafte Normanwendung bei persönlichem oder professionellem Verfassen von Suppliken griff auf bestimmte Praktiken zurück, die zwar reflektiert vollzogen wurden, aber dadurch noch nicht erfolgreich sein mussten. Dennoch beeinflusste Wissen über die Geltung nicht zwangsläufig in verschriftlichter Form eingesehener Normen die Normen-, Institutionen- und Instanzennutzung.

142 Krischer 2017 (wie Anm. 49), 12–18. Heinz Schilling / Stefan Ehrenpreis, Die Stadt in der Frühen Neuzeit, 3. Aufl. (Enzyklopädie deutscher Geschichte 24), Berlin / Boston 2015, 49–54.

143 Arlinghaus 2018 (wie Anm. 72), 373f.

144 Duve 2022 (wie Anm. 33), 63.

145 Pierre Bourdieu, Ökonomisches Kapital, kulturelles Kapital, soziales Kapital, in: Reinhard Kreckel (Hg.): Soziale Ungleichheiten (Soziale Welt 2), Göttingen 1983, 183–198.

Städtische Rechtskulturen in der Vormoderne – Bemerkungen zur Tagung aus linguistischer Sicht

Klaus Grübl / Maria Selig

1. Recht und Sprache – eine praxeologische Herausforderung?

Die im Folgenden zusammengestellten Bemerkungen können nicht als vollwertige *conclusio* dieses Tagungsbands gelesen werden; dazu sind sie zu vorläufig und zu wenig systematisch. Außerdem repräsentieren sie lediglich den Blick der beiden Sprachwissenschaftler*innen, die am Regensburger Kolloquium beteiligt waren. Dieser Einseitigkeit und der daraus resultierenden Zuspitzung der Argumentation sind wir uns als Autor*innen sehr bewusst. Dennoch hoffen wir, mit unseren Überlegungen einen willkommenen Beitrag zur Idee der Interdisziplinarität zu leisten, von der die Jahrestagungen des Forum Mittelalter von Beginn an wesentlich getragen waren.

Es soll hier nicht verschwiegen werden, dass die vorliegende Bestandsaufnahme in erster Linie von einer Irritation veranlasst wurde – einer Irritation, die sich im Lauf des Kolloquiums auf beiden Seiten, also zum einen bei den Teilnehmenden aus den Geschichtswissenschaften und zum anderen bei uns Linguist*innen, immer wieder bemerkbar gemacht hat. Wir, die Linguist*innen, waren darüber verwundert, dass unser Insistieren auf der Idee, wonach das Recht etwas notwendig sprachlich Verfasstes sei, nicht sofort auf allgemeine Zustimmung stieß. Die übrigen Teilnehmenden schienen in unserem Ansinnen bisweilen das Nachwirken längst abgearbeiteter Theorieangebote wie des *linguistic turn* zu vermuten oder, vielleicht noch schlimmer, eine vortheoretische Konzentration auf die schriftliche Überlieferung, die die reduktionistischen Folgen einer solchen Fokussierung, beispielsweise den Ausschluss medial mündlicher Performanz, nicht hinreichend mitbedachte. Die Irritation war also beiderseits durchaus groß. Dadurch war sie aber, wie wir meinen, umso produktiver. Denn sie hat uns beide dazu veranlasst, noch einmal genauer darüber nachzudenken, was aus sprachwissenschaftlicher Sicht das eigentliche Interesse der Tagung ausmachte und inwieweit die interdisziplinäre Forschung zur Geschichte vormoderner Rechtskulturen von unserer linguistischen Expertise theoretisch und methodologisch profitieren könnte.

Die für die Linguistik naheliegende Konzentration auf das Sprachlich-Textuelle scheint zunächst in der Tat schwer vereinbar zu sein mit der sehr weitreichenden methodologischen und empirischen Öffnung, die in den Geschichtswissenschaften unter dem Einfluss praxeologischer Theorieansätze vollzogen wurde. Wie die in diesem Band versammelten Beiträge eindrucksvoll zeigen, erlaubt diese Öffnung eine ungleich lebendigere, realistischere und umfassendere Darstellung der relevanten gesellschaftlichen Aushandlungsprozesse, als dies in einer Herangehensweise möglich wäre, die die nicht-sprachlichen Dimensionen rechtlicher Interaktion ausblendet, um sich auf die Analyse der textuellen Resultate dieser Praxis zu beschränken. Völlig zu Recht verfolgt die aktuelle Geschichtswissenschaft deshalb den Anspruch, nicht nur die textuellen Formen der Dokumentation und Korroboration von Rechtsakten zu untersuchen, sondern auch diejenigen (Teil-)Prozesse der Rechtskommunikation zu erforschen, die im Kontext oder auch unabhängig von der rechtsetzenden Schriftlichkeit wirken, die dieser zeitlich vor- oder nachgelagert sind und die verschiedene semiotische Ebenen involvieren können – sich etwa im Körperlich-Rituellen, im Bildhaft-Allegorischen oder schlicht hinter den Kulissen der offiziellen Schriftproduktion abspielen, in der Mündlichkeit, in Beratungsnotizen, in Suppliken oder Petitionen. Es geht also darum, ein möglichst differenziertes und vollständiges Bild zu gewinnen von den verschiedenartigen, oft in komplexer Weise aufeinander bezogenen funktionalen Dimensionen einer multimodalen und fluiden kommunikativen Praxis, die sich mit der Zeit zu stärker formalisierten, normativen Rechtspraktiken entwickeln kann, die normative Vorgaben situationell modifiziert und anpasst oder die symbolisch-rituelle Dimensionen des Rechtshandelns sichtbar macht, die der ausschließliche Blick auf die Texte nicht erfassen kann.

2. Linguistik, situationelle Variation und kommunikative Gattungen

Dieses weite Verständnis der vormodernen Rechtskultur erscheint uns, wie gesagt, sehr adäquat, und wir hoffen, in der Einleitung des Bandes gezeigt zu haben, wie hoch wir den Beitrag der neuen Perspektivierungen einstufen. Dennoch meinen wir, dass von linguistischer Seite noch etwas zu sagen bleibt. Am sinnvollsten ist es, mit einer knappen Verortung unserer Disziplin im Gesamtkontext der historischen Wissenschaften zu beginnen, also diejenigen Wissenschaften in den Blick zu nehmen, die sich mit dem geschichtlich situierten Handeln sozial eingebundener Akteur*innen beschäftigen. Zwar fällt es bestimmten Strömungen in der Linguistik nach wie vor schwer, sich von einer Vorstellung von Sprache(n) zu lösen, die diese ganz im Bereich des Kognitiv-Mentalen situiert, also nahe am ‚Natürlichen', das der Geschichte mehr oder weniger entzogen scheint. Daneben gibt es aber auch eine intensive linguistische Forschung, die sich der *Historizität* sprachlicher und kommunikativer Normen bewusst ist und für die die *Kontextualisierung* der zu untersuchenden sprachlichen Daten deshalb eine zentrale Rolle spielt. Es ist nun keineswegs erstaunlich, dass die Linguist*innen, die sich diesem historischen Sprachbegriff verpflichtet fühlen, sehr genaue Beobachter*innen dessen sind, was wir hier vorläufig als *situationelle Variation* bezeichnen wollen: Wenn wir miteinander kommunizieren, tun wir dies nämlich in bestimmten Situationskontexten, welche untereinander hinsichtlich einer Reihe von pragmatisch relevanten Parametern stark variieren können. Wie gesagt, man kann die sprachlichen Formen auch dekontextualisiert, also losgelöst von ihren kommunikativen Rahmenbedingungen, betrachten. Wenn man die Rückbindung des Sprachlichen an seinen situativen Äußerungskontext jedoch ernst nimmt, dann sind bestimmte Forschungsaufgaben notwendigerweise mitgegeben: nämlich, die situativen Faktoren, die die Variation der Kommunikationsformen bedingen, so präzise wie möglich zu bestimmen; die Muster zu identifizieren, zu denen sich die situativen Faktoren typischerweise zusammenfügen; zu erklären, woher die Akteur*innen wissen, welche typischen Kombinationen von Situationsparametern es gibt und welche spezifische pragmatische Funktion diesen wiederkehrenden Parameterkombinationen im gesellschaftlichen Prozess zukommt; zu fragen, ob bestimmte Diskursformen, die eine gegebene Parameterkombination konventionell bedienen, in der Kommunikationsgemeinschaft bereits einen Namen erhalten haben – man denke etwa an uns allen aufgrund unserer Sozialisation bekannte Gattungen wie das Kindermärchen, den Einkaufszettel, den Small Talk, die Urteilsverkündung usw. – und wie im Einzelnen die Rolle des Sprachlichen im Prozess der kommunikativen Bewältigung bestimmter Situations- und Handlungstypen zu bestimmen ist. Dass wir alle in unserer alltäglichen kommunikativen Praxis beständig daran arbeiten, diese traditionellen Muster aufzurufen, sie zu aktualisieren oder zu transgredieren, ihnen individuelle Schattierungen zu geben oder gar bewusst dagegen zu verstoßen, ist dabei nicht nur eine Erkenntnis der Linguistik. Vielmehr ist es ein – wenn auch oft implizites – Kernanliegen einer Reihe von geistes- und sozialwissenschaftlichen Disziplinen, das zu verstehen und zu modellieren, was Thomas Luckmann unseren „kommunikativen Haushalt" genannt hat:[1] die Gesamtheit also der konventionalisierten kommunikativen Routinen, die es uns ermöglichen, als Akteur*innen am gesellschaftlichen Prozess mitzuwirken, indem wir geteilte Wissens- und Handlungstraditionen aktivieren, bestätigen, abwandeln oder weiterentwickeln. Das, was die Linguistik jedoch gegenüber anderen Disziplinen auszeichnet, ist, dass sie sich als allgemeine Wissenschaft von der sprachlichen Kommunikation nicht auf einen bestimmten Wirklichkeitsbereich, etwa auf das Rechtswesen oder die Literatur, konzentriert, sondern dass sie grundsätzlich das kommunikative Handeln in sämtlichen gesellschaftlichen Funktionsbereichen im Blick haben muss. Dies macht, wie gesagt, eine Theorie der sprachlichen Interaktion erforderlich, in der sprachliche Heterogenität untrennbar mit der außersprachlichen Variation der Kommunikationssituationen zusammenhängt. Linguist*innen werden somit zu Expert*innen der kommunikativen Heterogenität, und zwar einer Heterogenität, deren Typologie nicht in erster Linie themen- oder domänenbezogenen zu bestimmen ist, sondern die – von den Wirklichkeitsbereichen relativ unabhängig – an übergeordneten Prinzipien der kommunikativen Variation festgemacht werden kann.

Für diese spezifisch linguistische Art der Bestimmung der kommunikativen Variation wollen wir ein paar einfache Beispiele nennen – Beispiele, die zugleich konkret machen sollen, was uns Linguist*innen an der praxeologischen Perspektivierung

1 Vgl. Thomas Luckmann, Allgemeine Überlegungen zu kommunikativen Gattungen, in: Barbara Frank / Thomas Haye / Doris Tophinke (Hgg.): Gattungen mittelalterlicher Schriftlichkeit (ScriptOralia 99), Tübingen 1997, 11–17.

historischer Forschung so besonders interessiert: Einer der aus linguistischer Sicht zentralen Faktoren der kommunikativen Variation ist die Regelung des Rederechts. Sprachliche Interaktionstypen unterscheiden sich nämlich ganz wesentlich dadurch, wer wann wie lange sprechen darf. Bei der oben genannten Urteilsverkündung steht dieses Recht ausschließlich dem Richter zu; im Rahmen eines wissenschaftlichen Vortrags ist nach dem Monolog der/des Vortragenden im Normalfall eine moderierte Beteiligung weiterer Sprecher*innen vorgesehen; beim Small Talk sind derartige Regeln weitestgehend ausgesetzt, und bei der Erzählung muss der/die Sprechende rhetorisch selbst dafür sorgen, dass sie oder er das Rederecht behält. Auch Öffentlichkeit oder Privatheit ist neben der Monologizität oder Dialogizität einer diskursiven Gattung ein entscheidender kommunikativer Faktor; ebenso die Variation in den Planungs- und Revisionsmöglichkeiten; die referentielle Einbindung der sprachlichen Handlungsvollzüge in das Hier und Jetzt einer gegebenen Sprechsituation (oder die weitgehende Entbundenheit davon); die Vertrautheit oder Fremdheit der Kommunizierenden untereinander und vieles andere mehr. Die Linguistik kommt bei dieser Bestimmung der kommunikativen Variation natürlich in sehr engen Kontakt mit den anderen Disziplinen; denn es geht ja darum, so genau wie möglich zu verstehen, welche Kriterien es sind, die eine Situation, die in einem bestimmten, auch nicht-alltäglichen Handlungskontext vorliegt, als Situation X oder Y erkennbar machen. Deshalb spielt auch die Frage, in welchem Kontext ein bestimmter Typ von sprachlicher Handlung überhaupt stattfinden kann, eine so zentrale Rolle: ob überall oder nur in der Kirche, im Festsaal oder auf der Straße; unter der Gerichtseiche eines gegebenen Orts (wenn hier nicht die Linguist*innen von historiographischen Fiktionen genarrt werden) oder im Reichshofrat in Wien. Auch die materielle Ausstattung trägt zur Definition einer Kommunikationssituation ganz wesentlich bei: Körperdispositionen (der erhöhte Podest des Richters, die Anklagebank), die Beteiligung und das semiotische Potential nichtphonischer Medien, die Materialität eines Beschreibstoffs. Und so variiert mit den außersprachlichen Parametern einer so oder so zu definierenden pragmatischen Situation auch der Einsatz bestimmter sprachlicher Formen: Dies gilt etwa für die Wahl der Einzelsprache (in der Vormoderne vor allem die Wahl zwischen den vernakulären Varietäten und dem Lateinischen), das sprachliche Register, die Art der verwendeten Begrifflichkeiten, die Komplexität der syntaktischen Strukturen, die Intonation, die Schrift, die ein Schreiber einsetzt, und die Sorgfalt ihrer Ausführung...

Der Bezug zwischen Sprachlichem und Situationellem ist also prinzipiell korrelativ zu denken: Erst bestimmte situative Bedingungen – etwa Planungszeit, Monologizität oder graphische Abfassung – erlauben bestimmte sprachliche Formgebungen, etwa im Bereich der syntaktischen Strukturen. Mindestens ebenso wichtig ist aber, wie die sprachliche Formgebung auf die Situation zurückwirken kann: Und hier ist nicht nur daran zu denken, dass sozial erwartete Situationsdefinitionen nicht eingehalten werden können, weil die erforderlichen sprachlichen Formen dem/der Handelnden nicht zur Verfügung stehen (man denke an die Einlassung, die von der Behörde ignoriert wird, weil die juristische Terminologie nicht korrekt eingesetzt wurde), sondern auch an feinere pragmatisch relevante Unterschiede wie etwa den

Einsatz von Abmilderungs- oder Verstärkungspartikeln, die Tonalität, die dialektale Färbung und vieles andere mehr.

Wir müssten an dieser Stelle eigentlich noch ausführlicher auf das Verhältnis von Mündlichkeit und Schriftlichkeit zu sprechen kommen; denn diese medial fundierte Differenz dient oftmals als Modell für eine Ordnung der Variation zwischen den Polen der diskursiven Informalität und Formalität – oder zwischen kommunikativer „Nähe" und „Distanz".[2] Eine rein medienbezogene Vorstellung greift aber zu kurz, und es führt letztlich nicht weiter, geschriebene und gesprochene Kommunikationsformen einander dichotomisch gegenüberzustellen, weil das gewählte Medium die sprachliche Variation keineswegs völlig determiniert. Man denke etwa an die mündliche Urteilsverkündigung, die normalerweise viel mehr mit dem (typisch schriftlichen) Gesetzeskodex gemein hat als mit dem (typisch mündlichen) Small Talk. Dennoch erweist sich eine Ordnung der sprachlichen und der situationellen Variation nach den genannten pragmatischen, nicht-themenbezogenen Aspekten als sinnvoll, und ein Denken in zwei entgegengesetzten Polen mit vielen kontinuierlichen Zwischenstufen bietet sich – unabhängig von der Medialität – durchaus als Erklärungshorizont an: Das bereits angesprochene, von Peter Koch und Wulf Oesterreicher vorgeschlagene Modell der Nähe- und Distanzkommunikation erlaubt es nämlich, das typische Nähesprechen als spontane, nicht-öffentliche, schwach themenfixierte Kommunikation zwischen Vertrauten dem typischen Distanzsprechen gegenüberzustellen, das durch die jeweils entgegengesetzten Parameterwerte, also durch Öffentlichkeit, strategische Planung, Themengebundenheit und eine entsprechend komplexere, weil situationsentbundene und relativ stark kontrollierte Versprachlichung, charakterisiert ist. Für die historische Linguistik ist diese kontinuale Gegenüberstellung zwischen kommunikativer Nähe und Distanz auch insofern wichtig, als sie die Basis darstellt für das Verständnis des Nebeneinanders von Latein – als der Sprache der Distanz (nicht nur der Schriftlichkeit!) – und den vernakulären Varietäten, die primär an die nähesprachliche Oralität gebunden sind. Das Nähe-Distanz-Modell liefert neben dieser funktionalen Erklärung der vormodernen Mehrsprachigkeit (und später dann der Mehrschriftlichkeit[3]) auch den Hintergrund für eine Modellierung der weiteren Entwicklung der vernakulären Varietäten. Denn wenn man den Unterschied zwischen nähesprachlicher und distanzsprachlicher Kommunikation im Blick hat, dann wird klar, welchen Weg die Volkssprachen im Mittelalter noch vor sich haben, bevor sie zu ernsthaften Rivalen der traditionellen lateinischen Distanzsprache und schließlich zu voll ausgebauten Schrift- oder Standardsprachen werden können, die im Lauf der Frühen Neuzeit das Lateinische aus seinen angestammten Funktionsdomänen Schritt für Schritt verdrängen.

2 Peter Koch / Wulf Oesterreicher, Gesprochene Sprache in der Romania: Französisch, Italienisch, Spanisch (Romanistische Arbeitshefte 31), 2., akt. u. erw. Aufl., Berlin/New York 2011.

3 Vgl. etwa Arend Mihm, Mehrsprachigkeit im mittelalterlichen Köln, in: Maria Selig / Susanne Ehrich (Hgg.): Mittelalterliche Stadtsprachen (Forum Mittelalter-Studien 11), Regensburg 2016, 19–44.

3. Distanzkommunikation und das Sprachliche am Recht

Wir sprechen hier so ausführlich über den linguistischen Zugang zur situationellen Variation, weil auf diese Weise einer der Gründe für unser Festhalten an der Idee von der essentiellen Sprachlichkeit des Rechts deutlich werden kann. Vor diesem theoretischen Hintergrund sollte aber auch verständlich werden, weshalb die historische Praxeologie für die Linguistik so interessant ist. Auch für uns kommt es nämlich auf die kontextuellen Details, auf die situative Einbindung und auf das situationsbedingte Wie des Handelns an. Wir sind zum einen an der sprachlichen Form, zum anderen aber auch den Begleitumständen, an der Materialität der Dinge, der Körper oder der Räume als bestimmender Kontextfaktoren des kommunikativen Geschehens interessiert. Auch wir interessieren uns für die Prozessualität des Handelns; zum einen, weil wir wissen, dass die Ausführung der tradierten kommunikativen Muster diese häufig in funktional relevanter Weise modifiziert; zum andern, weil die für uns so wichtige Definition der Situation – das Erkennbarmachen dessen, was gerade geschehen soll – immer nur prozessual zustande kommt. Denn die im Wissen der kommunikativ kompetenten Akteur*innen geteilte Situationserwartung muss beständig bestätigt oder relativiert werden – auch dann, wenn sich bereits stärker formalisierte Handlungspläne für eine bestimmte kommunikative Zielsetzung herausgebildet haben und mit einer klar definierten, institutionell autorisierten Funktionsbestimmung versehen worden sind. Die Definitionsarbeit scheint mit fortschreitender Normierung der kommunikativen Gattungen zwar mehr und mehr in die Routine der diskursiven Muster abgeschoben zu sein. Wenn man die Voraussetzungen für die Existenz dieser Muster mitberücksichtigt – also die Tatsache, dass sie historisch gewachsen sind und immer wieder aktiviert und bestätigt werden müssen, um gesellschaftlich funktional zu bleiben –, dann wird jedoch klar, dass hier nur sehr bedingt von einer bloßen Ausführung die Rede sein kann.

Kann nun aber das, was wir zur situationellen Variation und zu den kommunikativen Gattungen vorgetragen haben, die praxeologische Perspektivierung weiter präzisieren? Kann die Linguistik dazu beitragen, die praxeologischen Ansätze in der Geschichtswissenschaft kommunikationstheoretisch zu untermauern? – Wir meinen, ja, weil die Überlegungen zum Verhältnis zwischen Sprachlichem und Kontextuellem deutlicher erkennen lassen, wie relevant die Variabilität des kommunikativen Handelns in pragmatischer, aber auch in historischer Hinsicht werden kann: Die Variation der durch bestimmte Situationsparameter definierten kommunikativen Gattungen zwischen Nähe und Distanz lässt sich nämlich daran festmachen, dass die nach ihrem Formalitätsgrad typisierbaren Interaktionsformen sich beim Prozess der referentiellen Bedeutungskonstitution verschiedenartiger *Kontextdimensionen* bedienen. Diese je nach kommunikativer Gattung unterschiedlich stark ausgelasteten Kontexttypen können sprachlicher oder nicht-sprachlicher Natur sein; sie funktionieren jedoch in der Regel komplementär, so dass das kommunikative Geschehen als ganzheitlicher, multimodaler Prozess zu begreifen ist, der auf unterschiedlichen semiotischen Ebenen wirkt. In der prototypischen Distanzkommunikation – die, wie gesagt, durch Parameterwerte wie Fremdheit und raumzeitliche Trennung der Kommunikationspartner, durch Öffentlichkeit und eine vom Hier und Jetzt der Sprechsituation entkoppelte Referenz des Texts gekennzeichnet ist – findet der semiotische Prozess in der Regel völlig im Bereich des Sprachlichen statt. Dies gilt einmal in Bezug auf die aktivierten Wissenskontexte: Abgesehen von als geteilt vorausgesetzten allgemeinen oder auch stärker fachspezifischen Wissenskontexten, die implizit bleiben können, wird eine wissenschaftliche Abhandlung, eine technische Betriebsanleitung oder eine Verwaltungsvorschrift aus dem 21. Jahrhundert danach streben, die darzustellenden Sachverhalte so vollständig und präzise wie möglich verbal zu explizieren. Zum zweiten werden die nicht-sprachlichen Kontextdimensionen zurückgestuft: Zwar können nicht-sprachliche Aspekte der Medialität auch in der Distanzkommunikation eine semiotisch relevante Rolle spielen – zum Beispiel die Schriftart, das Layout, die Papierqualität oder ähnliches –; die sprachlich aufgerufenen Inhalte stehen jedoch eindeutig im Vordergrund und die für den propositionalen Akt konstitutiven Leistungen der Referenz (um welche Diskursgegenstände geht es?) und der Prädikation (was wird über einen Diskursreferenten ausgesagt?) finden ausschließlich auf verbaler Ebene statt. So verwundert es nicht, dass die in der Distanzkommunikation typischerweise zum Einsatz gebrachten Versprachlichungsstrategien sich von den sprachlichen Formen der Alltagskommunikation systematisch durch einen höheren Elaborationsgrad unterscheiden: Ohne spezifisch distanzsprachliche lexikalische oder syntaktische Mittel, die im Verschriftlichungsprozess entwickelt und später auch kodifiziert wurden – und die in nicht-ausgebauten Vernakulärsprachen wie Dialekten typischerweise fehlen (vgl. *vorgenannt*, *während*, *unter Berücksichtigung von*, *vorbehaltlich*) –, wäre es oftmals gar nicht möglich, die zu kommunizierenden Inhalte in ihrer Komplexität und referentiellen Abstraktheit in angemessener Weise, mit der offenbar sozial erwünschten Präzision und Eindeutigkeit, zum Ausdruck zu bringen. In der Nähekommunikation treten dagegen andere Kontextdimensionen stärker in den Vordergrund: Hier wird das Sprachliche tendenziell entlastet durch eine Reihe von alternativ nutzbaren semiotischen Modi, wie etwa die Gestik, die an das Hier und Jetzt der Sprechsituation gebundene Deixis (*Jetzt nimmst du das und schraubst es da oben rein*; ein derartiger Referentialisierungstyp wäre schon am Telefon, trotz Synchronizität von Produktion und Rezeption, nicht mehr funktional) sowie eine Vielzahl von weiteren medial einsetzbaren Elementen wie rituelle Handlungen, Artefakte, Musik, Körperdispositionen oder vestimentäre Kodes.

4. Rechtstexte und Rechtskommunikation

Wenn wir nun davon ausgehen, dass das Recht etwas essentiell Sprachliches ist, dann beruht diese Annahme auf der Überzeugung, dass die Rechtmäßigkeit oder Unrechtmäßigkeit von Handlungen oder Zuständen notwendig durch einen propositionalen Akt zum Ausdruck gebracht werden muss: Es muss deklariert werden, dass etwas Recht oder Unrecht ist, und eine derartige Aussage erfolgt in aller Regel sprachlich.

Natürlich kann man sein Einverständnis mit einem Zustand oder einer Handlungsabsicht auch nonverbal signalisieren, etwa durch ein Handzeichen oder durch zustimmendes Nicken. Aufgrund der oben dargestellten kommunikationstheoretischen Zusammenhänge sollte jedoch evident sein, dass die explizite Versprachlichung der Verpflichtung, die man mit einem Einverständnis eingeht, in bestimmten Situationen nicht unterbleiben sollte – genauso, wie man in bestimmten Situationen besser präzisieren sollte, womit genau man einverstanden ist (und womit möglicherweise nicht). Die Rolle des Deklarativ-Sprachlichen variiert selbstverständlich, und man müsste genauer diskutieren, welche Rolle die sprachlichen Formulierungen im mündlichen Vollzug eines rechtlichen Sprechakts („Ich verspreche, dass…"; „Ich bekenne, dass…" etc.), in den Klauseln, mit denen in Urkunden zukünftige Anfechtungen ausgeschlossen werden sollen, oder in den schriftlichen Fixierungen von geltendem Recht jeweils einnehmen. Aus unseren Überlegungen sollte aber klar werden, dass Rechtsakte von der Tendenz der Distanzkommunikation profitieren, den sprachlichen Anteil gegenüber nicht-verbalen Interaktionsformen in der Kommunikation auszuweiten. Man denke hier an die Maximierung der Explizitheit und Eindeutigkeit oder an die Möglichkeit der graphischen Aufzeichnung, und damit der nicht-situationsspezifischen, überzeitlichen und überräumlichen Affirmation…

In der Geschichtswissenschaft hat nun, wie eingangs bereits erläutert wurde, die Einsicht in die Multimodalität und Prozesshaftigkeit der zu untersuchenden Kommunikationshandlungen zu einem gesteigerten Interesse für die nicht-sprachlichen – oder immerhin nicht im Bereich der normativen, institutionellen Schriftlichkeit angesiedelten – Prozesse der rechtlichen Interaktion geführt – also für diejenigen Kontextdimensionen, die in Situationen der kommunikativen Nähe alternativ oder komplementär zum sprachlichen Medium semiotisch funktionalisiert werden können. Diese empirische und methodologische Öffnung ergibt sich wie gesagt aus der Einsicht, dass sich Prozesse der Rechtskommunikation in aller Regel nicht auf *einen* sprachlichen Akt der normativen Fixierung, etwa die klassische Beurkundungssituation, reduzieren lassen, sondern dass für eine adäquate historische Rekonstruktion aller relevanten gesellschaftlichen Prozesse auch ‚fluidere', der Kodifizierung zeitlich vor- oder nachgelagerte Interaktionsformen berücksichtigt werden müssen, die sich oft nicht mit dem herkömmlichen analytischen Instrumentarium der historischen Textwissenschaften beschreiben lassen. Eben deshalb interessiert sich die heutige Geschichtswissenschaft nicht mehr nur für den klassischen Typus des (normativen, tendenziell distanzsprachlichen) Rechts*texts* (Urkunden, Kodizes usw.), sondern für die Gesamtheit der historisch relevanten, auch im Nähebereich und möglicherweise nonverbal ablaufenden Prozesse der Rechts*kommunikation*.

Wir Linguist*innen möchten gleichwohl für die Aufrechterhaltung einer sprach- und textwissenschaftlichen Herangehensweise argumentieren, die der spezifischen pragmatischen und semiotischen Qualität der Recht explizit setzenden, begründenden oder verhandelnden Texte in adäquater Weise Rechnung trägt. Denn auch der klassische Typ des rechtsetzenden Texts stellt ein eigenes semiotisches Universum dar, das in seinen materiellen, stilistischen, lexikalischen und grammatischen

Besonderheiten in vielfacher Weise die pragmatischen Merkmale einer spezifischen außersprachlichen Situation widerspiegelt und diese Merkmale in konventioneller, aber auch wandelbarer und somit individuell funktionalisierbarer Weise semiotisch überformt. In dieser Sicht kann etwa eine Urkunde als Medium einer – sprachlich konstituierten – Rechtshandlung aufgefasst werden, wobei dieses Medium eben nicht nur den juristisch relevanten Inhalt dokumentiert, sondern, durch seine materielle und sprachliche Gestaltung, auch der Pragmatik der Kommunikationssituation implizite Aspekte zum Ausdruck bringt wie das sozial-hierarchische Selbstverständnis der anfertigenden Schreibstätte, damit verbundene Repräsentationsabsichten oder die Behauptung von institutioneller Autorität. Die Urkunde stellt in diesem medientheoretischen Verständnis eine semiotisch kohärente Einheit dar – ein intentionales Produkt der Rechtsetzung, das in seiner semiotischen Komplexität in vielfacher Weise auf die kontextuellen Parameter einer jeweils spezifischen außersprachlichen Situation referiert. Die klassische, philologisch basierte Analysemethodik der Diplomatik, die ja den materiellen, formalen, sprachlichen und inhaltlichen Merkmalen der überlieferten Rechtstexte richtigerweise große Aufmerksamkeit schenkt, zielt nach unserem Verständnis ganz wesentlich darauf ab, die semiotischen Techniken der materialisierenden Vertextung zu beschreiben und zu typisieren – semiotische Techniken, mit denen in einem gegebenen außersprachlichen Kontext rechtliche Handlungen im graphischen Medium authentifiziert und somit explizit als Recht anerkannt wurden. Dass hinter diesem Akt der Verschriftlichung mehr steht als eine bloße Aufzeichnung oder bewahrende Niederschrift, hat die Geschichtswissenschaft bereits vor langer Zeit erkannt und hat deshalb sehr zu Recht die philologische Untersuchung der äußeren und inneren diplomatischen Merkmale zum methodischen Standard der Disziplin erhoben.[4]

Wir sind jedenfalls der Auffassung, dass die kommunikativen Gattungen, die im vieldimensionalen Kontext der prozessual zu verstehenden Rechtskommunikation aktualisiert werden, in ihrer spezifischen Funktionalität und ihrer relativen Bedeutung besser ermessen werden können, wenn man sie – nicht normativ, sondern typologisch – anhand des pragmatischen Kontinuums zwischen kommunikativer Nähe und Distanz zu ordnen versucht. In dieser kommunikationstheoretischen Sicht wird es möglich, zu einer differenzierten Vorstellung von den variierenden Gattungen und Formalitätsgraden der Rechtskommunikation zu gelangen. Die in der historischen Wirklichkeit oft in komplexer Weise miteinander verwobenen Prozesse der Aushandlung, Routinisierung, Festschreibung oder produktiven Weiterentwicklung von

4 Vgl. dazu etwa Peter Rück, Die Urkunde als Kunstwerk, in: Anton von Euw / Peter Schreiner (Hgg.): Kaiserin Theophanu. Begegnung des Ostens und Westens um die Wende des ersten Jahrtausends. Gedenkschrift des Kölner Schnütgen-Museums zum 1000. Todesjahr der Kaiserin, Bd. 2, Köln 1991, 311–333. – Vgl. zum sprachhistorischen Wert der diplomatischen Methode Klaus Grübl, Varietätenkontakt und Standardisierung im mittelalterlichen Französisch. Theorie, Forschungsgeschichte und Untersuchung eines Urkundenkorpus aus Beauvais (1241–1455) (Romanica Monacensia 83), Tübingen 2014, Kap. 5.3.

Rechtspraktiken können anhand dieser pragmatischen Typologie unseres Erachtens genauer voneinander abgegrenzt werden. Die im kommunikativen Haushalt einer Gesellschaft zur rechtlichen Interaktion eingesetzten Gattungen und Kontextualitätstypen sollten also nicht nur in ihrer Gesamtheit erfasst und berücksichtigt, sondern auch hinsichtlich ihrer variierenden Formalitätsgrade, ihrer Sprachlichkeit oder Nicht-(nur-)Sprachlichkeit und ihrer mehr oder weniger stark ausgeprägten Standardisierung und Normativität typisiert werden.

Eine solche Typologie sollte natürlich nicht dazu verleiten, die Entwicklungen im Bereich der Rechtskultur teleologisch zu konzeptualisieren und die Untersuchung der vielfältigen und historisch variablen Formen der rechtskulturellen Praxis am Maßstab der normativen Schriftlichkeit auszurichten. Dennoch ist nicht von der Hand zu weisen, dass das Bedürfnis nach schriftlicher Fixierung – und damit nach Normierung und Vereindeutigung – des geltenden Rechts im Lauf des Mittelalters und der Frühen Neuzeit offenbar stark gewachsen ist und dass die damit einhergehenden Phänomene der Professionalisierung und der funktionalen Diversifizierung des Rechts- und Verwaltungsschrifttums die Annahme einer zunehmenden Konzentration der rechtsbezogenen Kommunikationspraxis auf das Medium der Schrift grundsätzlich plausibel erscheinen lassen. Diese Annahme schließt wohlgemerkt nicht aus, dass im Kontext der Schriftlichkeit weiterhin weniger stark formalisierte, mündliche oder nicht-sprachliche Prozesse des Aushandelns, Auslegens oder Anwendens ihre historische Relevanz besitzen können. Für uns Linguist*innen und Textwissenschaftler*innen bleibt gleichwohl die Beobachtung interessant, dass die zunehmende *Verrechtlichung* der gesellschaftlichen Interaktion im Wesentlichen gleichbedeutend mit einer zunehmenden *Verschriftlichung* der relevanten Kommunikationsprozesse ist. Sprachhistorisch wiederum korreliert damit der distanzsprachliche Ausbau, ohne den die bis zum Mittelalter noch weitestgehend auf die nähesprachliche Mündlichkeit beschränkten Volkssprachen nicht den Zuwachs an kommunikativer Leistungsfähigkeit erfahren hätten, der sie für ihren Einsatz in den Domänen der Distanzsprachlichkeit erst funktional befähigt hat.

5. Ausblick

Unser Plädoyer ist also, die expliziten, tendenziell distanzsprachlichen Rechtsetzungen nicht zu vernachlässigen und ihre pragmatisch herausgehobene, orientierende, wohl auch symbolische Funktion in die Untersuchung einzubeziehen. Dass wir damit nicht zu den verkürzend normativen Annäherungen an historische Rechtskulturen zurückkehren wollen, sollte allerdings klar sein. Ob die in den Texten manifestierten Normen in der gelebten Rechtspraxis auch eins zu eins umgesetzt wurden oder ob es weiterhin Spielräume für variierende Auslegungen und Anwendungssituationen gab, ist gesondert zu klären, und zwar in einer *bottom-up*-Perspektive, die die Rechtskommunikation gesamthaft in den Blick nimmt und auch ihre weniger formalisierten, inoffiziellen und stärker nähesprachlich oder auch nicht-sprachlich verfassten Teilprozesse berücksichtigt. Die praxeologische Annäherung an die überlieferten Rechtsetzungen erledigt sich damit aber gerade nicht. Auch die Praxis der gesetzgebenden Instanzen, die Praxis der Richter, die der Notare oder Schreiber muss Gegenstand der praxeologischen Auseinandersetzung sein. Denn auch die schriftlichen Texte, ihre Genese und ihre Interpretation sind Ergebnisse einer kontextualisierten Praxis. Auch diese Texte sind betroffen von der Spannung zwischen normativen Mustern und der Prozessualität und Unabgeschlossenheit der Praxis, und auch die Handlungen der historischen Akteur*innen, die an ihnen mitwirken, gewinnen durch die praxeologische Lektüre, beispielsweise weil dadurch die infrastrukturellen Voraussetzungen der Rechtspraxis in den Fokus gestellt werden können.

Am Ende sollte also, so meinen wir, die Idee einer umfassenden, interdisziplinär aufgestellten Geschichte der Rechtskommunikation stehen, in der die unterschiedlichen Kompetenzen und Schwerpunktsetzungen der beteiligten Forscher*innen ihren Platz finden können. Wir sind sicher, dass die sprachliche, textuelle und epistemisch-pragmatische Expertise der Linguistik in diesem Kontext wertvoll ist. Denn sie kann ihr Wissen über die Voraussetzungen und die Möglichkeiten des Einsatzes der sprachlich-deklarativen Kommunikationsformen einsetzen, um die Dynamik der mittelalterlichen und frühneuzeitlichen Rechtsentwicklung praxeologisch, also aus der Praxis der Rechtskommunikation heraus, zu präzisieren.

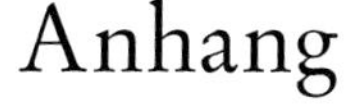

Anhang

Autor*innenverzeichnis

Prof. Dr. Franz-Josef Arlinghaus, Professur für Allgemeine Geschichte mit dem Schwerpunkt der Geschichte des Hoch- und Spätmittelalters, Universität Bielefeld

Dr. Thomas Brunner, Maître de conférences en Histoire médiévale, ARCHE, Université de Strasbourg

Prof. Dr. Damien Carraz, Professeur d'histoire médiévale, FRAMESPA, Université Toulouse Jean Jaurès

Dr. Susanne Ehrich, Akademische Rätin am Institut für Geschichte und wissenschaftliche Koordinatorin des Mittelalterzentrums „Forum Mittelalter", Universität Regensburg

PD MMag. Dr. Elisabeth Gruber, Geschäftsführerin am Institut für Realienkunde des Mittelalters und der frühen Neuzeit, stellvertretende Leiterin des Interdisziplinären Zentrums für Mittelalter und Frühe Neuzeit der Paris Lodron Universität Salzburg

Prof. Dr. Klaus Grübl, Professor für Romanische Sprachwissenschaft mit den Schwerpunkten Französistik und Italianistik, Universität Leipzig

Apl. Prof. Dr. Jürgen Heyde, DFG-Projekt „Eigene Stelle": Migrationsgesellschaft und transkulturelle Verflechtung in einem plural verfassten Stadtraum: Kamjaneć-Podilśkyj im 16./17. Jahrhundert, Professur für Osteuropäische Geschichte, Martin-Luther-Universität Halle-Wittenberg

Étienne Ménager, Doctorant en histoire médiévale, FRAMESPA, Université Toulouse Jean Jaurès

Dr. Tobias Schenk, wissenschaftlicher Mitarbeiter der Niedersächsischen Akademie der Wissenschaften zu Göttingen im Erschließungsprojekt „Die Akten des Kaiserlichen Reichshofrats" in Wien

Prof. Dr. Maria Selig, Lehrstuhl für Romanische Sprachwissenschaft, Universität Regensburg

Prof. Dr. Marco Stoffella, Ricercatore a tempo indeterminato e Professore aggregato in Storia Medievale, Università degli Studi di Verona

PD Dr. Tim Weitzel, Privatdozent für Mittelalterliche Geschichte an der Universität Regensburg

Mag. Dr. phil. Florian Zeilinger, Lehrbeauftragter am Institut für Geschichte der Karl-Franzens-Universität Graz

Abbildungsnachweise

Thomas Brunner
Fig. 1–4: Thomas Brunner
Fig. 5: ARCA – Bibliothèque numérique de l'IRHT/CNRS, BAPSO

Étienne Ménager
Fig. 1: Étienne Ménager
Fig. 2: Avec l'aimable autorisation des Archives Départementales et Patrimoine du Cher

Tobias Schenk
Abb. 1–5: Tobias Schenk